Joachim Zentes

EDV-gestütztes Marketing

Ein informations- und kommunikationsorientierter Ansatz

Mit 146 Abbildungen und 20 Tabellen

Springer-Verlag
Berlin Heidelberg New York
London Paris Tokyo

Prof. Dr. Joachim Zentes
Universität GHS Essen
Fachbereich Wirtschaftswissenschaften
Fachgebiet Marketing
Universitätsstraße 12, D-4300 Essen 1

ISBN 3-540-18258-6 Springer-Verlag Berlin Heidelberg New York
ISBN 0-387-18258-6 Springer-Verlag New York Berlin Heidelberg

CIP-Kurztitelaufnahme der Deutschen Bibliothek. Zentes, Joachim: EDV-gestütztes Marketing: e. informations- u. kommunikationsorientierter Ansatz / Joachim Zentes. - Berlin; Heidelberg; New York; London; Paris; Tokyo: Springer, 1987.
ISBN 3-540-18258-6 (Berlin ...)
ISBN 0-387-18258-6 (New York ...)

Druck- und Bindearbeiten: Weihert-Druck GmbH, Darmstadt
2142/3140-543210

Vorwort

Die fortschreitenden Entwicklungen auf dem Gebiet der Informations- und Kommunikationstechnologien - Schrittmachertechnologien der 80er und 90er Jahre - eröffnen einerseits neue Märkte. Zu erwähnen sind bspw. der Markt für Mikrocomputer, der Markt für Kabel- und Satellitenfernsehen, der Markt für Systeme Künstlicher Intelligenz. Sie stellen zunächst eine Herausforderung an das Marketing dar: Marketing <u>für</u> neue Informations- und Kommunikationstechnologien.

Die informations- und kommunikationstechnischen Innovationen und Weiterentwicklungen eröffnen andererseits auf einer instrumentellen Ebene neue Perspektiven für das Marketing. Damit ist das breite Spektrum der Möglichkeiten angesprochen, die Techniken in das Marketinginstrumentarium zu integrieren: Marketing <u>mit</u> neuen Informations- und Kommunikationstechnologien. Zu denken ist bspw. an die Einsatzmöglichkeiten in der betrieblichen Marktkommunikation.

Auf dem - oft beschriebenen - Weg von der Industrie- zur Informationsgesellschaft dürften die neuen Technologien auch zu veränderten Strukturen und Prozessen bei privaten und institutionellen Abnehmern führen. Vieles spricht - sicherlich abhängig von der Akzeptanz der Technologien und damit ihrer Diffusion - für ein verändertes Informations- und Kaufverhalten. Man denke etwa an Qualitäts- und Preisvergleiche unter Heranziehung externer Datenbanken, an die Möglichkeiten des Teleshopping und Telebanking. Aus verhaltenswissenschaftlicher Sicht stellt sich somit die Frage der Auswirkungen der Informations- und Kommunikationstechnologien auf das Käuferverhalten und damit - ebenfalls auf einer instrumentellen Ebene - die Frage des Marketing <u>in</u> einer Informations- und Kommunikationsgesellschaft.

Die modernen Technologien zur Erfassung, Übertragung, Speicherung und Verarbeitung von Informationen interessieren aus Marketingsicht zugleich auf einer methodischen Ebene. Sie eröffnen neue Möglichkeiten für die Gewinnung und Analyse von Marketinginformationen und ihre Aufbereitung zur Entscheidungsunterstützung und damit Perspektiven für ein wirksames Marketing durch Informations- und Kommunikationstechnologien.

Das vorliegende Buch beschäftigt sich mit dieser Dimension der modernen Informations- und Kommunikationstechnologien im Marketing. Es wird versucht, eine Konzeption eines EDV-gestützten Marketing zu entwickeln. Dabei stehen die Einsatzmöglichkeiten in den Bereichen Datengewinnung, Datenanalyse und Entscheidungsunterstützung im Zentrum der Diskussion. Aufgezeigt werden zugleich die mit einem EDV-gestützten Marketing korrespondierenden organisatorischen Gestaltungspotentiale. "EDV-gestützt" wird nicht nur im klassischen Sinne der elektronischen Datenverarbeitung interpretiert, sondern im Sinne von Compunication, d.h. einer Verknüpfung von Computer und Communication. Insofern wird eine informations- und kommunikationsorientierte Konzeption vorgestellt.

Das Buch wendet sich als Lehrbuch an Studierende an Hochschulen und sonstigen Ausbildungsinstitutionen. Es wendet sich zugleich an Mitarbeiter und Führungskräfte, die sich in Unternehmen und sonstigen privaten oder öffentlichen Institutionen mit der Lösung von Entscheidungsproblemen im Marketing beschäftigen. Das Transferziel besteht dabei insbesondere darin, einen Beitrag zum Management von Marketinginformationen zu leisten. In dem Buch werden weite Teile der Marketingtheorie nicht explizit behandelt bzw. nur kurz angesprochen, so die eher deskriptiv orientierten Bereiche (Instrumentalgliederung, Instrumente des Marketing-Mix, institutionelle Aspekte) und die Theorien des Käuferverhaltens. Ihre Kenntnis ist jedoch Voraussetzung für das adäquate Umsetzen der Konzeption eines EDV-gestützten Marketing. Das breite Angebot hervorragender deutschsprachiger Standardwerke - sowohl Gesamtdarstellungen als auch Darstellungen von Teilbereichen wie Käuferverhalten - bietet Studierenden und in der Wirtschaftspraxis Tätigen hierzu ausgezeichnete Einstiegsmöglichkeiten.

Dieses Buch wurde durch vielfältige Diskussionen und projektbezogene Zusammenarbeit mit meinen derzeitigen und früheren Mitarbeitern beeinflußt. Ihnen möchte ich an dieser Stelle für Ihr Interesse und Ihre Mitwirkung danken. Mein besonderer Dank gilt Frau Dipl.-Kfm. Brigitte Hilgers-Gier für die intensive Unterstützung bei der Fertigstellung des Manuskriptes und der Druckvorbereitung.

Frau Ellen Pötter danke ich für die sorgfältige Erledigung aller Schreibarbeiten, Frau stud. phil. Angela Tauschwitz für das umsichtige Anfertigen der Zeichnungen und die redaktionellen Schlußarbeiten und Frau stud. rer. pol. Beate Knab für die Erstellung des Stichwortregisters. Nicht zuletzt danke ich dem Springer-Verlag, insbesondere Herrn Dr. Werner Müller für die gute Zusammenarbeit und die Geduld bis zur Fertigstellung des Manuskriptes.

Essen, im Juni 1987 Joachim Zentes

Inhaltsverzeichnis

Abbildungsverzeichnis

Tabellenverzeichnis

Kapitel 1
Grundlagen und Abgrenzungen

1.1 Austauschprozesse als Bezugspunkt des Marketing

Marketing ist aus moderner Sicht eine Führungskonzeption von Unternehmen bzw. Organisationen, in deren Mittelpunkt eine spezielle Technologie zur zielorientierten Gestaltung von Austauschprozessen mit verschiedenen Marktpartnern (Kunden, Lieferanten usw.) steht (vgl. Raffée, Grundfragen 1985, S. 5). Durch systematischen Einsatz eines Marketinginstrumentariums und Planung, Koordination und Kontrolle aller auf die Märkte gerichteten Aktivitäten eines Unternehmens, d.h. durch eine konsequente marktorientierte Führung des gesamten Unternehmens, sollen Marktpotentiale aufgedeckt, ausgeschöpft und gesichert werden (vgl. Tietz, Marketing 1978, S. 1).

Bezugspunkt des Marketing sind die Leistungsverflechtungen des Unternehmens mit seiner Umwelt, d.h. die Austausch- bzw. Transaktionsbeziehungen mit den Märkten. Diese kommerziellen Transaktionen sind zunächst durch Güterströme (Waren und Dienste) und Geldströme charakterisiert (vgl. Abb. 1). Die unternehmerischen Marketingaktivitäten zielen darauf ab, die Umwelt in Gestalt der Absatzmärkte (Absatzmarketing) und der Beschaffungsmärkte (Beschaffungsmarketing) - Umwelt I im Sinne von Raffée (vgl. Raffée, Marketing 1979, S. 4 ff.) - zu gestalten. Diese Aktivitäten beeinflussen zugleich die gesellschaftliche und die natürliche Umwelt (Umwelt II).

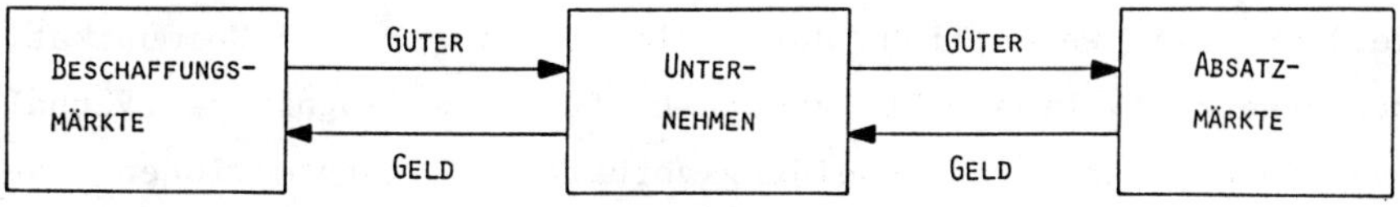

Abb. 1. Markttransaktionen - Leistungs- und Geldstrom

1.2 Dimensionen der Informations- und Kommunikationsprozesse

1.2.1 Überblick

Mit dem Leistungsstrom (Güter bzw. Produktionsfaktoren) und dem Geldstrom der Markttransaktionen sind stets Informationsströme und Kommunikationsvorgänge verbunden (vgl. Abb. 2). Dies gilt in ähnlicher Form für die Wechselbeziehungen eines Unternehmens mit der gesellschaftlichen und natürlichen Umwelt.

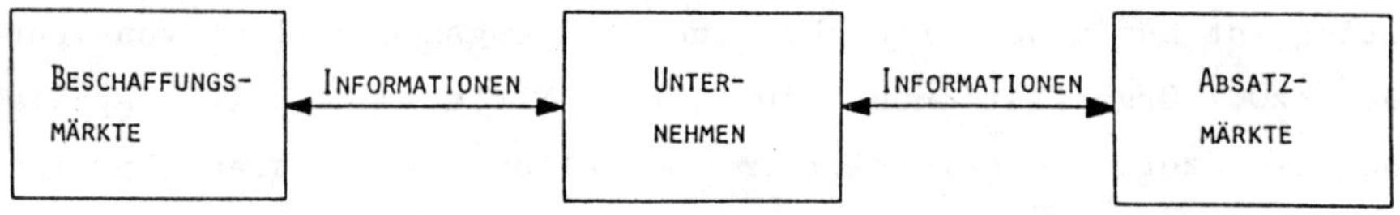

Abb. 2. Markttransaktionen - Informationsstrom

Für das Marketing sind folgende Dimensionen der Informationsströme und Kommunikationsprozesse relevant:
- die Verhaltensdimension,
- die Instrumentaldimension,
- die Managementdimension,
- die Technologiedimension.

Diese Dimensionen sind nicht unabhängig voneinander zu sehen; sie sind eng miteinander verbunden. Ihre Trennung erfolgt hier aus analytischen Gründen.

1.2.2 Verhaltensdimension

Das Verhalten (Kaufverhalten i.w.S.) von Individuen - Konsumenten oder Mitarbeitern von Unternehmen bzw. Organisationen (z.B. Einkäufer) - ist wesentlich durch Informations- und Kommunikationsprozesse geprägt. Dies gilt zunächst für das kognitive Verhalten, insbesondere das Entscheidungsverhalten: Informationen werden aufgenommen, gespeichert und verarbeitet, wobei das Verhalten durch kognitive Kontrollprozesse in eine bestimmte intendierte Richtung gelenkt wird.

Auch bei nicht-kognitiven Verhaltensweisen, so dem automatisierten, nicht-willentlich kontrollierten Verhalten, dem nicht-bewußten Verhalten, dem emotionalen Verhalten (vgl. Kroeber-Riel, Analyse 1983) finden Informations- und Kommunikationsprozesse statt. Als Beispiel sei das automatisierte Verhalten erwähnt. "Dieses Verhalten besteht aus einer direkten Reiz-Reaktions-Sequenz. Es entzieht sich der willentlichen Steuerung des Individuums: Auf einen Reiz folgt unmittelbar und regelmäßig eine bestimmte Reaktion, ohne daß gedankliche Prozesse intervenieren. Man kann von einer festen Reiz-Reaktions-Schaltung im ZNS (Zentrales Nervensystem, Anm. d. Verf.) sprechen." (Kroeber-Riel, Analyse 1983, S. 14).

Informations- und Kommunikationsprozesse haben nicht nur im Bereich der psychischen Determinanten des Individualverhaltens eine zentrale Bedeutung; sie prägen zugleich die sozialen Determinanten (vgl. zu dieser Unterscheidung Kroeber-Riel, Konsumentenverhalten 1984). Herauszustellen sind bspw. der Einfluß von Gruppen und Subkulturen auf Kaufentscheidungen.

In gleicher Weise spielen Informations- und Kommunikationsprozesse eine entscheidende Rolle bei "kollektivem Kaufverhalten", so Interaktionen in familialen Kaufentscheidungsprozessen (vgl. Kroeber-Riel, Konsumentenverhalten 1984, S. 450 ff.) oder in Entscheidungsprozessen von Einkaufsgremien (vgl. Backhaus, Investitionsgüter-Marketing 1982, S. 39 ff.).

Die verhaltensorientierte Dimension der Informations- und Kommunikationsprozesse ist nicht auf die Abnehmer (Käufer) beschränkt; sie gilt zugleich für die Anbieter. So wird das Anbieterverhalten, z.B. das Verhalten eines einzelnen Verkäufers als auch eines Verkäuferteams (bspw. im Rahmen des Team Selling) durch entsprechende intra- und interindividuelle Prozesse geprägt.

1.2.3 Instrumentaldimension

Zur zielorientierten Gestaltung von Austauschprozessen wird ein spezielles Marketinginstrumentarium eingesetzt. Hierbei kommt der Information und Kommunikation eine zweifache Bedeutung zu. Marktkommunikation (Werbung, Verkaufsförderung, Public Relations, Personal Selling) - auch als Kommunikationsmix oder Kommunikationspolitik bezeichnet - ist als Aktionsinstrument des Marketing wichtiger Teil des Marketing-Mix (vgl. Abb. 3) eines Unternehmens (vgl. Zentes, Marketing 1984, S. 345 ff.). Marktkommunikation wird sowohl in personaler Form als auch in medialer Form betrieben. Dabei eröffnen die neuen Informations- und Kommunikationstechnologien - oftmals auch als Neue Medien bezeichnet - für die mediale Kommunikation neue Perspektiven (vgl. Zentes, Compunication 1983; Tietz, Technologien 1984; Meffert, Kommunikationstechnologien 1986; Gottlieb Duttweiler Institut, Marketing 1986).

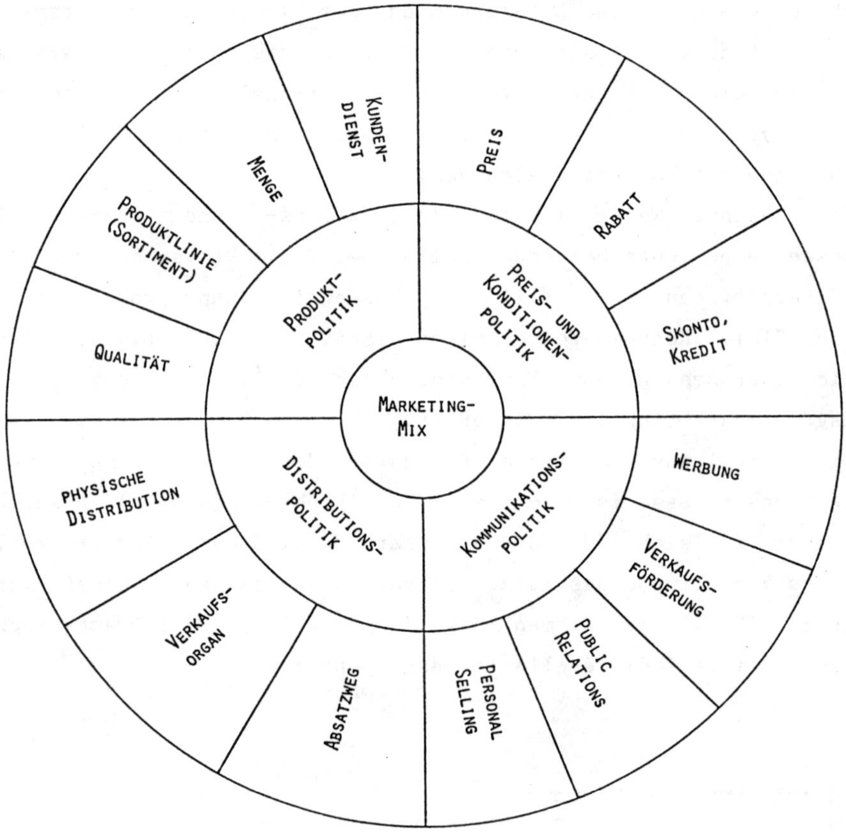

Abb. 3. Aktionsinstrumente des Marketing

Das Marketinginstrumentarium umfaßt neben den Aktionsinstrumenten (Aktionsebene des Marketing) die Informationsinstrumente. Der Informationsebene des Marketing werden alle Aktivitäten zugerechnet, die sich auf die Gewinnung und Analyse von marktorientierten Informationen ("Marketinginformationen") beziehen. Das System der Marketinginformationen umfaßt sowohl die externen als auch die internen Informationen.

Die systematische und planmäßige Erforschung des Marktes ist eine Voraussetzung für kundengerechtes Verhalten und damit für die Aufdeckung, Ausschöpfung und langfristige Sicherung von Marktpotentialen. Hierzu stehen Methoden und Verfahren der konventionellen Marktforschung (vgl. z.B. Berekoven/Eckert/Ellenrieder, Marktforschung 1986; Böhler, Marktforschung 1985; Hammann/Erichson, Marktforschung 1978), neuere apparativ- bzw. technologiegestützte Verfahren (vgl. Forschungsgruppe Konsum und Verhalten, Marktforschung 1983; Zentes, Technologiedynamik 1984) sowie die Methoden und Verfahren der strategisch orientierten Marktforschung zur Verfügung (vgl. Hüttner, Marktforschung 1986; Muchna, Entwicklungstendenzen 1984).

Grundlegende Bedeutung für die zieladäquate Gestaltung der Austauschbeziehungen haben neben den externen Marketinginformationen die internen Informationen. Sie entstammen der Verkaufs- bzw. Vertriebsstatistik, z.B. dem Außendienstberichtswesen (vgl. Zentes, Außendienststeuerung 1980, S. 148 ff.), sowie dem Rechnungswesen und der Ergebniskontrolle (vgl. Heinzelbecker, Marketing-Informationssysteme 1985, S. 5). Diesem Bereich wurde im Marketing in den letzten Jahren zu wenig Beachtung geschenkt. Vieles spricht jedoch dafür, diese klassischen betriebswirtschaftlichen Bereiche noch enger mit der Informationsebene des Marketing zu verzahnen (vgl. hierzu Köhler, Rechnungswesen 1985).

1.2.4 Managementdimension

Marketing als moderne Führungskonzeption von Unternehmen setzt die Planung, Koordination und Kontrolle aller auf die Märkte gerichteten Aktivitäten voraus. Insofern umfaßt das Marketinginstrumentarium auch die Führungs- oder Managementebene (Marketing-Management) (vgl. Tietz, Marketing-Management 1976, S. 19 ff.).

Managementprozesse wie Planung, Koordination und Kontrolle beziehen sich nicht nur auf betriebliche und marktgerichtete Aktivitäten, sondern zugleich auf die mit ihnen korrespondierenden Informationsströme und Kommunikationsvorgänge. In diesem Sinne meint Informationsmanagement die Planung, Koordination und Kontrolle von Informations- und Kommunikationsprozessen (vgl. auch Tietz, Handelsbetrieb 1985, S. 1031 ff.). Dem Informationsmanagement kommt im Marketing besondere Bedeutung zu, da gerade dieser Bereich mit einem großen Informationsvolumen arbeitet. "Dieses betrifft einmal die innerhalb der Unternehmung anfallenden internen Informationen über Auftragseingänge, Absatz, Preise, Werbung usw. und zum anderen die regelmäßig bezogenen externen Marktforschungsdaten aus Panel-Untersuchungen usw." (Scheer, Betriebswirtschaftslehre 1987, S. 114).

Den neuen Informations- und Kommunikationstechniken kommt in diesem Zusammenhang eine zweifache Bedeutung zu. Zum einen ermöglichen Mikrocomputer, Datenbanken, Statistik-Pakete sowie Graphik-Systeme u.ä. benutzerfreundliche Auswertungen und Aufbereitungen (vgl. Becker/Birk, Marketinginformationssystem 1981; Zentes, Technologiedynamik 1984, S. 9 f.). Andererseits führen elektronische Techniken - man denke etwa an die artikelgenaue Verkaufsdatenerfassung mit Scannern im Handel - zu einer Datenflut, die Informationsmanagement unabdingbar macht (vgl. Zentes, Tendenzen 1985, S. 94). Insofern sind gerade Scanner-Daten "... auch ein gutes Beispiel für die Schwierigkeiten, die sich der Nutzung und Umsetzung neuer Informationstechnologien in den Weg stellen. Die Bewältigung der anfallenden Datenmassen wird so komplex, daß ein erheblicher Teil der Arbeit auf die Aufbereitung und Ordnung von Daten verlagert werden muß." (Simon, Marketingwissenschaft 1986, S. 211).

Das Management von Marketinginformationen dient nicht nur der Bewältigung der "Datenlawine", sondern auch der Beseitigung von Informationsdefiziten. So deuten empirische Befunde auf erhebliche Informations- bzw. Versorgungslücken im Managementbereich hin (vgl. z.B. Breuer/Bromann, Systeme 1983; Schröer, Entwicklungstendenzen 1985).

1.2.5 Technologiedimension

Der Markterfolg, d.h. die wirksame Gestaltung der Austauschprozesse im Sinne der verfolgten Ziele, hängt neben der (theoretischen) Planung oder Lösung von der (praktischen) Umsetzung ab. "Unternehmenspolitik ... ist nicht allein der große, visionäre, innovatorische Gedanke, sondern viel eher die harte Kleinarbeit zur Realisierung eines detailliert geplanten Entwurfs. Erst durch konkretes Agieren erfolgt der Übergang von der Theorie zur Praxis. Dieses Agieren beruht auf Technologien." (Tietz, Marketing-Management 1976, S. 1271). Insofern befassen sich Technologien mit den konkreten Abläufen des unternehmerischen Geschehens.

Dieser Aspekt gilt gleichermaßen für die Informations- und Kommunikationsprozesse im Marketing. Die Technologiedimension der Informations- und Kommunikationsprozesse bezieht sich auf die Hilfsmittel oder praktischen Werkzeuge, die zur Erfassung, Übertragung, Speicherung und Verarbeitung von Informationen im Marketing herangezogen werden. Dies betrifft sowohl den Bereich der Marktkommunikation (im Sinne von unternehmerischer Kommunikationspolitik), den Bereich der Gewinnung und Analyse von internen und externen Marketinginformationen (Rechnungswesen, Marktforschung) als auch den Bereich des Informationsmanagement. Die folgenden Beispiele sollen dies verdeutlichen.

Die Messung der visuellen Informationsaufnahme durch Konsumenten erfolgt mit Hilfe von Blickaufzeichnungsgeräten (vgl. Bernhard, Blickaufzeichnung 1983), die Messung der Aktivierung auf der physiologischen Ebene, z.B. durch Messung peripherer Indikatoren wie elektrodermaler Reaktionen (vgl. Kroeber-Riel, Konsumentenverhalten 1984, S. 61 ff.). In elektronischen Handels- und Konsumentenpanels werden die konkreten Käufe der Kunden mit Hilfe von Scanning erfaßt (Erfassung der Artikeldaten (z.B. EAN-Codierung auf der Verpackung) und der Kundendaten (z.B. Strichcodierung auf Kundenkarten)) (vgl. Huppert, Scanning 1984). In Form einer Mensch-Maschine-Kommunikation werden Bildschirmbefragungen durchgeführt (vgl. Kroeber-Riel/Neibecker, Datenerhebung 1983; Glagow, Interview-Computer 1984; Dubke, Bildschirmtext 1984). Daten der Verkaufsstatistik und der Buchhaltung werden mit Hilfe von EDV-Anlagen zu Umsatzwerten verdichtet. Diese werden aus Repräsentativuntersuchungen gewonnenen Marktdaten gegenübergestellt und daraus nationale oder regionale Marktanteile abgeleitet (vgl. z.B. Gansera/Röske, Marketing 1981). Eine Entscheidungsunterstützung erfolgt in Expertensystemen (vgl. Zentes/Hilgers, Entscheidungsqualität 1986) auf der Basis von Systemen Künstlicher Intelligenz (vgl. Schnupp/Leibrandt, Expertensysteme 1986). Zur Reduzierung von Datenredundanzen werden Datenbanken eingesetzt (vgl. Scheer, Betriebswirtschaftslehre 1987, S. 10 ff.).

1.3 Konzept eines EDV-gestützten Marketing

1.3.1 Merkmale eines informations- und kommunikationsorientierten Ansatzes

Ein EDV-gestütztes Marketing kann durch die im vorangegangenen Abschnitt skizzierten Dimensionen der Informations- und Kommunikationsprozesse beschrieben werden. Im Vordergrund stehen dabei die Instrumentaldimension, die Technologiedimension und die Managementdimension (vgl. Abb. 4).

Die Instrumentaldimension bezieht sich sowohl auf die Aktionsebene des Marketing (Marktkommunikation bzw. Kommunikationspolitik) als auch auf die Ebene der Gewinnung und Analyse von Marketinginformationen in Unternehmen. Diese Ebene steht im Zentrum eines EDV-gestützten Marketing. "EDV-gestützt" wird hierbei nicht im klassischen Sinne der elektronischen Datenverarbeitung interpretiert, sondern im Sinne von "Compunication" (vgl. Abb. 5), d.h. einer Verknüpfung von Computer und Communication (vgl. Zentes, Compunication 1983). Im Vordergrund des EDV-gestützten Marketing steht dabei der Einfluß konkreter Informations- und Kommunikationstechniken auf die Analyse- und Entscheidungsprozesse im Marketing (vgl. auch Scheer, Betriebswirtschaftslehre 1987, S. 1). In diesem Sinne wird von einem informations- und kommunikationsorientierten Ansatz gesprochen.

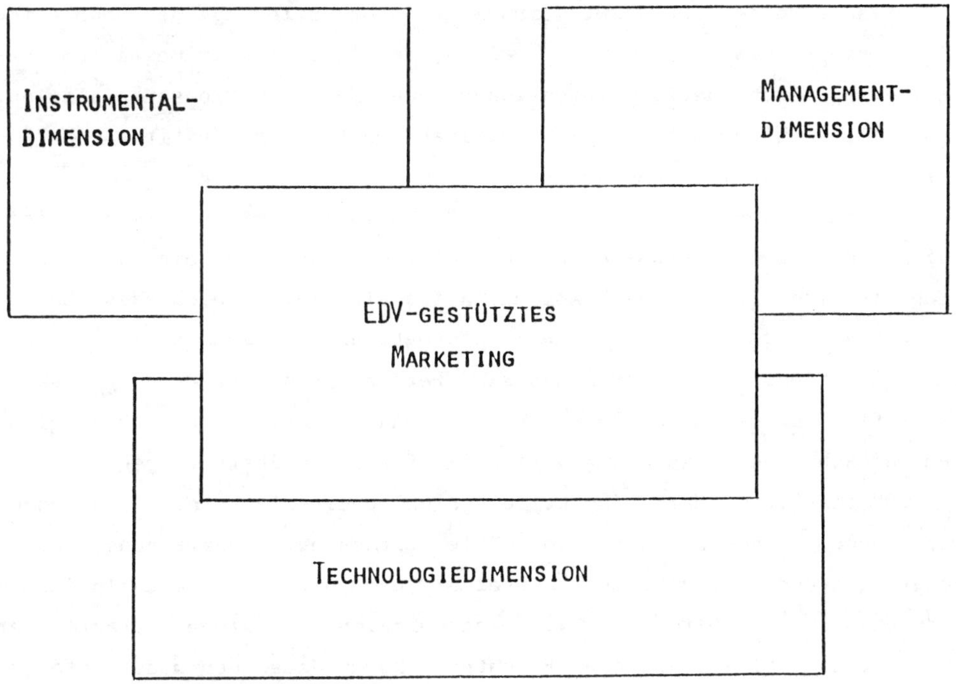

Abb. 4. Basisdimensionen eines EDV-gestützten Marketing

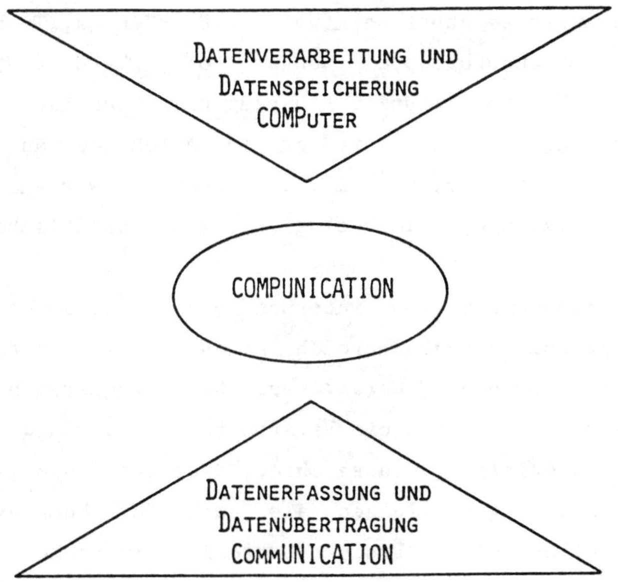

Abb. 5. Komponenten der Compunication

Diese Form der EDV- bzw. Compunicationsorientierung des Marketing ist abzugrenzen von der Ausweitung des Aktionsinstrumentariums des Marketing durch neue Informations- und Kommunikationstechnologien, so Teleselling u.ä. (vgl. Gottlieb Duttweiler Institut, Marketing 1986; Tietz, Technologien 1984).

Informations- und Kommunikationstechnologien - in erster Linie die modernen elektronischen Technologien - eröffnen einerseits neue Möglichkeiten für die Marktkommunikation als Teilbereich des Marketing-Mix: Marketing mit neuen Informations- und Kommunikationstechnologien. Andererseits eröffnen sie Perspektiven für ein wirksames Marketing durch neue Informations- und Kommunikationstechnologien. Auf diesen Aspekt beschränken sich die folgenden Ausführungen.

EDV-gestütztes Marketing bezieht sich unmittelbar auf die angesprochene Technologiedimension. Die Erfassung, Übertragung, Speicherung und Verarbeitung interner und externer Marketinginformationen erfolgt mit Hilfe von Technologien im Sinne "praktischer Werkzeuge". Eine zentrale Bedeutung kommt dabei den modernen elektronischen Informations- und Kommunikationstechnologien zu, die im Zweiten Kapitel im einzelnen erörtert werden. Technologien stehen in enger Beziehung zu Methoden, so im Bereich der Marktforschung oder der Entscheidungsunterstützung (vgl. z.B. Zentes, Technologiedynamik 1984; Forschungsgruppe Konsum und Verhalten, Marktforschung 1983; Weinhold-Stünzi, Marketing-Entscheide 1985). Die Abgrenzung zwischen beiden erfolgt in Anlehnung an Tietz (Tietz, Marketing-Management 1976, S. 1272): "Methoden werden als wissenschaftliche Werkzeuge, Technologien als praktische Werkzeuge definiert."

Auch das Management von internen und externen Marketinginformationen gehört zum Aufgabenbereich eines EDV-gestützten Marketing (Informationsmanagement). Gerade der Marketingbereich ist - wie bereits angesprochen - durch ein Verarbeiten bzw. Auswerten umfangreichen Datenmaterials gekennzeichnet. Dies gilt sowohl für einfache Sachverhalte bzw. Fragestellungen als auch für komplexe Phänomene wie das Erstellen eines Produktportfolios im Rahmen des strategischen Marketing.

EDV-gestütztes Marketing umfaßt aus inhaltlicher Sicht (vgl. Abb. 6):

- die Informationsgewinnung,
- die Informationsanalyse,
- die Entscheidungsunterstützung,
- die Wissensverarbeitung.

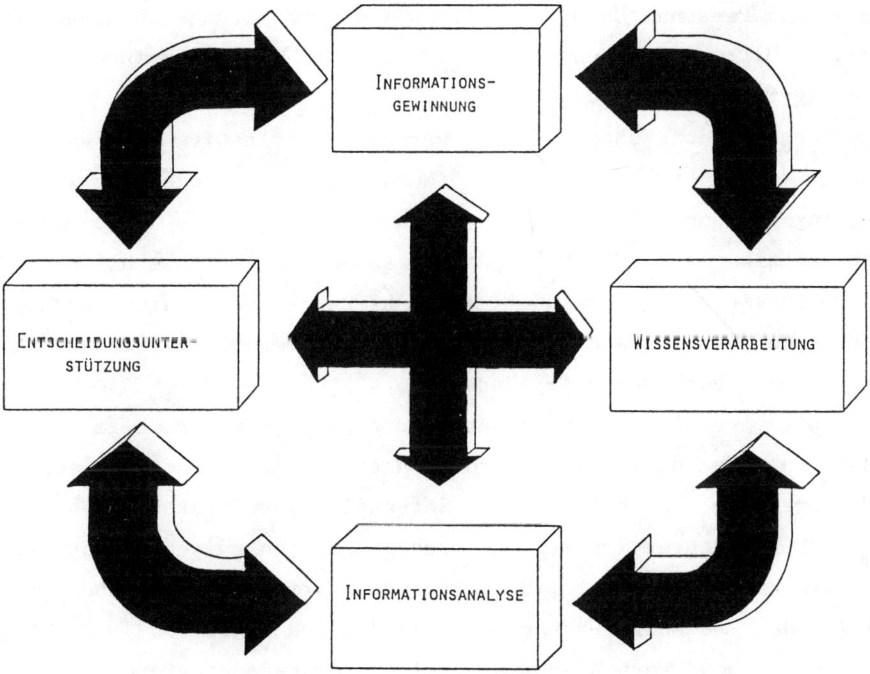

Abb. 6. Komponenten eines EDV-gestützten Marketing

Die Informationsgewinnung erstreckt sich auf die internen und externen Marketinginformationen. Aus methodischer Sicht sind hier sowohl die Marktforschung als auch Teilbereiche des Rechnungswesens und des Controlling angesprochen. Information wird im folgenden in einem nachrichten- bzw. kommunikationstechnischen Sinne verstanden; unter Information werden sowohl Daten (numerische Informationen), Texte, Festbilder (einschließlich Graphik), Bewegtbilder und Ton subsumiert.

Informationsanalyse und Entscheidungsunterstützung sind Ebenen der Verarbeitung interner und externer Marketinginformationen.

Der Analyse werden die quantitativen statistisch-ökonometrischen Auswertungsverfahren zugerechnet (vgl. Hüttner, Informationen 1979, S.159). Hierzu gehören sowohl univariate und bivariate als auch multivariate Methoden. Die Informationsanalyse zeigt in besonderer Weise die Wechselbeziehungen zwischen Methoden und Technologien, z.B. Computertechnologien auf. So haben einfache univariate und bivariate Verfahren im Zusammenhang mit Tabellenkalkulationsprogrammen auf Personal Computern (PC) weite Verbreitung gefunden (vgl. Simon, Marketingwissenschaft 1986, S. 207; Weinhold-Stünzi, Marketing-Entscheide 1985, S. 20).

Zur Entscheidungsunterstützung werden quantitative Verfahren wie Mathematische Optimierung und Simulation herangezogen (vgl. Hansen, Marketing-Planung 1974; Hammann, Entscheidungsanalyse 1975; Zentes, Absatzpolitik 1977; Köhler/Zimmermann, Entscheidungshilfen 1977; Diller, Marketingplanung 1980). Auch hier zeichnet sich durch die Verbreitung des Personal Computers eine verstärkte Anwendung ab (z.B. in Form von "what-if- Abfragen").

Quantitative Entscheidungsunterstützung stößt gerade im Marketing oftmals an Grenzen. Trotz des großen Datenvolumens sind vielfach die zur Anwendung quantitativer Entscheidungsverfahren notwendigen formalen Strukturen - z.B. Responsefunktionen zwischen Instrumenten wie Preis und Werbung als unabhängigen Variablen und Absatzmenge, Umsatz oder Deckungsbeitrag als abhängigen Variaben - nicht oder nicht ausreichend vorhanden. "Objektive" Datenstrukturierung wie die Parametrisierung von Responsefunktionen muß daher ergänzt oder ersetzt werden durch subjektive Schätzungen. Daher kommt Decision-Calculus-Ansätzen (vgl. Little, Decision Calculus 1970) gerade im Marketing eine vergleichsweise große Bedeutung zu (vgl. Zentes, Implementierung 1978).

Quantitative Entscheidungsunterstützung wird nicht nur durch die Verfügbarkeit entsprechender Datenstrukturen limitiert. Qualitative Faktoren wie Erfahrung, Gespür und Intuition spielen eine wichtige Rolle im Entscheidungsprozeß. Darüber hinaus ist gerade das Umsetzen von Informationen in Aktionen durch ein Zusammenspiel von Kalkül und Kreativität gekennzeichnet. Die Berücksichtigung der qualitativen Entscheidungsfaktoren ist daher unabdingbar. Die Technologien und Verfahren der Künstlichen Intelligenz eröffnen in diesem Zusammenhang neue Perspektiven für ein EDV-gestütztes Marketing. Aus Marketingsicht interessieren in erster Linie Expertensysteme, die auch als wissensbasierte Systeme bezeichnet werden. Wesentlich für den Leistungsumfang eines Expertensystems ist dessen Wissensbasis, die dem menschlichen aufgabenspezifischen Expertenwissen entspricht. Dieses Wissen setzt sich aus aufgabenbezogenen Definitionen, Fakten und Theorien sowie aus sog. "rules of thumb", die auch als Heuristiken bezeichnet werden können, zusammen (vgl. Hayes-Roth u.a., Expert Systems 1983, S. 4). Mit Expertensystemen wird der für ein EDV-gestütztes Marketing wichtige Schritt von der Datenverarbeitung zur Wissensverarbeitung vollzogen: Die Verarbeitung von internen und externen Marketinginformationen bezieht sich auch auf Wissen. Insofern geht die Konzeption eines EDV-gestützten Marketing über die Konzeption eines quantitativen Marketing (vgl. Weinhold-Stünzi, Marketing 1985) hinaus. Sie stellt eine spezielle EDV-orientierte Betriebswirtschaftslehre im Sinne von Scheer (vgl. Scheer, Betriebswirtschaftslehre 1987) dar.

1.3.2 Informations- und Kommunikationsorientierung und Datenfetischismus

Ein informations- und kommunikationsorientierter Ansatz wirft zugleich auf einer wissenschaftstheoretischen Ebene die Frage des Theoriebezugs auf. So birgt die technologiegestützte Gewinnung und Analyse von Informationen die Gefahr einer empiristischen Vorgehensweise und damit die Gefahr eines "Datenfetischismus" (vgl. Abb. 7).

EDV-gestütztes Marketing ist jedoch vor dem Hintergrund einer theoriegeleiteten empirischen Konzeption des Marketing zu sehen. Dies gilt sowohl im Hinblick auf die Gewinnung interner und externer Marketinginformationen als auch im Hinblick auf ihre Analyse. Dies sei an zwei Beispielen verdeutlicht.

Zur Messung automatisierten Verhaltens, d.h. zur Messung von Verhaltensweisen, die ohne willentliche Kontrollen ablaufen und nicht bewußt werden, sind Meßverfahren erforderlich, auf die das Individuum willentlich nicht einwirken kann, z.B. psychobiologische

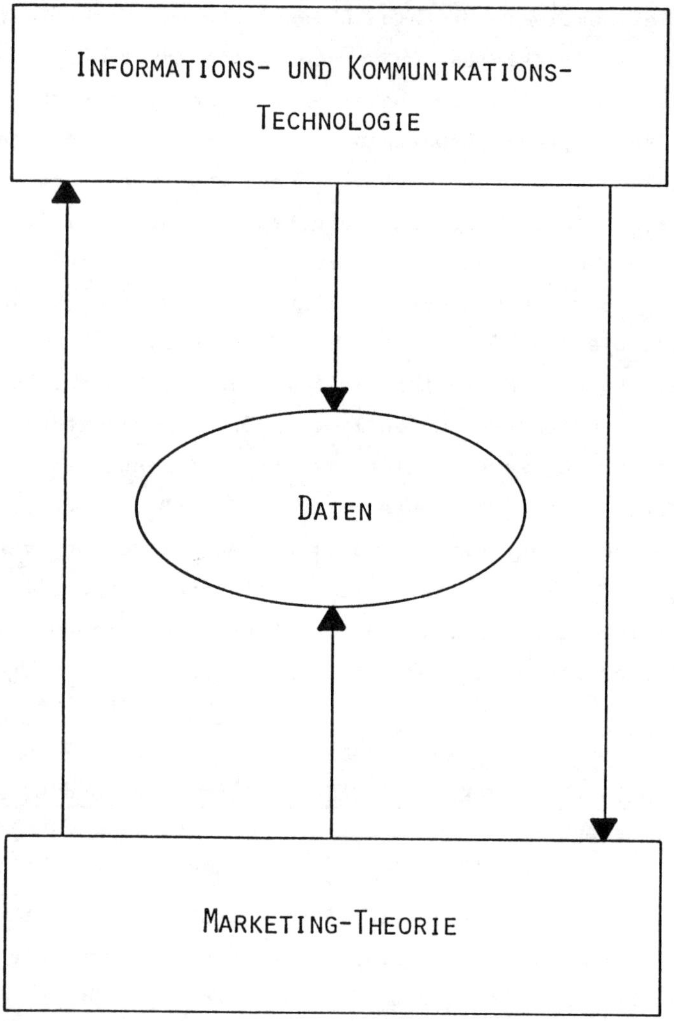

Abb. 7. Theorie und Technologie

Messungen, Reaktionszeitmessungen u.ä. (vgl. Kroeber-Riel, Analyse 1983, S. 17 f.). Reaktionszeitmessungen werden durch computergestützte Erhebungen, so Bildschirminterviews ermöglicht (vgl. Neibecker, Datenerhebung 1983). Das Bildschirminterview selbst - eine Form der Mensch-Maschine-Kommunikation - bleibt eine verbale Methode, die dadurch gekennzeichnet ist, daß der Konsument seine Vorstellungen, Gedanken und Gefühle sprachlich formulieren und mitteilen kann bzw. muß.

Im Vergleich zu psychobiologischen Verfahren und Verfahren der Reaktionszeitregistrierung, die eine Wirkungsmessung auf der individuellen Ebene ermöglichen, lassen sich auf der Grundlage von Scanner-Daten, d.h. artikelgenauen Abverkaufsdaten des Handels, die mit Hilfe elektronischer Technologien erfaßt werden, empirische Preiselastizitäten - als Ausdruck aggregierter Marktreaktionen - ableiten (vgl. Kucher, Scanner-Daten 1985) und damit Hypothesen über Marktverhaltensweisen überprüfen. Vieles spricht sogar dafür, daß auf der Basis von Scanner-Daten validere und reliablere Forschungsergebnisse entstehen (vgl. Simon, Marketingwissenschaft 1986, S. 211).

EDV-gestütztes Marketing dürfte zur Entdeckung vieler neuer Zusammenhänge führen; insofern kommt ihm auch eine explorative bzw. hypothesengenerierende Funktion zu.

Die technologischen Komponenten eines EDV-gestützten Marketing können in einem gewissen Ausmaß selbst zu einer theoriegeleiteten empirischen Vorgehensweise beitragen. Zu denken ist etwa an Expertensysteme, in deren Wissensbasis neben Fakten, Heuristiken u.ä. Theorien ein wesentliches Element bilden. Neben der Wissensbasis sind in diesem Zusammenhang die Problemlösungskomponente und die Erklärungskomponente eines Expertensystems von Bedeutung. So wendet die Problemlösungskomponente das gespeicherte Wissen auf vom Benutzer eingegebene Fakten an. Die Erklärungskomponente soll für den Benutzer den Problemlösungsprozeß transparent machen. Das System soll Antwort geben auf die Frage, wie es zu einer bestimmten Schlußfolgerung gekommen ist, und warum bestimmte Aktionen durchgeführt wurden (vgl. Retti, Expertensysteme 1984).

1.3.3 EDV-gestütztes Marketing in der Aus- und Weiterbildung

Die Akzeptanz und die Verbreitung wissenschaftlicher Marketingmethoden in der Praxis hängen wesentlich von der Fähigkeit der Manager ab, sie anzuwenden (vgl. Simon, Marketingwissenschaft 1986, S. 211). Dies gilt für ein EDV-gestütztes Marketing in besonderem Maße. So ist einerseits die Kenntnis von Methoden und Verfahren der Informationsgewinnung, Informationsanalyse und Entscheidungsunterstützung erforderlich, andererseits die Kenntnis der Informations- und Kommunikationstechnologien und die Fähigkeit, mit den Technologien praktisch umzugehen, so mit Computern.

Neben dem Methodenverständnis und der Fähigkeit, Technologien einzusetzen, ist die Verbreitung bestimmter Basistechnologien selbst Voraussetzung für ein EDV-gestütztes Marketing. So ist in einem Handelsunternehmen zur Ableitung von Preis- und Werbeelastizitäten aus Abverkaufsdaten die Verfügbarkeit einer bestimmten Check-out-Technologie erforderlich. Insofern sind zugleich die Akzeptanz- und Diffusionsprobleme neuer Technologien in Unternehmen für die Verbreitung eines EDV-gestützten Marketing von Bedeutung (vgl. z.B. Marschner, Innovationen 1986).

Die Ausbildung von Marketing-Studenten umfaßt heute bereits in großem Umfang die Verfahren und Methoden der Informationsgewinnung, Informationsanalyse und Entscheidungsunterstützung (vgl. Böcker/ Hubel/Schwerdt, Marktforschung 1985). Zunehmend wird auch die elektronische Datenverarbeitung einschließlich individueller Datenverarbeitung in das betriebswirtschaftliche Studium integriert. Auch die Verfügbarkeit von Hardware schreitet - wenngleich nicht im erforderlichen Maße - an Hochschulen voran; dies schließt Personal Computer und Telekommunikation ein. Dennoch dürften bspw. im Vergleich zu den USA noch erhebliche Anstrengungen erforderlich sein. "So verlangte z.B. die Harvard Business School im letzten akademischen Jahr von allen Studenten erstmals die Anschaffung eines Personal Computers." (Simon, Marketingwissenschaft 1986, S. 211).

Die Dynamik der Informations- und Kommunikationstechnologien und die Weiterentwicklung wissenschaftlicher Methoden und Verfahren erfordern zugleich eine permanente Weiterbildung. So dürften gerade die Entwicklungen auf dem Gebiet der Künstlichen Intelligenz einen enormen Weiterbildungsbedarf auslösen. Dies gilt selbst für die Marketing-Studenten, die in den nächsten Jahren ihre universitäre Ausbildung abschließen.

Der größere Weiterbildungsbedarf dürfte jedoch bei den in Unternehmen tätigen Marketing-Managern bestehen. Dies gilt sowohl im Hinblick auf Methoden und Verfahren (z.B. Informationsanalyse) als auch im Hinblick auf moderne Informations- und Kommunikationstechnologien. Vieles spricht dafür, daß generell die Weiterbildung eine zentrale Aufgabe der Hochschulen in den 90er Jahren wird, nicht zuletzt durch die demographisch bedingten rückläufigen Studentenzahlen. Weiterbildung stellt aber auch eine Herausforderung an die Wissenschaftler dar; sie ist zugleich ein Eckpfeiler des Forschungs- und Entwicklungstransfers.

Kapitel 2
Moderne Informations- und Kommunikationstechnologien im Marketing

2.1 Gegenstand

Die Entwicklungen auf den Gebieten Mikroelektronik, Glasfasertechnik, Sensortechnik - um nur drei wichtige Bereiche zu nennen - haben in den letzten Jahren zu einer fast unübersehbaren Menge von neuen Informations- und Kommunikationstechnologien geführt. Diese modernen Technologien - sie werden oftmals auch als Neue Medien (i.w.S.) bezeichnet - sind für das Marketing von vielfacher Bedeutung (vgl. Abb. 8).

Sie eröffnen - wie bereits erwähnt - auf der Aktionsebene des Marketing neue Perspektiven, so für die Marktkommunikation. Sie beinhalten zugleich Potentiale auf der Informationsebene, so für die Gewinnung und Analyse von Marketinginformationen. Die modernen Technologien stellen aber auch eine Herausforderung für das Marketing dar; angesprochen ist damit das Marketing für neue Informationstechnologien (vgl. Meffert, Kommunikationstechnologien 1986, S. 130; Zentes, Point of Sale 1986). Die zunehmende Verbreitung der Informations- und Kommunikationstechnologien dürfte zu Veränderungen betrieblicher, gesamtwirtschaftlicher und gesellschaftlicher Prozesse und Strukturen führen. Die Informationsgesellschaft wird auch durch ein verändertes Individualverhalten gekennzeichnet sein. Für das Marketing stellt auch dieser Aspekt des technologischen Wandels eine Herausforderung dar: Marketing in der Informations- und Kommunikationsgesellschaft.

Die Überlegungen dieses Kapitels beschränken sich auf eine überblickartige Darstellung der Informations- und Kommunikationstechnologien, die im Hinblick auf das Anliegen eines EDV-gestützten Marketing von Interesse sind. Bei der Auswahl der Technologien stehen

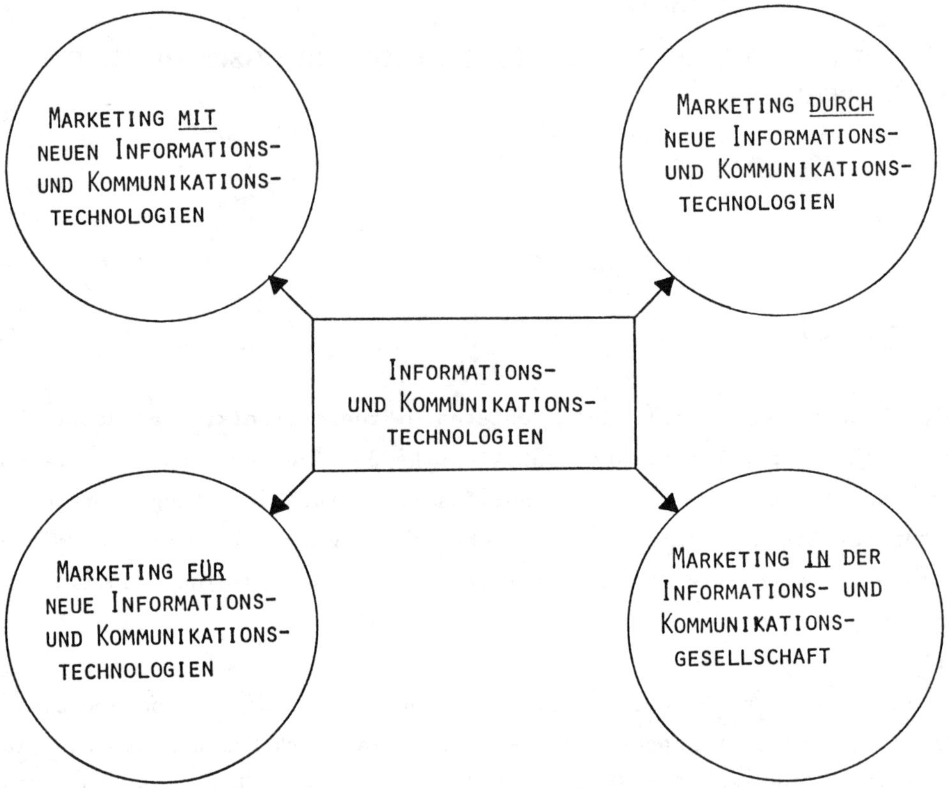

Abb. 8. Dimensionen moderner Informations- und Kommunikationstechnologien

ihre methodischen Potentiale im Hinblick auf die Gewinnung und Analyse von internen und externen Marketinginformationen im Vordergrund. Dies schließt nicht aus, daß einzelne Technologien in mehrfacher Hinsicht für das Marketing von Bedeutung sind. So bietet das Bildschirmtextsystem (Btx) einerseits Möglichkeiten für neue Formen des medialen Verkaufs, z.B. in Form des Teleselling (vgl. Zentes, Compunication 1983); andererseits können auf Btx-Basis Feldbefragungen in Form von Mensch-Maschine-Kommunikationsprozessen durchgeführt werden (vgl. Dubke, Bildschirmtext 1984).

Wenngleich die Ausführungen dieses Kapitels sich auf moderne Informations- und Kommunikationstechnologien beschränken, so soll diese High-Tech-Orientierung nicht die Relevanz konventioneller Techniken ("Low Tech") infragestellen. Nicht nur in der unternehmerischen

Praxis, auch in der Marketingwissenschaft ist das Potential konventioneller Techniken noch nicht ausgeschöpft. Man denke etwa an die auf der Datenübertragungsfähigkeit des "klassischen" Telefonsystems beruhenden Vernetzungspotentiale oder an Textverarbeitung im Hinblick auf die Erstellung von Publikationen.

Moderne (elektronische) Informations- und Kommunikationstechnologien nehmen für ein EDV-gestütztes Marketing sicherlich eine Schlüsselstellung ein. Das Informationsgewinnungs-, Informationsanalyse- und Entscheidungsunterstützungspotential konventioneller Technologien wird in den Kapiteln 3 bis 5 gleichermaßen berücksichtigt. Auf eine Erörterung dieser Technologien wird jedoch in diesem Kapitel verzichtet. Im übrigen relativiert der technische Fortschritt und die damit verbundene Technologiedynamik die Trennung zwischen konventionellen und modernen Technologien.

2.2 Basistechnologien und Entwicklungstendenzen

Die Entwicklungen auf dem Gebiet der Informations- und Kommunikationstechnologien sind durch eine Reihe von Basisinnovationen bedingt. Als zentrale Basistechnologien lassen sich herausstellen (vgl. Tietz, Technologien 1984, S. 90 ff.):

- die Mikroelektronik,
- die Lichtleitertechnik,
- die Sensortechnik,
- die Lasertechnik.

"Von Mikroelektronik spricht man erst seit Anfang der sechziger Jahre, seit es gelungen ist, die einzelnen Bauelemente einer Schaltung - Transistoren, Dioden, Widerstände und Kondensatoren - mitsamt ihrer Verbindungen mikroskopisch klein in einem einzigen, wenige Quadratmillimeter großen Siliziumkristall einzubauen. ... Die Zahl der Transistoren auf einem Siliziumkristall ist in den vergangenen 25 Jahren von zehn Transistoren um 1960 (SSI = Small Scale Integration, Anm. d. Verf.) auf heute 2 Millionen Transistoren angestiegen (VLSI = Very Large Scale Integration, Anm. d. Verf.). Die Kapazität eines solchen Halbleiterspeichers beträgt 1 Mbit, das entspricht dem Informationsinhalt von 64 Schreibmaschinenseiten. Die

Entwicklung ist jedoch keineswegs an ihrem Endpunkt angelangt. Ende dieses Jahrzehnts wird es Speicher mit einer Kapazität von 4 Megabit geben, der Inhalt eines ganzen Taschenbuchs mit 250 Seiten wird darin Platz finden (vgl. Abb. 9, Anm. d. Verf.). Der Kristall wird dann etwa die Größe eines Daumennagels besitzen. Man spricht bereits von 16 Megabit, bei 64 Mbit (= 4.000 Seiten DIN A 4) glaubt man, eine Grenze für die heutige Technologie zu sehen." (Hofmeister, Mikroelektronik 1986, S. 55 f.).

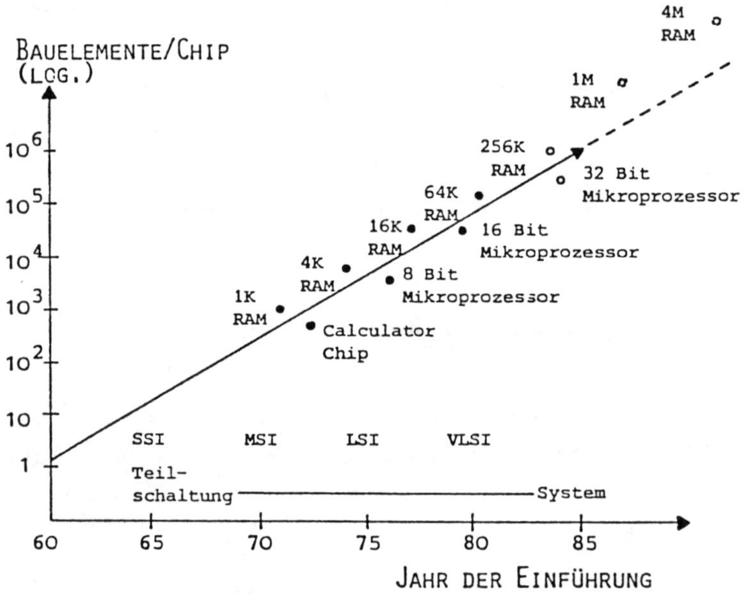

Abb. 9. Entwicklungspfad der Chiptechnologie

Die Mikroelektronik hat zu einer extremen Miniaturisierung auf dem Gebiet der Informationsspeicherung und -verarbeitung geführt und dadurch weite Anwendungsfelder erschlossen (vgl. Abb. 10). In der Datentechnik hat die Mikroelektronik zu den folgenden Entwicklungen geführt (vgl. Hofmeister, Mikroelektronik 1986, S. 60):

- höhere Arbeitsgeschwindigkeit und Speicherkapazität der Großrechner;
- rasche Verbreitung des Computers, z.B. durch Arbeitsplatzrechner, Personal Computer;

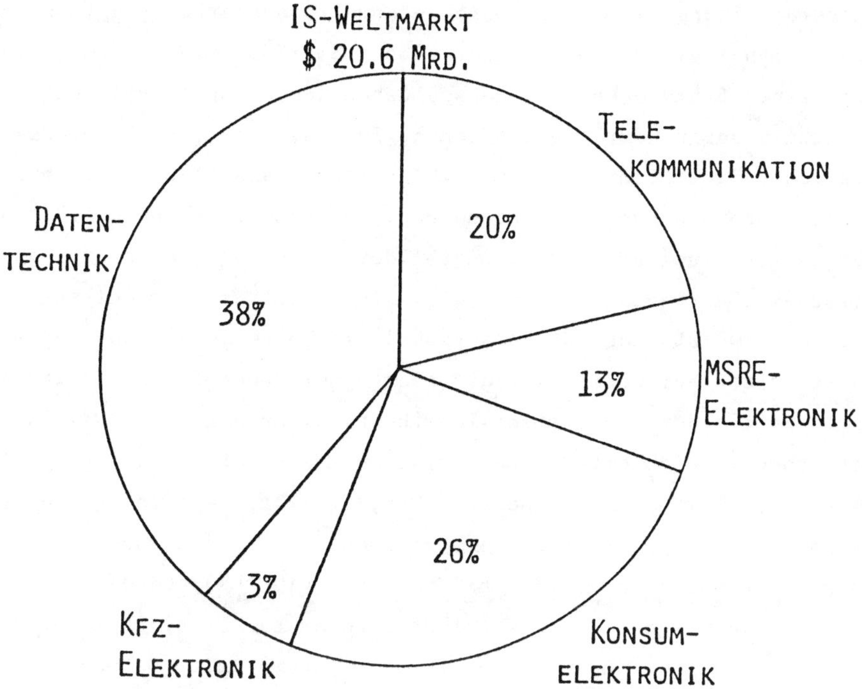

Quelle: Hofmeister, Mikroelektronik 1986, S. 59.

Abb. 10. Einsatzgebiete Integrierter Schaltungen (IS) im Jahre 1984

- Verbesserung der Schnittstelle zwischen Mensch und Maschine;
- Weiterentwicklung von der Datenverarbeitung zur Wissensverarbeitung (Computer der 5. Generation).

Insbesondere die Verbreitung von Personal Computern und intelligenten Terminals hat zu einer Dezentralisierung der Datenverarbeitung geführt. Im Bereich der Telekommunikation verbessert die Mikroelektronik einerseits die bestehenden Informations- und Kommunikationssysteme, wie Rundfunk und Fernsehen, Telefon und Fernschreiber; andererseits erweitert sie mit neuen Nachrichtensystemen die Möglichkeiten, Sprache, Schrift, Bilder und Daten auszutauschen (vgl. Hofmeister, Mikroelektronik 1986, S. 63).

Die Mikroelektronik führt zugleich zu Technologieverbindungen, so die bereits angesprochene Verknüpfung von Datentechnik und Nachrichtentechnik (Compunication). Damit wird eine neue Stufe der Informationsverarbeitung erreicht: die Informationsverarbeitung in vernetzten Systemen (vgl. Zentes, Handel 1985, S. 235 f.). Neben diesen, durch eine Basistechnologie ausgelösten Technologieverbindungen sind die Verknüpfungen der Basistechnologien selbst von Bedeutung. So ermöglicht die Lichtleitertechnik - auch als Glasfasertechnik bezeichnet - Formen der breitbandigen Telekommunikation, z.B. Nachrichtenübertragungen mit Bewegtbildern. Im Vergleich zu anderen physischen Übertragungsmedien, die eine Breitbandkommunikation ermöglichen, weist das Glasfaserkabel die Vorteile der hohen Übertragungskapazität bei geringem Platzbedarf, der Unempfindlichkeit gegen äußere Störfelder, der Abhörsicherheit, einer niedrigen Dämpfung und damit großer Reichweite ohne Zwischenverstärker auf (vgl. Picot/Anders, Telekommunikationsnetze 1986, S. 12). Breitbandige Nachrichtenkanäle und Computertechnik ermöglichen den Aufbau neuartiger Telekommunikationsnetze (z.B. BIGFON oder BIGFERN) und damit die Einrichtung neuartiger Telekommunikationsdienste (z.B. Bildfernsehen, Video-Conferencing, hoch integrierte Systeme mit Daten-, Text-, Sprach-, Fest- und Bewegtbildübertragung). Sie führen damit zu höheren Ebenen der Vernetzung.

Ein weiteres Beispiel für Technologieverknüpfungen stellt die Sensortechnik dar. Sie spielt zunächst im Zusammenhang mit Robotern (Robotics) eine wichtige Rolle (vgl. Kroy, Künstliche Intelligenz 1985, S. 4). Mit Hilfe von Sensoren können Roboter sehen, fühlen, hören und auch riechen. Roboter können auch auf Reize reagieren, für die der Mensch kein Sinnesorgan besitzt, so auf radioaktive Strahlen oder Magnetfelder (vgl. Hofmeister, Mikroelektronik 1986, S. 61).

Die sog. Mustererkennung ist nicht nur für die Robotertechnik von Interesse; sie ermöglicht auch die Entwicklung von Computern, die Befehle nicht mehr über Tastaturen o.ä. empfangen, sondern über das gesprochene Wort, d.h. Computer, die eine natürliche Sprache verstehen. Mustererkennung bedeutet in diesem Zusammenhang, das Gehörte - oder möglicherweise auch das Gesehene - zu verstehen; dies bedeutet, es in immer gleicher Weise in Symbole umzucodieren und damit Befehle auszulösen.

Die Verknüpfung von Sensortechnik und Mikroelektronik dürfte in der Zukunft zu Sensoren führen, die bereits die Signal-Vorverarbeitung übernehmen (vgl. Tietz, Technologien 1984, S. 104).

Eine weitere Basistechnologie ist die Lasertechnik (vgl. Tietz, Technologien 1984, S. 91). Sie hat die Entwicklung moderner Informations- und Kommunikationstechnologien in vielfältiger Weise beeinflußt. So beruht die (optische) Bildplattentechnologie auf dem Einsatz von Lasern. Die in optischen Bildplatten gespeicherten Daten, Texte, Sprach-, Fest- und Bewegtbildinformationen werden berührungs- und verschleißfrei durch Laser ausgelesen (vgl. Hermanns, Video- und Bildplattensysteme 1986, S. 73). Dies gilt in ähnlicher Form für die Compact Disk (CD).

Die Einsatzbereiche der Bildplattentechnik liegen in erster Linie in der Speicherung und Wiedergabe von Informationen unterschiedlicher Art, so Ton-, Fest- und Bewegtbildinformationen. Neben diesem Vorteil einer integralen Kombination unterschiedlicher Informationsarten bietet diese Technik die Möglichkeit des Off-line-Einsatzes und der Kopplung mit dem Btx-System oder externen Rechnern, z.B. Personal Computern (vgl. Zentes/Gier, MARKETING 1984, S. 233; Wiemer, Bild-/Text-Informations- und Kommunikationssystem 1986).

Auf der Lasertechnologie beruhen nicht nur neuartige Systeme der Informationsspeicherung und -wiedergabe, sondern auch neuartige Systeme der Datenerfassung, so das Scannen von Strichcodes im Rahmen der Verkaufsdatenerfassung (vgl. Zentes, Mediendynamik 1981, S. 19 f.).

Die betriebswirtschaftlichen Potentiale der Basistechnologien Mikroelektronik, Lichtleitertechnik, Sensortechnik und Lasertechnik liegen in der Dezentralisierung, Integration und Vernetzung (vgl. Abb. 11). Dies gilt in besonderer Weise im Hinblick auf ein EDV-gestütztes Marketing. Die Dezentralisierung bezieht sich sowohl auf die Erfassung, Speicherung, Übertragung als auch auf die Verarbeitung von internen und externen Marketinginformationen. Dezentralisierung ist dabei nicht nur auf der technischen Ebene zu sehen; die Arbeitsformen und organisatorischen Strukturen in Unternehmen werden von der technischen Realisation solcher Dezentralisierungspotentiale beeinflußt.

Integration und Vernetzung bedeuten auf einer technischen Ebene die Kombination und Verknüpfung unterschiedlicher Systeme und Dienste, z.B. im Bereich der Telekommunikation die Kombination unterschiedlicher Informationsarten, und die Kombination unterschied-

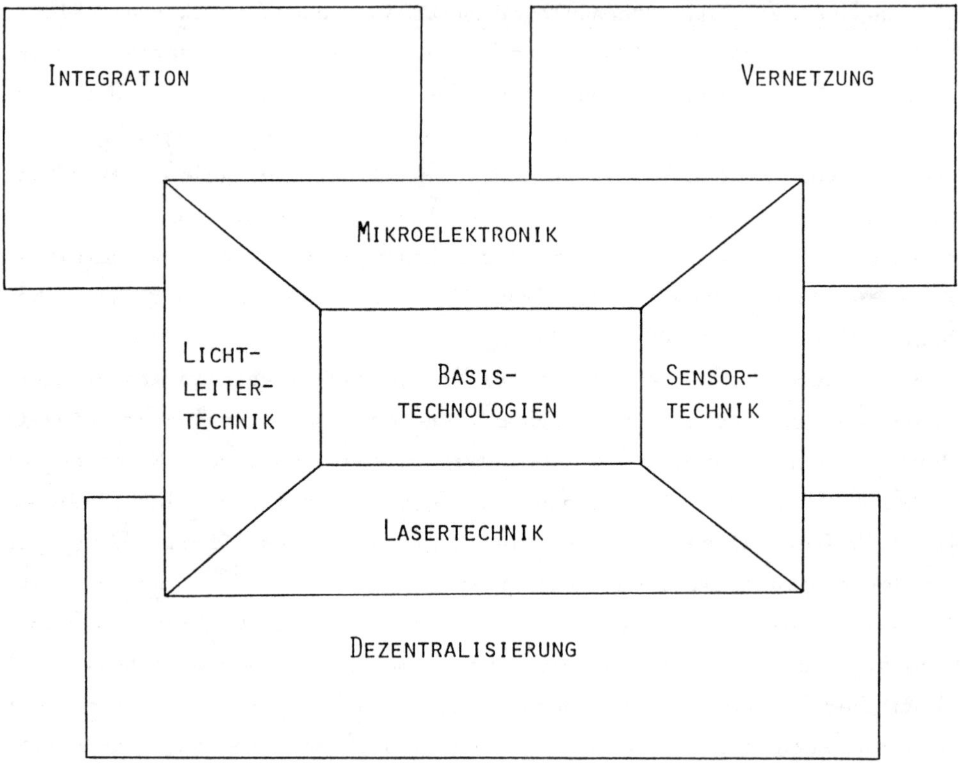

Abb. 11. Betriebswirtschaftliche Potentiale der Basistechnologien

licher Fähigkeiten, so der Erkennung und Verarbeitung von Mustern. Für ein EDV-gestütztes Marketing bieten Integration und Vernetzung neue Formen der Gewinnung und Analyse von Informationen, so die Einbeziehung von Bewegtbild- und Toninformationen in computergestützte Befragungen, die On-line-Nutzung von externen Datenbanken. Integration und Vernetzung haben wie die Dezentralisierung Auswirkungen auf die Arbeits- bzw. Aufgabenstrukturierung und damit auf die Organisation von Unternehmen (vgl. Picot/Reichwald, Bürokommunikation 1984, S. 123 ff.).

2.3 Ausgewählte Informations- und Kommunikationstechnologien

2.3.1 Überblick

Im folgenden werden aus dem breiten Spektrum moderner Informations- und Kommunikationstechnologien ausgewählte Technologien vorgestellt. Die Auswahl orientiert sich dabei an der Relevanz der Technologien für ein EDV-gestütztes Marketing. Die Ausführungen sollen einen Einblick in die technologische Infrastruktur eines EDV-gestützten Marketing vermitteln. Insofern stehen zunächst technische Aspekte im Vordergrund. Der direkte Anwendungsbezug einiger Technologien führt dabei zwangsläufig auch zur Erörterung inhaltlicher Aspekte.

Wenngleich die Informations- und Kommunikationstechnologien - wie im Zusammenhang mit den Basistechnologien erwähnt (vgl. Abschn. 2.2) - durch zunehmende Verknüpfung und Integration gekennzeichnet sind, soll aus analytischen Gründen und Darstellungsgründen dennoch eine getrennte Behandlung erfolgen. Die neuen Informations- und Kommunikationstechnologien werden unterschieden in (vgl. Abb. 12):

- Technologien zur Erfassung von Informationen,
- Technologien zur Übertragung von Informationen,
- Technologien zur Speicherung von Informationen,
- Technologien zur Verarbeitung von Informationen.

Die Zuordnung einer Technologie zu einer dieser interdependenten Gruppen erfolgt dabei nach dem Schwerpunktprinzip. So wird die Technik der mobilen Datenerfassung dem Erfassungsbereich zugeordnet, wenngleich ihr praktischer Nutzen gerade in der einfachen und kostengünstigen Form der Datenübertragung auf der Basis des öffentlichen Fernsprechwählnetzes liegt. Die in mobilen Datenterminals erfaßten Daten werden bis zur Übertragung in den Terminals zwischengespeichert. Zugleich können die Terminals bestimmte Vorverarbeitungsfunktionen übernehmen. Insofern stellt die mobile Datenerfassung auch eine Technologie der Speicherung und Verarbeitung dar.

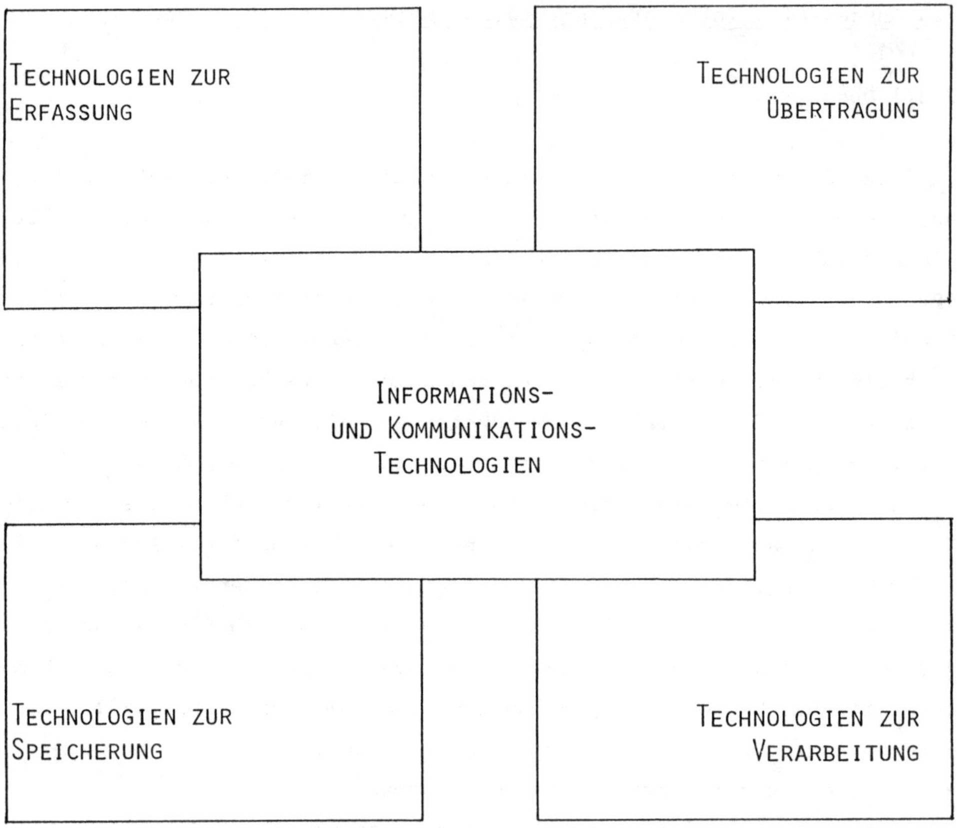

Abb. 12. Schwerpunktbereiche der Informations- und Kommunikationstechnologien

2.3.2 Technologien zur Erfassung von Informationen

2.3.2.1 Technologien der Artikeldatenerfassung

Die Entwicklungen auf den Gebieten Mikroelektronik und Lasertechnik haben zu neuen Technologien der Verkaufsdatenerfassung in Handels- und Dienstleistungsunternehmen, z.B. in der Gastronomie, geführt. Elektronische Datenkassen, Lesestifte, Scanner und sonstige Peripheriegeräte ermöglichen die Erfassung von artikelbezogenen Verkaufsdaten (Artikeldaten) am Check-out. In gleicher Weise können Kunden- und Verkäuferdaten registriert werden.

Die artikelgenaue Erfassung der Abverkaufsdaten ist in begrenztem Umfang mit modernen elektronischen Datenkassen in einer Stand-alone-Version möglich. So kann in derartigen Kassen der Verkauf von über 1.000 Artikeln (oder Artikelgruppen) verfolgt werden. Die Verknüpfung mit gespeicherten Preisen führt zur genauen mengen- und wertmäßigen Erfassung des Artikelverkaufs. Die Speicherung der Preise ermöglicht zugleich eine bedienungsfreundliche und bedienungssichere Kassenabwicklung. Die manuelle Eingabe einer z.B. drei- oder vierstelligen Artikelnummer löst die automatische Zuordnung des Preises aus (Price-Look-Up-Verfahren, PLU).

Die technische Weiterentwicklung der Datenkassen, die durch eine Verknüpfung und Integration mit Mikrocomputern gekennzeichnet ist, ermöglicht bereits die Erfassung und Speicherung von über 40.000 Artikeln (vgl. Nagler, Mikrocomputer 1985). Die zunehmenden Speicherkapazitäten bei gleichzeitiger physischer Miniaturisierung und sinkenden Hardwarepreisen dürften in den nächsten Jahren die Erfassung und Speicherung auch größerer Sortimente (z.B. über 100.000 Artikel) auf PC-Basis sowohl in technischer als auch in ökonomischer Hinsicht ermöglichen. Der Einsatz größerer Rechner mit entsprechender Peripherie (z.B. sog. Filialrechner) bietet diese Möglichkeit bereits heute.

Die artikelgenaue Erfassung umfangreicher Sortimente setzt nicht nur eine technische, sondern auch eine organisatorische Infrastruktur voraus. Angesprochen sind damit Systeme der Artikelnumerierung und -codierung. Diese numerischen Ordnungssysteme dienen der Identifikation und/oder Klassifikation von Artikeln. Artikelnumerierungssysteme können von Unternehmen individuell oder überbetrieblich erstellt werden. Beispiele für überbetriebliche (einheitliche) Systeme sind:

- das EAN-System,
- das UPC-System.

Das EAN-System (ursprünglich Europäische Artikelnumerierung, heute Internationale Artikelnumerierung) wurde 1977 als gesamteuropäisches Identifikationssystem entwickelt. Es löste das 1969 in der Bundesrepublik Deutschland geschaffene ban-System (bundeseinheitliche Artikelnumerierung) ab, das die Artikel identifizierte und klassifizierte, d.h. Artikel auch bestimmten Artikelgruppen, Warengruppen und Warenbereichen zuordnete. Ende 1986 gehörten der EAN-Organisation (International Article Numbering Association) mit Sitz in Brüssel 32 Mitgliedsorganisationen an, darunter auch Japan (Distribution Code Center), Australien (Australian Product Number Association), Ungarn (EAN-Bureau) und die Sowjetunion (Chamber of Commerce and Industry). Die Bundesrepublik Deutschland ist über die CCG (Centrale für Coorganisation) mit Sitz in Köln Mitglied der EAN-Organisation. Der CCG gehörten 1709 Industrieunternehmen und 2891 Handelsunternehmen im Jahre 1986 an.

Die internationale Artikelnummer umfaßt 13 Stellen, die, wie in Abbildung 13 dargestellt, aufgeteilt sind. Neben der Normalversion der EAN-Nummer (13-stellig) gibt es die sog. Kurznummer, die aus 8 Stellen besteht. Diese Nummern sind zur Auszeichnung kleinvolumiger Artikel bestimmt. Sie dienen zugleich der handelsinternen Auszeichnung. Das amerikanisch/kanadische UPC-System (Universal Product Code), das mit dem EAN-System kompatibel ist, wird ebenfalls in zwei Versionen angeboten, in einer Normalversion (Version A) mit 12 Stellen und einer Kurzversion mit 7 Stellen.

Länder-Kennzeichen	Bundeseinheitliche Betriebsnummer »bbn«	individuelle Artikelnummer des Herstellers	Prüfziffer
4 0	1 2 3 4 5	0 0 3 1 5	4
Centrale für Coorganis. für die Bundesrepublik Deutschland	FRANZ SCHUSTER KG Travestr. 20 2400 Lübeck	Lübecker Edelmarzipan Geschenkpackung 100 g	99% Sicherheit

Abb. 13. Aufbau der Internationalen Artikelnummer (EAN)

Die EAN-Nummern werden meist in Form eines maschinenlesbaren Strichcodes auf den einzelnen Artikeln durch die Hersteller angebracht (vgl. Abb. 14). Nicht herstellerausgezeichnete Artikel können durch die Handelsbetriebe nach dem EAN-System ausgezeichnet werden

(In-Store-Auszeichnung). Das Ausmaß der Herstellerauszeichnung ist im Food-Bereich am größten. Tabelle 1 zeigt den Stand der Herstellerauszeichnung in ausgewählten Ländern im Juli/August 1986. Grundlage der Angaben ist das Sortiment eines Supermarktes ohne den Frischwarenbereich.

4 012345 003154

Abb. 14. EAN-Strichcode

Land	Auszeichnungsgrad 1)
Belgien:	über 85 %
Deutschland:	über 93 %
Frankreich:	über 90 %
Grossbritannien:	über 95 %
Japan:	über 95 %
Niederlande:	90 %
Österreich:	64 %
Schweiz:	über 84 %
USA:	über 95 %

1) Stand: Juli/August 1986

Quelle: A.C. Nielsen Company.

Tab. 1. Stand der EAN-Herstellerauszeichnung in ausgewählten Ländern

Die EAN-Nummern lassen sich auch in anderen Strichcodes darstellen, z.B. im System 2/5 Interleaved oder Code 39 (vgl. Unglaube, Babylon 1986). Derartige Systeme sind bspw. relevant für den Bereich der Logistik (2/5 Interleaved) oder die Erfassung von Zusatzinformationen wie Farbe, Modell, Dessin o.ä. im Textilbereich (Code 39). Die EAN-Nummern lassen sich auch in OCR-Schriften (Optical Character Recognition) darstellen. Die EAN-Strichcodierung kann mit der OCR-Klarschriftdarstellung gekoppelt werden. Als Beispiel zeigt Abbildung 15 die Kombinationslösung der japanischen EAN-Organisation.

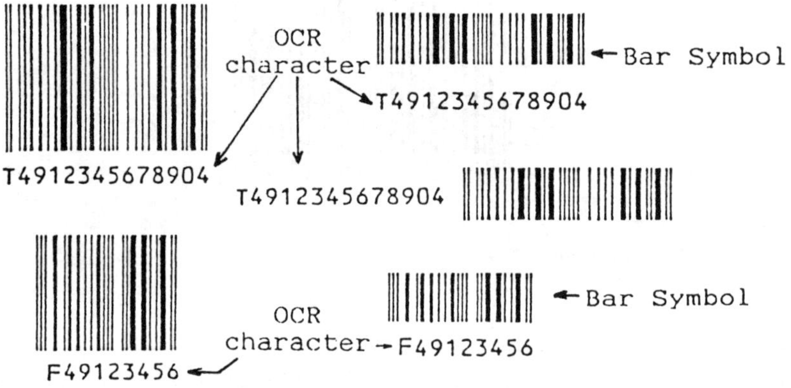

Quelle: Distribution Code Center (D.C.C. Japan).

Abb. 15. EAN-Strichcode und OCR-B in Japan ("Double Marking")

Die Herstellerauszeichnung auf EAN-Basis dürfte in den nächsten Jahren auch im Non-Food-Sektor an Bedeutung gewinnen. Zugleich zeichnet sich ein Trend zugunsten strichcodierter Systeme ab.

Die strichcodierten oder in OCR-Schrift dargestellten Artikelnummern werden durch Peripheriegeräte der elektronischen Check-out-Systeme erfaßt, so durch Handlesegeräte wie Lesestifte, Lesepistolen, handgehaltene Scanner (mobile Scanner) oder stationäre Lesegeräte wie Slot-Scanner (vgl. Abb. 16). Dabei ist eine "intermixte" Erfassung möglich. So sind die Geräte selbsterkennend in der Lage,unterschiedliche Strichcodes (z.B. EAN, 2/5, Code 39) zu erfassen. Bei neueren Systemen erstreckt sich die "intermixte" Erfassung auch auf OCR-Schriften.

Das Lesen und Registrieren am Check-out läuft bei Scanning wie folgt ab. Während die mit speziellen Strichcodeetiketten ausgezeichneten Waren (so bei In-Store-Auszeichnung) bzw. der auf den Ver-

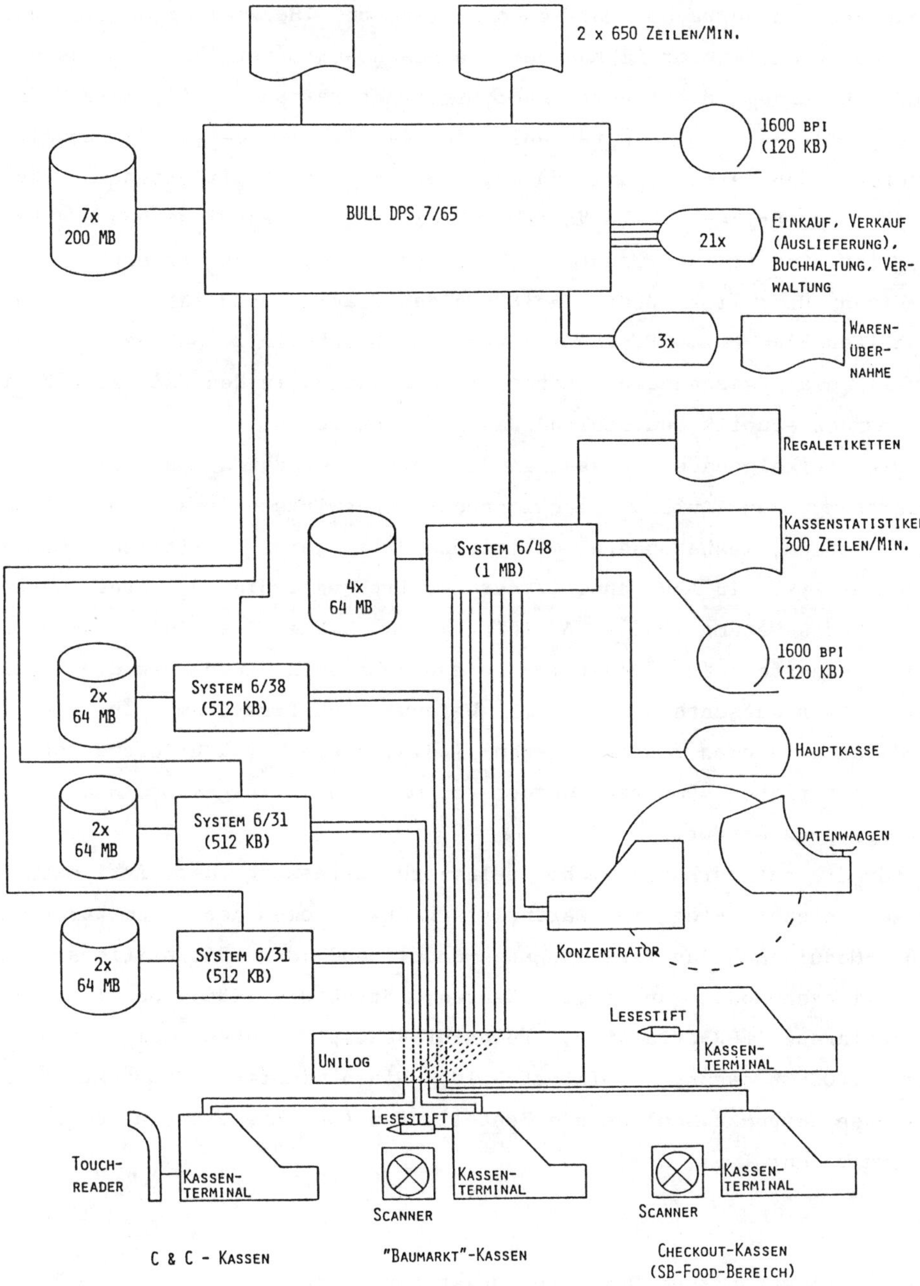

Quelle: Honeywell Bull AG.

Abb. 16. Technische Infrastruktur zur Artikeldatenerfassung - Beispiel Huma-Markt in Wien

packungen aufgebrachte Strichcode (so bei Herstellerauszeichnung) über ein Sichtfenster im Kassentisch geschoben (vertikale Erfassung) oder an einem Sichtfenster vorbeigeführt werden (horizontale Erfassung), tastet ein Laserstrahl die im Strichcode verschlüsselten Informationen (Artikelnummern) ab. Den so identifizierten Artikeln werden im Price-Look-Up-Verfahren die im angeschlossenen Rechner gespeicherten Preise zugeordnet; ihr Verkauf wird registriert.

Einen Überblick über den Stand der Scannerinstallationen in ausgewählten EAN- bzw. UPC-Ländern vermittelt Tabelle 2. So beträgt der Anteil des "gescannten" Lebensmittelumsatzes in den USA ca. 46%, in der Bundesrepublik Deutschland dagegen erst rd. 4%.

Die artikelgenaue Erfassung der Abverkaufsdaten ist eine Voraussetzung zum Aufbau geschlossener Warenwirtschaftssysteme auf der Handelsebene, insbesondere im Einzelhandel; ihre inhaltliche Grundstruktur ist in Abbildung 17 dargestellt (vgl. hierzu Zentes, Warenwirtschaftssysteme 1985). Administrative Zwänge, so die Fakturierung, schaffen in Industrie- und Großhandelsunternehmen die Datenbasis (Verkaufsdaten) für ein Warenwirtschaftssystem. In Einzelhandelsunternehmen findet dagegen i.d.R. keine Fakturierung statt; die getätigten Umsätze werden oftmals nur insgesamt oder nach Warengruppen erfaßt.

Für die aus Marketingsicht relevante Erfassung der Artikelbewegungen bieten sich in Warenwirtschaftssystemen neben dem Warenausgangs-Modul auch das Wareneingangs-Modul und das Dispositions- und Bestellwesen-Modul an (vgl. Zentes, Struktur 1986). So bildet der Wareneingang (POR-Erfassung, Point-of-Receipt) neben dem Warenausgang (POS-Erfassung, Point-of-Sale) einen wichtigen Meßpunkt. Einen weiteren Meßpunkt stellen die Bestellungen (bei Lieferanten oder der Zentrale) dar (vgl. Abb. 18).

2.3.2.2 Elektronische Datenerhebungstechnologien

Die zunehmende Miniaturisierung im Bereich der Daten- und Nachrichtentechnik ermöglicht Verfahren der mobilen Datenerfassung (MDE). Das technische Grundprinzip besteht darin, "... daß mit Hilfe mobi-

Land	Anzahl der Scanner-installationen	Anzahl der Scanner-kassen	Scanner-kassen je 1 Mill. Einwohner	Scanner-kassen je Scanner-installation
Bundesrepublik Deutschland 1)2)	719	5.211	85	7,2
Frankreich	1.023	6.906	128	6,8
Großbritannien	498	2.980	53	6,0
Niederlande	218	983	70	4,5
Belgien	204	1.043	104	5,1
USA 3)	12.614	-	-	-
Japan	6.021	12.182	102	2,3

1) Stand 31.12.1986: 966
2) Anteil des "gescannten" Lebensmittelumsatzes: ca. 4 %.
3) Anteil des "gescannten" Lebensmittelumsatzes: ca. 46 %.

Quelle: Coorganisation 1986, Nr. 2, S. 13; Coorganisation 1986, Nr. 3, S. 14.

Tab. 2. Scannerinstallationen in ausgewählten EAN/UPC-Mitgliedsländern - Stand: Ende 1985

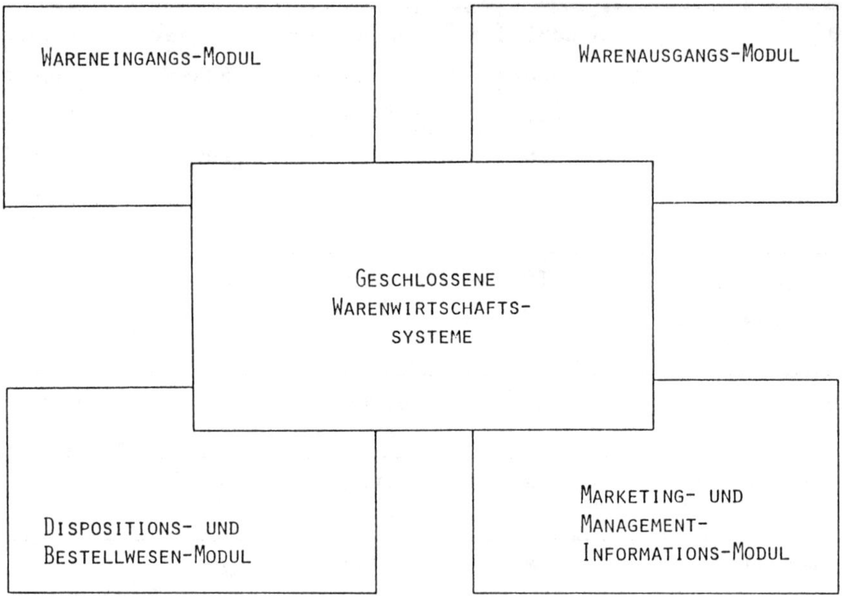

Abb. 17. Modularstruktur geschlossener Warenwirtschaftssysteme

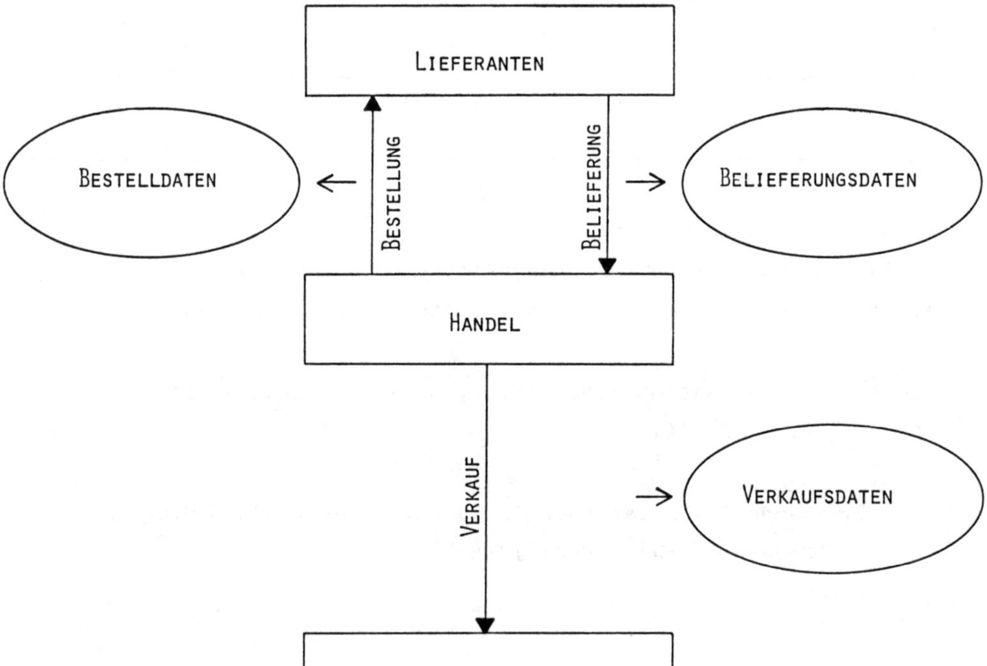

Abb. 18. Meßpunkte für Artikelbewegungen in Warenwirtschaftssystemen

ler Datenerfassungsgeräte, den sog. mobilen Datenterminals, dezentral anfallende Daten am Ort ihrer Entstehung in datenverarbeitungsgerechter Form erfaßt und über das dezentral verfügbare öffentliche Fernsprechwählnetz an eine zentrale Datenverarbeitungsanlage übermittelt werden. Bei entsprechender technologischer Auslegung können mobile Datenterminals empfangen, so daß zwischen Zentrale und Terminal eine Dialogkommunikation möglich ist." (Hermanns, Mobile Datenerfassung 1986, S. 40).

Die technische Entwicklung führt einerseits zu einer größeren Leistungsfähigkeit der MDE-Geräte im Hinblick auf Speicher- und Verarbeitungskapazitäten sowie im Hinblick auf die Möglichkeiten der Zwei-Wege-Kommunikation. Andererseits führt die Miniaturisierung auch zu immer leistungsfähigeren Mikrocomputern in Form sog. Hand-Held-Computer, die ebenfalls eine mobile Datenerfassung und eine entsprechende Datenübermittlung ermöglichen. Insofern zeichnet sich eine Konvergenz dieser Technologien ab.

Die mobile Datenerfassung bietet vielfältige Einsatzmöglichkeiten im Marketing. Zu erwähnen sind die Erfassung von Auftragsdaten und die Erfassung von Marktdaten durch Verkaufsaußendienste sowie die Datenerfassung im Rahmen der Umfrageforschung (vgl. Trommsdorff/ Kredel, Computerentwicklungen 1983, S. 180). Dort ermöglicht die mobile Datenerfassung den Aufbau computergestützter Interviewsysteme.

Die elektronischen Informations- und Kommunikationssysteme, so Computertechnik, Telefontechnik, Bildschirmtext und Kabelfernsehen (mit Rückkanal) bieten weitergehende Möglichkeiten der computergestützten bzw. computerisierten Datenerhebung. Das Spektrum reicht dabei von der Eingabe und On-line-Erfassung der Antworten durch die Probanden auf Fragen, die ein Interviewer stellt, bis zur Computerbefragung in Form einer Mensch-Maschine-Kommunikation. Die Fragen werden dabei über einen Bildschirm (z.B. Bildschirmterminal, Fernsehbildschirm) gestellt. Die Probanden geben ihre Antworten über eine Tastatur direkt in den Rechner ein. Die Entwicklungen auf dem Gebiet der Künstlichen Intelligenz dürften in den nächsten Jahren zu Formen der Mensch-Maschine-Kommunikation in natürlicher Sprache führen.

2.3.2.3 Apparative Meßtechniken

Die elektronischen Datenerhebungstechnologien führen nicht nur zu einer Ausweitung der Befragungsmethoden und ihrer Automatisierung, sie ergänzen zugleich die klassischen Befragungsmethoden durch die apparative Messung spontaner und emotionaler Reaktionen der Probanden (vgl. Neibecker, Reaktionsmessung 1983). Zu erwähnen sind u.a. die computerkontrollierte Magnitudemessung und computergestützte Programmanalysatoren, die im Dritten Kapitel näher behandelt werden.

Die Entwicklungen in der Mikroelektronik, der Lasertechnik und der Sensortechnik führen auch zu neuartigen apparativen Meßtechniken; sie ermöglichen nonverbale Methoden (i.e.S.) in der Marktforschung. Unter diesem Aspekt können die apparativen Techniken für psychobiologische Messungen, z.B. physiologische Messungen und Blickaufzeichnungen, herausgestellt werden.

Physiologische Messungen, die in der Aktivierungsforschung eine zentrale Rolle einnehmen, werden meist in Form sog. Kontaktmessungen durchgeführt. Zur Messung zentraler und peripherer bioelektrischer Indikatoren werden am Körper der Probanden Sensoren (Elektroden) befestigt, um die biologischen Vorgänge zu registrieren. Die bioelektrischen Impulse werden über Kabel zu einem Polygraphen weitergeleitet, der die Reaktionen aufzeichnet (Elektroenzephalogramm, EEG) (vgl. Kroeber-Riel, Analyse 1983, S. 36). Eine telemetrische Variante dieser Meßtechnik besteht darin, daß die über Sensoren aufgenommenen Daten über Funk weitergegeben werden.

Telemetrische kontaktfreie Messungen erfolgen bei der Stimmfrequenzanalyse und der Thermographie, die erst ansatzweise für den praktischen Einsatz in der Marktforschung entwickelt sind bzw. erst pilotweise in der Marktforschung eingesetzt werden. In Stimmfrequenzanalysen wird bspw. die Grundtonfrequenz - als eine Komponente der menschlichen Stimme - als Aktivierungsindikator gemessen. Dies wiederum setzt Verfahren voraus, den Grundton in dem komplexen akustischen Signal (Sprachsignal) zu identifizieren (vgl. Backhaus u.a., Stimmfrequenz 1983, S. 115 ff.). "Bei thermographischen Messungen geht man davon aus, daß Veränderungen der Körperoberflächentemperatur - insbesondere der Gesichtstemperatur - innere Erregungen anzeigen. Die Temperaturveränderungen lassen sich mit Infrarotkameras messen." (Kroeber-Riel, Analyse 1983, S. 37).

Mit apparativen Techniken zur Blickaufzeichnung wird das Blickverhalten als physisches Korrelat der Informationsaufnahme gemessen (vgl. Bernhard, Blickaufzeichnung 1983). Das in der Marktforschung gebräuchliche Gerät NAC IV, das nach der Cornea-Reflex-Methode arbeitet, "... besteht im wesentlichen aus einer Brille, welche die Testperson im Versuch aufzusetzen hat, und einem gebündelten Glasfiberstrang, der die Brille mit einem Datenmittler (z.B. Kamera) verbindet. Die Brille dient zum einen als verlängertes Objektiv der Kamera, so daß damit das Blickfeld gefilmt werden kann. Zusätzlich strahlt eine an der Brille befestigte kleine Lampe auf das Auge. Der auf das Auge (Cornea) gerichtete Lichtstrahl wird von dort wieder reflektiert und über einen halbdurchlässigen Spiegel in die Glasfiberoptik eingespiegelt. Wird das Auge bewegt, so ändert sich auch die reflektierende Fläche. Der Lichtstrahl erhält einen anderen Ein- bzw. Ausfallwinkel, wird also anders gespiegelt als vorher. Diese Veränderungen werden sichtbar, wenn die Kamera mit einem Videogerät verbunden ist. Der gespiegelte Lichtstrahl wird im Monitor dort als kleiner weißer Pfeil gezeigt, wo die Versuchsperson gerade hinsieht. Man sieht auf dem Bildschirm demnach das gesamte Blickfeld der Versuchsperson und einen Lichtpfeil, der sehr rasch und scheinbar unsystematisch in diesem Blickfeld umherspringt. Er kennzeichnet die Fixationspunkte des Betrachters. Will man die Dauer der Fixation registrieren, so kann man dies mit Hilfe eines elektronischen Zeitnehmers, der in das Monitorbild eingeblendet wird." (Bernhard, Blickaufzeichnung 1983, S. 110).

2.3.3 Technologien zur Übertragung von Informationen

2.3.3.1 Datenträgeraustausch

Dem Austausch maschinell lesbarer Datenträger, z.B. in Form von Kassetten, Disketten oder Magnetbändern, kommt in Industrie-, Handels- und Dienstleistungsunternehmen besondere Bedeutung zu (vgl.

Weigand, Datenträger 1980). Die mittelbare Kommunikation durch Weitergabe maschinell lesbarer Datenträger kann sowohl innerhalb eines Unternehmens bzw. einer Unternehmensgruppe als auch zwischen einem Unternehmen und externen Institutionen wie Banken, Lieferanten, Sozialversicherungsanstalten usw. erfolgen.

So können in einem filialisierenden Handelsunternehmen filialseitig die Artikel-, Kunden- und Verkäuferdaten auf Datenträgern erfaßt und gespeichert werden. Die in die Zentrale übermittelten (d.h. in konventionellem Sinne transportierten) Datenträger werden dort ohne zusätzlichen Erfassungsaufwand direkt weiterverarbeitet. In umgekehrter Richtung können Änderungen der Stammdaten, z.B. Preisänderungen oder Artikelneuaufnahmen, zentralseitig durchgeführt, auf Datenträgern erfaßt und in die Filialen übermittelt werden. Die Stammdatenpflege besteht filialseitig dann nur in dem maschinellen Einlesen des Datenträgers. Der Datenträgeraustausch ermöglicht somit den Aufbau eines arbeitsteiligen Warenwirtschaftssystems.

In ähnlicher Form lassen sich Rationalisierungspotentiale durch Datenträgeraustausch mit externen Institutionen erreichen. Erforderlich ist hierzu jedoch eine technisch-organisatorische Standardisierung, so hinsichtlich des Satzaufbaus. Zu erwähnen ist in diesem Zusammenhang die Kommunikation von Rechnungsdaten zwischen Herstellern (Industrie) und Handelsunternehmen auf Datenträgern nach der SEDAS-Norm (Standardregelungen für ein einheitliches Datenträgeraustauschsystem, SEDAS) der CCG. Die Standardregeln betreffen u.a. (vgl. CCG, SEDAS 1977, S. 9):

- den Erstellungsrhythmus,
- die Sortierung der Daten,
- die Wahl und die Spezifikation der Datenträger,
- die Schlüsselgrößen,
- die Datensicherung,
- die Maßnahmen zur Wahrung der Vertraulichkeit.

Der Datenträgeraustausch kann in bilateraler Form erfolgen, z.B. zwischen einem Konsumgüterhersteller und einer Großhandlung. Er kann aber auch - zur Ausnutzung weitergehender Rationalisierungseffekte über einen Konzentrator (Clearingstelle) erfolgen, der das Netz n x m möglicher Kontaktkanäle des bilateralen Austauschs (unkanalisiert) (vgl. Abb. 19) auf eine kanalisierte Abfolge (vgl. Abb. 20)

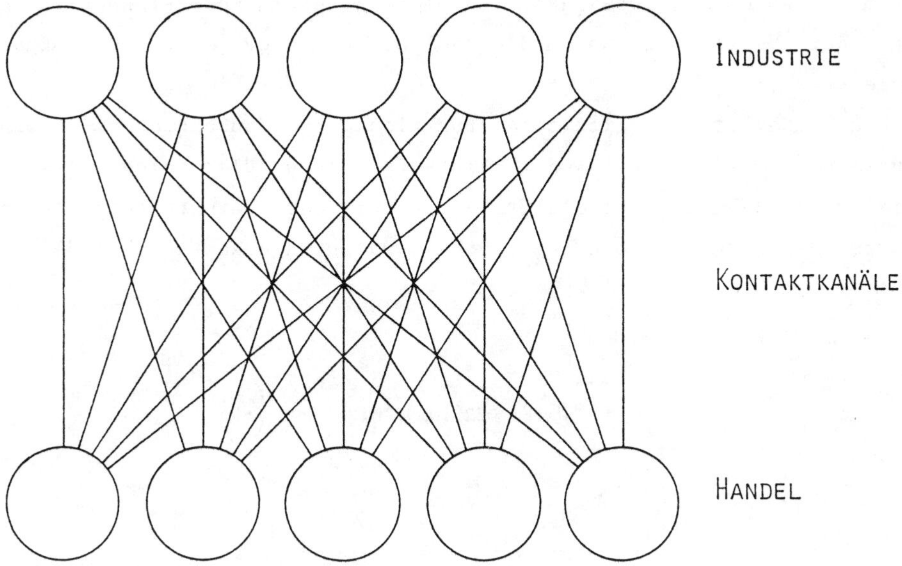

Abb. 19. Struktur eines bilateralen Daten(träger-)austauschs

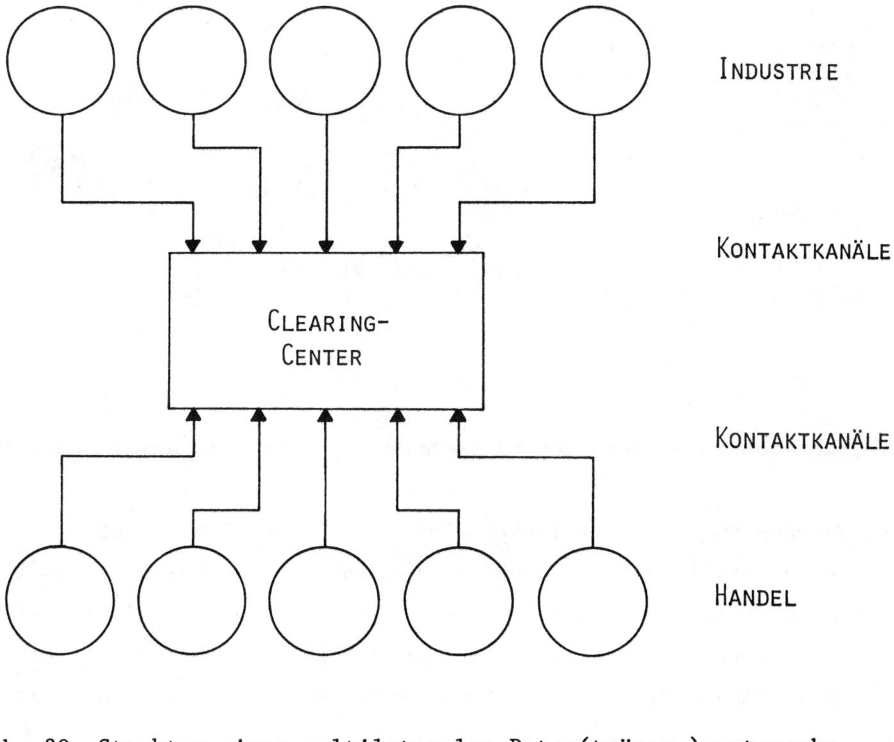

Abb. 20. Struktur eines multilateralen Daten(träger-)austauschs

von n + m Kommunikationswegen reduziert. Dabei kennzeichnet n die Zahl der Hersteller und m die Zahl der Abnehmer, z.B. der Großhandlungen.

Die informationslogistische Funktion des Konzentrators können neutrale Clearingcenter oder Einkaufskontore übernehmen. Als Beispiel zeigt Abbildung 21 die Grundstruktur des Datenträgeraustauschsystems der Gedelfi, Köln (vgl. Schäl, Datenträgeraustausch 1985).

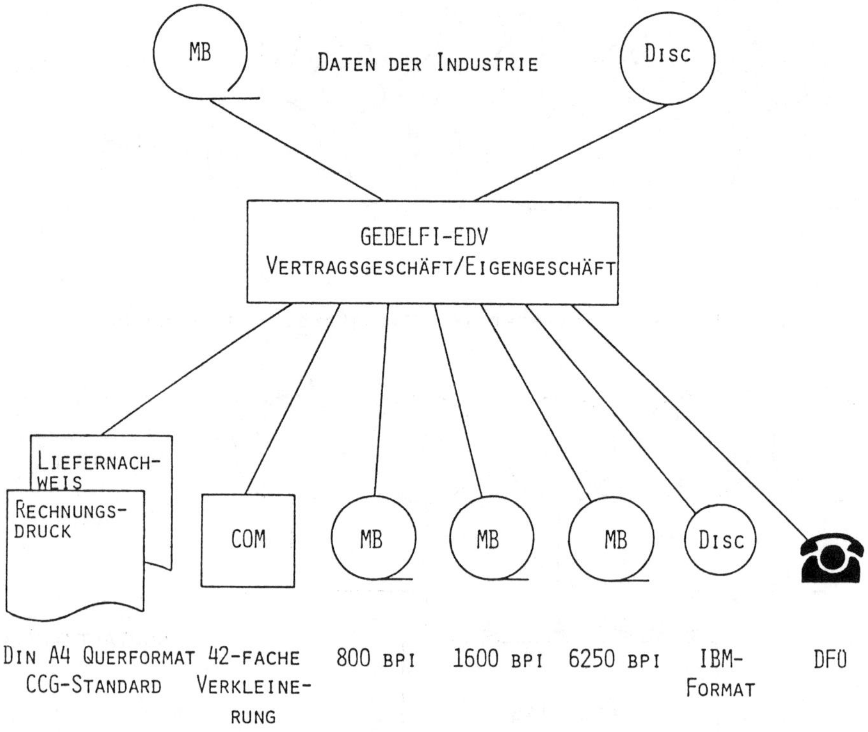

Abb. 21. Datenträgeraustausch im Rechnungsverkehr - Beispiel Gedelfi

Datenträgeraustausch zwischen Industrie und Handel bietet den Beteiligten nicht nur Rationalisierungsmöglichkeiten; er beinhaltet zugleich Marketingpotentiale. So stellen die Belieferungsdaten einen wichtigen Meßpunkt für Artikelbewegungen in einem Warenwirtschaftssystem dar (vgl. Abb. 18). Die Einkaufskontore bzw. die ihnen angeschlossenen Unternehmen verfügen über artikelgenaue Bewegungsdaten, die für eine informatorische Fundierung des Handelsmarketing analysiert werden können.

In den Datenträgeraustausch können auch die am Point-of-Sale erfaßten Artikeldaten einbezogen werden. So stellen bereits zahlreiche Handelsunternehmen ihre artikelgenauen Verkaufsdaten auf Magnetbändern Marktforschungsinstituten zur weiteren Verarbeitung zur Verfügung. Auch im Bereich der Marktforschung bzw. der Marktdatenkommunikation zeichnet sich neben dieser bilateralen Form des Datenaustauschs ein multilateraler Datenaustausch ab. In diesem Zusammenhang ist das Projekt MADAKOM (Marktdatenkommunikation) der CCG zu erwähnen, dessen Datenflußstruktur in Abbildung 22 dargestellt ist.

Das Marktdatenkommunikationssystem stellt verkaufsstellenbezogene Artikelverkaufsdaten auf Wochenbasis für marktforscherische und logistische Auswertungen zur Verfügung. Seit Anfang Mai 1986 liefern ausgewählte Testmärkte ihre artikelbezogenen Wochenumsatzdaten an den MADAKOM-Datenpool. Die erste MADAKOM-Datenlieferung an die Testhersteller erfolgte Anfang Juli 1986. "Die MADAKOM-Test- und Pilotphase begann im Mai 1986 und dauert mindestens acht Monate. Es ist zwar in erster Linie ein technisch-organisatorischer Test, jedoch sollten die Datenempfänger bereits untersuchen, ob und auf welche Weise sie die so gelieferten verkaufsstellenbezogenen Artikelrohdaten marktforscherisch auswerten können." (Spitzlay, MADAKOM 1986, S. 36).

Ein vergleichbares Projekt startete die Article Number Association in Großbritannien im Jahre 1985, den Sales Data Service. In diesem System liefern - nach Angaben der CCG - insgesamt 70 Scannerläden Verkaufsdaten.

2.3.3.2 Telekommunikationssysteme

2.3.3.2.1 Datenübertragungsnetze und -dienste

Der Datenträgeraustausch - als Kombination von Elektronik (Erfassung und Speicherung) und Mechanik (Transport) - stellt eine Vorstufe der Vernetzung dar. Moderne Telekommunikationssysteme ermöglichen eine

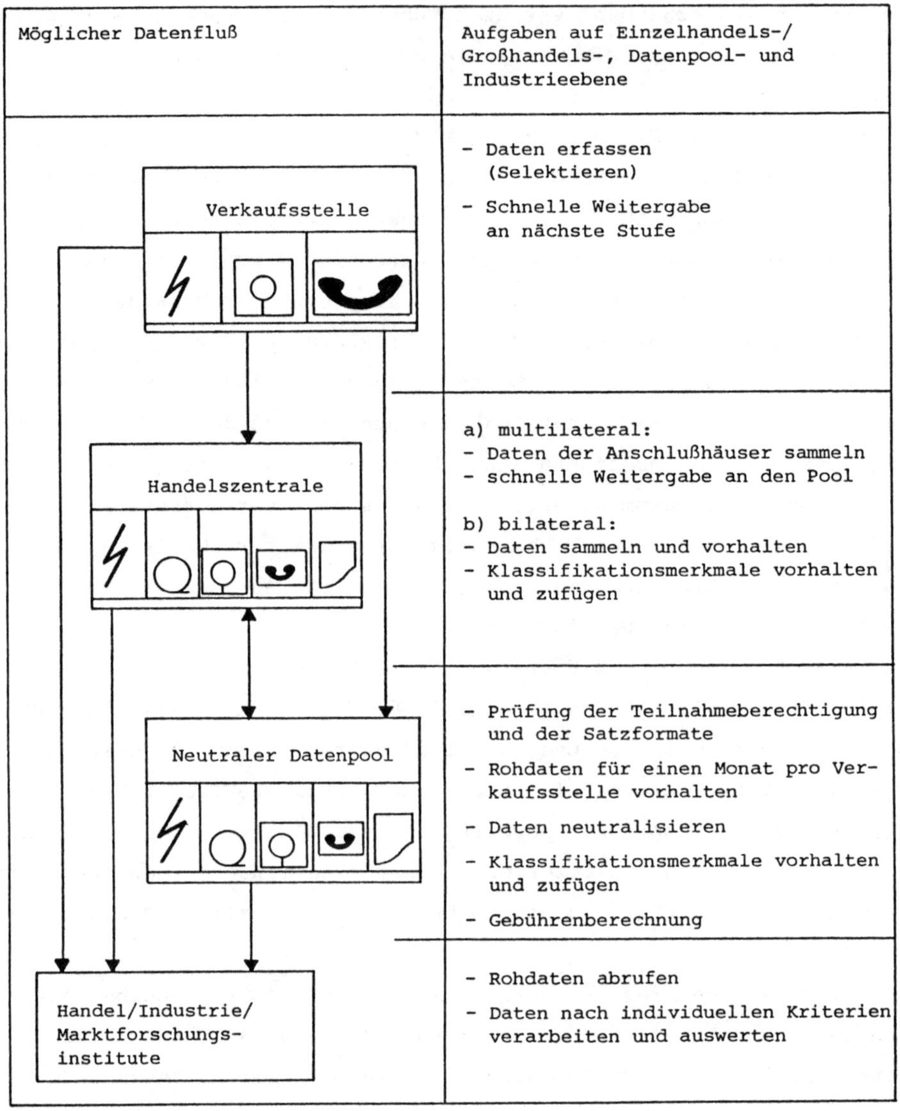

Quelle: Coorganisation 1983, Nr. 4, S. 18.

Abb. 22. Datenfluß in der Marktdatenkommunikation (MADAKOM)

direkte Vernetzung unterschiedlicher Institutionen, so von Handelsunternehmen, Industrieunternehmen, Marktforschungsinstituten, Banken bzw. unterschiedlichen organisationsinternen Einheiten und Subeinheiten, z.B. im Rahmen der (elektronischen) Bürokommunikation.

Einen Überblick über die Vielzahl der unterschiedlichen Telekommunikationsnetze als Infrastruktur der technischen Kommunikation und der Telekommunikationsdienste, die sich gegenwärtig im Planungs- oder im Experimentierstadium oder bereits im praktischen Einsatz befinden, vermittelt Abbildung 23. Für das Marketing sind dabei - wie aus den Überlegungen im Zusammenhang mit den Fragen des Datenträgeraustauschs hervorgeht - die Netze und Dienste zur Datenübertragung von besonderem Interesse.

Datenübertragung in Telekommunikationsnetzen (= Datenfernübertragung, DFÜ) kann über unterschiedliche Dienste erfolgen (vgl. zur Unterscheidung zwischen Netzen und Diensten Picot/Anders, Telekommunikationsnetze 1986). Das Spektrum reicht vom Einsatz von Akustikmuffen (z.B. bei MDE-Geräten) über Akustikkoppler (z.B. bei MDE-Geräten und Personal Computern), Modems und Datentelefone im Fernsprechwählnetz bis zu Datex-L und Datex-P im integrierten Fernschreib- und Datennetz (IDN) und in den höher integrierten Systemen.

Die Datenfernübertragung ermöglicht wichtige marketingrelevante Vernetzungen. So kann das im Abschnitt 2.3.3.1 skizzierte arbeitsteilige Warenwirtschaftssystem eines Filialunternehmens einen höheren Rationalisierungsgrad und ein besseres Echtzeitverhalten erreichen, wenn die Transaktionsdaten und die geänderten Stammdaten über entsprechende Netze direkt übertragen werden. Die Telekommunikationsstruktur eines derartigen Warenwirtschaftssystems ist schematisch in Abbildung 24 dargestellt.

Durch Datenfernübertragung können auch die Lieferanten in das Warenwirtschaftssystem integriert werden, so zur Kommunikation von Liefer- und Rechnungsdaten sowie von Bestelldaten. Die Kommunikation von Bestelldaten kann in bilateraler oder multilateraler Form erfolgen. Ein System der Bestelldatenkommunikation unter Einschaltung einer Clearingstelle stellt der im Aufbau befindliche SEDAS-DATEN-SERVICE (SDS) der CCG in Zusammenarbeit mit der General Electric Informations-Service (GEIS) dar. Vergleichbare Systeme bestehen u.a. in Schweden (DAKOM; vgl. Grönnlund, DAKOM 1985) und in Großbritannien (TRADACOMS/TRADANET).

Der SEDAS-DATEN-SERVICE ist ein als Mail-box-System konzipiertes Datenclearing; die Datenübertragung erfolgt über das MARK III-System von General Electric. "Rund um die Uhr können Handelsunternehmen ...

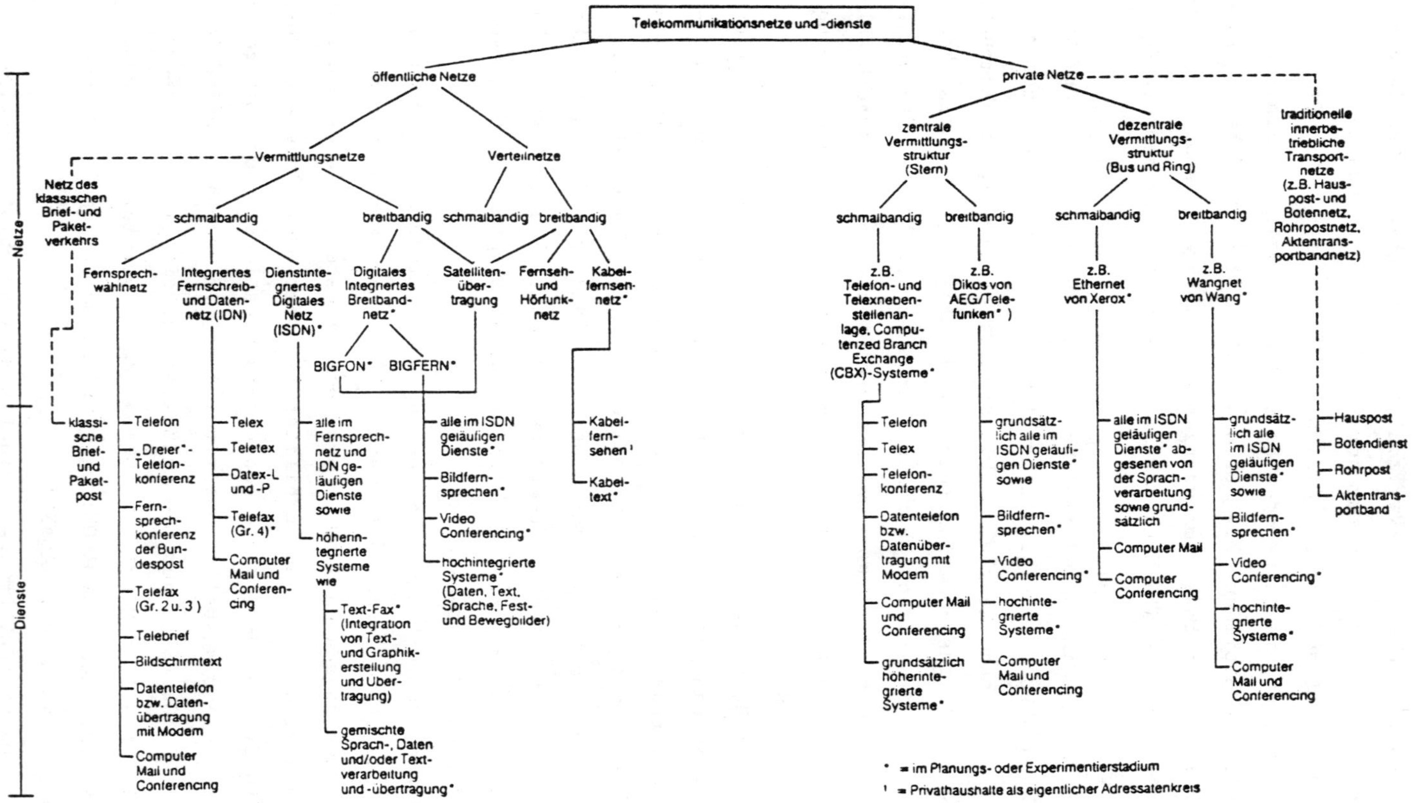

Quelle: Picot/Anders, Telekommunikationsnetze 1986, S. 24.

Abb. 23. Netze und Dienste in der Telekommunikation

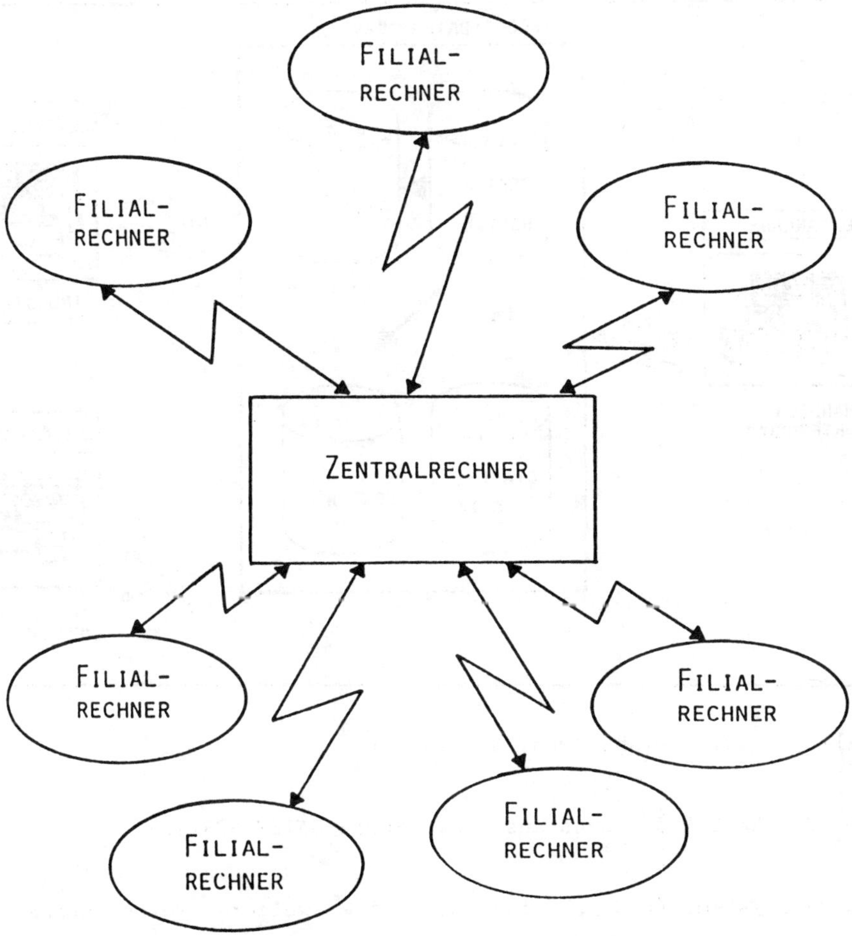

Abb. 24. Rechnernetz eines arbeitsteiligen Warenwirtschaftssystems

Bestellungen absenden. Die Industriebetriebe wiederum können permanent die eingegangenen Bestellungen abrufen." (o.V., Draht 1985, S. 34). Die technisch-organisatorische Grundstruktur des SDS ist in Abbildung 25 schematisch dargestellt. Der Bestelldatenaustausch führt bei den Beteiligten nicht nur zu Rationalisierungseffekten; die Erfassung der Bestelldaten stellt einen weiteren für das Marketing wichtigen Meßpunkt zur Registrierung von Artikelbewegungen (vgl. Abb. 18) dar.

Die Technik der Datenübertragung ermöglicht auch die direkte Vernetzung der Handelsunternehmen mit Marktforschungsinstituten (vgl. Abb. 26), mit Banken, so zur Autorisierung im Rahmen elektronischer

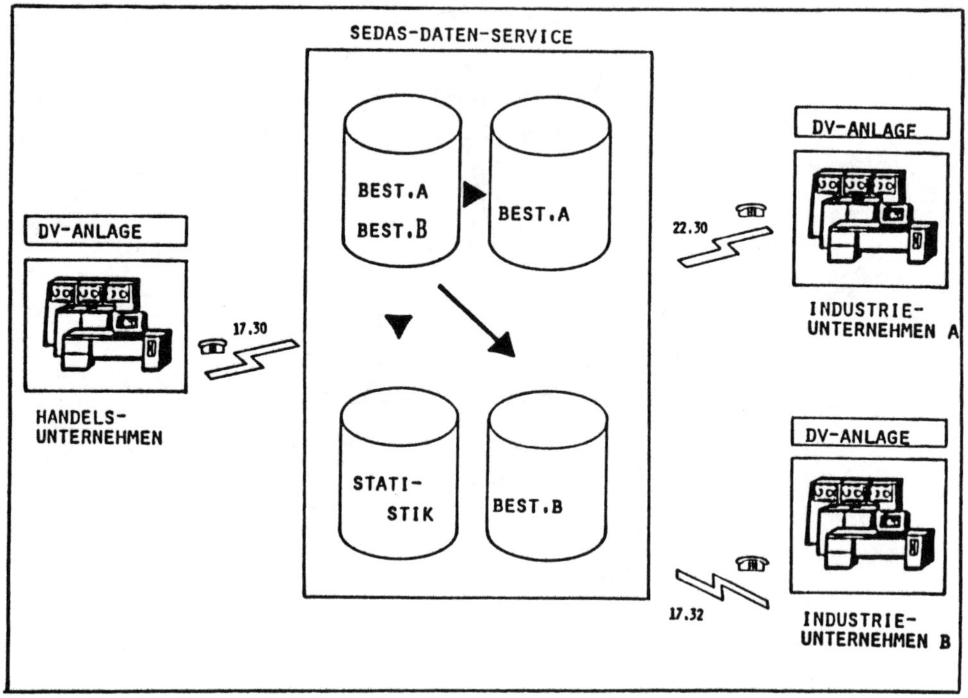

Quelle: o.V., Draht 1985, S. 34.

Abb. 25. Bestelldatenaustausch mit SEDAS-DATEN-SERVICE

Zahlungssysteme (z.B. POS-Banking). Eine weitere Vernetzungsmöglichkeit bezieht sich auf die Hard- und Software-Lieferanten (Systemhersteller), z.B. zur Tele-Wartung, Remote-Control. Die Datenfernübertragung ermöglicht letztlich den Ausbau eines geschlossenen Warenwirtschaftssystems zu einem integrierten Warenwirtschaftssystem (vgl. Zentes, Tendenzen 1985, S. 93 f.) (vgl. Abb. 27).

Die Datenfernübertragung führt nicht nur zum Aufbau unternehmensinterner Netzwerke und zur Integration von externen Institutionen, so Unternehmen, Unternehmenszusammenschlüssen u.ä., sie ermöglicht auch in Verbindung mit entsprechenden Endeinrichtungen, die in den nachfolgenden Abschnitten behandelt werden, die Einbeziehung von Konsumenten und Mitarbeitern, z.B. im Rahmen des Teleshopping (vgl. Zentes, Teleshopping 1985) oder der Telearbeit (vgl. Zentes, Handel 1985, S. 236 und die dort angegebene Literatur).

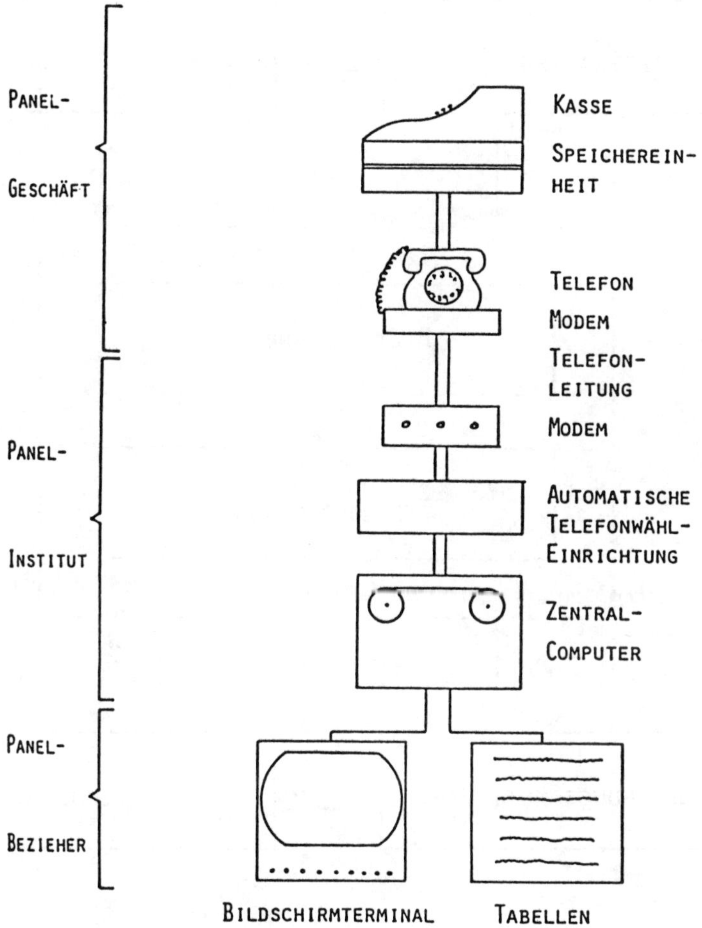

Quelle: Bauer, Handels-Panel 1981, S. 400.

Abb. 26. Vernetzung der Handelsunternehmen mit Marktforschungsinstituten

2.3.3.2.2 Bildschirmtext

Bildschirmtext ist ein Telekommunikationsdienst, der sich bei der Informationsübertragung auf das Fernsprechwählnetz stützt. Aus dem Btx-Speicher können neben numerischen Informationen Textinformationen sowie nach dem gültigen CEPT-Standard (Conférence Européenne des Administrations des Postes et des Télécommunications) Graphiken

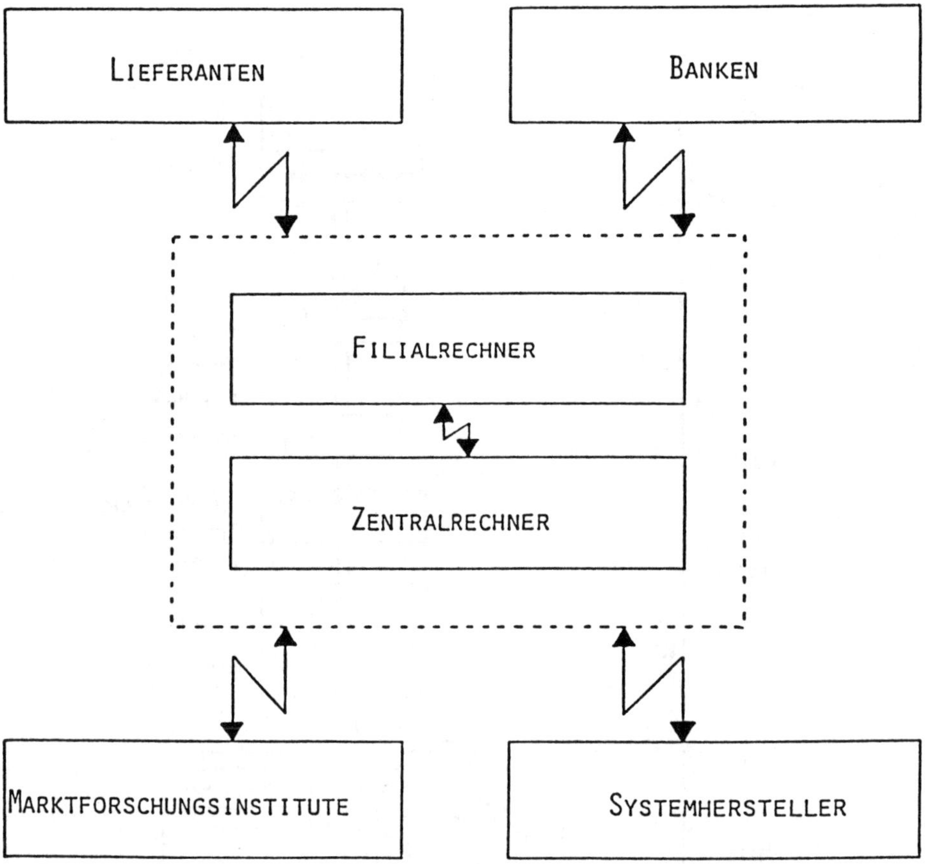

Abb. 27. Externe Vernetzungen der Warenwirtschaftssysteme

auf einem handelsüblichen Fernsehgerät, das mit einem Decoder ausgestattet ist, abgerufen werden. Zwischen Fernsprechleitung und Fernsehgerät wird ein Modem geschaltet, das die übermittelten Signale in Ziffern und Buchstaben umsetzt. Die gewünschten Informationen lassen sich per Tastenwahlgerät (TV-Fernbedienung oder Keyboard mit alphanumerischer Tastatur) abrufen und erscheinen auf dem Bildschirm (vgl. Zentes, Mediendynamik 1981, S. 21). Ein "Suchbaum-Schema" übernimmt dabei die Rolle eines Inhaltsverzeichnisses (vgl. hierzu Zentes/Gier, MARKETING 1984, S. 230 f.).

Dieses Btx-Grundsystem, das schematisch in Abbildung 28 dargestellt ist, wurde in mehrfacher Hinsicht erweitert. Von zentraler Bedeutung ist dabei die Anbindung "externer Rechner". So können

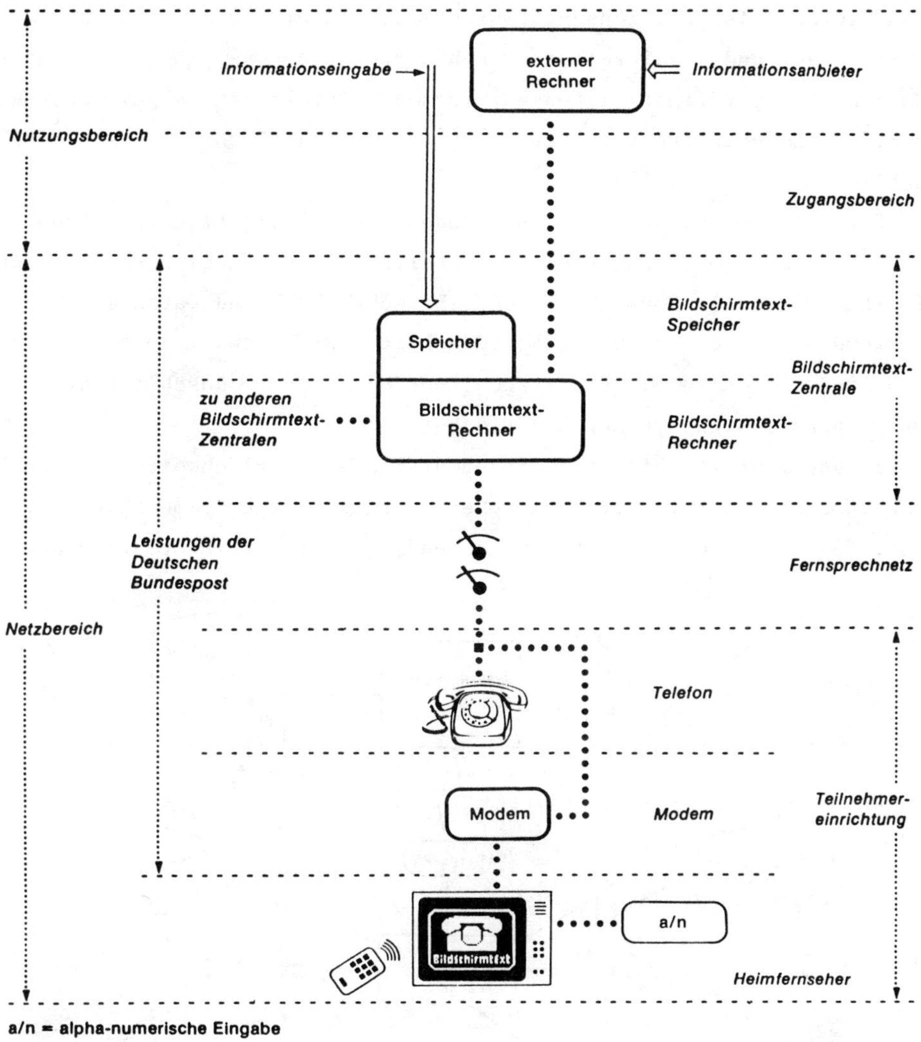

Quelle: Bundesministerium für das Post- und Fernmeldewesen, Bildschirmtext o.J.

Abb. 28. Bildschirmtext-Systemelemente

Btx-Anbieter ihre Angebote statt in den Rechnern der Post alternativ auch in eigenen Datenverarbeitungsanlagen bereithalten. Diese werden als sog. externe Rechner über das Datex-P-Netz der Bundespost an die Btx-Vermittlungsstellen angebunden. "Durch diese Möglichkeit, auch fremde private Rechner anzuschließen, gewinnt Bildschirmtext die Dimension eines Datenkommunikationssystems für jedermann. Über den reinen Informationsabruf hinaus ist im Dialog mit externen Rechnern direkt und unmittelbar Datenfernverarbeitung möglich: Individuelle Rechnerdienstleistungen können mittels Btx abgewickelt werden." (Bundesministerium für das Post- und Fernmeldewesen, Bildschirmtext o.J., S. 6).

Für die private und insbesondere die kommerzielle Nutzung ist weiterhin die Möglichkeit herauszustellen, als Endgeräte auch Btx-fähige Personal Computer, Schreibtischgeräte und Datenterminals zu verwenden. Ihnen können Vorverarbeitungs- bzw. Weiterverarbeitungsfunktionen u.ä. übertragen werden. Weitere anschließbare Peripheriegeräte sind Drucker und Plotter.

Bildschirmtext bietet somit ebenfalls die Möglichkeit zum Aufbau von Netzwerken mit der Möglichkeit der Zwei-Wege-Kommunikation (vgl. Abb. 29). Für die geschäftliche Anwendung kann der Informationsaus-

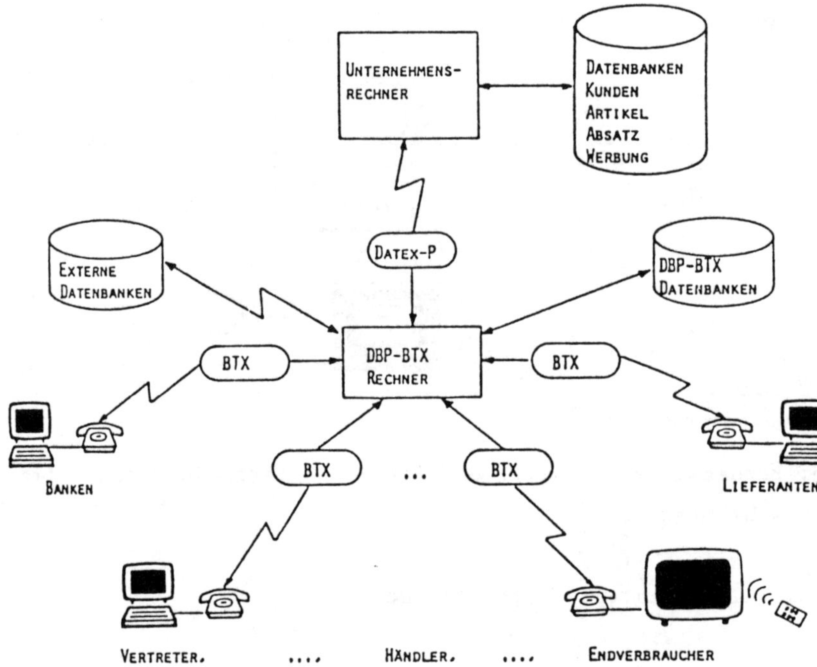

Quelle: Scheer, Betriebswirtschaftslehre 1987, S. 61.

Abb. 29. Bildschirmtext-Netz

tausch auf "geschlossene Benutzergruppen" (GBG) beschränkt werden. "Der Anwender hat bei der GBG die Möglichkeit, selbst zu bestimmen, welchem Teilnehmerkreis er Zugang zu seinen Informationen gewährt. Darüber hinaus kann er auch noch innerhalb der Benutzergruppen verschiedene Berechtigungsgrade festlegen." (Bundesministerium für das Post- und Fernmeldewesen, Bildschirmtext o.J., S. 6).

Die Verbreitung des Btx-Systems verläuft weitaus langsamer als urprünglich von vielen erwartet. Als retardierende Momente im Diffusionsprozeß sind herauszustellen:

- ökonomisch bedingte Widerstände,
- technisch bedingte Widerstände,
- institutionell bedingte Widerstände,
- personell und sozial bedingte Widerstände.

Diese Innovationshemmnisse und -widerstände behindern in gleicher Weise den Diffusionsprozeß der übrigen modernen Informationstechnologien und Neuen Medien. Zu erwarten ist daher eine evolutorische Entwicklung. Insofern wird auch die folgende These von Krampe in vollem Umfang mitgetragen. "Die von vielen Zeitgenossen erwartete oder befürchtete Revolution im Bereich der Informationstechnologien findet bis zum Jahre 2000 nicht statt." (Krampe, Vernetzung 1984, S. 40).

2.3.3.2.3 Kabel- und Satellitenfernsehen

Kabelfernsehen ist eine Form der Bewegtbildkommunikation. Im Gegensatz zu dem heute weitgehend üblichen terrestrisch ausgestrahlten Fernsehen erfolgt dabei die Übermittlung der Fernsehsignale über ein breitbandiges Kabelnetz (vgl. zur technischen Infrastruktur im einzelnen Tietz, Technologien 1984, S. 331 ff. und Hermanns, Kabel- und Satellitenfernsehen 1986).

Das Kabelfernsehen ermöglicht nicht nur die Übertragung zusätzlicher Programme, sondern eröffnet auch neue Möglichkeiten der Kommunikation bzw. neue Kabeldienste, so den Offenen Kanal, das Pay-TV und den Rückkanal (vgl. Hermanns, Kabel- und Satellitenfernsehen 1986, S. 62 f.). Für das Marketing sind dabei in erster Linie das Werbepotential zusätzlicher Programme (einschließlich des

Pay-TV) sowie der Rückkanal von Bedeutung, der eine Kommunikation mit der Sendezentrale ermöglicht. Schmalbandige Rückkanäle sind für die Übermittlung alphanumerischer Informationen (Daten, Text) geeignet. Als Einsatzbereiche für das Marketing sind das Teleshopping und die Marktforschung zu nennen (vgl. Zentes, Mediendynamik 1981, S. 21). Breitbandige Rückkanäle ermöglichen ein unmittelbares Zwei-Wege-Fernsehen.

Eine weitere Form der Bewegtbildkommunikation stellt das Satellitenfernsehen dar. Die Kommunikation erfolgt hierbei über einen im Weltraum stationierten Nachrichtensatelliten. Dabei kann zwischen Fernmeldesatelliten, über die Telefongespräche, Bilder und Daten übermittelt werden, und Rundfunksatelliten, die Hörfunk- und Fernsehprogramme direkt zum einzelnen Teilnehmer übertragen, unterschieden werden (vgl. zur technischen Infrastruktur und zur künftigen Entwicklung im einzelnen Tietz, Technologien 1984, S. 245 ff. und Hermanns, Kabel- und Satellitenfernsehen 1986, S. 65 ff.). Über Satelliten ausgestrahlte Fernsehprogramme können in Kabelfernsehnetze eingespeist werden (vgl. Abb. 30).

Satellitenfernsehen ist zunächst für die Werbung bzw. die Werbewirtschaft von Interesse. Darüber hinaus kommt der Satellitenkommunikation über Fernmeldesatelliten eine grundsätzliche Bedeutung für die internationale Wirschaftskommunikation zu, so durch die Möglichkeiten der Bild-, Ton- und Datenkommunikation einschließlich der Videokonferenzen (vgl. Hermanns, Kabel- und Satellitenfernsehen 1986, S. 68). Diese Kommunikationsformen sind gleichermaßen für die Marktforschung von Bedeutung.

2.3.3.2.4 Integrierte Systeme

Die technologische Entwicklung im Bereich der Telekommunikation verläuft derzeit integrativ. So wurde in der Bundesrepublik Deutschland neben dem schon lange bestehenden, weit ausgebauten Fernsprechnetz, das IDN aufgebaut (vgl. Abb. 23), auf dem im wesentlichen Datenfernübertragungen und Fernschreibverkehr abgewickelt werden (z.B. Telex, Teletex, Datex-L, Datex-P, Computer Mail).

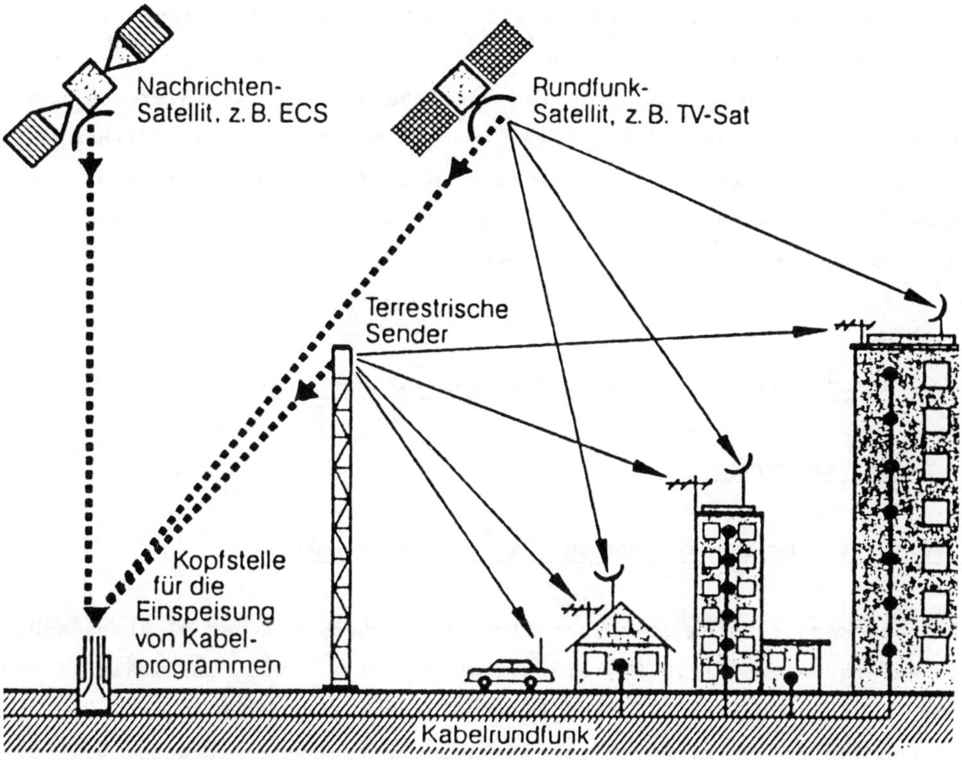

Quelle: Wirtschaftswoche, 39. Jg., 1985, Nr. 5, S. 69.

Abb. 30. Kommunikationstechnische Infrastruktur zur künftigen Verteilung von Hörfunk- und Fernsehprogrammen

Das in Planung bzw. im Pilotstadium befindliche dienstintegrierte digitale Netz (ISDN) "... ist als Weiterentwicklung des IDN zu verstehen. Mit seiner wesentlich höheren Übertragungskapazität (64.000 bit/sec.) soll es die Integration aller geschäftlichen Telekommunikationsformen mit Ausnahme der Bewegtbildkommunikation gestatten." (Picot/Anders, Telekommunikationsnetze 1986, S. 11). Hierzu gehören die Integration von Text- und Graphikerstellung und -übertragung sowie die gemischte Sprach-, Daten- und/ oder Textverarbeitung und -übertragung (vgl. Abb. 23).

Die im Planungs- oder Experimentierstadium befindlichen digitalen integrierten Breitbandnetze BIGFON und BIGFERN ermöglichen Bildfernsprechen, das im Zusammenhang mit Satellitenkommunikation bereits erwähnte Video-Conferencing sowie hochintegrierte Systeme einer Daten-, Text-, Sprach-, Fest- und Bewegtbildkommunikation.

Wenngleich diese integrierten Breitbandnetze faszinierende Möglichkeiten für das Marketing, so die Marktforschung eröffnen, ist jedoch wegen der im Zusammenhang mit dem Btx-System erörterten Akzeptanzbarrieren (vgl. Abschn. 2.3.3.2.2) vor einer euphorischen Einschätzung ihrer Diffusion zu warnen.

2.3.4 Technologien zur Speicherung von Informationen

2.3.4.1 Datenbanken

2.3.4.1.1 Datenbanksysteme und interne Datenbanken

Datenbanken spielen zunächst im Zusammenhang mit der elektronischen Datenverarbeitung (i.e.S.) eine wichtige Rolle. Ihre Entwicklung und ihr Einsatz haben in den letzten Jahren stark zugenommen. "In den ersten Jahren der elektronischen Datenverarbeitung standen bei der Entwicklung von Anwendungssystemen die Programme im Vordergrund. Die Daten wurden individuell für die einzelnen Programme auf Datenträgern in der Form bereitgestellt, wie sie das jeweilige Programm brauchte. Da viele Anwendungen die gleichen Daten benötigen, entstand eine Vielzahl von sich inhaltlich überschneidenden Daten. ... Diese Schwierigkeiten haben dazu geführt, Daten nicht mehr als Zusatz von Programmen, sondern als eigenes Organisationselement und damit unabhängig von einzelnen Anwendungen zu behandeln. Dazu wurden sog. Datenbanksysteme entwickelt." (Scheer, Betriebswirtschaftslehre 1987, S. 10, S. 12).

Datenbanksysteme lassen sich als eine Softwaretechnologie kennzeichnen. Als betriebssystemnahen Softwaresystemen fällt ihnen die Aufgabe zu, "... die Daten einer Unternehmung so zu verwalten, daß die einzelnen Anwender ohne Kenntnis der physischen Speicherungsform auf diese Daten zugreifen können. Den Anwendungen stellt das Datenbankverwaltungssystem lediglich Befehle zum Speichern, Verändern, Lesen und Löschen von Daten zur Verfügung. Die Optimierung der physischen Speicherungsstrukturen hinsichtlich ihrer Zugriffsfreundlichkeit und Speicherplatzverwaltung ist Aufgabe des Datenbankadministrators, der diese Aufgabe zentral für alle Daten der Unternehmung wahrnimmt." (Scheer, Betriebswirtschaftslehre 1987, S. 12) (vgl. Abb. 31).

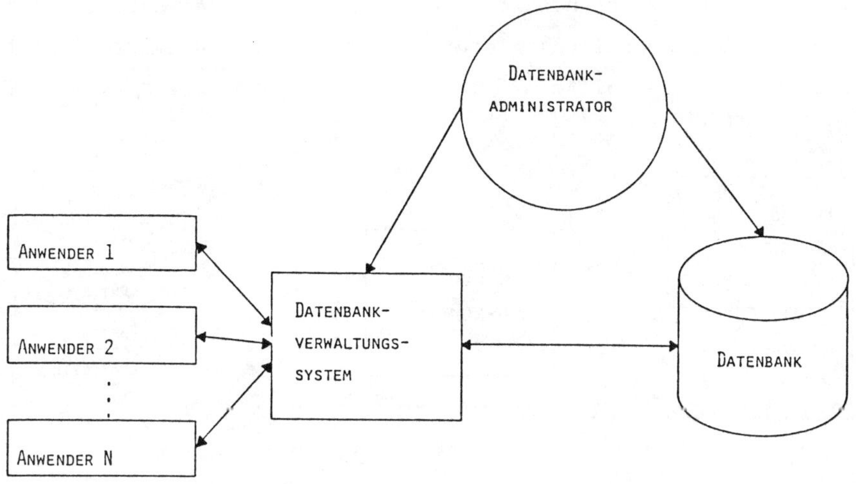

Quelle: Scheer, Betriebswirtschaftslehre 1987, S. 12.

Abb. 31. Struktur eines Datenbanksystems

Bekannte Datenbanksysteme sind u.a. (vgl. Scheer, Betriebswirtschaftslehre 1987, S. 12):
- IMS, DL/1, SQL/DS, DB2 von IBM,
- IDS II von Honeywell-Bull,
- UDS, SESAM von Siemens,
- IMAGE von Hewlett Packard,
- IDMS von Cullinet,
- ADABAS von Software AG,
- ORACLE von Oracle Corporation

sowie die PC-orientierten Systeme
- dBase II von Ashton Tate,
- MDBS III von Micro Data Base Systems Inc.

Der Aufbau einer betrieblichen (internen) Datenbank ermöglicht eine programmunabhängige Datenorganisation; d.h. verschiedene Anwendungsprogramme greifen auf die gleiche Datenbank zu (vgl. Abb. 32). Benutzer einer (internen) Datenbank können neben den Anwendungsprogrammen auch Mitarbeiter sein, z.B. mit einer ad-hoc-Abfrage von einem Terminal aus. Ziel bei der Entwicklung des Datenbankkonzeptes ist daher die Aggregation der unterschiedlichen Datenbestände zu einem Pool, der weitgehend den Anforderungen Redundanzfreiheit (Vermeidung von Mehrfachhaltung gleicher Daten) und universeller Nutzbarkeit entsprechen sollte.

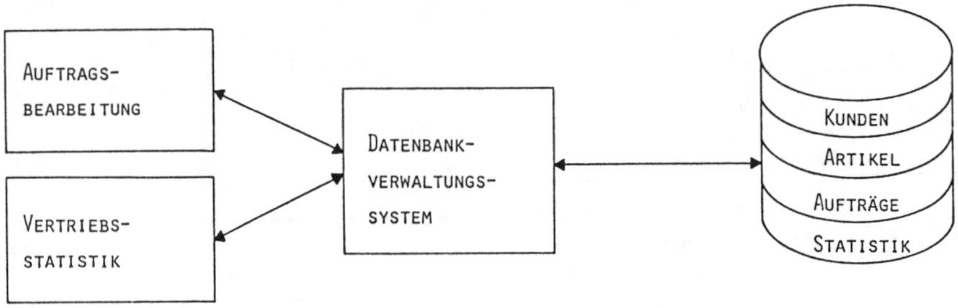

Quelle: Scheer, Betriebswirtschaftslehre 1987, S. 13.

Abb. 32. Programmunabhängige Datenorganisation

Die betrieblichen Datenbanken waren und sind noch vielfach hierarchisch strukturiert, d.h. die Informationsstrukturen lassen sich in Form von Baumstrukturen abbilden. Entsprechend ist das Suchverfahren organisiert, um gewünschte Informationen zu finden. Ausgehend von der obersten, allgemeinen Stufe, muß sich der Benutzer durch immer weitere Detaillierungsstufen (Verästelungen) zu den ihn interessierenden Informationen durcharbeiten.

Dieses für den Benutzer relativ unkomfortable System wurde vielfach modifiziert und einem neuen Konzept, dem der relationalen Datenbank, angeglichen. Das relationale Datenbankkonzept löst sich von hierarchischen Strukturen und zeichnet sich durch ein recht einfaches Basisschema und durch die guten Möglichkeiten aus, mittels einer Manipulationssprache logische Verknüpfungen durchzuführen.

2.3.4.1.2 Externe Datenbanken

Die Entwicklung der im vorangegangenen Abschnitt beschriebenen Datenbanksysteme und die telekommunikationstechnischen Entwicklungen (vgl. Abschn. 2.3.3.2) ermöglichen auch den Zugriff auf (unternehmens-) externe Datenbestände in Form von Datenbanken. Technisch können externe Datenbanken in prinzipiell gleicher Weise vom Benutzer angesprochen werden, wie dies bei internen Datenbanken der Fall ist.

Die externen Datenbanken können in

- qualitative Datenbanken und
- quantitative Datenbanken

gegliedert werden (vgl. hierzu Zentes/Schröer, Datenbanksysteme 1984, S. 64 f.).

Qualitative Datenbanken liefern dem Nutzer Informationen in vorwiegend textlicher Form. Zu den qualitativen Datenbanken gehören zunächst die bibliographischen Datenbanken. Bibliographische Datenbanken haben meist den Charakter von Referenzdatenbanken. Sie beinhalten Literaturverweise, oftmals zusätzlich eine Zusammenfassung (abstract) der gesuchten Artikel.

Sicherlich stellt ein derartiges Informationsangebot eine wichtige Hilfe für den Nutzer dar - man denke etwa an die mühsame konventionelle Literaturrecherche in Bibliotheken -, dennoch stellt sich zwangsläufig die Frage nach der möglichst sofortigen Verfügbarkeit der Volltextdokumente. Hierzu bieten sich - abgesehen von der klassischen Möglichkeit der Erstellung und Übersendung einer Fotokopie des Dokumentes - zwei Verfahren an:

- Lieferung des Dokumentes in Printform (z.B. Ausdruck) oder durch transportable Speicher (z.B. Disketten) und Reproduktion beim Nutzer,
- Lieferung des Dokumentes über Telekommunikation (z.B. Teletex).

In beiden Fällen ist die vollständige Speicherung der Dokumente in digitaler Form erforderlich. Dies ist neben dem "Wiedereintippen" der Dokumente durch die Verwendung maschinenlesbarer Datenträger, die z.B. im konventionellen Verlagswesen für bestimmte Setztechniken bereits verwendet werden, und durch Abtastsysteme (Dokumentenscanning) möglich. Auf dem Weg zum elektronischen Publizieren ist letztlich die direkte Datenbank-Eingabe durch die Autoren in elektronischer Form denkbar ("on-line-texten").

Den Charakter von Volltext-Datenbanken haben u.a. die elektronischen Zeitungsarchive vieler Verlage. Diese Archive haben die Aufgabe, Nachrichten zu speichern und auf Abruf durch die Redaktionsmitarbeiter wiederum zur Verfügung zu stellen.

Zu den qualitativen Datenbanken gehören neben den bibliographischen Referenz- oder Volltext-Datenbanken auch die vorwiegend textlich orientierten Faktendatenbanken, die Patentdatenbanken sowie die juristischen Datenbanken.

Aus quantitativen Datenbanken erhält der Nutzer die Informationen in numerischer Form (Zahlen, Tabellen) bzw. aufbereitet in Diagrammen, Graphiken u.ä. Derartige numerische Datenbanken haben im wirtschaftlichen und sozialwissenschaftlichen Bereich eine große Bedeutung. Sie beinhalten bspw. makroökonomische Zeitreihen, Wertpapierkurse, -dividenden und -renditen, soziodemographische Daten u.ä.

Numerische Datenbanken liefern einerseits auf Anfrage eines Nutzers die für den Fragesteller relevanten Informationen aus großen quantitativen Datenmengen (Information Retrieval). Dieser Abfrageprozeß liegt auch bei qualitativen Datenbanken vor. Numerische Datenbanken bieten darüber hinaus die Möglichkeit der statistischen Verarbeitung der selektierten Daten. Unter Zugriff auf eine Methodenbank lassen sich bspw. Zeitreihen extrapolieren, miteinander korrelieren usw. In diesem Fall liefert die Datenbank nur indirekt die gewünschte Information; sie beinhaltet "Rohstoffe", die der Nutzer im Sinne eines Informationsproduktionsprozesses zu dem gewünschten "Endprodukt" transformiert. Auf derartige Aspekte wird im Abschnitt 2.3.5 näher eingegangen.

Mit qualitativen und quantitativen Datenbanken wird versucht, die in allen Wissensgebieten anfallenden umfangreichen Datenmengen zu beherrschen; die Vielzahl der bereits heute existierenden Datenbanken führt jedoch ihrerseits zu einer fast unübersehbaren Datenbankflut. Ihre Bewältigung wiederum erfordert eine Metadatenbank, die dem Endbenutzer zunächst als Antwort auf eine Anfrage die entsprechende Datenbank bzw. den Datenbankanbieter liefert und - je nach Komfort eines derartigen Mastersystems - eine direkte Verbindung herstellt.

Das Spektrum der Zugangsmöglichkeiten zu dem in Datenbanken gespeicherten Wissen reicht für Endbenutzer von der Einschaltung von Informationsbrokern bis zur On-line-Verbindung mit Datenbankdiensten. Die Informationsbroker bieten die Möglichkeit der Informationsbeschaffung außer Haus ("Fremdbezug"). Ihre Dienstleistung besteht darin, zu jedem beliebigen Fachgebiet kurzfristig den aktuellen Wissensstand zu beschaffen. Informationssuchaufträge, die schriftlich, telefonisch oder auf sonstigem Weg übermittelt werden, werden durch Zugriff auf Datenbanken und Archive bearbeitet und i.d.R. in schriftlicher Form erledigt. Insofern übernehmen Informationsbroker auch die Funktion eines Master-Retrieval-Systems bzw. ihre Arbeit setzt ein derartiges System voraus.

Die Nutzung sog. Profildienste empfiehlt sich, wenn ein Benutzer immer wieder gleichartige Informationen, z.B. aktuelle volkswirtschaftliche Daten benötigt. Diese können ihm sowohl off-line in gedruckter Form oder per Magnetband als auch on-line zur Verfügung gestellt werden.

Dem Fremdbezug der gewünschten Informationen steht die Eigenerstellung durch interaktive Computerrecherche gegenüber. Der Nutzer ist durch ein bei ihm installiertes Terminal über Datenübertragungsnetze - im einfachsten Fall über das öffentliche Fernsprechnetz - mit dem Rechner des Datenbankanbieters (Host) verbunden. Die Verbindung mit dem Host-Computer, in dem auch eigene Datenbanken aufgebaut werden können, ermöglicht On-line-Abfragen, die mathematisch-statistische Verarbeitung der Daten (so bei numerischen Datenbanken) auf dem Host-Computer oder die Übernahme der Daten in den eigenen Rechner zur Weiterverarbeitung, z.B. beim Einsatz von Mikrocomputern als intelligenten Terminals. Für den Benutzer ist es dabei unerheblich, ob er auf ein im Nebenraum stehendes System zugreift oder ob eine Satellitenschaltung ihn mit einer Datenbank verbindet.

Qualitative und quantitative Datenbanken bedürfen eines umfangreichen Instrumentariums an Benutzerunterstützung, um unterschiedlichen Nutzergruppen in gleicher Weise dienen zu können. Neben software- und hardware-technischen Möglichkeiten (Menütechnik, Help-Programmen, Bildschirm-Lichtanzeigen u.ä.), auf die im Abschnitt 2.3.5 näher eingegangen wird, sind sog. Help-Desks zu erwähnen, die einige große Datenbankanbieter eingerichtet haben. Help-Desks sind telefonisch erreichbare Beratungs- und Auskunftsstellen, mit denen ein Rechercheproblem besprochen und gemeinsam gelöst werden kann.

Langfristig sind - wie im Zusammenhang mit den Entwicklungen der Basistechnologien erwähnt - Formen der direkten Spracheingabe zu erwarten, die den Suchprozeß wesentlich erleichtern und damit die Akzeptanz der Systeme erhöhen dürften.

2.3.4.2 Videoband, Bildplatte und optische Plattenspeicher

Videoband bzw. -kassette und Bildplatte sind Speichermedien, die den Aufbau von Audiovisionssystemen ermöglichen. Sie sind in der Lage, Daten, Texte, Fest- und Bewegtbilder sowie Ton aufzunehmen, zu speichern und wiederzugeben (vgl. zu den technischen Grundlagen Tietz, Technologien 1984, S. 197 ff. und Hermanns, Video- und Bildplattensysteme 1986). Video- und Bildplattensysteme eignen sich insbesondere "... zur Übermittlung von Bewegtbildern in integraler Kombination mit Ton, Texten und Festbildern." (Hermanns, Video- und Bildplattensysteme 1986, S. 69).

Aus Anwendungssicht unterscheiden sich beide Systeme insbesondere durch die Merkmale Lösch- und Wiederbespielbarkeit des Videobandes und direkter Zugriff auf bzw. Einzeladressierung von gespeicherten Informationen bei Bildplatten.

Die Einsatzbereiche von Video- und Bildplattensystemen sind zunächst die eigene Aufnahme von Bewegtbildern, Festbildern, Ton, Text und Daten sowie deren Wiedergabe (Videoband) und die Wiedergabe extern bespielter Bänder und Platten. Die vom Aufnahmegerät unabhängige Verwendung der Speichermedien in einem anderen Wiedergabegerät ermöglicht einen "Speichermedienaustausch" (Off-line-Informationsübermittlung, vgl. Hermanns, Video- und Bildplattensysteme 1986, S. 69). Für das Marketing sind als Anwendungsfelder von Interesse:

- die Kundenkommunikation (vgl. hierzu Tietz, Technologien 1984, S. 197 ff.),
- die Marktforschung (vgl. hierzu die Ausführungen im Dritten Kapitel).

Die Möglichkeit des Direktzugriffs auf gespeicherte Bild- und Toninformationen erweitert das Anwendungsspektrum der Bildplatte. So wird der Ausbau externer On-line-Datenbanken zu umfassenden Fachinformationssystemen ermöglicht, in die Text, Daten, Film und Sprache/Ton integriert sind (vgl. Zentes/Gier, MARKETING 1984, S. 233). Audiovisuelle Materialien (Bilder, Tonaufzeichnungen, Filme u.ä.) werden auf einer Bildplatte dezentral, d.h. beim Benutzer bereitgehalten. Das audiovisuelle Material wird in einem derartigen Medienverbundsystem automatisch in den dialogischen Suchprozeß integriert. Die Steuerung der Bildplatte, d.h. der automatische Zugriff erfolgt z.B. über Personal Computer, die als Systemarbeitsplätze in einem Fachinformationssystem über die Funktion des Zugriffs und der Recherche hinaus zu lokalen Informationsverarbeitungs- und Kommunikationsstationen werden. Als intelligentes, eigenständiges Terminal kann der PC auch Daten (und Programme) von einer externen Datenbank übernehmen und ohne ständige Verbindung mit dieser weiterverarbeiten (vgl. Wiemer, Bild-/Text-Informations- und Kommunikationssystem 1986, S. 25 f.). Die nach diesem Medienverbundprinzip an der Universität - Gesamthochschule - Essen entwickelten Fachinformationssysteme sind in Abbildung 33 dargestellt.

Die Nutzung eines Fachinformationssystems im Medienverbund setzt die dezentrale Verfügbarkeit der entsprechenden Hardware (Terminal bzw. Mikrocomputer und Laser-Bildplattenspieler) voraus; die Nutzung ist jedoch nicht an Breitbandnetze gekoppelt, die erst in einigen Jahren verbreitet sein werden.

Die Möglichkeit zur Aufzeichnung und Wiedergabe von Daten, Text, Graphik, Fest- und Bewegtbildern sowie Ton bieten auch optische Plattenspeicher (optical disk). Sie haben darüber hinaus den Vorteil großer Speicherkapazität; so besitzen optische Systeme eine Speicherkapazität vom Hundertfachen einer Diskette. Optische Plattenspeicher bieten damit für die Benutzer von Personal Computern eine Speicherkapazität, über die bisher nur Minicomputer oder sogar Großrechner verfügten.

Die am weitesten entwickelten Systme sind die sog. Compact-Disk-Lesespeicher (CD-ROM). Sie ermöglichen den Aufbau von umfassenden Fachinformationssystemen auf der Basis CD-ROM-residenter Informationsbanken (vgl. auch o.V. Datenbanken 1986).

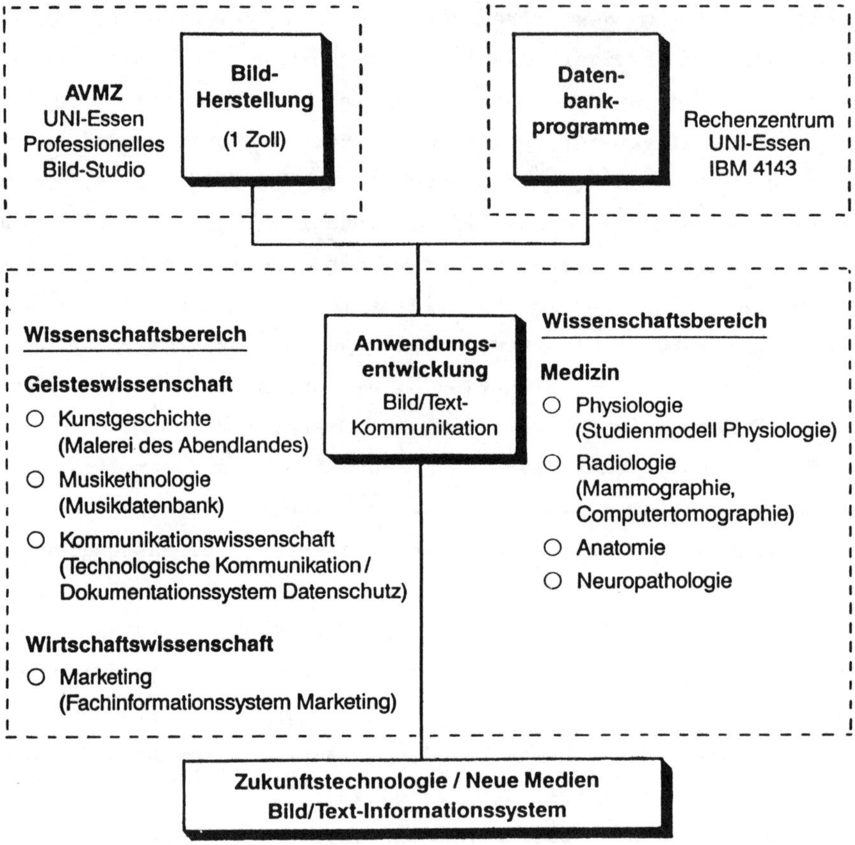

Quelle: Wiemer, Bild-/Text-Informations- und Kommunikationssystem 1986, S. 27.

Abb. 33. Fachinformationssystem im Medienverbund der Universität - Gesamthochschule - Essen

2.3.5 Technologien zur Verarbeitung von Informationen

2.3.5.1 Dialogverarbeitung

2.3.5.1.1 Grundprinzip

Während bei konventioneller Stapel- oder Batch-Verarbeitung die zu bearbeitenden Vorfälle gesammelt und in einem geschlossenen Paket ohne Eingriff des Benutzers von einem EDV-Programm verarbeitet werden, erfolgt bei der Dialogverarbeitung die vollständige Bearbeitung eines Vorgangs unmittelbar am Sichtgerät durch Interaktion zwischen Mensch und Computer, d.h. als Mensch-Maschine-Kommunikation. Die Dialogverarbeitung gewinnt bei Groß-EDV-Systemen zunehmend an Bedeutung; bei arbeitsplatzorientierten EDV-Systemen bis hin zu Personal Computern ist sie heute die vorherrschende Verarbeitungsform.

Dialogverarbeitung ist nicht nur das Prinzip moderner Datenverarbeitung, sie gilt gleichermaßen für den Bereich der Textverarbeitung, die für die Büroautomation von Bedeutung ist (vgl. hierzu u.a. Picot/Reichwald, Bürokommunikation 1984, S. 13 ff.). In Verbindung mit Telekommunikationstechniken lassen sich innerhalb von lokal konzentrierten Unternehmen bzw. Organisationen sog. Inhouse-Netze oder lokale Netzwerke (Local Area Networks, LAN) aufbauen (vgl. Abb. 34). "Dies sind Netze mit sehr hoher Durchsatzrate, an die meist unterschiedliche Hardwaresysteme unterschiedlicher Hersteller mit unterschiedlichen Schnittstellen wie Terminals, Drucker, Mikrorechner, Plotter und auch Großrechner anschließbar sind." (Scheer, Betriebswirtschaftslehre 1987, S. 59).

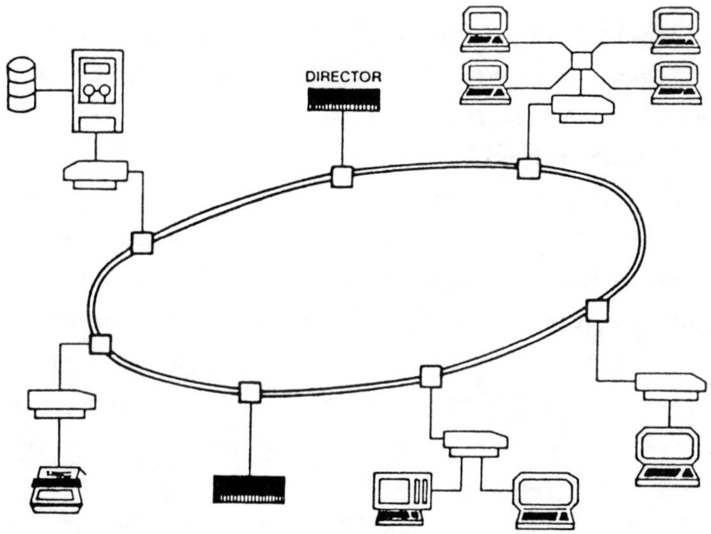

Quelle: Scheer, Betriebswirtschaftslehre 1987, S. 60.

Abb. 34. Local Area Network (LAN)

Dialogverarbeitung und Telekommunikation ermöglichen über Inhouse-Netze nicht nur moderne Formen der Bürokommunikation (Office Communications), sie sind auch die Basis zum Aufbau umfassender Rechnernetze, z.B. in Filialunternehmen (vgl. Abb. 24). Die Rechnerkopplung eröffnet dabei einen Datenverbund und einen Intelligenzverbund (vgl. zu den Verbundformen von Rechnerkopplungen Schnupp, Rechnernetze 1982, S. 17). Im Rahmen der verteilten Datenverarbeitung (Distributed Data Processing, DDP) besteht die EDV-technische Möglichkeit, eine logisch einheitliche Aufgabe in Teilaufgaben zu gliedern und diese in einem Rechnernetz auf mehrere Rechner zu verteilen. Entsprechend versteht man unter "verteilte Datenbank" (Distributed Database) die Möglichkeit, eine einheitliche logische Datenbank auf mehrere Speicherorte zu verteilen.

Das Prinzip des Datenverbundes ist in Abbildung 35 dargestellt. "Die Teildatenbanken DBA, DBB und DBC sind an den jeweiligen Rechnerstandorten gespeichert. Sie bilden aber eine logische Einheit, d.h. ein Benutzer, der an einem beliebigen Standort an einem Sichtgerät arbeitet, kann die Vereinigung der Datenmengen dieser drei Datenbanken benutzen, ohne zu wissen, an welchem Standort sich die Daten befinden." (Scheer, Betriebswirtschaftslehre 1987, S. 56).

Nach Scheer (vgl. Scheer, Betriebswirtschaftslehre 1987, S. 29 ff.) liegen betriebswirtschaftliche Perspektiven der Dialogverarbeitung insbesondere in

- der Ereignisorientierung,
- der Funktionsintegration und
- der interaktiven Lösung von Entscheidungsproblemen.

Diese Dimensionen sind gleichermaßen für das Marketing von Bedeutung. Ereignisorientierung bezieht sich zunächst auf die Aktualisierung der Daten, insbesondere der Stammdaten (z.B. Artikel-, Kunden-, Lieferanten-, Mitarbeiterdaten). Die Forderung nach hoher Aktualität der Stammdaten - realisiert durch On-line-Verwaltung - gilt bspw. für Warenwirtschaftssysteme im Handel (vgl. Abschn. 2.3.2.1); sie gilt gleichermaßen für die Auftragsbearbeitung, die Verkaufsabwicklung, die Verkaufssteuerung u.ä. in Industriebetrieben.

Die Forderung nach Aktualität bezieht sich nicht nur auf die Daten, sondern ist auch im Zusammenhang mit Planungsprozessen von Be-

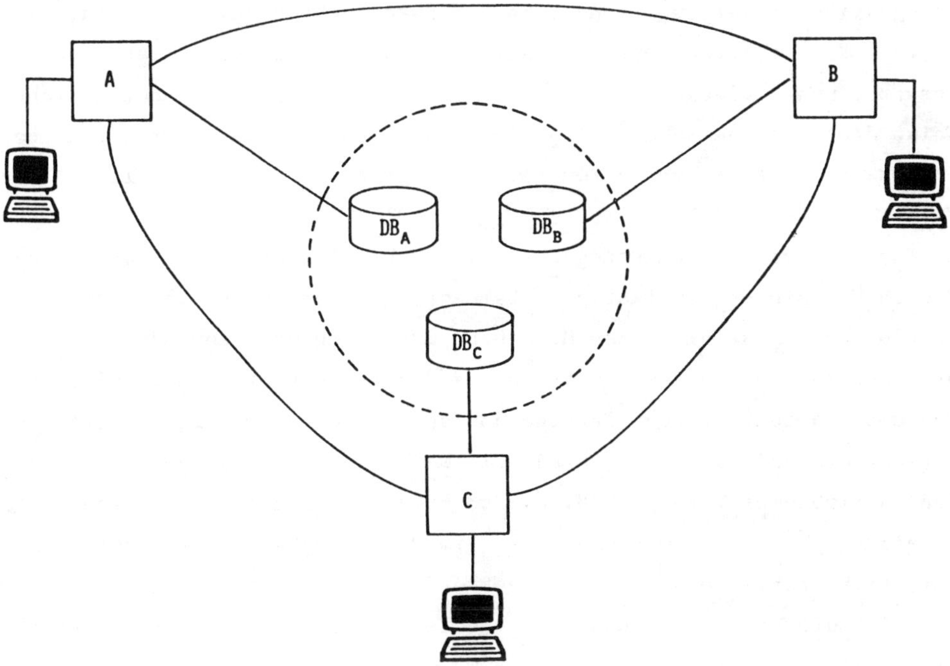

Quelle: Scheer, Betriebswirtschaftslehre 1987, S. 57.

Abb. 35. Verteilte Datenbank

deutung. "Bei einer dialogorientierten Planungsphilosophie ergibt sich ein Planungslauf ... nicht aus einem vorgegebenen Planungszeitpunkt, sondern aus einem Ereignis, das eine Planänderung oder Neuplanung sinnvoll macht. Ein solches Ereignis kann eine wesentliche Datenänderung, z.B. Annahme von Eilaufträgen, Ausfall einer Produktionsanlage, Stornierung eines wichtigen Kundenauftrags oder Verzögerung einer Zulieferung sein. Sobald eine derartige Datenänderung erkannt wird, wird sie in den Planungsprozeß eingespielt und in allen betroffenen Planungsbereichen bearbeitet." (Scheer, Betriebswirtschaftslehre 1987, S. 32).

Funktionsintegration bezieht sich auf die Vereinigung von Funktionen und Abläufen an einem Arbeitsplatz (Bildschirmarbeitsplatz). Während bei konventioneller Batch- oder Stapelverarbeitung üblicherweise Datenerfassung, Sachbearbeitung und Datenverarbeitung voneinander getrennt sind, erfolgt im Rahmen der Dialogverarbeitung eine

Integration dieser Funktionen. So erfassen Sachbearbeiter Daten, sie führen Kontrollfunktionen an Bildschirmterminals aus und steuern die Verarbeitung. Dieses Beispiel verdeutlicht in sehr anschaulicher Weise die im Zusammenhang mit den Basistechnologien erörterten betriebswirtschaftlichen Potentiale Integration, Dezentralisierung und Vernetzung (vgl. Abb. 11).

Interaktive Problemlösungen, d.h. Problemlösungen in Form einer Mensch-Maschine-Kommunikation, bei denen Fachwissen, Phantasie, Intuition und Kreativität des Menschen mit Rechnergeschwindigkeit und Speicherfähigkeit des EDV-Systems verknüpft werden, sind für schlecht strukturierte Entscheidungsprobleme notwendig. Derartige Entscheidungssituationen sind im Marketing häufig gegeben (vgl. Zentes, Implementierung 1978, S. 265 ff.). Für diese Klasse von Entscheidungsproblemen wurden daher im Marketingbereich frühzeitig interaktive Problemlösungsmuster entworfen. Von besonderer Bedeutung ist in diesem Zusammenhang das Decision-Calculus-Konzept von Little (vgl. Little, Decision Calculus 1970).

2.3.5.1.2 Information Retrieval

Ein erster Schritt einer interaktiven Problemlösung besteht in dem Abruf der gespeicherten relevanten Informationen durch den Systembenutzer. Ein relativ einfaches Abfrageverfahren ermöglicht der Einsatz vorbereiteter Bildschirmmasken (Menütechnik). Diese Menüs stellen dem Benutzer die für ihn offenen Alternativen vor, fragen Wünsche ab und steuern so die gewünschte Information an. Gerade in Verbindung mit einer menügesteuerten On-line-Recherche ist der Einsatz von Geräten, die teilweise die Standardtastatur ersetzen, sinnvoll. Dies könnte insbesondere die sog. "Maus" leisten, d.h. ein Handgerät mit eingebauter Rollkugel, das durch Hin- und Herrollen auf dem Schreibtisch einen Lichtzeiger auf dem Bildschirm bewegt und so z.B. bestimmte Funktionsfelder anstoßen kann.

Eine benutzerfreundliche freie Form der Abfrage eröffnen sog. Datenbankanfragesprachen (Query-Languages). Derartige Anfragesprachen sind ein wesentliches Merkmal eines Datenbanksystems (vgl.

Abschn. 2.3.4.1.1). Sie zeichnen sich insbesondere bei relationalen Datenbanksystemen durch einen hohen Komfort aus. Als Beispiel sei die Sprache SEQUEL erwähnt.

Die Möglichkeit, Begriffe logisch zu verknüpfen, stellt auch einen zentralen Aspekt bei der Entwicklung und Anwendung qualitativer Datenbanken dar. Auf diesem Prinzip aufbauende Systeme wie STAIRS von IBM oder BASIS von Battelle erlauben über die Eingabe und Verknüpfung von Suchbegriffen eine relativ komfortable Durchforstung auch großer Informationsbestände.

Die bereits angesprochenen Fachinformationssysteme der Universität - Gesamthochschule - Essen (vgl. Abb. 33) ermöglichen interaktive Abfragen unter Einsatz von STAIRS/VS-MIKE, einer STAIRS-Version für den Zugriff über Bildschirmtext (vgl. auch Zentes/Gier, MARKETING 1984, S. 231 f.). Abbildung 36 zeigt die Struktur einer interaktiven Abfrage über STAIRS/VS-MIKE im Btx-Rechnerverbund. Grundprinzip dieses interaktiven Abfragesystems ist die Möglichkeit, jede beliebige Wörterverknüpfung als Suchbegriff zu verwenden. Der Benutzer kann frei nach seinen Vorstellungen mit der Datenbank arbeiten und ist vollständig vom schematisierten Durchsuchen, etwa nach alphabetischen Begriffskatalogen, befreit. Auf diese Weise ist es ohne Probleme möglich, auch solche Informationen zu finden, die nicht in Stichwortregistern enthalten sind.

Zur Benutzerunterstützung sind interne wie externe Datenbanken meist zusätzlich über ihre Benutzerschnittstelle, das Datenbankverwaltungs- oder Managementsystem, mit einem Help-Programm ausgestattet, in das sich ein ratsuchender Anwender jederzeit mit dem Kommando "Help" oder einem entsprechenden Kommando einschalten kann.

2.3.5.1.3 Methodenbanken und Entscheidungsunterstützungssysteme

Der dialogische Abruf relevanter Daten ist ein erster Schritt einer interaktiven Problemlösung. Hieran schließen sich kognitive und maschinelle Analyse-, Verarbeitungs- und Interpretationsprozesse an. Die Hardware- und insbesondere die Softwaretechnologien bieten hierzu ein breites Spektrum. Es reicht vom einfachen Tabellenkalkulationsprogramm bis zu Entscheidungsunterstützungssystemen.

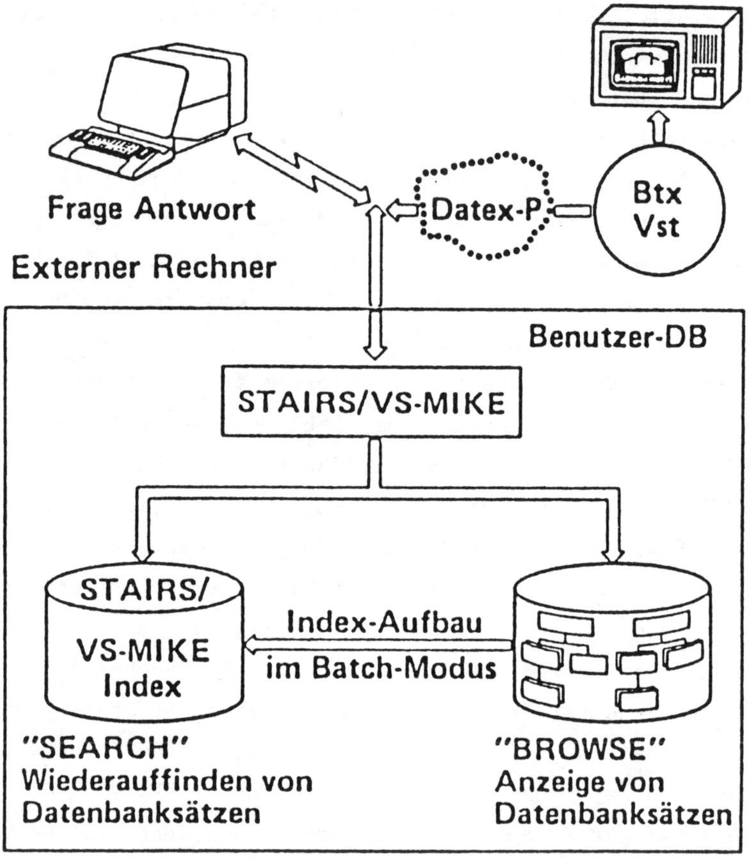

Quelle: Müller, Bildschirmtext-Datensuche 1983, S. 10.

Abb. 36. Struktur der interaktiven Abfrage über IBM STAIRS/VS-MIKE

Gerade PC-orientierte Tabellenkalkulationssysteme, die sog. Spread-Sheet-Systeme, verdeutlichen die Endnutzerorientierung moderner Computeranwendung. "Spread-Sheets unterstützen Einmal-Anwendungen wie auch laufende Aufgaben, bei denen vielfältig verzahnte Daten rechnerisch und/oder logisch zusammenhängend zu verarbeiten sind. Der Endnutzer ist dabei oft gleichzeitig der Entwickler des Kalkulationsmodells. Alle Phasen der Systemarbeit werden dabei in einem geschlossenen Dialogkonzept unterstützt. Insbesondere werden bei Spread-Sheets auch die ersten Phasen der Modellentwicklung, bei denen man sich an ein Konzept herantastet und Rohentwürfe typischerweise laufend verwirft, mit dem gleichen System durchgeführt, mit dem dann später auch die anschließende Produktionsarbeit abgewickelt wird, wenn das Modell fertig ist. Die in herkömmlicher Systementwicklung abgrenzbaren typischen Phasen des Modellentwurfs, der Übergabe an Softwareentwickler sowie der anschließenden Rückgabe des fertigen Paketes an die Endnutzer laufen hier andersartig ab. Dem Endnutzer werden mächtige und einfache Formulierungswerkzeuge an die Hand gegeben, die ihm die vollständige Souveränität über Entwurf und Implementierung eines Anwendungsproblems geben." (Nastansky, Mikrocomputer 1984, S. 37 ff.).

Bekannte Spread-Sheet-Systeme sind VisiCalc, Lotus 1-2-3, Multiplan und Open Access. Die Systeme bieten z.T. auch den Einsatz von Computergraphik-Paketen (Business Graphic), die eine Visualisierung der Analyseergebnisse ermöglichen. Ein weiteres Einsatzgebiet sind interaktive Computersimulationen in Form sog. "What-if-Abfragen". Hier geht es darum, die Auswirkungen von Variationen der unabhängigen Variablen auf die abhängigen Variablen zu erkennen. Am Bildschirm lassen sich so vielfältige Alternativen "durchspielen", bis ein entsprechend der Aufgabenstellung zufriedenstellendes Ergebnis erzielt ist. Derartige Programme für interaktive Computersimulationen stehen auch für komplexe Anwendungen auf Großrechnern zur Verfügung.

Neben Tabellenkalkulationsprogrammen ist für die Lösung von Entscheidungsproblemen Standardanwendungssoftware von Bedeutung. Verfahren und Algorithmen des Operations Research (z.B. Optimierungsmethoden, Simulationssysteme, Netzplanverfahren) sowie Verfahren der Statistik (univariate, bivariate und multivariate Verfahren) und der Ökonometrie (z.B. Regressionsmethoden) stehen in Softwarepaketen in Form benutzerfreundlicher EDV-Programme zur Verfügung. Die EDV-Programme erfordern meist nur eine Standardisierung der Eingabedaten und sind über einfache Makrobefehle initiierbar. Zur Datenversorgung der Programme stehen wiederum Softwaresysteme zur Verfügung, die eine wirksame Benutzerunterstützung bieten. Hinzuweisen ist in diesem Zusammenhang z.B. auf Matrixgeneratoren, die die praktische Anwendung von Optimierungsmodellen erleichtern.

Die statistisch-ökonometrischen und mathematischen Programme werden - abhängig vom zugrundeliegenden Datenvolumen - meist im Batchbetrieb verarbeitet. Die Ergebnisse können je nach Struktur der

Entscheidungssituation direkt umgesetzt oder in eine weitere Phase eines interaktiven Problemlösungsprozesses einbezogen werden (vgl. hierzu Zentes, Außendienststeuerung 1980, S. 114 ff.).

Die programmierten Methoden können in einer sog. Methodenbank gesammelt werden. Moderne Methodenbanken nutzen auch dabei die Möglichkeiten der Mensch-Maschine-Kommunikation bzw. der Dialogverarbeitung. Ausgehend von dem typischen Profil eines Methodenbankbenutzers (vgl. Abb. 37), das sich dadurch auszeichnet, daß der Anwender hauptsächlich Träger von Fachwissen in seinem Anwendungsgebiet ist und das Wissen über die angewandten statistischen und mathematischen Methoden von untergeordneter Bedeutung ist, unterstützen interaktive Methodenbanken den Benutzer bei der Auswahl der geeigneten Verfahren, der Datenversorgung und der Parameterbestimmung sowie der Interpretation der Ergebnisse (vgl. Zentes, Technologiedynamik 1984, S. 9 f.).

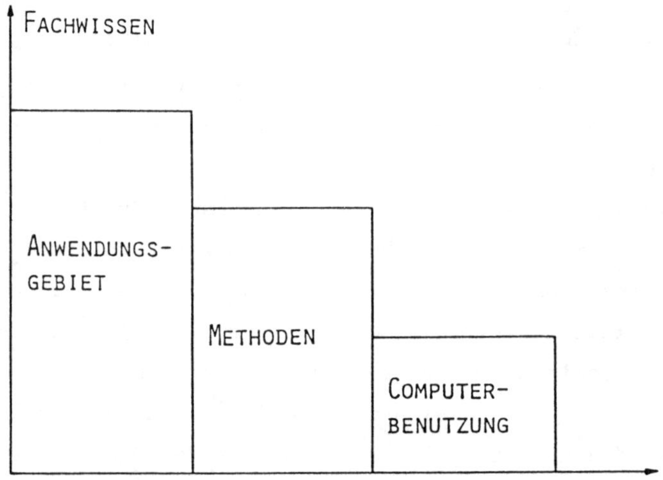

Quelle: Mertens/Bodendorf, Methodenbanken 1979, S. 540.

Abb. 37. Profil eines Methodenbankbenutzers

Unter einer einheitlichen Benutzeroberfläche eines Steuerungssystems kann der Anwender Daten aus einer Datenbank und Methoden aus einer Methodenbank abrufen (vgl. auch Abb. 38). Das Steuerungssystem ("Dialogkomponente") stellt die Benutzerführung, Ein-

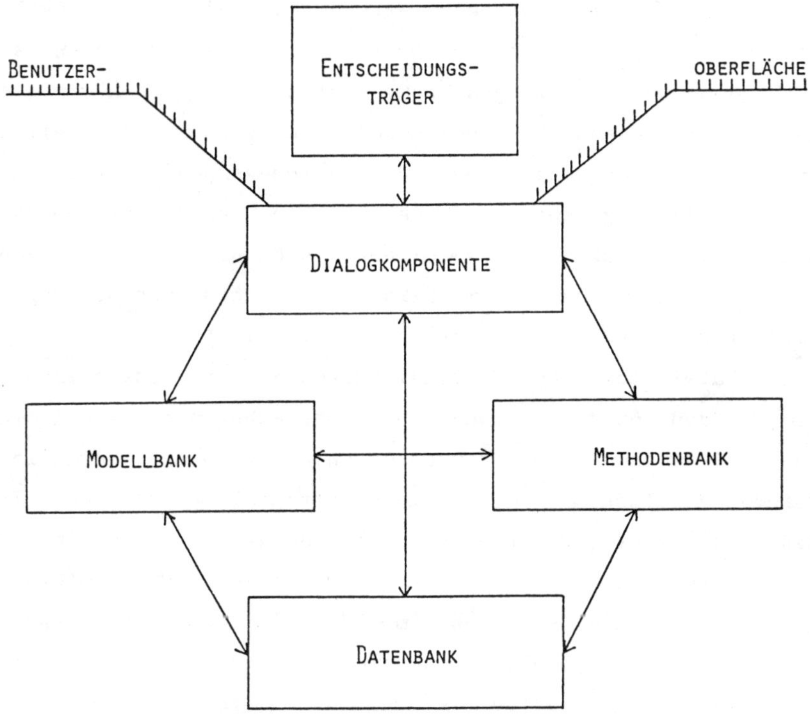

Abb. 38. Struktur eines Entscheidungsunterstützungssystems

gabeformate und die bereits im Zusammenhang mit Information Retrieval erwähnten Help-Funktionen zur Verfügung. Zur Benutzerführung wird meist ein Laien-Modus (ausgeprägte Bedienerführung, vordefinierte Bildschirmmasken usw.) und ein Experten-Modus unterschieden (vgl. hierzu Scheer, Methodenbanken 1984, S. 120 f.).

Interaktive Methodenbanksysteme stellen eine Vorstufe eines Entscheidungsunterstützungssystems (Decision Support System, DSS) dar. Idealtypisch kann ein Entscheidungsunterstützungssystem wie folgt beschrieben werden (vgl. Keen, Decision Support Systems 1981, S. 1). Ein Entscheidungsunterstützungssystem ist ein interaktives System, das auch von Entscheidungsträgern, die über geringe (oder keine) Programmierkenntnisse verfügen, genutzt werden kann. Das System ersetzt den Entscheidungsträger nicht. Der Entscheidungsprozeß wird weder vollständig automatisiert noch werden die zur Problemlösung erforderlichen Schritte determiniert. Das System dient dem Entscheidungsträger als "Assistent", an den bestimmte Aufgaben delegiert werden. Dem Entscheidungsträger werden Ergebnisse zur Evaluation vorgelegt, und dieser entscheidet über die weitere Vorgehensweise.

Entscheidungsunterstützungssysteme setzen neben einer Datenbank und einer Methodenbank eine Modellbank voraus. Mit Hilfe von Beschreibungs-, Erklärungs- und Entscheidungsmodellen werden die vielfältigen Informationen für den Entscheidungsträger operational aufbereitet. Die Struktur eines solchen Systems ist in Abbildung 38 dargestellt. Die schnelle Kommunikation zwischen Entscheidungsträger und Computer wird durch Dialogverkehr erreicht.

Mit der Entwicklung von Entscheidungsunterstützungssystemen wurde bereits in den 60er und frühen 70er Jahren begonnen, wobei die Tendenz zu Totalsystemen nach und nach durch das Konzept integrierbarer Teilsysteme abgelöst wurde. Da das System als persönliches Instrument des Managers eingesetzt werden soll, dessen Probleme nur teilweise strukturiert werden können, und dessen Problemlösungsverständnis und Bedürfnisse sich im Zeitablauf ändern, kann der Gestaltungsprozeß wie folgt beschrieben werden: "... a DSS must constantly grow and evolve as the user adapts and learns." (Keen/Morton, Decision Support Systems 1978, S. 58).

Derzeit am Markt erhältliche Hard- und Softwarekomponenten sind spezifische Entscheidungsunterstützungssysteme, DSS-Generatoren und DSS-Werkzeuge (vgl. Dehio/Kieser, Entscheidungsunterstützungssysteme 1983, S. 376). Spezifische Systeme sind programmierte Anwendungen konkreter Einzelfragen und Klassen von Fragestellungen. DSS-Generatoren sind universelle, jedoch nicht vollkommen anwendungsunabhängige Softwareprodukte zur Erstellung spezifischer Entscheidungsunterstützungssysteme. Zur bedarfsgerechten Gestaltung von DSS-Generatoren und spezifischen Systemen dienen DSS-Werkzeuge. Hierbei handelt es sich um effiziente Systembausteine wie sehr hoch entwickelte Programmiersprachen, komfortable Datenverwaltungssysteme, Datenbanken usw.

2.3.5.2 Wissensverarbeitung

Die im Experimentierstadium und in der Entwicklung befindliche 5. Computergeneration ermöglicht den Schritt von der Datenverarbeitung zur Wissensverarbeitung. Das Forschungsgebiet der sog. Künstlichen Intelligenz (Artificial Intelligence) eröffnet mit Expertensystemen (Expert Systems, ES), die vielfach auch als wissensbasierte Systeme bezeichnet werden, neue Perspektiven zur interaktiven Problemlösung in halb- und unstrukturierten Entscheidungssituationen (vgl. zu den folgenden Ausführungen Zentes/Hilgers, Entscheidungsqualität 1986, S. 96 ff.).

Ziel von Expertensystemen ist es, "dem Benutzer das Wissen und die Performanz eines Experten zur Verfügung zu stellen" (Retti, Expertenssysteme 1984, S. 75), indem sie komplexe Probleme aus abgegrenzten Bereichen lösen und hierbei das Problemlösungsverhalten eines Experten simulieren. Die Struktur eines Expertensystems ist in Abbildung 39 dargestellt. Wesentlich für den Leistungsumfang eines Expertensystems ist dessen Wissensbasis, die das menschliche aufgabenspezifische Expertenwissen enthalten soll. Dieses Wissen setzt sich aus aufgabenbezogenen Definitionen, Fakten und Theorien sowie aus sog. "rules of thumb", die auch als Heuristiken bezeichnet werden können, zusammen (vgl. Hayes-Roth u.a., Expert Systems 1983, S. 4). Darüber hinaus sollte die Wissensbasis über Meta-Wissen (d.h. Wissen über Wissen) verfügen (vgl. Waterman, Expert Systems 1986, S. 28).

Die Aufgaben der weiteren Komponenten eines Expertensystems lassen sich wie folgt charakterisieren (vgl. Retti, Expertensysteme 1984, S. 85 ff. sowie Puppe, Expertensysteme 1986, S. 2):

- Die Dialogkomponente bildet die Schnittstelle zur Kommunikation mit dem Benutzer und/oder Experten. Um möglichst benutzerfreundlich zu agieren, sollte ein natürlichsprachlicher Dialog möglich sein.
- Die Wissensakquisitionskomponente unterstützt den Systemkonstrukteur und/oder den Experten bei der Eingabe neuen und der Abänderung bereits vorhandenen Wissens.
- Die Problemlösungskomponente wendet das gespeicherte Wissen auf vom Benutzer eingegebene Fakten an.
- Die Erklärungskomponente soll für den Benutzer und/oder Experten den Problemlösungsprozeß transparent machen. Das System soll Ant-

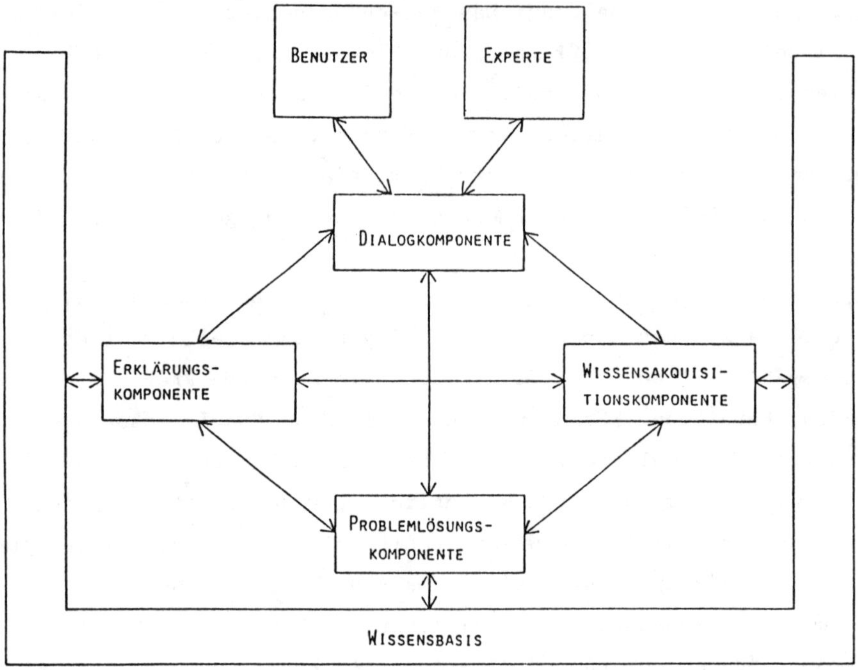

Quelle: in Anlehnung an Raulefs, Expertensysteme 1982, S. 63.

Abb. 39. Struktur eines Expertensystems

wort geben auf die Fragen, wie es zu einer bestimmten Schlußfolgerung gekommen ist, und warum bestimmte Aktionen durchgeführt wurden.

Der Begriff Expertensystem wird sowohl für spezifische Systeme, die für eine konkrete Anwendung entwickelt wurden, als auch für sog. "Expertensystem-Shells" verwendet. Diese Shells enthalten bereits den gesamten bereichsunspezifischen Teil eines Expertensystems (wie Dialog-, Wissensakquisitions-, Problemlösungs- und Erklärungskomponente), so daß zum Aufbau eines Systems "lediglich" das bereichsspezifische Wissen zu ergänzen ist (vgl. Mellis, Wissensverarbeitung 1986, S. 103 f.). Trotz der derzeitig erhältlichen Werkzeuge sind Systemgestaltung und -implementierung von Expertensystemen mit zahlreichen Problemen behaftet (insbesondere beim Wissenserwerb und der Wissensrepräsentation), so daß die Distanz von Anforderungen und tatsächlich realisierten Leistungen noch groß ist.

Kapitel 3

Informationsgewinnung im Marketing

3.1 Gegenstand

Die Gewinnung von Informationen stellt einen wesentlichen Grundpfeiler eines EDV-gestützten Marketing dar (vgl. auch Abb. 6). Sie ist Ausgangspunkt der Analyse als Vorstufe der Entscheidungsunterstützung. Die Gewinnung bezieht sich im folgenden auf die methodische Ebene; sie erfolgt u.a. mit Hilfe von Technologien der Erfassung, Übertragung, Speicherung und Verarbeitung von Informationen.

Marketinginformationen entstammen sowohl dem unternehmensinternen Bereich als auch dem unternehmensexternen Bereich. Als unternehmensinterne "Quelle" marketingrelevanter Informationen ist vorrangig das betriebliche Rechnungswesen von Bedeutung. Externe Marketinginformationen entstammen in erster Linie dem Markt (Abnehmer, Lieferanten, Konkurrenten, sonstige Marktteilnehmer) sowie der allgemeinen Unternehmensumwelt. Sie werden durch unternehmenseigene Einheiten (z.B. Marktforschungsabteilungen, Verkaufsaußendienstmitarbeiter) und fremde Organisationen (z.B. Marktforschungsinstitute) mit Hilfe verschiedenster Methoden gewonnen.

Eine Eigenart des Marketing-Informationsbedarfs besteht gerade in der benötigten Verknüpfung interner Rechnungsgrößen mit externen Marktdaten (vgl. Köhler, Rechnungswesen 1985, S. 77). Die Verknüpfung interner Marketinginformationen, so der Daten des betrieblichen Rechnungswesens, mit umweltbezogenen Informationen - als Voraussetzung für eine marktorientierte Unternehmenssteuerung - wird in dem funktionalen Aufgabenbereich des modernen Marketing-Controlling deutlich. Die Koordination der Informationsversorgung, d.h. die Koordination von Informationsbedarf und Informationsbeschaffung, ist eine Kernaufgabe des Controlling (vgl. Köhler, Marketing-Controlling 1982, S. 198).

In den folgenden Ausführungen steht die Gewinnung von externen Marketinginformationen im Vordergrund (Abschn. 3.3). Die Gewinnung interner Marketinginformationen wird nur kurz behandelt (Abschn. 3.2); auf interne Marketinginformationen wird jedoch im Zusammenhang mit den Überlegungen zur Informationsanalyse und Entscheidungsunterstützung (Viertes Kapitel) näher eingegangen.

3.2 Gewinnung interner Marketinginformationen

3.2.1 Überblick

Für die Unternehmenssteuerung wichtige interne Marketinginformationen können aus dem betrieblichen Rechnungswesen abgeleitet werden; die Struktur des Marketing-Informationsbedarfs macht aber auch eine Anpassung der konzeptionellen Ausrichtung des Rechnungswesens erforderlich (vgl. hierzu Köhler, Rechnungswesen 1985 und die dort angegebene Literatur).

Für das Marketing kommen als Informationsquelle grundsätzlich alle klassischen Teilbereiche des Rechnungswesens in Betracht (vgl. Wöhe, Betriebswirtschaftslehre 1986, S. 865 ff.):
- die Finanzbuchhaltung,
- die Kosten- und Leistungsrechnung,
- die betriebliche Statistik,
- die einzel- und zwischenbetrieblichen Vergleichsrechnungen.

3.2.2 Interne Informationsquellen

3.2.2.1 Finanzbuchhaltung

Aus dem Bereich Finanzbuchhaltung/Bilanz ist für die Informationsversorgung des Marketing das Subsystem Fakturierung/Debitoren- und Kreditorenbuchhaltung von Interesse. Dieses Subsystem bietet einen ersten Ansatzpunkt zum Aufbau von Artikel-, Kunden-, Lieferanten- und Verkaufsgebietsstatistiken. Wenngleich die Orientierung an derartigen pagatorischen Größen den Anforderungen einer entscheidungsorientierten Informationsversorgung nicht immer bzw. nur bedingt genügt, so ist sie dennoch in vielen Unternehmen anzutreffen.

Die Orientierung des Informationssystems an der Fakturierung sowie an der Debitoren- und Kreditorenbuchhaltung ist traditionellerweise in Verbundgruppen (z.B. Einkaufsgemeinschaften) vorherrschend, die im Wege der Zentralregulierung (vgl. hierzu Internationale Vereinigung von Einkaufsverbänden, Zentralregulierung 1983) Umsatzstatistiken für die einzelnen Anschlußhäuser und für die Gruppe in ihrer Gesamtheit gewinnen (vgl. Abb. 40).

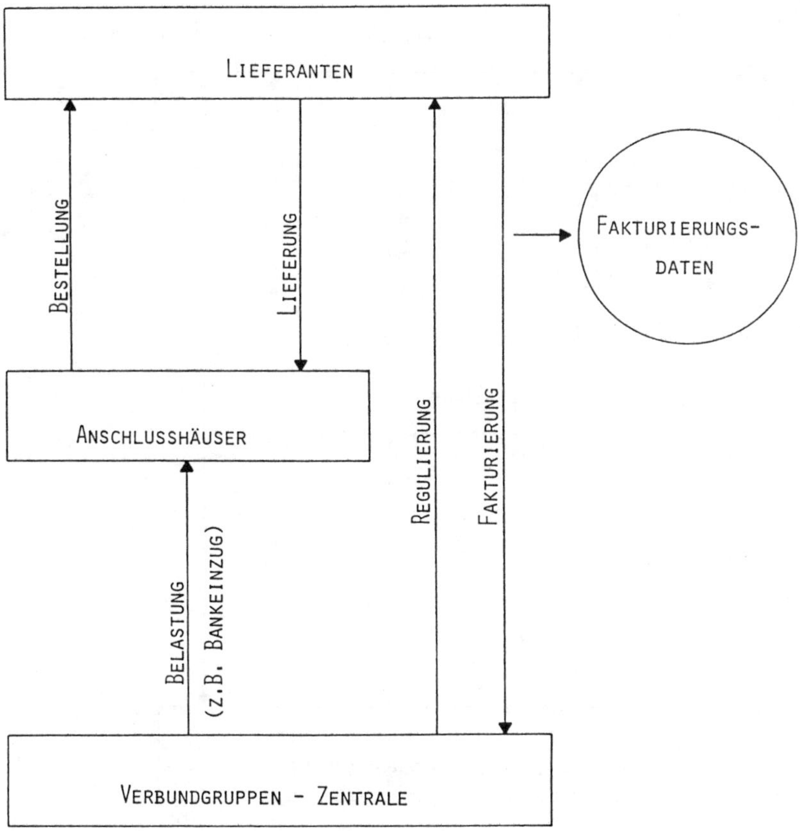

Abb. 40. Fakturierungsdaten als Ausgangspunkt für Umsatzstatistiken im Rahmen der Zentralregulierung

Eine Ergänzung oder gar eine Substitution dieser Informationsbasis eröffnen neue Informations- und Kommunikationstechnologien. Ihr Potential wird daher am Beispiel von Verbundgruppen verdeutlicht. So können in den einzelnen Anschlußhäusern Verkaufsdaten artikelgenau erfaßt und über öffentliche Netze in das zentrale Rechenzentrum der Gruppe übertragen und dort entsprechend ausgewertet werden (vgl. Abb. 41). Dadurch verändert sich nicht nur die Datenbasis (Verkaufsdaten anstelle von Belieferungs- bzw. Fakturierungsdaten), sondern auch ihr Aktualitätsgrad steigt.

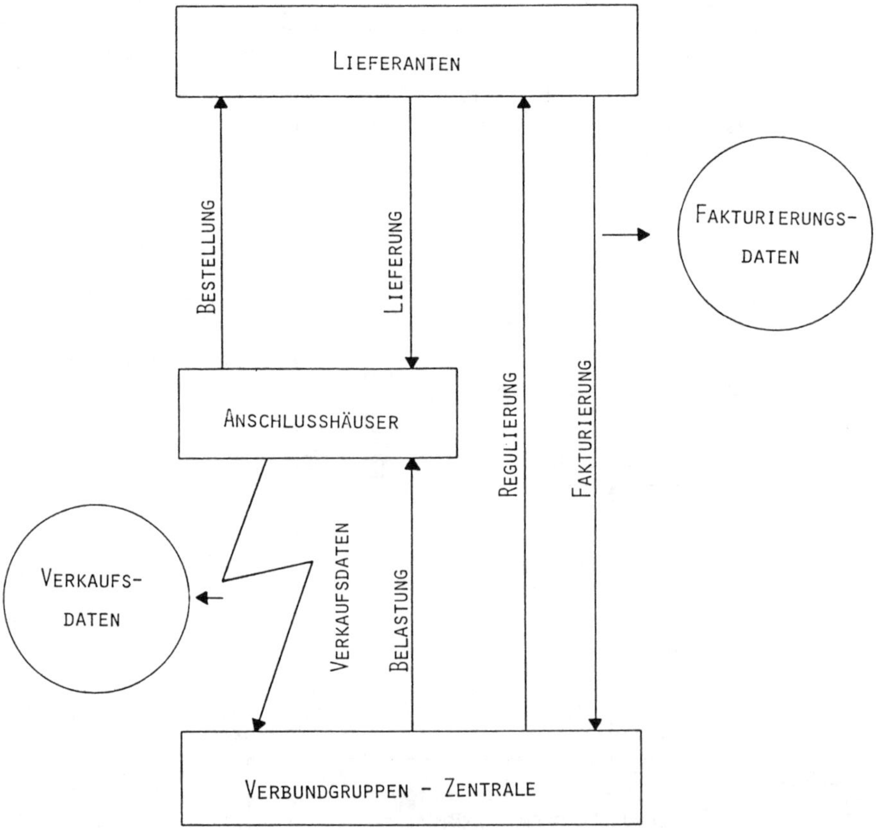

Abb. 41. Fakturierungs- und Verkaufsdaten als Ausgangspunkt für Frühwarn- und Frühchancensysteme in Verbundgruppen

Die Verknüpfung der Fakturierungs- und Regulierungsdaten mit den Verkaufsdaten schafft in einer Verbundgruppe die Voraussetzungen zum Aufbau eines

- marktorientierten Frühwarn- und Frühchancensystems,
- lieferantenbezogenen Frühwarn- und Frühchancensystems,
- partnerbezogenen Frühwarn- und Frühchancensystems.

Aus den Verkaufsdaten lassen sich u.a. Hinweise zur Sortimentspolitik ableiten, die eine frühzeitige Anpassung ermöglichen. Die Fakturierungsdaten liefern Aussagen über die Ausschöpfung vereinbarter Konditionenrahmen, die eine Umorientierung der Verkaufsanstrengungen auslösen können, um bei einem Hersteller in bessere Konditionenstaffeln zu gelangen. Das im Wege der Zentralregulierung ermittelte Zahlungsverhalten, z.B. Nichtausschöpfung von Skontofristen u.ä., kann auf mögliche Liquiditätsprobleme der Partner hindeuten.

3.2.2.2 Kosten- und Leistungsrechnung

Neben der Finanzbuchhaltung ist insbesondere die betriebliche Kosten- und Leistungsrechnung für die Informationsversorgung des Marketing von Bedeutung. Die Eigenart des Marketing-Informationsbedarfs macht eine Anpassung der Gestaltungskonzeption des bisher überwiegend innen-, administrativ- und vergangenheitsorientierten Rechnungswesens erforderlich. Herausforderungen an das Rechnungswesen bestehen nach Köhler (vgl. Köhler, Rechnungswesen 1985) insbesondere im Hinblick auf:

- einen verstärkten Übergang zur Bereitstellung von Plandaten;
- eine flexible Datenaufbereitung für verschiedene Betrachtungsdimensionen, z.B.
  - Absatzobjekte (Produkte, Produktgruppen, Aufträge),
  - Marktsegmente (Kunden, Kundengruppen, Verkaufsgebiete),
  - Marketing-Instrumente (Produktpolitik, Preis- und Konditionenpolitik, Kommunikationspolitik, Distributionspolitik),
  - Marketing-Organisationseinheiten (Produkt-Management, Kundengruppen-Management, Verkaufsgebietsleitung);

- möglichst vielseitige, problembezogene Datenauswertungen nach dem "Prinzip der Veränderungsrechnung";
- eine Erfolgsüberwachung bestimmter Organisationseinheiten (z.B. Profit-Center), die oftmals bezogen auf dieselbe Organisationseinheit eine Abgrenzung zwischen "Accounting Entity" und "Responsibility Center" erfordert.

Während die Rechnung mit Plangrößen, so die Plankostenrechnung im Produktionsbereich, konzeptionell weitestgehend ausgereift (vgl. z.B. Kilger, Plankostenrechnung 1981) und in der Unternehmenspraxis vielfach implementiert ist, stehen derartige Ansätze im Marketing erst am Anfang. Dies gilt bei institutioneller Betrachtungsweise gleichermaßen für Handels- und Dienstleistungsbetriebe.

Für die Erfüllung der Erfordernisse eines mehrdimensionalen Rechnungswesens und einer flexiblen, problembezogenen Datenauswertung bieten aus technologischer Sicht Datenbanksysteme Ansatzpunkte (vgl. hierzu Kilger/Scheer, Rechnungswesen 1983). Datenbanksysteme können auch als technische Infrastruktur für Rechnungen nach dem "Veränderungsprinzip" herangezogen werden. Dies sei am Beispiel der sog. Grundrechnung erläutert. Eine Grundrechnung macht vereinfacht Aussagen darüber, welche Kostenarten welchen Bezugsgrößen unmittelbar zugerechnet werden können. "Bedeutung hat dies für Entscheidungsrechnungen, wenn es um die Frage geht, über welche Kosten je nach Entscheidungsalternative disponiert werden kann und welche Beträge kurzfristig nicht variierbar sind." (Köhler, Rechnungswesen 1985, S. 79).

Abbildung 42 zeigt beispielhaft einen Ausschnitt einer Grundrechnung. Der Zuordnung von Bezugsgrößen, Kostenarten und Kostenkategorien entspricht im Sinne der Datenverarbeitung die Datenkennzeichnung durch Deskriptoren.

Eine derartige Kennzeichnung der einzelnen Rechnungsgrößen im Hinblick auf ihre Beeinflußbarkeit ist generell bei "Veränderungsrechnungen" erforderlich. Diese Planungskalküle sind dadurch charakterisiert, daß nur solche rechnerischen Größen einzubeziehen sind, die durch die Wahl einer bestimmten Entscheidungsalternative beeinflußt werden können (vgl. Köhler, Rechnungswesen 1985, S. 73).

Kostenkategorien			Kostenarten (z. B.) \ Bezugsgrößen (Beispiele)	Produkte (Artikel)	Produktgruppen	Aufträge	Kunden	Kundengruppen	Verkaufsgebiete	Kostenstellen: Kostenst. des Absatzbereiches	Kostenstellen: Sonstige Stellenbereiche (Fertigung usw.)
Mit bestimmten Aktivitäten kurzfristig variierende Kosten (»Leistungskosten«)	Absatzbedingt	Von Akquisitionsmaßnahmen abhängig	Bewirtungskosten bei Kundenbesuchen				x				
			Kosten für Telefongespräche				x				
		Absatzmengenabhängig	Mengenabh. Ausfuhrzölle	x							
		Umsatzwertabhängig	Umsatzprovision	x							
			Umsatzabhängige Lizenzgebühren	x							
		Auftragsabhängig	Frachten			x					
			Verpackungsmaterial			x					
	Erzeugungsbedingt	Erzeugnismengenabhängig	Fertigungsmaterial	x							
			Herstellungsabhängige Lizenzgebühren	x							
		Von der Zahl der Fertigungslose abhängig (losgrößenunabhängig)	Rüstkosten								x
		Einsatzmengenabhängig	Bestimmte Teile der Energiekosten (z. B. bei Schmelzöfen)		x						
Für bestimmte Perioden festgelegte Kosten (»Bereitschaftskosten«)	Jeweils untergliederbar nach Funktionsbereichen (Absatz, Erzeugung usw.)	Monatlich disponibel	Manche Fertigungslöhne								x
		Vierteljährlich disponibel	Gehälter bei vierteljährlicher Kündigung (Beisp.: Kundengruppenmanager)					x			
		Jährlich disponibel	Jahresmiete, Beisp.: für ein Verkaufsbüro						x		
			An Agentur vergebener Jahres-Werbeetat; Beisp.: f. eine Markenartikelgruppe		x						
		Für mehr als ein Jahr festliegend	Beratungskosten bei Mehrjahres-Vertrag							x	
			Kalenderzeitabhängige Abschreibungen (falls kein Anlagenverkauf möglich)								x

Quelle: Köhler, Rechnungswesen 1985, S. 76.

Abb. 42. Beispiel einer Grundrechnung

Das "Prinzip der Veränderungsrechnung" liegt auch der Deckungsbeitragsrechnung zugrunde, die zur Kontrolle der Erfolgsbeiträge von

- Produkten/Produktgruppen,
- Kunden/Kundengruppen,
- Lieferanten,
- Verkaufsgebieten,
- Organisationseinheiten

benötigt wird. Sie basiert auf einem gesonderten Ausweis eindeutig zurechenbarer Kosten und Erlöse.

Konzeptionell am weitesten entwickelt ist die produktbezogene Deckungsbeitragsrechnung. Dies gilt gleichermaßen für den Stand ihrer Implementierung. Auch hinsichtlich der Deckungsbeitragsrechnung zeigt sich eine Dominanz des Produktionsbereichs. Fragen der kunden- und verkaufsgebietsorientierten Deckungsbeitragsrechnung gewinnen im Zusammenhang mit Fragen der Außendienststeuerung bzw. des Verkaufsmanagements zunehmend an Bedeutung (vgl. Zentes, Außendienststeuerung 1980, S. 59 ff.; Zentes, Verkaufsmanagement 1986, S. 25 f.). Ein Gliederungsschema einer Kundendeckungsbeitragsrechnung ist beispielhaft in Abbildung 43 dargestellt.

Lieferantenbezogene Deckungsbeitragsrechnungen - eine wichtige Grundlage des Beschaffungsmarketing - werden, insbesondere in Handelsbetrieben, durch rechnergestützte Warenwirtschaftssysteme ermöglicht. Das Informationspotential moderner Technologien zeigt sich hier deutlich (vgl. Zentes, Informationspotentiale 1987). Erste Ansätze zur lieferantenbezogenen Deckungsbeitragsrechnung lieferte Dressler bereits 1973 (vgl. Dressler, Entscheidung 1973, S. 145 ff.). Einschränkend ist in diesem Zusammenhang jedoch auf bestehende methodische Probleme hinzuweisen, wie der Zurechenbarkeit von Kosten, die erst ansatzweise gelöst sind. Dies gilt in noch stärkerem Maße für eine artikelgenaue Deckungsbeitragsrechnung in Handelsbetrieben (Direct Product Profit/Direct Product Profitability, DPP bzw. Direkte Produkt Rentabilität, DPR)) (vgl. auch Behrends, DPP-Modell 1987).

Nach dem DPR-Konzept wird artikelspezifisch die Bruttospanne (Netto-Verkaufspreis ./. Netto-Einkaufspreis, minus aller Rabatte, Werbekostenzuschüsse (WKZ) und sonstiger Vergütungen) abzüglich unmittelbarer Handling-Kosten als "direkter Produkt Profit" bzw. als

1.		Bruttoumsatz zu Verrechnungspreisen
2.	./.	Rechnungsrabatte/Skonti/Preisdifferenzen
3.	=	Nettoumsatz I
4.	./.	Kalkulatorische Erlösschmälerungen (zeitliche Abgrenzungen)
5.	=	Nettoumsatz II
6.	./.	Wareneinsatz
7.	=	Rohertrag
8.	./.	Variable Produktionskosten
9.	=	Deckungsbeitrag I (nach Produktion)
10.	./.	Proportionale, dem Kunden direkt zurechenbare Kosten (z.B. WKZ, Delkredere, Finanzierungsvergütungen)
11.	=	Deckungsbeitrag II
12.	./.	dem Kunden direkt zurechenbare Marketingkosten (z.B. Aktionsrabatte)
13.	=	Deckungsbeitrag III
14.	./.	dem Kunden direkt zurechenbare Verkaufskosten
15.	=	Deckungsbeitrag IV
16.	./.	dem Kunden direkt zurechenbare Logistik-/Service-Kosten
17.	=	Deckungsbeitrag V
18.	./.	Kosten für Sonderleistungen durch die Industrie an den Kunden
19.	=	Deckungsbeitrag VI.

Quelle: Schröder, Gewinnsteuerung 1978, S. 50.

Abb. 43. Gliederungsschema der Kundendeckungsbeitragsrechnung

"Direkte Produkt Rentabilität" berechnet. Beispiele für DPR-Rechnungen zeigen die Tabellen 3 und 4. Das DPR-Konzept weicht fundamental von dem konventionellen Verfahren der Handelsspannen-Kalkulation ab, nach dem durchschnittliche Handling-Kosten auf die Artikel verteilt werden (vgl. Schneider, DPP 1986).

Das DPR-Konzept ist erst durch moderne Informations- und Kommunikationstechnologien machbar bzw. ökonomisch sinnvoll realisierbar. So liefert die Erfassung artikelgenauer Warenbewegungen in rechnergestützten Warenwirtschaftssystemen wichtige Ausgangsdaten. Zusätz-

Gegenstand	Dollar pro Karton
Verkaufspreis	18,72
abzüglich Einkaufspreis	14,98
Brutto-Spanne	3,74
zuzüglich Preisnachlässen u.a.	
Rabatte	0,30
warenbezogene Vergütungen	0,50
abzüglich Handling-Kosten	
direkter Arbeitsaufwand im Lager	0,41
Bestandserfassung	0,18
Betriebskosten	0,12
Transport zu den Läden	0,14
direkter Arbeitsaufwand im Laden	1,78
Bestandspflege	0,81
direkter Produkt-Profit	1,10

Quelle: in Anlehnung an Phipps, Direct Product Profit 1986, S. 31.

Tab. 3. Beispiel einer artikelbezogenen DPR-Rechnung

lich erforderlich sind u.a. Zeitstudien zur Bestimmung der Handling-Kosten. Um den Datenerhebungsaufwand zu reduzieren und dadurch die Akzeptanz des Konzeptes in der unternehmerischen Praxis zu erhöhen, wird zur Zeit unter Leitung des Instituts für Selbstbedienung (ISB) in der Bundesrepublik Deutschland ein "Großversuch" durchgeführt, der zum Aufbau eines Datenpools führen soll, aus dem Handelsunternehmen Kostendaten abrufen können.

Das in den USA auf Anregung von Procter & Gamble in Zusammenarbeit mit der Unternehmensberatung McKinsey, der Handelskette Safeway und dem Food-Marketing Institute (FMI) entwickelte Konzept liefert sowohl Handels- als auch Industrieunternehmen Entscheidungsgrundlagen

Gegenstand	Artikel A koffeinfreier Kaffee	Artikel B normaler Kaffee
Bruttospanne pro Karton	9,33 $	8,02 $
minus Handling-Kosten pro Karton	4,22 $	3,80 $
plus Rabatte u.a.	0,21 $	2,02 $
DPR pro Karton	5,32 $	6,24 $
Anzahl der Kartons pro Woche	4,20	3,10
DPR pro Woche	22,34 $	19,34 $
Flächeneinheit	1,68	0,84
DPR je Woche pro Regalflächeneinheit	13,30 $	23,03 $

Quelle: in Anlehnung an Phipps, Direct Product Profit 1986, S. 31.

Tab. 4. Beispiel einer regalflächenbezogenen DPR-Rechnung

(vgl. Franchi, System 1986). Die Daten stehen dabei den Interessenten auf Datenträgern zur Verfügung, die eine Weiterverarbeitung auf Personal Computern unter Einsatz des Tabellenkalkulationsprogramms Lotus 1-2-3 ermöglichen.

Für Handelsunternehmen sind artikelgenaue Deckungsbeiträge eine wichtige Basis der Sortimentsentscheidungen, der Entscheidungen über Flächenzuteilung und logistischer Entscheidungen, so der Lieferung über "Lager oder Strecke" (vgl. Phipps, Direct Product Profit 1986, S. 31 f.). Die DPR-Daten sind gleichermaßen für das Marketing der Hersteller von Bedeutung. Sie können die Verkaufsargumentation des Außendienstes in Fragen der Plazierung u.ä. unterstützen. Die Handling-Kosten auf der Handelsebene, so im Zentrallager und in der Verkaufsfiliale, bieten dem Hersteller zugleich Ansatzpunkte zur Produkt- und Verpackungsgestaltung. Insofern kann eine artikelgenaue

Deckungsbeitragsrechnung im Handel - als Teil eines überinstitutionellen Rechnungswesens - auch zur Verbesserung der Gesamtsystemeffizienz ("total system efficiency") beitragen. Dies bedeutet für Industrie und Handel eine Chance zur Versachlichung des Dialogs (vgl. Zentes, Hersteller-/Händler-Beziehungen 1984).

3.2.2.3 Betriebliche Statistik

Neben der Kosten- und Leistungsrechnung liefert die betriebliche Statistik wichtige Ansatzpunkte zur Ableitung marketingrelevanter Informationen. Dies gilt in besonderem Maße für die Vertriebs- oder Verkaufsstatistik als Element eines Vertriebsabwicklungs- und -informationssystems (vgl. auch Heinzelbecker, Marketing-Informationssysteme 1985, S. 29 f.). Aufgabe derartiger operativer Systeme ist die Bereitstellung unternehmensinterner Vertriebsdaten wie Absatz, Umsatz, Rabatte, Auftragsgrößen, Außendienstbesuche, Kundenverluste, Neukunden u.ä. Auf der Basis dieser Informationen können bspw. Erfolgskennziffern abgeleitet werden für Kunden, Kundengruppen, Artikel, Artikelgruppen, Außendienstgebiete oder Vertriebskanäle (vgl. auch Wilde, Computer-Revolution 1987).

Die Ableitung aussagefähiger Erfolgskennziffern setzt meist die Verknüpfung von Verkaufs- bzw. Vertriebsdaten, z.B. Umsatz mit Kostengrößen voraus, so zur Ableitung kunden- oder gebietsspezifischer Deckungsbeiträge. Bereits hierdurch wird die Notwendigkeit einer engen Verzahnung von Kosten- und Leistungsrechnung und operativen Vertriebsinformationssystemen deutlich. In diesem Sinne erfordert die im vorangegangenen Abschnitt dargestellte flexible Datenaufbereitung im Hinblick auf verschiedene Betrachtungsdimensionen eine Harmonisierung der Datenstrukturierung und Datenorganisation.

Relationale Datenbanken bieten hierzu eine Möglichkeit (vgl. auch Abschn. 2.3.4.1.1). In relationalen Datenbanken erfolgt die Abbildung der zu erfassenden Entitymengen mit Hilfe zweidimensionaler Tabellen. Als Entity werden dabei die einzelnen realen Objekte bezeichnet, z.B. der einzelne Kunde, der einzelne Außendienstmitarbeiter, der einzelne Artikel; gleichartige Entities werden zu übergeordneten Mengen zusammengefaßt, den Entitytypen. Dies sind bspw. alle Kunden, alle Außendienstmitarbeiter, alle Artikel.

Die Beschreibung der Entities erfolgt durch ihre Eigenschaften (Attribute). So werden Kunden durch ihre Namen, Adressen, Konditionenregelungen beschrieben. Als Beziehungen bezeichnet man logische Zuordnungen zwischen Entitytypen. Die Beziehung "kaufen" gibt bspw. an, welche Kunden welche Artikel kaufen bzw. welche Artikel von welchen Kunden gekauft werden (vgl. hierzu Scheer, Betriebswirtschaftslehre 1987, S. 14; Heinzelbecker, Marketing-Informationssysteme 1985, S. 73 ff.).

An relationale Datenbanken können komplizierte Anfragen in einer einfachen Form gestellt werden. So ermöglicht die Sprache SEQUEL z.B. Anfragen mit Hilfe einer Grundstruktur von drei Schlüsselbegriffen. Die Anfrage

"Liste alle Kundennamen mit ihren Kundennummern, den zuständigen Außendienstmitarbeitern und solchen Artikelnummern und Artikelnamen auf, für die die betreffenden Kunden Aufträge mit einem Deckungsbeitrag von mehr als 500 DM gegeben haben"

kann durch

```
SELECT   KNAME,    KNUMMER,   ADNAME,
         ANUMMER, ANAME
FROM     KUNDE,    AUFTRAG
WHERE    KNUMMER = AKNUMMER
         AND DB * MENGE > 500
```

formuliert werden (in Anlehnung an Scheer, Betriebswirtschaftslehre 1987, S. 45). Abbildung 44 zeigt einen Auszug aus der zugrundeliegenden Beispiel-Datenbank.

Die Vertriebs- und Kostendaten sind nicht nur im Hinblick auf "interne Verknüpfungen" zu strukturieren und zu organisieren, sondern gleichermaßen im Hinblick auf "externe Verknüpfungen", so mit Marktdaten. Hieraus lassen sich Erfolgskennziffern wie Marktanteil, Marktpotentialausschöpfung, Kundenpotentialausschöpfung ableiten, die u.a. zur Vertriebssteuerung herangezogen werden.

KUNDE

KNUMMER	KNAME	WOHNORT	ADNAME
58623	BAUER	HAMBURG	MÜLLER
58627	BAUMANN	BERLIN	SCHMIDT
58641	BECKER	MÜNCHEN	MAYER
58644	BENDER	BOCHUM	SCHULZ
58647	BIEHL	HAMBURG	MÜLLER
58648	BIERMANN	MÜNCHEN	MAYER
:	:	:	:

AUFTRAG

ANUMMER	AKNUMMER	ANAME	EPREIS	MENGE	DB
5522	58623	TISCHLAMPE X 11	320.00	180	180
8610	60590	KRISTALL-LEUCHTER 3115	548.00	5	340
9011	61525	BÜROLAMPE 520	198.00	250	145
8610	58647	KRISTALL-LEUCHTER 3115	598.00	15	375
7146	58648	DECKENLEUCHTE 41	249.00	5	149
:	:	:	:	:	:

Quelle: in Anlehnung an Scheer, Betriebswirtschaftslehre 1987, S. 45.

Abb. 44. Beispiel-Datenbank für eine SEQUEL-Anfrage

3.2.2.4 Einzel- und zwischenbetriebliche Vergleichsrechnungen

Den Vergleich betrieblicher Vorgänge, Entwicklungen und Zustände innerhalb eines Betriebes (innerbetrieblicher Vergleich) oder zwischen verschiedenen Betrieben eines oder mehrerer Wirtschaftszweige (zwischenbetrieblicher Vergleich) bezeichnet man als Betriebsvergleich (vgl. Wöhe, Betriebswirtschaftslehre 1986, S. 1268).

Der innerbetriebliche Vergleich wird in Form eines Zeitvergleichs oder in Form eines Soll-Ist-Vergleichs durchgeführt. Basis des Zeitvergleichs sind Istzahlen, d.h. bestimmte betriebliche Größen werden zu verschiedenen Zeitpunkten bzw. innerhalb verschiedener Zeiträume betrachtet. Beim Soll-Ist-Vergleich gehen die Vergleichsobjekte mit Soll- oder Plan-Werten und den korrespondierenden Ist-Werten in die Betrachtung ein. Derartigen Ansätzen kommt in der betrieblichen Planung bzw. im Controlling eine große Bedeutung zu.

Die wesentlichen Formen des zwischenbetrieblichen Vergleichs sind der Vergleich von Betrieben desselben Wirtschaftszweiges, der für das Marketing von großem Interesse ist, und der Vergleich von Betrieben verschiedener Wirtschaftszweige. Bei der erstgenannten Kategorie werden Ergebnis- bzw. Erfolgsgrößen verschiedener Betriebe, z.B. von Filialen einer Handelskette, Anschlußhäusern einer Verbundgruppe, zum gleichen Zeitpunkt oder in einem gleichen Zeitraum gegenübergestellt.

Derartige Vergleichsrechnungen stellen bis heute eine wichtige informatorische Grundlage zur Unternehmenssteuerung dar; dies gilt insbesondere in Unternehmen des Einzelhandels. Methodische Entwicklungen, so im Bereich der multivariaten Statistik (z.B. Clusteranalyse und Multidimensionale Skalierung), und informations- und kommunikationstechnologische Entwicklungen ermöglichen eine Verbesserung der Aussagefähigkeit der Ergebnisse. Multivariate statistische Verfahren, die sowohl unternehmensdemographische Merkmale als auch Umweltmerkmale (z.B. Marktpotential des Verkaufsgebietes) berücksichtigen, führen zu einer Gruppenbildung mit hoher Trennschärfe; Homogenitätsmaße der Gruppen lassen Aussagen über die Vergleichbarkeit der Betriebe zu (vgl. hierzu die Ausführungen im Vierten Kapitel).

Die Versorgung der Vergleichsrechnungen mit Daten wird durch Datenträgeraustausch bzw. Datenfernübertragung zwischen den Filialen und der Zentrale einer Handelskette oder den Anschlußhäusern einer Verbundgruppe und der Gruppenzentrale in mehrfacher Hinsicht verbessert. Ohne zusätzlichen Erfassungsaufwand können Daten dezentraler operativer Systeme, z.B. Warenwirtschaftsdaten, genutzt werden (vgl. auch Abb. 40 und 41). Dieser Rationalisierungseffekt dürfte zu einer Erhöhung der Akzeptanz von Vergleichsrechnungen führen; dies gilt insbesondere in kooperativen Gruppen. Der durch die Technologie ermöglichte höhere Aktualitätsgrad der Daten trägt über die so verbesserte Aussagefähigkeit der Ergebnisse ebenfalls zur Überwindung von Akzeptanzbarrieren bei. Weder methodische noch technologische Entwicklungen sind jedoch allein in der Lage, Barrieren zu überwinden, die in der Basisbereitschaft der Unternehmen liegen, ihre internen Daten für Vergleiche offenzulegen (vgl. auch Tietz, Handelsbetrieb 1985, S. 984).

3.3 Gewinnung externer Marketinginformationen

3.3.1 Überblick

Die Gewinnung externer Marketinginformationen, d.h. Informationen, die sich auf den Markt (Beschaffungs- und Absatzmarkt) oder auf die allgemeine Unternehmensumwelt beziehen, gehört zum Aufgabengebiet der Marktforschung. Marktforschung ist nach Hammann/Erichson (Hammann/Erichson, Marktforschung 1978, S. 1 f.) "... eine systematische, empirische Untersuchungstätigkeit mit dem Zweck der Informationsgewinnung oder -verbesserung über objektiv bzw. subjektiv bedingte Markttatbestände und -phänomene als Grundlage beschaffungs- und absatzpolitischer Entscheidungen."

Es existieren verschiedene Abgrenzungen der Marktforschung. Auf Behrens geht die Differenzierung in demoskopische und ökoskopische Marktforschung zurück (vgl. Behrens, Marktforschung 1966). Die demoskopische Marktforschung ist subjektbezogen; die ökoskopische Marktforschung sach- oder objektbezogen. Zur demoskopischen Marktforschung zählen die Erforschung der Handlungssubjekte sowie deren Eigenschaften. Untersuchungsmerkmale sind z.B. Alter, Geschlecht, Beruf, aber auch Einstellungen und Meinungen der Marktteilnehmer. Im Gegensatz dazu ist die ökoskopische Marktforschung auf Objekte und deren Zusammenhänge ausgerichtet. So gehören die Erforschung der Umsätze und Preise der Güter, der Struktur der Anbieter und Nachfrager zur ökoskopischen Marktforschung. Die demoskopische Marktforschung kann insofern als Teilbereich der empirischen Sozialforschung, die ökoskopische Marktforschung als Teilbereich der empirischen Wirtschaftsforschung betrachtet werden.

Während sich die demoskopische Marktforschung schwerpunktmäßig der Methoden der Primärforschung bedient, wird die ökoskopische Marktforschung schwerpunktmäßig als Sekundärforschung durchgeführt. Die Primärforschung (Feldforschung, Field Research) und die Sekundärforschung (Schreibtischforschung, Desk Research) stellen aus methodischer Sicht Basiskategorien der empirischen Sozialforschung und der empirischen Wirtschaftsforschung dar.

Die Primärforschung hat die Beschaffung und Analyse neuer, bisher nicht bekannter Informationen zum Gegenstand. Sie bedient sich spezieller Erhebungsverfahren wie der Befragung und der Beobachtung. Die Sekundärforschung ist dagegen auf die Beschaffung und Analyse bereits vorhandener Informationen ausgerichtet.

Die Primärforschung wurde in den letzten Jahren sowohl durch methodische als auch durch technologische Entwicklungen beeinflußt. So wurden verbale Methoden, insbesondere die Befragung, ergänzt um nonverbale Methoden (vgl. Kroeber-Riel, Marktforschung 1983, S. 277 f.), die innerhalb und außerhalb sozialwissenschaftlicher Labore angewandt werden können.

Aber auch verbale Methoden wurden weiterentwickelt, z.B. durch computergestützte Erhebungsverfahren, und mit nonverbalen Methoden verknüpft, so im Rahmen automatischer Antwortzeit- oder Reaktionszeitmessung (vgl. Zentes, Technologiedynamik 1984; Zentes, Marktforschung 1987). Die Verbindung neuerer methodischer und technologischer Konzepte bietet Ansatzpunkte, sowohl Umfang und Intensität der probandenspezifischen Messungen als auch die Anzahl der einbezogenen Probanden (Stichprobe) zu vergrößern und damit die "Repräsentativität der Messungen hinsichtlich der Person und der Population" zu erhöhen (vgl. auch Müller, Daten 1986, S. 387).

Innovative Ansätze in der Sekundärforschung sind in erster Linie auf technologische Entwicklungen wie externe Datenbanksysteme zurückzuführen.

An die Marktforschung werden auch inhaltlich veränderte Anforderungen gestellt. "Der Marktforscher steht auf der Grenze des Unternehmens, sein Blick ist diagnostisch auf die Gesellschaft gerichtet, er muß gesellschaftliche Fragen in seine Überlegungen einbeziehen, darf nicht eng produktverhaftet arbeiten. Die Orientierung der

Marktforschung muß langfristiger werden, daß aus produktbezogener Marktforschung soziale Marktforschung wird." (Noelle-Neumann, Marktforschung o.J., S. 12).

In diesem Sinne wird zunehmend auch von "strategisch orientierter" Marktforschung gesprochen (vgl. Hüttner, Marktforschung 1986; Muchna, Entwicklungstendenzen 1984).

3.3.2 Gewinnung von Sekundärinformationen

3.3.2.1 Informationsquellen und Formen der Informationsbereitstellung

Die Sekundärforschung ist - wie bereits erwähnt - auf die Beschaffung und Analyse bereits vorhandener Informationen ausgerichtet. Dies gilt sowohl hinsichtlich interner als auch externer Informationen (vgl. Berekoven/Eckert/Ellenrieder, Marktforschung 1986, S. 37 ff.). Insofern liefert das betriebliche Rechnungswesen mit den im Abschnitt 3.2.2 erörterten Subsystemen (interne) Sekundärinformationen.

Der Rückgriff auf bereits vorliegende Informationen kann insbesondere bei der Gewinnung externer Informationen wesentlich zur Ökonomisierung der Informationsversorgung beitragen. "Die Informationen sind in der Regel im Vergleich zu Primärdaten schneller und kostengünstiger zu beschaffen. Darüber hinaus sind bestimmte Daten (volkswirtschaftliche Gesamtgrößen, Entwicklungszahlen etc.) auf anderem Wege für das einzelne Unternehmen praktisch nicht zugänglich." (Meffert, Marktforschung 1986, S. 32).

Wichtige Quellen für das Marketing sind (vgl. Ante/Schmidt, Quellen 1974, S. 723 ff.):

- die allgemeine amtliche Statistik der Bundesrepublik Deutschland
  - Statistisches Bundesamt,
  - Statistische Landesämter,
  - kommunale statistische Ämter;
- die sonstigen amtlichen und halbamtlichen Quellen der Bundesrepublik Deutschland
  - Dienststellen der staatlichen und kommunalen Verwaltung,
  - Deutsche Bundesbank,

  - Dokumentationszentralen des RKW (Rationalisierungs-Kuratorium der Deutschen Wirtschaft),
  - Bundesstelle für Außenhandels-Informationen;
- die amtlichen und halbamtlichen Quellen der ausländischen bzw. internationalen Statistik
  - nationale statistische Ämter des Auslandes,
  - inter- und supranationale Organisationen (UNO, FAO, OECD, EG u.a.);
- die Wirtschaftsverbände und Industrie- und Handelskammern;
- die wirtschaftswissenschaftlichen Forschungsinstitute.

Die Möglichkeit, Sekundärinformationen zu nutzen, ist abhängig von der jeweiligen Problemstellung. Der Nutzung von Sekundärinformationen sind Grenzen gesetzt, insbesondere hinsichtlich
- der Aktualität der Informationen,
- der Sicherheit und Genauigkeit der Informationen,
- der Vergleichbarkeit der Informationen,
- des Umfangs und der Detailliertheit der Informationen (vgl. Berekoven/Eckert/Ellenrieder, Marktforschung 1986, S. 40).

Tendenziell gilt, daß für viele absatzpolitische Fragestellungen Ausgangsinformationen gewonnen werden können. Je höher und spezieller die Anforderungen an die Informationen sind, um so eher erwächst daraus die Notwendigkeit für eigene Primärerhebungen (vgl. Berekoven/Eckert/Ellenrieder, Marktforschung 1986, S. 40).

Sekundärinformationen liegen meist in Printmedien in Form von Tabellen, Graphiken und Texten vor. Beispiele hierfür sind die Veröffentlichungen der Statistischen Ämter und die Panel-Berichtsbände der Marktforschungsinstitute (vgl. Heinzelbecker, Marketing-Informationssysteme 1985, S. 45). Mit dieser Form der Bereitstellung ist einerseits das bekannte Problem der Informationsflut (unübersehbare Fülle von Veröffentlichungen, Fachmitteilungen u.ä.) und andererseits das Problem des gezielten Informationsabrufs verbunden, so
- die Nichtverfügbarkeit im Bedarfszeitpunkt,
- der hohe Zeitbedarf beim "Nachschlagen",
- die oftmals geringe Erledigungs- oder Erfolgsquote (vgl. Zentes/Schröer, Datenbanksysteme 1984, S. 63).

Neben diesen Problemen der geringen Informationseffizienz stellt sich das Problem der maschinellen Verarbeitung der Sekundärinformationen. Die Informationen müssen in Unternehmen neu erfaßt werden, um sie mit internen Informationen zu verknüpfen oder in sonstiger Form auszuwerten. Zur Vermeidung dieses Erfassungsaufwandes werden Sekundärinformationen zunehmend in maschinell lesbarer Form (z.B. auf Magnetbändern) bereitgestellt. Dies ist ökonomisch sinnvoll, da die Informationen i.d.R. beim Informationsproduzenten EDV-mäßig verarbeitet bzw. erstellt werden (vgl. Heinzelbecker, Marketing-Informationssysteme 1985, S. 45). Maschinell lesbare Sekundärinformationen zur Auswertung und Verarbeitung auf dem eigenen Rechner liefern u.a. Marktforschungsinstitute, Wirtschaftsforschungsinstitute (vgl. Goldrian, Datenbanken 1984, S. 87 f.) sowie das Statistische Bundesamt im Rahmen seines Systems STATIS-BUND (vgl. Statistisches Bundesamt, STATIS-BUND 1980, S. 3).

Der nächste Schritt in der Bereitstellung von Sekundärinformationen ist ihre Speicherung in (externen) Datenbanken, auf die der Nutzer direkt (On-line-Bereitstellung) oder über Informationsbroker zugreifen kann (vgl. Zentes, Technologiedynamik 1984, S. 8). Neuere Entwicklungen der Informations- und Kommunikationstechnologien bieten - wie im Abschnitt 2.3.4.2 aufgezeigt - die Möglichkeit der Kombination von On-line-Datenbanken und dezentral, auf Bildplatten verfügbaren Graphiken, Fest- und Bewegtbildern sowie akustischen Informationen. Neben der "konventionellen" Bildplatte (vgl. Wiemer, Bild-/Text-Informations- und Kommunikationssystem 1986) kann hierzu auch das Speichermedium CD-ROM eingesetzt werden (vgl. o.V., Bildplatte 1987).

3.3.2.2 On-line-Datenbanken

Die On-line-Bereitstellung von Sekundärinformationen kann die Informationsversorgung der Unternehmen entscheidend verbessern. So zeigen empirische Studien einen erheblichen Mangel an Wirtschaftsinformationen (vgl. Breuer/Bromann, System 1983; Schröer, Entwicklungstendenzen 1985; Krups, Informationsmarkt 1985). Dies gilt bezüglich Informationen über Märkte, Branchen, Konkurrenz, Export/Außenhandel und insbesondere hinsichtlich Prognoseinformationen.

Der Abruf von Sekundärinformationen aus externen Datenbanken beinhaltet auch Potentiale zur Verbesserung der Informationseffizienz, etwa durch die Schnelligkeit des Zugriffs, und zur Verbesserung der Informationsqualität, z.B. durch die Erhöhung der Aktualität der Informationen (vgl. Zentes/Schröer, Datenbanksysteme 1984, S. 63).

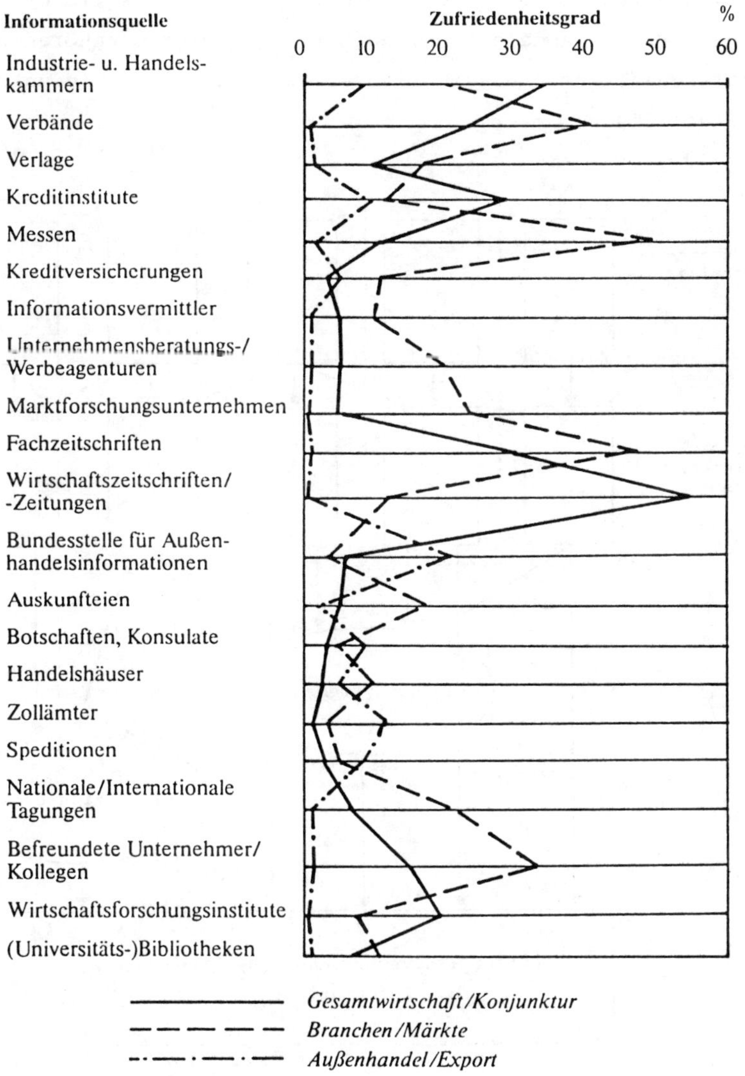

Quelle: Krups, Informationsmarkt 1985, S. 98.

Abb. 45. Zufriedenheit mit externen Informationsquellen

Die On-line-Bereitstellung von Sekundärinformationen erfüllt insofern wichtige Anforderungen, denen printmediale externe Informationsquellen nicht genügen (vgl. auch Abb. 45).

Die Grundstruktur des On-line-Datenbankmarktes ist schematisch in Abbildung 46 dargestellt (vgl. zu den folgenden Ausführungen Muchna, Datenbankdienste 1986, S. 10 ff.). Als Datenbankhersteller werden Organisationen bezeichnet, die Informationen in textlicher und/oder numerischer Form sammeln und aufbereiten. Hierzu gehören u.a. Verlage, Wirtschaftsforschungsinstitute, Auskunfteien, Industrieunternehmen, Statistische Ämter.

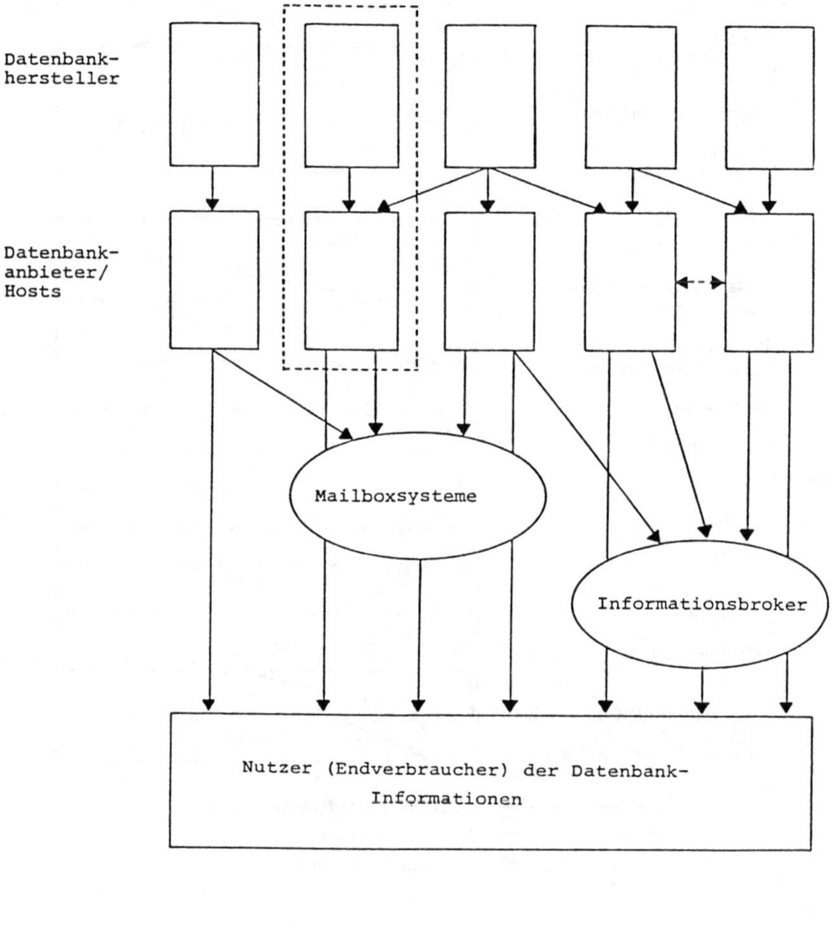

Quelle: Muchna, Datenbankdienste 1986, S. 11.

Abb. 46. Grundstruktur des Datenbankmarktes

Datenbankanbieter bzw. Hosts sind Unternehmen bzw. Institutionen, die i.d.R. mehrere Datenbanken auf einem Rechner speichern und in Verbindung mit einem Datenbank-Managementsystem anbieten. Datenbankhersteller sind selbst oftmals zugleich Anbieter. Mailboxsysteme können als Gateways zu Datenbanken genutzt werden. Die Mailbox schließt dabei mit mehreren Datenbankanbietern Nutzungsverträge ab; dadurch werden die entsprechenden Datenbanken für die Mailbox-Teilnehmer erreichbar. Die Mailbox übernimmt somit die Funktion eines "Informations-Streckengroßhändlers."

Die Funktion eines "Informations-Lagergroßhändlers" nehmen die Informationsbroker ein. Sie übernehmen von Kunden Rechercheaufträge und führen diese unter Zugriff auf Datenbanken durch. Das Rechercheergebnis wird i.d.R. in Form eines Berichtes an den Kunden weitergeleitet.

Weltweit werden heute ca. 3.000 Datenbanken angeboten, davon ca. 52% im Bereich Wirtschaft. Die Entwicklung der Datenbanken und der Datenbankanbieter zeigt Tabelle 5; die weltweite Verteilung von

Jahr	Anzahl der Datenbanken	Anzahl der Datenbankhersteller	Anzahl der Datenbankanbieter
1980	400	221	59
1981	600	340	93
1982	965	512	170
1983	1.350	718	213
1984	1.878	927	272
1985	2.453	1.189	362
1986	2.901	1.379	454

Anmerkung: Die für 1986 angegebenen Werte gelten für den Stichtag 31.12.1985.

Quelle: Irwin, Business-Databases 1986.

Tab. 5. Anzahl der Datenbanken, Datenbankhersteller und Datenbankanbieter weltweit

Wirtschaftsdatenbanken zeigt Tabelle 6. Ihr ist eine starke Konzentration auf den nordamerikanischen Raum zu entnehmen.

	Wirtsch. Lit.	Wirtsch. Nachr.	Wirtsch. Recht	Börsennachr.	Makro-Ökon. Dat.	Produktinf.	Marketing	Unternehmensdat. Kreditauskunft	Geschäftsverb.	Branchenbuchinfo.	Gesamt
USA	21	37	22	95	141	27	49	61	36	226	719
Großbritannien	2	5	2	15	5	2	12	10	1	6	61
Kanada		3	1	18	9		5	13		10	59
Frankreich	8	5	1		10		5	6	5	4	44
Australien	2	3		5	14	1	1	2		4	32
Europäische Gemeinschaften			1		22				1	8	32
Bundesrepublik Deutschland	1	1	2	1	3	5		2	1	2	18
Japan	1	3		1	3		1	4		2	15
Italien		1	1	1	2			4		1	10
Organisation für wirtschaftliche Zusammenarbeit und Entwicklung (OECD)					6					4	10
Vereinte Nationen			1		7					2	10
Schweden	2	2				1	1	1			7
Belgien	2		1							2	5
Niederlande	1						1	1			3
Singapur								1	1	1	3
Schweiz				1	1						2
Internationale Zusammenarbeit										1	1
Finnland	1										1
Norwegen							1				1
Irland							1				1
Südafrika							1				1
Österreich					1						1
Gesamt	41	60	32	137	224	36	78	105	45	277	1035

Quelle: Bundesminister für Forschung und Technologie, Fachinformationsprogramm 1985, S. 77.

Tab. 6. Weltweite Verteilung von Wirtschaftsdatenbanken 1984

Die Struktur der Informationsangebote in Wirtschaftsdatenbanken zeigt eine empirische Studie aus dem Jahre 1985 (o.V., Wirtschaftsinformationen 1986, S. 7 f.).

Die analysierten 1.035 Wirtschaftsdatenbanken (vgl. auch Tab. 6) wurden inhaltlich den folgenden Bereichen zugeordnet:

1.	Brancheninformationen:	277 Datenbanken bzw. 26,8%
2.	Volkswirtschaftliche Daten:	224 Datenbanken bzw. 21,6%
3.	Börseninformationen (Devisen- und Warenmärkte):	137 Datenbanken bzw. 13,2%
4.	Unternehmens- und Kreditinformationen:	105 Datenbanken bzw. 10,1%
5.	Marktforschung/Marketing:	78 Datenbanken bzw. 7,5%
6.	Wirtschaftsnachrichten:	60 Datenbanken bzw. 5,8%
7.	Geschäftsverbindungen:	45 Datenbanken bzw. 4,4%
8.	Wirtschaftswissenschaftliche und Managementinformationen:	41 Datenbanken bzw. 4,0%
9.	Produktinformationen:	36 Datenbanken bzw. 3,5%
10.	Wirtschaftsrecht:	32 Datenbanken bzw. 3,1%.

Einen umfassenden Überblick über allgemein zugängliche marketingrelevante Datenbanken vermittelt Muchna (vgl. Muchna, Datenbankdienste 1986, S. 20 ff.). Muchna unterscheidet zwischen folgenden Informationskategorien, die in den betrachteten Banken verfügbar sind:

- welt- und volkswirtschaftliche Informationen,
- branchenwirtschaftliche Informationen,
- allgemeine Wirtschafts- und Marktinformationen,
- Unternehmensnachweise und -profile,
- Produktnachweise und -informationen,
- Informationen bezüglich Geschäftsverbindungen.

Ausgewählte Wirtschaftsdatenbanken zeigen die Tabellen 7 bis 9. Dabei wird zwischen

- allgemeinen quantitativen Wirtschaftsdatenbanken (Tab. 7),
- allgemeinen qualitativen Wirtschaftsdatenbanken (Tab. 8) und
- spezifischen Unternehmens-, Produkt- und Geschäftsverbindungsdatenbanken (Tab. 9)

unterschieden (vgl. Muchna, Datenbankdienste 1986, S. 49 f., S. 52-54, S. 57-60).

Bezeichnung der Datenbank \ Datenbankanbieter	ADP Data Services	BRS	CDC/BIS	Chase Econometrics	Chase-Interactive Data	CISI Wharton	DATA-STAR	DIALOG Information Services	DRI Europe	GSI-ECO	IBM Informationsservice	I.P. Sharp	Prognos AG	SLIGOS
AGRICULTURE DATA BANK									x					
AMERICAN PROFILE			x											
ARGUS												x		
BEVOELKERUNG				x										
BI FORECASTS/TIME SERIES								x						
BUNDESBANK				x		x			x		x	x		
BUSINESS CONDITIONS DIGEST	x			x										
CHELEM										x				
CISI WHARTON[1)]						x								
CMAI												x		
COE										x				
COMEXT-EUROSTAT						x								
CONFERENCE BOARD	x			x					x					
COUNTRY ECONOMIC PROFILES												x		
CRONOS[2)]						x								
CSO				x		x			x			x		
DIRECTION OF TRADE				x					x			x		
DIW									x					
DRI[3)]									x					
EINHAND				x										
EUROPEAN AUTOMOTIVE SERVICE					x									
EUROPEAN ECONOMIC INDICATORS	x													
EUROPEAN FORECAST				x										
EUROPEAN NATIONAL SOURCE									x					
GFK											x			

Tab. 7. Übersicht ausgewählter allgemeiner quantitativer Wirtschaftsdatenbanken

Bezeichnung der Datenbank \ Datenbankanbieter	ADP Data Services	BRS	CDC/BIS	Chase Econometrics	Chase-Interactive Data	CISI Wharton	DATA-STAR	DIALOG Information Services	DRI Europe	GSI-ECO	IBM Informationsservice	I.P. Sharp	Prognos AG	SLIGOS
GLOBE				x										
IFO	x			x					x		x	x		
INDITOR				x										
INTERNATIONAL AUTO									x					
INTERNATIONAL TRUCK									x					
INTLINE				x										
IRON AND STEEL				x										
J.D. POWER DATA BASE									x					
KONITOR				x										
MERCATIS														x
OECD 4)												x		
OEKON												x		
PROGNOS													x	
PTS INTERNATIONAL FORECASTS							x	x						
PTS TIMESERIES		x					x	x						
SITC												x		
SJRUNDT												x		
SNB												x		
STATIS-BUND				x					x			x		
UN NATIONAL INCOME ACCOUNTS				x										
US CENTRAL DATA BANK									x					

1) Zusammengefaßt werden hier mehrere numerische Datenbanken des Herstellers Wharton Econometric Forecasting Associates.

2) Zusammengefaßt werden hier mehrere numerische Datenbanken des Statistischen Amtes der EG.

3) Zusammengefaßt werden hier mehrere numerische Datenbanken des Herstellers Data Resources Inc.

4) Zusammengefaßt werden hier mehrere numerische Datenbanken der OECD.

Tab. 7. (Fortsetzung)

Bezeichnung der Datenbank (B = bibliographische Hinweise, V = Volltext) / Datenbankanbieter	ADP Data Services	BELINDIS	BRS	Chase Econometrics	Datasolve	DATA-STAR	DIALOG Information Services	Dow Jones News/ Retrieval Service	DRI Europe	EDICLINE	EDS International	ESA-IRS	Finsbury Data Services	FIZ Technik	GBI	G. CAM Serveur	GENIOS	Info Globe	I.P. Sharp	Mead Data Central[1]	News Net	ODAV	PERGAMON-Infoline	SDC Information Services	STN International	TELESYSTEMES-QUESTEL	VWD
ABI/INFORM (B)			x			x	x					x								x				x			
ABSTRACTS OF WORKING PAPERS IN ECONOMICS (B)			x																								
A.D. LITTLE (V, B)							x																				
AP NEWS (V)							x	x												x							
ASI (B)							x																	x			
BEFO (B)														x													
BLISS (B)										x				x	x		x										
CHEMICAL BUSINESS NEWSBASE (B)						x	x				x												x				
CHEMICAL INDUSTRY NOTES (B)						x	x																	x			
CMAI (V)																			x								
COFFEELINE (B)							x																				
CONFERENCE BOARD (V)	x			x					x																		
DOW JONES NEWS (V, B)						x		x										x									
DPA (V)						x																					
ECONOMIC LITERATURE INDEX (B)							x																				
F & S MARKET RESEARCH REPORTS (B)			x			x																					

Tab. 8. Übersicht ausgewählter allgemeiner qualitativer Wirtschaftsdatenbanken

Bezeichnung der Datenbank (B = bibliographische Hinweise, V = Volltext) \ Datenbankanbieter		ADP Data Services	BELINDIS	BRS	Chase Econometrics	Datasolve	DATA-STAR	DIALOG Information Services	Dow Jones News/ Retrieval Service	DRI Europe	EDICLINE	EDS International	ESA-IRS	Finsbury Data Services	FIZ Technik	GBI	G. CAM Serveur	GENIOS	Info Globe	I.P. Sharp	Mead Data Central[1)]	News Net	ODAV	PERGAMON-Infoline	SDC Information Services	STN International	TELESYSTEMES-QUESTEL	VWD
FIND/SVP	(B)							x																				
FOODS ADLIBRA	(B)							x																				
FOREIGN TRADE & ECONOMICS ABSTRACTS	(B)		x				x	x																				
GRAPPE	(B)																										x	
HANDELSBLATT	(V)																	x										
HBR/ONLINE	(V, B)			x			x	x													x							
ICC KEY NOTE DATABASE	(V)						x																					
INDUSTRY DATA SOURCES	(B)			x			x	x													x							
INFOMAT	(B)							x													x			x				
JAPAN ECONOMIC DAILY	(V)								x										x		x							
MANAGEMENT AND MARKETING ABSTRACTS	(B)																							x				
MANAGEMENT CONTENTS	(B)			x			x	x													x				x			
MCGRAW-HILL BUSINESS BACKGROUNDER	(V)							x																				
MERLIN-ECO	(B)																x											
MUNZINGER LÄNDERARCHIV	(V)						x																					

Tab. 8. (Fortsetzung)

Bezeichnung der Datenbank (B = bibliographische Hinweise, V = Volltext) / Datenbankanbieter	ADP Data Services	BELINDIS	BRS	Chase Econometrics	Datasolve	DATA-STAR	DIALOG Information Services	Dow Jones News/Retrieval Service	DRI Europe	EDICLINE	EDS International	ESA-IRS	Finsbury Data Services	FIZ Technik	GBI	G. CAM Serveur	GENIOS	Info Globe	I.P. Sharp	Mead Data Central[1]	News Net	ODAV	PERGAMON-Infoline	SDC Information Services	STN International	TELESYSTEMES-QUESTEL	VWD
NATIONAL NEWSPAPER INDEX (B)			x				x													x							
NEWSNET DATABASE (V)																					x						
PAIS INTERNATIONAL (B)			x			x	x																				
PNI (B)							x																				
PTS MARS (B)						x	x																				
PTS PROMT (B)	x		x			x	x																				
SJRUNDT (V)																			x								
TEXTLINE (B)												x	x					x									
TITUS (B)						x																x			x	x	
TRADE AND INDUSTRY INDEX (V)			x				x													x							
UPI (V)							x													x							
VDI-N (V)														x													
VWD-INFOTHEK (V)																											x
VWWW (B)						x																					
WIRTSCHAFTSWOCHE (V)																	x										
WORLD EXPORTER (V)					x							x															
WORLD REPORTER (V)					x							x						x									

1) Zusammengefaßt sind hier Mead Data Central Reference Service und Nexis Service.

Tab. 8. (Fortsetzung)

Bezeichnung der Datenbank (P = Produkte, U = Unternehmen, G = Geschäftsverbindungen) / Datenbankanbieter		ADP Data Services	Bertelsmann InformationsService	BRS	CDC/BIS	Chase-Interactive Data	DATA-STAR	DIALOG Information Services	Dow Jones News/ Retrieval Service	DRI Europe	DUN & Bradstreet GmbH	ECHO Service	ECODATA	EDICLINE	ESA-IRS	FIZ Technik	GBI	G. CAM Serveur	GENIOS	Info Globe	INKA[1)]	I.P. Sharp	KODA ONLINE	Mead Data Central Exchange Service	PERGAMON-Infoline	Quotron Systems	SLIGOS	TELESYSTEMES-QUESTEL	VWD
ACT I	(P)							x																					
AEA	(U)																					x							
AXESS	(U, P)																										x		
BUSINESS	(G)						x												x		x								
BUSINESS SOFTWARE	(P)			x			x	x							x														
CHEMICAL PLANTS	(P)						x																						
COAD	(U)													x															
COMPUSTAT	(U)	x				x				x																			
COMPUTER SPECS	(P)									x																			
CREDITREFORM	(U)																		x										
D & B DUN'S FINANCIAL RECORDS	(U)							x																					
D & B DUN'S MARKET IDENTIFIERS	(U)							x																					
DCID	(U)																	x											
DISCLOSURE II	(U)	x		x	x			x	x											x		x		x		x			
DUNSPRINT	(U)										x																		
DUN'S QUEST	(U)										x																		

Tab. 9. Übersicht ausgewählter spezifischer Unternehmens-, Produkt- und Geschäftsverbindungsdatenbanken

Bezeichnung der Datenbank (P = Produkte, U = Unternehmen, G = Geschäftsverbindungen) / Datenbankanbieter		ADP Data Services	Bertelsmann InformationsService	BRS	CDC/BIS	Chase-Interactive Data	DATA-STAR	DIALOG Information Services	Dow Jones News/Retrieval Service	DRI Europe	DUN & Bradstreet GmbH	ECHO Service	ECODATA	EDICLINE	ESA-IRS	FIZ Technik	GBI	G. CAM Serveur	GENIOS	Info Globe	INKA[1]	I.P. Sharp	KODA ONLINE	Mead Data Central Exchange Service	PERGAMON-Infoline	Quotron Systems	SLIGOS	TELESYSTEMES-QUESTEL	VWD
ECO ZENTRALDATEI	(U)												x																
EK-AMPRO	(P)															x													
EK-BDI	(P)															x			x										
EK-MRA	(P)															x													
EK-VDMA	(P)															x													
EKOL	(U)																						x						
ELECTRONIC YELLOW PAGES	(U)							x																					
ESSOR	(U)																											x	
EXPORT-AFFAIRES	(G)																	x											
EXSTAT	(U)	x				x																							
FINE CHEMICALS DIRECTORY	(P)																								x				
FINF	(U)																x												
FNTL	(U)						x																						
HOPPENSTEDT-AUSTRIA	(U)						x																						
HOPPENSTEDT-GERMANY	(U)						x												x										

Tab. 9. (Fortsetzung)

Bezeichnung der Datenbank (P = Produkte, U = Unternehmen, G = Geschäftsverbindungen) / Datenbankanbieter	ADP Data Services	Bertelsmann InformationsService	BRS	CDC/BIS	Chase-Interactive Data	DATA-STAR	DIALOG Information Services	Dow Jones News/Retrieval Service	DRI Europe	DUN & Bradstreet GmbH	ECHO Service	ECODATA	EDICLINE	ESA-IRS
INTERNATIONAL DUN'S MARKET IDENTIFIERS (U)							x							
INTERNATIONAL LISTING SERVICE (G)							x							
INVESTEXT (U)							x							
ISIS-ER (P)														
JORDANWATCH (U)														
KEY BRITISH ENTERPRISES (U)														
MENU (P)							x							
MOODY'S CORPORATE NEWS (U)							x							
NIKKEI FINANCIALS (U)									x					
PHARMAPROJECTS (P)						x								
PTS ANNUAL REPORTS ABSTRACTS (U)			x			x	x							
PTS NEW PRODUCT ANNOUNCEMENTS (P)						x	x							
SCAN-A-BID (G)						x								
SELECVAL (U)														

Bezeichnung der Datenbank (P = Produkte, U = Unternehmen, G = Geschäftsverbindungen) / Datenbankanbieter	FIZ Technik	GBI	G. CAM Serveur	GENIOS	Info Globe	INKA[1]	I.P. Sharp	KODA ONLINE	Mead Data Central Exchange Service	PERGAMON-Infoline	Quotron Systems	SLIGOS	TELESYSTEMES-QUESTEL	VWD
INTERNATIONAL DUN'S MARKET IDENTIFIERS (U)														
INTERNATIONAL LISTING SERVICE (G)														
INVESTEXT (U)														
ISIS-ER (P)	x													
JORDANWATCH (U)										x				
KEY BRITISH ENTERPRISES (U)										x				
MENU (P)														
MOODY'S CORPORATE NEWS (U)														
NIKKEI FINANCIALS (U)														
PHARMAPROJECTS (P)														
PTS ANNUAL REPORTS ABSTRACTS (U)														
PTS NEW PRODUCT ANNOUNCEMENTS (P)														
SCAN-A-BID (G)														
SELECVAL (U)												x		

Tab. 9. (Fortsetzung)

Bezeichnung der Datenbank (P = Produkte, U = Unternehmen, G = Geschäftsverbindungen) / Datenbankanbieter		ADP Data Services	Bertelsmann InformationsService	BRS	CDC/BIS	Chase-Interactive Data	DATA-STAR	DIALOG Information Services	Dow Jones News/ Retrieval Service	DRI Europe	DUN & Bradstreet GmbH	ECHO Service	ECODATA	EDICLINE	ESA-IRS	FIZ Technik	GBI	G. CAM Serveur	GENIOS	Info Globe	INKA[1]	I.P. Sharp	KODA ONLINE	Mead Data Central Exchange Service	PERGAMON-Infoline	Quotron Systems	SLIGOS	TELESYSTEMES-QUESTEL	VWD
SENSOR	(P)															x													
TED	(G)											x																	
TELEXPORT PROMFRANCE	(G)																	x											
TRANSIN	(G)																											x	
VALUELINE	(U)	x				x				x																	x		
VENDOR INFORMATION FILE	(P)			x																									
VWD/BfAI	(G)																												x
WER LIEFERT WAS?	(P)		x																										

1) Das Datenbankangebot von INKA wird in STN International integriert.

Tab. 9. (Fortsetzung)

Betrachtet man die Datenbanknutzung, so zeigt sich nach Muchna folgende Situation (Muchna, Datenbankdienste 1986, S. 13). "Auf den Fachinformationsmärkten aller Bereiche dominiert die Printform, auf die ca. 90% des Umsatzes entfallen. Die On-line-Nutzung elektronischer Fachinformationsdienste zeigt jedoch Steigerungsraten von ca. 20% und mehr jährlich. Auch bei der regionalen Verteilung des Umsatzes der On-line-Datenbanken entfallen ca. 82% auf die USA, ca. 11% auf Europa und dabei ca. 2% auf die Bundesrepublik Deutschland, wobei der größte Teil von ausländischen Anbietern erzielt wird."

Nach einer Umfrage (vgl. Schulte-Hillen/v. Wietersheim, Datenbanknutzung 1984) ergab sich folgende Struktur der Nutzer von On-line-Datenbanken. Knapp die Hälfte (47,6%) der Nutzer kommen aus öffentlichen Institutionen wie Bibliotheken, Behörden, IHK's und Verbänden. Innerhalb des kommerziellen Sektors (52,4%) zeigen sich bei folgenden Gruppen Schwerpunkte (Basis: kommerzieller Sektor = 100%):

- Unternehmen der Chemischen Industrie inklusive Pharmazie	43,1%
- Unternehmen des Maschinenbaus	13,8%
- Unternehmen der Elektrotechnik	11,6%
- Berater	21,0%.

Als Beispiel für unterschiedliche Zugangsformen zu On-line-Datenbanken sei das GENIOS-Wirtschaftsdatenbank-System erwähnt (vgl. Abb. 47) (vgl. Hennemann-Böckels, GENIOS 1986).

Ursachen für die insgesamt noch sehr geringe Nutzung von On-line-Datenbanken in Deutschland und anderen europäischen Ländern sind "... das lückenhafte Angebot an spezifischen Informationen, ein mangelhaftes Marketing der Anbieter, weitreichende Unkenntnis der potentiellen Nutzer über das Informationsangebot und dessen Nutzungsmöglichkeiten und vielfach - besonders im Mittelstand - ein nicht stark ausgeprägtes Kostenbewußtsein für den Produktionsfaktor Information." (Muchna, Datenbankdienste 1986, S. 18) (vgl. auch Pieper, Information 1987).

Für Unternehmen bzw. Institutionen mit sporadischem Bedarf an Datenbankinformationen, für kleine und mittelständische Unternehmen sowie allgemein zur Ergänzung eigener On-line-Recherchen ist die indirekte Nutzung von Datenbanken durch Einschaltung von Informationsvermittlungsstellen bzw. Informationsbrokern sinnvoll. Über die

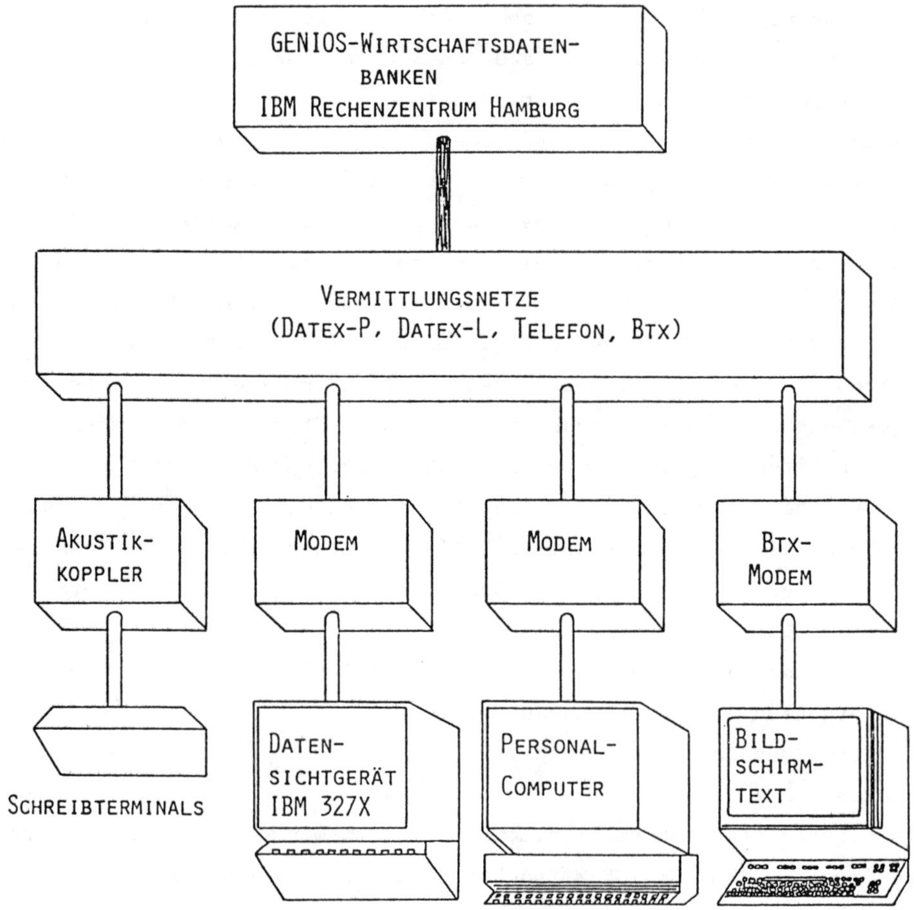

Quelle: Hennemann-Böckels, GENIOS 1986, S. 40.

Abb. 47. Zugangsmöglichkeiten der GENIOS-Wirtschaftsdatenbanken

Technologieberatungsstelle Ruhr (TBR) können rd. 2.500 Datenbanken, davon ca. 800 Wirtschaftsdatenbanken, on-line abgefragt werden. Eine Recherche kann dabei auf schriftlichem Wege bestellt oder in der Technologieberatungsstelle in Bochum direkt durchgeführt werden. Durch das System Network (vgl. Abb. 48) ist dies indirekt von mehreren Orten in Nordrhein-Westfalen möglich.

Die Nutzung von On-line-Datenbanken ist nicht auf die Abfrage von Informationen in Form interaktiver Computerrecherchen begrenzt. Die On-line-Verbindung mit dem Host ermöglicht auch die Nutzung der dort

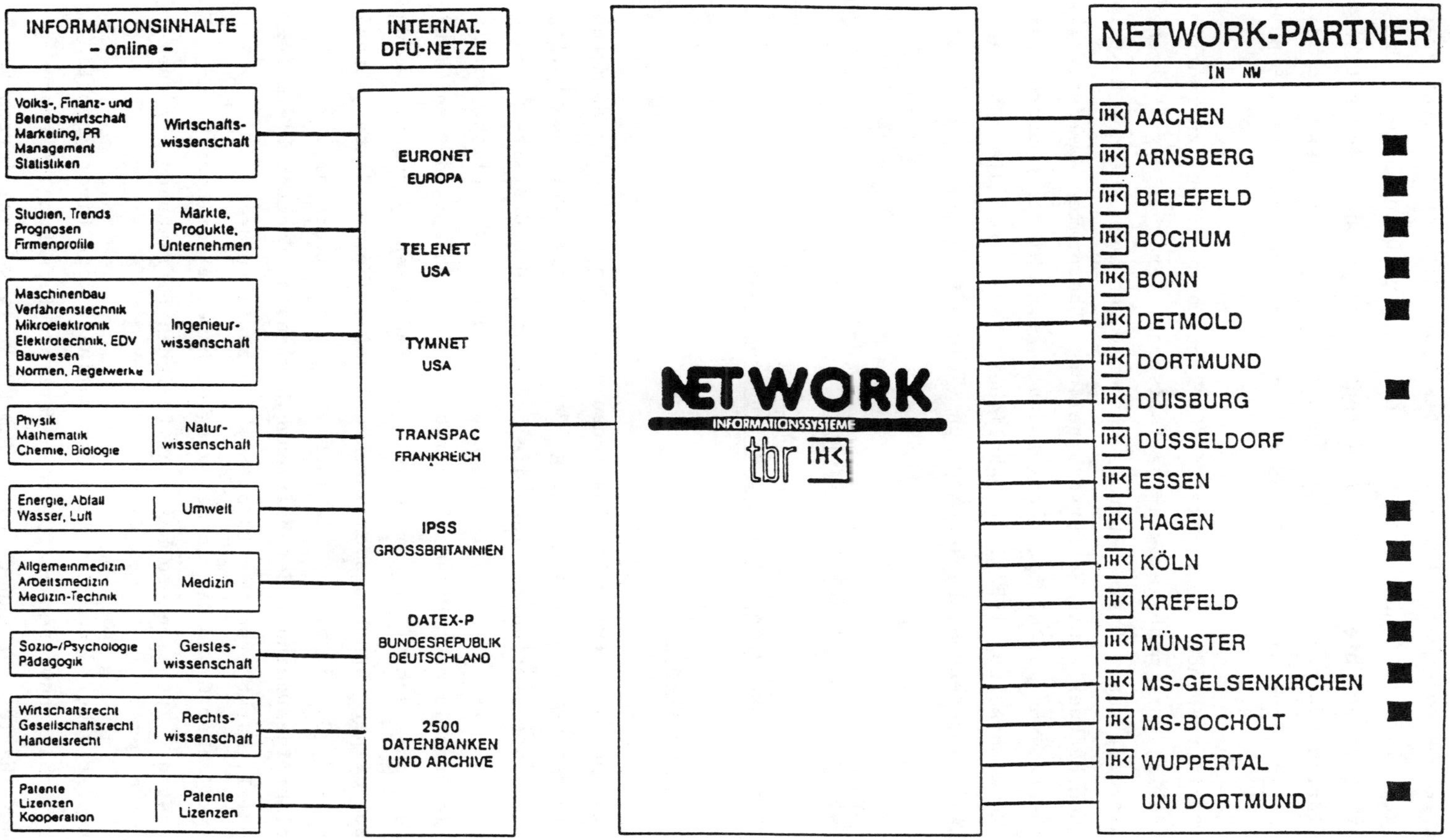

Abb. 48. Network-Informationssysteme der Technologieberatungsstelle Ruhr

verfügbaren Methodenbank zur mathematisch-statistischen Weiterverarbeitung der Informationen, so bei numerischen Datenbanken. Diese Form der Nutzung bieten u.a. die Datenbanksysteme des Ifo-Instituts (vgl. Goldrian, Datenbanken 1984) und das Informationssystem des Statistischen Bundesamts (vgl. Statistisches Bundesamt, STATIS-BUND 1980).

Eine weitergehende Möglichkeit, On-line-Datenbanken zu nutzen, besteht darin, zur mathematisch-statistischen Verarbeitung "eigene" Daten hinzuzufügen. Darüber hinaus können Daten auch aus dem Host in den eigenen Rechner zur Weiterverarbeitung übernommen werden, wie beim Einsatz von intelligenten Terminals, z.B. Mikrocomputern (vgl. Zentes, Marktforschung 1987). In ähnlicher Form ist die Übernahme von Software aus Methodenbanken möglich (Tele-Software).

3.3.3 Gewinnung von Primärinformationen

3.3.3.1 Verbale Methoden der Informationsgewinnung

3.3.3.1.1 Grundprinzip

Die Gewinnung von Primärinformationen durch Einsatz verbaler Methoden hat in der Marktforschung eine große Bedeutung. Das am häufigsten angewandte Verfahren ist die Befragung. Das Charakteristische dieser Methode ist die systematische Erhebung sprachlich vermittelter Informationen. Diese Informationen können entweder auf mündlichem oder auf schriftlichem Wege vom Befragten geäußert werden (vgl. zu diesen Erhebungsverfahren und seinen Formen Zentes, Grundbegriffe 1983, S. 33 ff. und die dort angegebene Literatur).

Die bisherige Dominanz der Befragung hat nach Kroeber-Riel (vgl. Kroeber-Riel, Marktforschung 1983, S. 277) zwei Gründe:

- Ein praktischer Grund ist in den vergleichsweise geringen Erhebungskosten - insbesondere bei schriftlichen Befragungen - zu sehen.
- Ein theoretischer Grund liegt in der Dominanz kognitiver Theorien in der verhaltenswissenschaftlichen Marketingforschung. "Menschliches Verhalten ist danach vor allem kognitiv kontrolliertes Ver-

halten: Einstellungen, Handlungsabsichten, Entscheidungen. Dieses Verhalten wird dem einzelnen sprachlich bewußt. Es kann deswegen auch durch (valide) verbale Meßmethoden wie Befragungen oder lautes Denken gemessen werden." (Kroeber-Riel, Marktforschung 1983, S. 277).

Wenngleich die Leistungsfähigkeit von Befragungen heute kritischer beurteilt wird und das Bestreben, die Validitiät von Messungen zu erhöhen, zur Entwicklung neuerer, insbesondere nonverbaler Methoden geführt hat, kommt man bei der Messung und Analyse des Verhaltens ohne Befragungen nicht aus. "Das menschliche Verhalten ist jedoch viel zu komplex, als daß es lediglich mittels Befragungen analysiert werden könnte." (Kroeber-Riel, Marktforschung 1983, S. 278).

Die modernen Informations- und Kommunikationstechnologien (vgl. Zentes, Technologiedynamik 1984, S. 6 f.) können die Leistungsfähigkeit von Befragungsmethoden entscheidend verbessern. Dies gilt - wie im folgenden aufgezeigt wird - sowohl im Hinblick auf die Ökonomisierung der Forschungsarbeit als auch im Hinblick auf die Validität der Messungen.

Der Einsatz der modernen Informations- und Kommunikationstechnologien erweitert das Spektrum der Befragungsmethoden um

- computergestützte Verfahren und
- computerisierte Verfahren

(vgl. zu dieser Differenzierung auch Kroeber-Riel/Neibecker, Datenerhebung 1981; Kroeber-Riel/Neibecker, Datenerhebung 1983).

Computergestützte Befragungssysteme sind dadurch charakterisiert, daß in den Prozeß der Informationsgewinnung Interviewer eingeschaltet sind. Aufgabe der Interviewer ist es, Fragen an die Testpersonen zu stellen, die in Form eines Fragebogens vorliegen oder von einem Bildschirm(-terminal) abgelesen werden. Die Antworten werden durch die Testpersonen oder durch die Interviewer eingegeben, d.h. auf Datenträgern erfaßt (Off-line-Version) oder direkt in einen Rechner eingegeben (On-line-Version).

In computerisierten Befragungssystemen erfolgt die Informationsgewinnung in Form einer Mensch-Maschine-Kommunikation zwischen den Testpersonen und dem Rechner; ein Interviewer ist dabei nicht zwischengeschaltet. Eine Zwischenstellung nehmen Systeme ein, bei denen neben dem Befragten ein Interviewer sitzt, der bei komplizierten Fragen oder Fragentypen erklärend eingreifen kann oder den Fragentext unterstützend vorliest (vgl. Glagow, Sample-Interview-Computer 1981, S. 413).

Die Computertechnik eröffnet nicht nur Perspektiven für neue Befragungsformen, sie beinhaltet auch Rationalisierungspotentiale hinsichtlich konventioneller Befragungsverfahren. So kann in Verbindung mit Textverarbeitungssoftware ein "Fragebogengenerator" aufgebaut werden. Bestimmte Fragen- und Antwortvorgabetypen, z.B. Alternativ-Fragen, Rating-Skalen, Rangreihen, Polaritätenprofile, die in einer vorab festgelegten Standardform gespeichert sind, können am Bildschirm interaktiv der jeweiligen Problemstellung angepaßt werden. Ein derartiger Fragebogengenerator wurde von Breitschwerdt unter Einsatz des Softwarepaketes "macWrite" (Macintosh) auf PC-Basis entwickelt (vgl. Breitschwerdt, Mikrocomputer 1984).

3.3.3.1.2 Computergestützte Befragungssysteme

Computergestützte Befragungen können in unterschiedlicher Form - sowohl als Laborerhebung als auch in Form einer Felderhebung - durchgeführt werden. Zu unterscheiden sind folgende Befragungssysteme:
- computergestützte Massenbefragungen im Labor,
- computergestützte Telefon-Interviews,
- computergestützte Feldbefragungen.

(1) Computergestützte Massenbefragungen im Labor
Über den Einsatz computergestützter Laborbefragungen in Japan (Toppan-Druckerei, Tokyo) berichten Kroeber-Riel/Neibecker bereits 1981 (vgl. Kroeber-Riel/Neibecker, Datenerhebung 1981). Dieses computergestützte Befragungssystem ist dadurch charakterisiert, daß ein Interviewer Fragen gleichzeitig an mehrere Testpersonen stellt. Die Probanden geben die Antworten in Datenerfassungsgeräte ein, die an ein Computersystem angeschlossen sind.

Das bei Toppan eingesetzte Erfassungsgerät ist mit fünf Eingabetasten ausgestattet, die von eins bis fünf numeriert sind. Die Zahlen haben für verschiedene Fragenarten eine unterschiedliche Bedeutung. Dadurch lassen sich Meßdaten mit nominalem Skalenniveau (dichotomisch: z.B. 1,2; polytomisch: 1-5), ordinalem Skalenniveau (z.B. Ranking und Rating) sowie metrischem Skalenniveau (Intervallskalen) erfassen.

Das Verfahren ist auf voll standardisierte Befragungen mit geschlossenen Antwortvorgaben begrenzt. In die Befragungen kann jedoch auch Stimulusmaterial integriert werden. "Unter anderem können mehrere Personen gleichzeitig Produkte ausprobieren oder tachistoskopisch dargebotenes Testmaterial anschauen. Auch dabei geben die Testpersonen ihre Ansichten über die an den Computer angeschlossenen Tastengeräte kund." (Kroeber-Riel/Neibecker, Datenerhebung 1983, S. 196).

Die Ökonomisierung der Forschungsarbeit ist zunächst darin begründet, daß stets ganze Gruppen von Testpersonen gleichzeitig getestet werden. So können mit Hilfe dieses Systems in einem Studio bis zu 40 Personen gleichzeitig interviewt werden. An einem Vormittag lassen sich auf diese Weise mit einem vergleichsweise kleinen Mitarbeiterstab 500 bis 600 Interviews durchführen (vgl. Kroeber-Riel/Neibecker, Datenerhebung 1981, S. 95). Einen weiteren forschungsökonomischen Aspekt stellt die On-line-Erfassung der Antworten dar. Bei dem dargestellten Befragungssystem entfällt die arbeitsaufwendige und fehleranfällige Übertragung der Daten von dem Fragebogen auf maschinell lesbare Datenträger. Darüber hinaus ermöglicht die unmittelbare Datenerfassung eine direkte Auswertung der Antwortdaten, "... so daß ein großer Teil der Ergebnisse den Auftraggebern fast zeitgleich mit der Befragung präsentiert werden kann." (Kroeber-Riel/Neibecker, Datenerhebung 1983, S. 197).

(2) Computergestützte Telefon-Interviews

Bei computergestützten Telefon-Interviews (Computer Assisted Telephone Interviewing, CATI), liest der Telefoninterviewer die Fragen von einem Bildschirmterminal ab. Die Kommunikation mit den Probanden erfolgt in üblicher Form. Die Antworten der telefonisch Interviewten werden vom Interviewer direkt über eine (alphanumerische) Tastatur eingegeben.

Telefonbefragungen haben wegen ihrer hohen Kosten- und Zeitvorteile in den letzten Jahren insbesondere in den USA erheblich an

Bedeutung gewonnen. Computergestützte Telefonbefragungen verstärken nicht nur diesen Rationalisierungseffekt, sie bieten auch methodische Vorteile. Herauszustellen sind insbesondere (vgl. auch Kuss, Datenerhebung 1985, S. 13 und die dort angegebene Literatur):

- CATI-Systeme unterstützen die Stichprobenziehung durch die Bereitstellung von per Zufallszahlengenerator erzeugten Telefonnummern (Random Digit Dialing). Die ausgewählten Interviewpartner können dann automatisch angewählt werden.
- Durch die direkte Antworteingabe entfällt der aufwendige Prozeß der Datenerfassung und Fehlerkontrolle. Die Qualität der Daten wird bei On-line-Erfassung und -Verarbeitung der Antworten auch dadurch verbessert, daß sofortige Plausibilitäts- und Konsistenzkontrollen möglich sind.
- Die sofortige Auswertbarkeit abgeschlossener Interviews ermöglicht Zwischenauswertungen. Auf diese Weise lassen sich sequentielle Stichprobenpläne realisieren, bei denen die Erhebung abgebrochen wird, sobald signifikante Ergebnisse vorliegen.
- Durch Randomisierung der Fragen- und Antwortreihenfolgen lassen sich Reihenfolgeeffekte ausschalten.
- Die On-line-Verarbeitung der Antworten ermöglicht eine Individualisierung der Befragung. "Das bezieht sich nicht nur auf vom Computer ziemlich problemlos umzusetzende Filteranweisungen, sondern auch auf die Möglichkeit, Informationen, die zu Beginn eingegeben wurden, im weiteren Verlauf des Interviews zu verwenden. Beispielsweise kann zu Beginn nach einer präferierten Marke gefragt werden und dieser Markenname dann in alle Fragentexte, die sich darauf beziehen, vom Computer eingesetzt werden." (Kuss, Datenerhebung 1985, S. 13).

(3) Computergestützte Feldbefragungen

Eine "Feldvariante" dieser Befragungstechnik bietet der Einsatz mobiler Datenerfassungsgeräte , tragbarer Mikrocomputer bzw. Datenterminals (vgl. o.V., Datenerhebung 1981). Die Interviewer oder die Befragten können die Antworten über eine numerische Tastatur (zur Beantwortung geschlossener Fragen) oder eine alphanumerische Tastatur (zur Beantwortung geschlossener und offener Fragen) eingeben; am Abend bspw. können die im Gerät zwischengespeicherten

Antworten über das Telefonnetz in den zentralen Rechner übertragen und dort ausgewertet werden. Derartige Befragungssysteme setzt u.a. die Österreichische Gesellschaft für Marktforschung (ÖGM) ein (vgl. o.V., Fragen, 1983, S. 44).

Die technischen Möglichkeiten der Zwei-Wege-Kommunikation erlauben auch nach Abschluß einer Erhebung die Übertragung von neuen Befragungsprogrammen von der Zentrale in die MDE-Geräte oder Personal Computer der Interviewer. Die gleiche technische Infrastruktur wird auch zur Informationsgewinnung durch Verkaufs-Außendienstmitarbeiter eingesetzt. So können MDE-Geräte bzw. Personal Computer nicht nur zur Erfassung und Übertragung von Auftragsdaten und Besuchsdaten, sondern auch zur Erhebung von Marktdaten herangezogen werden (vgl. auch Scott, Außendienst 1986). Die Informationsgewinnung kann dabei durch Erhebung beobachteter Merkmale wie die Präsenz von eigenen und Konkurrenzprodukten, Verkaufspreise, Regalflächenanteile u.a. erfolgen.

Die in der Praxis am weitesten verbreiteten Geräte mit numerischer Tastatur können auch zur Antworterfassung im Rahmen von Außendienst-Befragungen eingesetzt werden. Voraussetzung hierfür ist eine flexible Zuordnung der Ziffern zu unterschiedlichen Antworttypen. Ein praktisches Beispiel zeigt Abbildung 49 (vgl. auch Zentes, Verkaufsmanagement 1986, S. 27). Diese Vorgehensweise entspricht dem von Toppan praktizierten Verfahren im Rahmen computergestützter Massenbefragungen im Labor.

3.3.3.1.3 Computerisierte Befragungssysteme

In computerisierten Befragungssystemen - auch als Bildschirmbefragungssysteme bezeichnet - erfolgt die Informationsgewinnung in Form einer Mensch-Maschine-Kommunikation. Die Fragen werden über einen Bildschirm unmittelbar durch den Computer gestellt; die Befragten geben die Anworten direkt in den Computer ein.

Aus technologischer Sicht kann zwischen

- Computerbefragungen (Interview-Computer) und
- Btx-Befragungen und CATV-Befragungen

unterschieden werden (vgl. Zentes, Marktforschung 1987, S. 38).

- HABEN SIE UNSEREN STAND AUF DER MESSE BESUCHT?
  - ANTWORT 1: JA
  - ANTWORT 2: NEIN
- WIE BEURTEILEN SIE DIE QUALITÄT DES ARTIKELS X?
  - ANTWORT 1: SEHR GUT
  - ANTWORT 2: GUT
  - ANTWORT 3: BEFRIEDIGEND
  - ANTWORT 4: UNGENÜGEND
  - ANTWORT 5: WEISS NICHT
- WIE GROSS IST IHR JAHRESBEDARF AN WERKSTOFF Y?
  - ANTWORT 1: KEIN BEDARF
  - ANTWORT 2: BIS 3.000 DM
  - ANTWORT 3: ÜBER 3.000 BIS 10.000 DM
  - ANTWORT 4: ÜBER 10.000 BIS 20.000 DM
  - ANTWORT 5: ÜBER 20.000 DM
- WOHER BEZIEHEN SIE ÜBERWIEGEND DEN WERKSTOFF X?
  - ANTWORT 1: VERBRAUCHERMÄRKTE, BAUMÄRKTE, HOBBYMÄRKTE
  - ANTWORT 2: ÖRTLICHER FACHHANDEL
  - ANTWORT 3: VERTRETER, GROSSHANDEL
  - ANTWORT 4: INDUSTRIE
  - ANTWORT 5: SONSTIGE LIEFERANTEN

Abb. 49. Antworttypen bei einer MDE-Befragung (numerische Tastatur)

(1) Computerbefragungen

Computerbefragungen basieren auf einer konventionellen EDV-technischen Infrastruktur. Eingesetzt werden

- Bildschirmterminals, die on-line an einen Großrechner angeschlossen sind,
- Mini- oder Mikrocomputer, die unabhängig von einem Großrechner interaktiv Daten erheben.

Der Einsatz autonomer Mini- oder Mikrocomputer bietet den Vorteil einer größeren Flexibilität bzw. Mobilität. Darüber hinaus sind i.d.R. - je nach Beanspruchungsgrad eines Großrechners - die Responsezeiten (des Rechners) geringer. Hierin liegt nicht nur ein Vorteil hinsichtlich der Akzeptanz von Bildschirmbefragungen, sondern auch ein methodischer Vorteil begründet. So berichten Kroeber-Riel/Neibecker im Zusammenhang mit Großrechnern über Verzögerungen, die die genaue Messung der Antwortzeiten (der Probanden) beeinträchtigen (vgl. Kroeber-Riel, Datenerhebung 1983, S. 199).

Zur Datenerfassung durch die Probanden werden meist alphanumerische Tastaturen (Schreibmaschinentastaturen) eingesetzt. Varianten der Dateneingabe sind der Einsatz von Lichtstiften, Joysticks und Touch Screens. Mit Lichtstiften ist eine direkte Ansteuerung der Antwortvorgaben auf dem Bildschirm möglich. Mit Joysticks oder einer "Maus" kann der Cursor auf dem Bildschirm positioniert und damit eine bestimmte Antwort gekennzeichnet werden. Bei Verwendung von Touch Screens reicht die Berührung einer Antwortkategorie mit dem Finger (vgl. auch Kuss, Datenerhebung 1985, S. 13). Wie im Zweiten Kapitel bereits erwähnt, ist in den nächsten Jahren auch die Möglichkeit der natürlichen Spracheingabe zu erwarten.

Interview-Computer werden u.a. vom Sample Institut (vgl. Glagow, Sample-Interview-Computer 1981; Glagow, Interview-Computer 1984), dem Institut für Konsum- und Verhaltensforschung (vgl. Kroeber-Riel/ Neibecker, Datenerhebung 1981; Kroeber-Riel/Neibecker, Datenerhebung 1983) und der österreichischen Gesellschaft für Marktforschung (vgl. o.V., Fragen 1983) eingesetzt.

Die Grundstruktur des rechnergestützten Datenerhebungssystems des Sample Instituts ist in Abbildung 50 dargestellt. "Die in den Teststudios erhobenen Daten an den Bildschirmgeräten gehen über den jeweiligen Studio-Computer (Bicom) per Post-Modem nach dem DATEX-P-System (Package-Vermittlung) direkt on-line zum Host-Computer des Instituts (IBM 4341 L10). Pro Testort (Hamburg, Köln, Gelsenkirchen, München) sind 4 Bildschirmplätze vorgesehen, an denen parallel gearbeitet werden kann. Auf die gleiche Weise, nur in umgekehrter Richtung, ist die Programmübermittlung (Fragebogenaufbau etc.) vom Institut in die einzelnen Studios möglich. Es ist kein Fragebogenversand und keine Datenübertragung aus dem Fragebogen in den Computer mehr nötig." (Glagow, Interview-Computer 1984, S. 45 f.).

(2) Btx-Befragungen und CATV-Befragungen

Der Einsatz von Interview-Computern ist auf den stationären Bereich, z.B. in Studios, beschränkt. Dies gilt letztlich auch für Mikrocomputer, die beispielsweise in "mobilen Studios", z.B. in Bussen, eingesetzt werden.

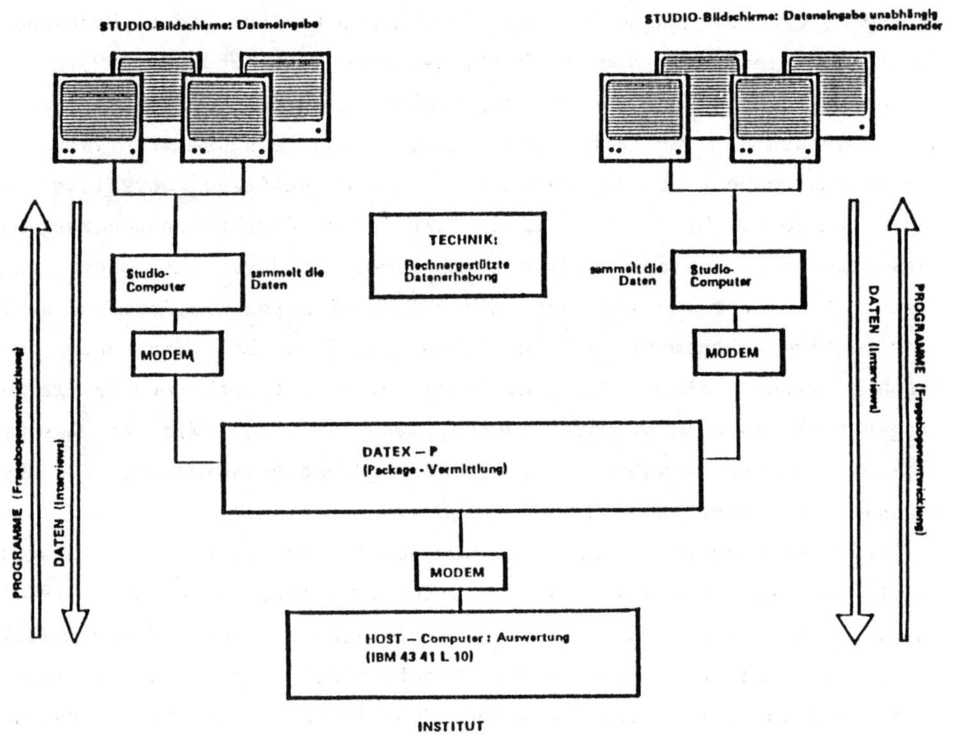

Quelle: Glagow, Interview-Computer 1984, S. 46.

Abb. 50. Grundstruktur einer rechnergestützten Datenerhebung

Möglichkeiten zur On-line-Feldforschung, die in privaten Haushalten durchgeführt wird, eröffnen das Zwei-Wege-Kabelfernsehen und das Bildschirmtextsystem (vgl. Zentes, Mediendynamik 1981, S. 21). So bietet das in den USA bereits Ende der 70er Jahre eingesetzte Interaktionssystem QUBE (Kabelfernsehen mit Rückkanaltechnik) der Warner Communications eine Kommunikation mit der Sendezentrale. Das in Haushalten eingesetzte Tastenwahlgerät enthält u.a. fünf Antworttasten, die als Antwortalternativen im Rahmen geschlossener Fragen definiert werden können.

Über erste Ansätze einer On-line-Feldforschung auf Btx-Basis berichten Dubke (vgl. Dubke, Bildschirmtext 1984) und Gier (vgl. Gier, On-line-Marktforschung 1984). Die im Bildschirmtextsystem mögliche Einschaltung des eigenen Rechners (externer Rechner) bietet die Nutzung der methodischen und ökonomischen Potentiale der Computerbefragung. Abbildung 51 zeigt als Beispiel eines Btx-Fragenprogramms einen Ausschnitt aus einem Testprogramm, das im Fachgebiet Marketing der Universität Gesamthochschule Essen eingesetzt wird.

Wegen des geringen Verbreitungsgrades des Bildschirmtextsystems in Deutschland dürften auch in den nächsten Jahren repräsentative Befragungen nicht durchführbar sein. Anders stellt sich die Situation in Frankreich dar. Die starke Subventionierung des französischen Systems "Vidéotex" führte zu einer raschen Verbreitung dieser Technologie (Einsatz von Minitel-Terminals). Über den erfolgreichen Einsatz von Vidéotex für On-line-Feldbefragungen ("sondage télématique") berichten Franzkowiak/Korber (vgl. Franzkowiak/Korber, Vidéo-questionnaire 1985). Die technische Grundstruktur dieses Systems zeigt Abbildung 52.

Die im Zweiten Kapitel aufgezeigten Möglichkeiten der Informationsspeicherung, z.B. Bildplatten und optische Plattenspeicher, und der Informationsübertragung, z.B. digitale integrierte Breitbandnetze, dürften künftig auch die rechnergesteuerte Einschaltung von Stimulusmaterialien in Form von Fest- und Bewegtbildern und Sprache ermöglichen, die insbesondere für die Werbewirkungsforschung neue Perspektiven eröffnen.

Computerisierte Befragungssysteme bieten zunächst die gleichen ökonomischen und methodischen Vorteile wie computergestützte Befragungen (vgl. Abschn. 3.3.3.1.2). Dies gilt bspw. in bezug auf die direkte Antworterfassung, die Möglichkeit der gleichzeitigen individualisierten Mehrpersonenbefragung, der unmittelbaren Fehlerkontrolle, der Randomisierung der Fragen- und Antwortreihenfolge.

Darüber hinaus werden in computerisierten Befragungen Interviewereffekte ("Interviewer-Bias") ausgeschaltet (vgl. auch Glagow, Interview-Computer 1984, S. 49). Empirische Validierungsüberprüfungen deuten daraufhin, daß dieser Vorteil nicht durch Mensch-Maschine-Interaktionseffekte ("Computer-Bias") kompensiert wird. Kroeber-Riel/Neibecker konnten in einem Validierungstest feststellen, daß

- eine Computerbefragung zu den gleichen Ergebnissen führt wie eine schriftliche Befragung;
- eine Computerbefragung zu weniger Antwortverzerrungen führt als eine mündliche Befragung

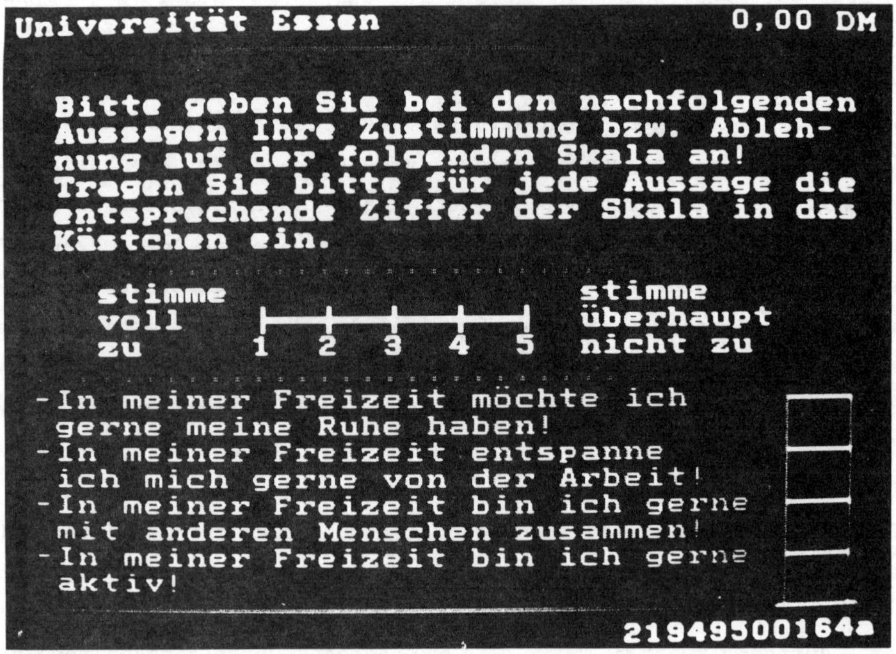

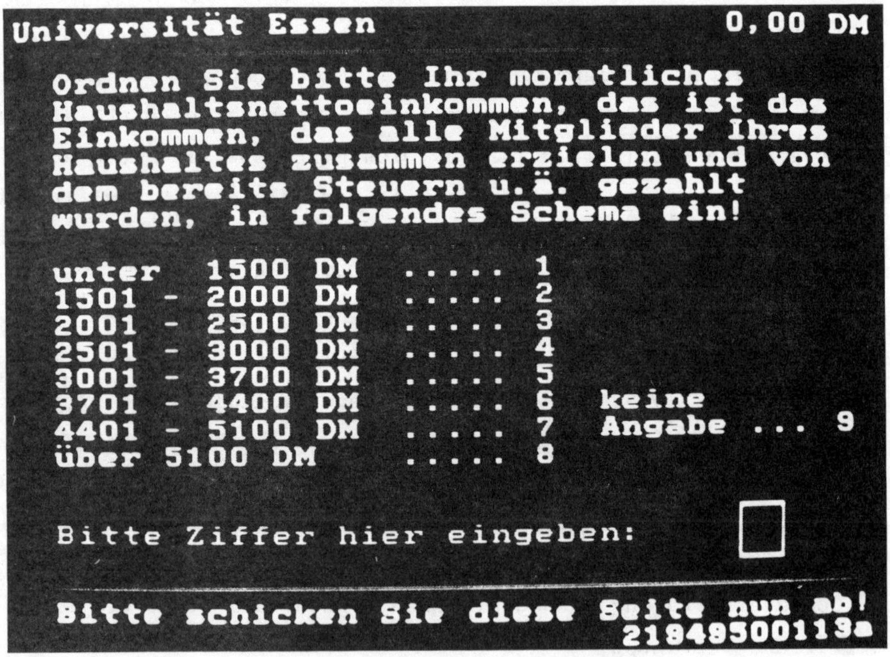

Abb. 51. Beispiel eines Btx-Befragungsprogramms

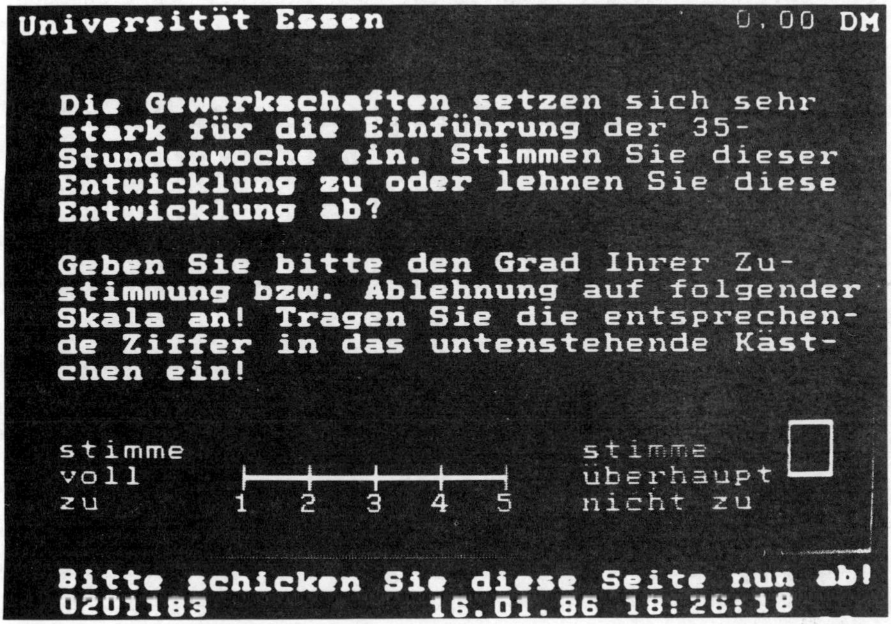

Quelle: Gier, Einsatzmöglichkeiten 1985.

Abb. 51. (Fortsetzung)

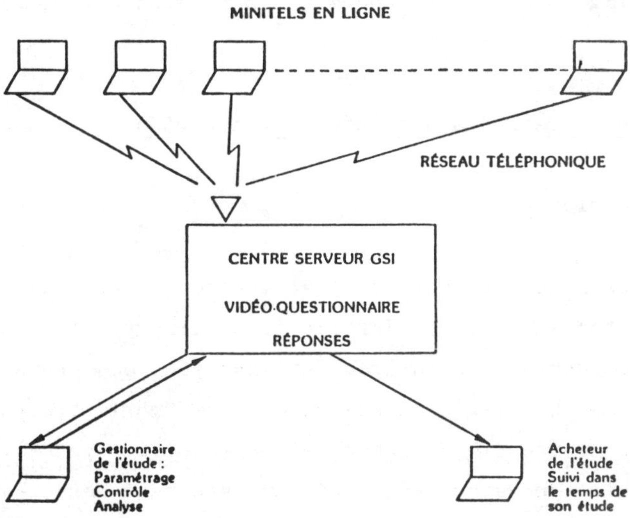

Quelle: Franzkowiak/Korber, Vidéo-questionaire 1985, S. 75.

Abb. 52. Grundstruktur einer Vidéotex-Befragung

- generell, weil bei der Computerbefragung extreme, "ehrlichere" Antwortkategorien bevorzugt werden,
- speziell, weil Interaktionseffekte vermieden werden (vgl. Kroeber-Riel/Neibecker, Datenerhebung 1983, S. 202 ff. und die dort angegebene Literatur).

Der Übergang zu einer Mensch-Maschine-Kommunikation bringt jedoch das Problem der Behandlung offener Fragen mit sich. Die Eingabe der Antworten über die Schreibmaschinentastatur des Bildschirmgerätes dürfte die Mehrzahl der Befragten überfordern.

Computerisierte Befragungssysteme ermöglichen auch die Einbeziehung nonverbaler Methoden der Informationsgewinnung. So bietet sich mit der nicht-reaktiven Antwortzeitmessung die Möglichkeit der Erfassung von Spontanreaktionen (vgl. Glagow, Interview-Computer 1984, S. 50). Die Antwortzeit gilt in der Kommunikations- und Werbeforschung als ein valider Indikator für die Überzeugtheit einer Antwort; sie kann zugleich zur Prognose zukünftigen Verhaltens herangezogen werden (vgl. Kroeber-Riel/Neibecker, Datenerhebung 1983, S. 201 f.). Die Antwortzeit, d.h. die Zeit vom Erscheinen der Frage auf dem Bildschirm bis zur Beantwortung, wird automatisch erfaßt und gespeichert. Diese Form der Antwortzeitmessung ist nicht nur genau und kostengünstig; sie erfolgt zudem vom Befragten unbemerkt.

3.3.3.2 Nonverbale Methoden der Informationsgewinnung

3.3.3.2.1 Grundprinzip

In der Marktforschung hat innerhalb der letzten Jahre die Bedeutung nonverbaler Methoden für die Informationsgewinnung stark zugenommen. Dies gilt insbesondere hinsichtlich der Analyse des Konsumentenverhaltens. Ursache hierfür ist zum einen eine Umorientierung der Konsumentenforschung, die die Bedeutung nicht kognitiv gesteuerter Verhaltensweisen in jüngster Zeit wieder stärker hervorhebt. Hierzu zählen das automatisierte, nicht willentlich kontrollierte Verhalten, das nicht-bewußte Verhalten, das emotionale Verhalten (vgl.

Kroeber-Riel, Analyse 1983. S. 13 f.). Derartiges Verhalten läßt sich durch Befragungen oder andere verbale Methoden kaum messen. Man benötigt dazu nonverbale Methoden, die häufig erst durch moderne Informations- und Kommunikationstechnologien möglich werden.

Die Fortschritte auf dem Gebiet der Erfassung, Übertragung, Speicherung und Verarbeitung von Informationen führen nicht nur zu neuartigen Meßmethoden und Methodenkombinationen, sie ermöglichen auch Weiterentwicklungen bestehender Verfahren wie der "unauffälligen" Beobachtung. Dies gilt sowohl hinsichtlich der Verfahren persönlicher Beobachtung, z.B. durch Heranziehung von Audio- und Videotechnik, als auch hinsichtlich "apparativer Beobachtung". Unter diesem Aspekt ist bspw. auf die Erfassung nonverbaler Indikatoren wie Gesichtssprache und Körpersprache (vgl. Weinberg, Beobachtung 1983) und auf die Verfahren zur Messung der Fernsehgewohnheiten hinzuweisen (vgl. Abschn. 3.3.3.2.4).

Die modernen Informations- und Kommunikationstechnologien führen auch zu einer methodischen Umstrukturierung von Verfahren. So zeichnet sich in Haushaltspanels ein Übergang von verbalen Formen der Informationsgewinnung, z.B. dem Führen von Haushaltstagebüchern, zu nonverbalen Formen ab, z.B. der Erfassung von Einkäufen über maschinell lesbare Kundenkarten am POS-Terminal des Handels (vgl. Abschn. 3.3.3.2.5). Elektronische Panels sind nicht nur in privaten Haushalten (Konsumentenpanels) möglich. Die automatische Erfassung artikelgenauer Abverkaufsdaten in Handelsunternehmen führt auch zu elektronischen Handelspanels, in denen die bisherige Erfassung der relevanten Informationen durch Außendienstmitarbeiter der Marktforschungsinstitute durch Technologie (z.B. POS-Terminals) substituiert wird.

Abbildung 53 und 54 zeigen eine Positionierung ausgewählter Informationsgewinnungsmethoden. Als Dimensionen werden dabei herangezogen (vgl. zur Abb. 54 auch Neibecker, Konsumentenemotionen 1985, S. 71):

- verbale Verfahren bzw. nonverbale Verfahren,
- apparative Verfahren bzw. nicht-apparative Verfahren,
- reaktive Verfahren bzw. nicht-reaktive Verfahren.

Im folgenden werden nur diejenigen nonverbalen Methoden der Informationsgewinnung behandelt, die durch neue Informations- und

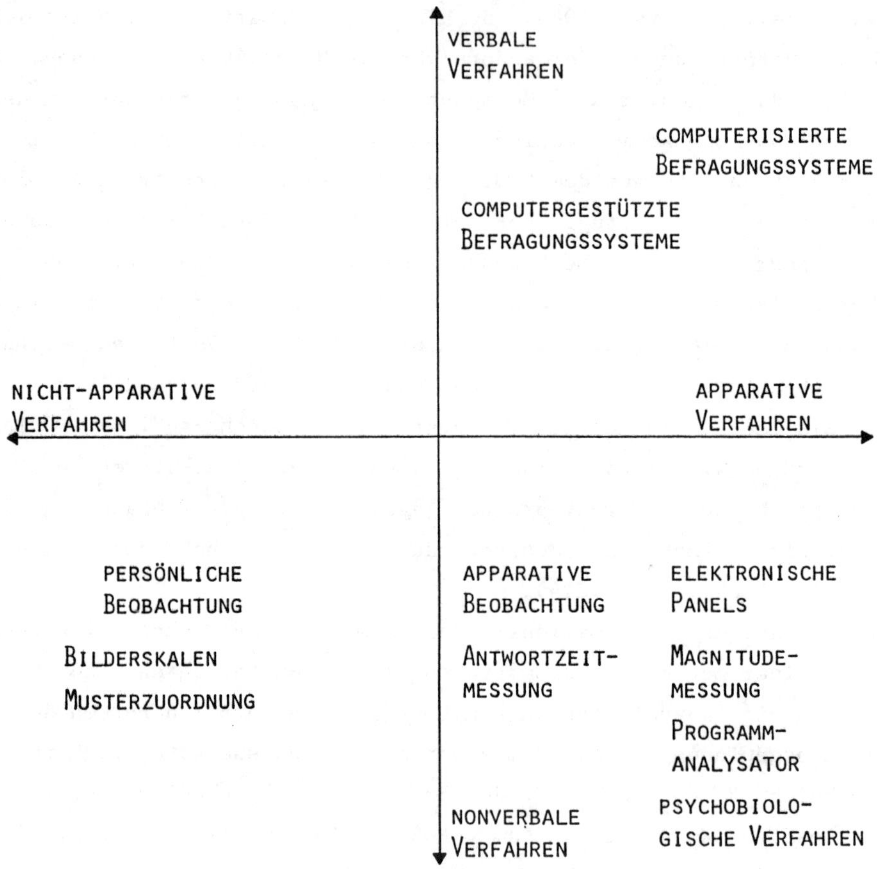

Abb. 53. Positionierung ausgewählter Informationsgewinnungsmethoden im Raum "verbal/apparativ"

Kommunikationstechnologien ermöglicht oder weiterentwickelt wurden (nonverbale apparative Verfahren). Das Spektrum der nonverbalen Meßmethoden geht jedoch darüber hinaus. Es umfaßt auch die nicht-apparativen Methoden, so Bilderskalen, Musterzuordnungsverfahren u.ä. (vgl. Kroeber-Riel, Analyse 1983; Schweiger, Imagemessung 1985; Bernhard/Schillinger, Aktivierungsforschung 1987).

Die Erkenntnisse der Imageryforschung, die sich mit den unterschiedlichen Regeln der Sprach- und Bildverarbeitung des Menschen beschäftigt (vgl. Kroeber-Riel, Werbung 1985, S. 122), und der technische Fortschritt auf dem Gebiet der computergestützten Bildverarbeitung (vgl. Behrens, Bildverarbeitung 1986) ermöglichen eine

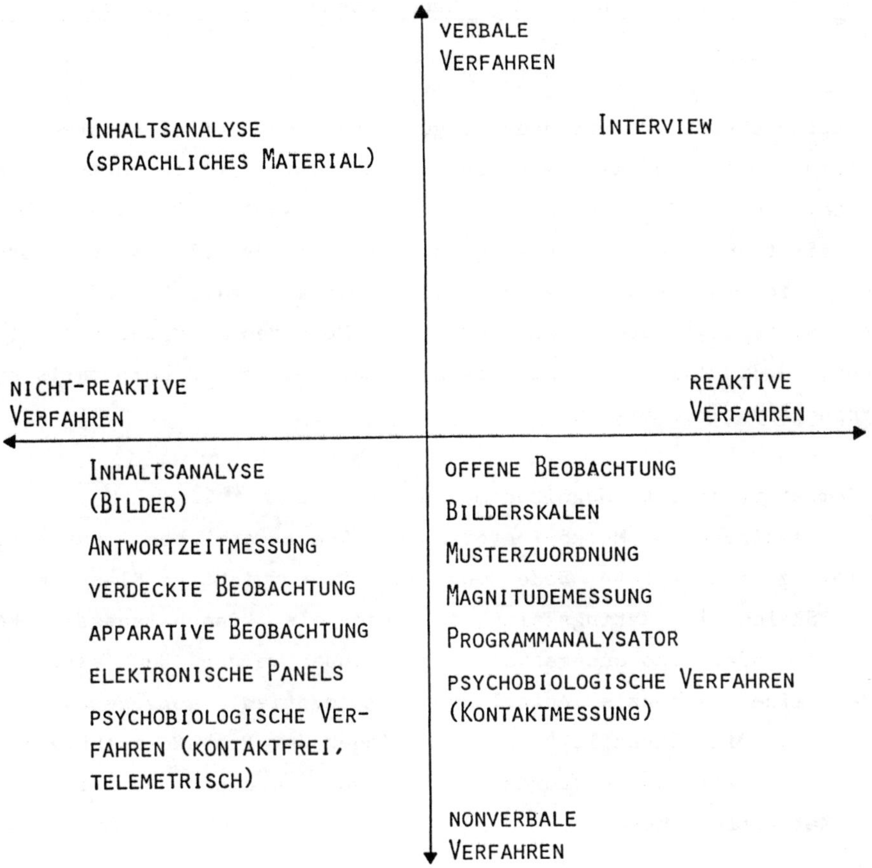

Abb. 54. Positionierung ausgewählter Informationsgewinnungsmethoden im Raum "verbal/reaktiv"

zunehmende apparative Unterstützung auch dieser Meßverfahren. Die Einsatzfähigkeit von Mikrocomputern stellt dabei eine interessante ökonomische Perspektive dar, die den Methodentransfer "in die Praxis" fördern dürfte.

Die nonverbalen (apparativen) Meßmethoden werden in vier Gruppen eingeteilt:

- computergestützte Magnitudemessung und Programmanalysatoren,
- psychobiologische Messungen,
- apparative Beobachtungen,
- elektronische Panels.

3.3.3.2.2 Computergestützte Magnitudemessungen und Programmanalysatoren

Computergestützte Magnitudemessungen und Programmanalysatoren werden meist in Kombination mit verbalen Methoden, so Befragungen - auch Computer- oder Bildschirmbefragungen - eingesetzt. Bei dieser Methodenkombination steht die Messung nonverbalen Verhaltens im Vordergrund. Die Antwortzeitmessung, die ebenfalls eine Methodenkombination darstellt, wurde den verbalen Methoden zugeordnet (vgl. Abschn. 3.3.3.1.3), da sie einen "Zusatznutzen" in computerisierten Befragungssystemen bietet.

(1) Computergestützte Magnitudemessungen

In der empirischen Marketingforschung kommt der sog. Kategorialskalierung eine große Bedeutung zu. Eine wichtige Klasse kategorialer Skalen sind Ratingskalen, die auch als Einschätzungs-, Beurteilungs- oder Zuordnungsskalen bezeichnet werden. Den Testpersonen werden eine begrenzte Anzahl von Kategorien vorgegeben (vgl. Abb. 55). Die Intensität der Reaktionen der Probanden auf vorgegebene Stimuli wird durch Zuordnung eines vorgegebenen Meßwertes, d.h. einer Kategorie gemessen.

STIMME STARK ZU	STIMME ZU	UNENT-SCHIEDEN	LEHNE AB	LEHNE STARK AB
(1)	(2)	(3)	(4)	(5)

Abb. 55. Beispiel einer semantisch und numerisch abgestuften Ratingskala

Gegen kategoriale Meßmethoden werden folgende Einwände erhoben (vgl. Neibecker, Konsumentenemotionen 1985, S. 51):

- Kategoriale Methoden beinhalten die Gefahr eines Informationsverlustes. Aus der Sicht des Probanden ähnliche Objekte werden der gleichen Kategorie zugeordnet. Dies gilt auch dann, wenn der Proband noch differenzieren kann; insofern wird seine Diskriminationsleistung nicht erfaßt.

- Das Antwortspektrum wird vorab auf eine vorgegebene Anzahl von Kategorien begrenzt.
- Die Qualität einer Messung auf der Basis von Kategorialskalen kann nicht mit Hilfe direkter ("eingebauter") Gütekriterien beurteilt werden.

Darüber hinaus besteht das Problem des Skalenniveaus der so gewonnenen Informationen. Eine Ratingskala, die meist semantisch differenziert ist, hat zunächst ordinales Niveau. Sie nimmt meßtheoretisch die Eigenschaft einer Intervallskala an, wenn die Hypothese zugrundegelegt werden kann, daß die semantischen oder numerischen Abstände zwischen den Skalenwerten als gleich eingeschätzt werden (vgl. auch Zentes, Grundbegriffe 1983, S. 303 f.).

Bei der Magnitudeskalierung, die zur direkten psychophysischen Skalierung zählt, wird die subjektiv empfundene Stärke der Wahrnehmung einer Testperson auf einem Wahrnehmungskontinuum angegeben, z.B. durch die Länge einer Linie, die Lautstärke eines Tons, die Dauer eines Tastendrucks, die Helligkeit einer Lampe u.ä., d.h. die Testpersonen können den Grad ihrer Zustimmung in verschiedenen Modalitäten und Kontinua ohne kategoriale Begrenzung des Antwortspektrums ausdrücken (vgl. Neibecker, Komsumentenemotionen 1985, S. 52, S. 98).

Kroeber-Riel verdeutlicht den Unterschied zwischen Rating- und Magnitudeskalierung am folgenden Beispiel (Kroeber-Riel, Marktforschung 1983, S. 280): "Die Testpersonen werden gefragt, wie sympathisch ein Produkt oder wie neuartig das Bild einer Werbeanzeige ist. Bei der üblichen Befragung würden sie für die Stärke der von ihnen empfundenen Sympathie oder Neuartigkeit den Wert einer Ratingskala ankreuzen, etwa '7' für 'sehr sympathisch'. Bei der ... Magnitudeskalierung wird die Antwort dadurch gegeben, daß auf dem Bildschirm eine Linie bestimmter Länge gezogen wird: für geringe Sympathien eine kurze Linie, für starke Sympathien eine relativ lange Linie."

Die computergestützte Magnitudemessung - bspw. in Form einer in die Bildschirmbefragung integrierten Magnitudeskalierung - bietet neben methodischen auch ökonomische Vorteile.

Von vorrangiger Bedeutung sind (Neibecker, Komsumentenemotionen 1985, S. 98):

"- Die Magnitudeskalierung verfügt mindestens über Log-Intervallniveau.
- Aufgrund des unbegrenzten Antwortspektrums kann eher zwischen ähnlichen Reizen diskriminiert werden.
- Durch die abwechslungsreiche Kombination verschiedener Antwortkontinua mit kategorialen Skalen lassen sich auch längere Befragungen interessant gestalten und verlieren einen Teil ihres monotonen Charakters.
- Aufgrund der direkten (on-line) Datenerfassung und -aufbereitung können die Antworten unmittelbar in ihre modalitätsspezifische, physikalische Maßeinheit transformiert und digital gespeichert werden, so daß sie sofort ausgewertet werden können."

Die Computertechnologie unterstützt hierbei nicht nur die Informationsgewinnung, indem auf verschiedenen Modalitäten gemessen werden kann und die Informationen on-line erfaßt werden, sondern auch die Analyse, da die Magnitudeskalierung eine komplexe methodische Datenauswertung verlangt.

(2) Computergestützte Programmanalysatoren

Der Programmanalysator (Programm Analyzer) wird dazu verwendet, spontane Reaktionen, so Gefallen oder Mißfallen, spontanes Interesse oder spontane Akzeptanz zu messen. Er wurde bereits in den 30er Jahren von Lazarsfeld (Columbia University) und Stanton (CBS) für den Test von Rundfunksendungen entwickelt (vgl. Neibecker, Reaktionsmessung 1983, S. 228 f.). Heute wird er vorrangig dazu verwendet, die spontane Reaktion beim Empfänger von Werbespots festzustellen. Für den Test von Werbespots ist dabei die Möglichkeit, Entwürfe und Rohfassungen zu testen und damit bereits in der Entwurfphase erste Hinweise über die Akzeptanz zu erhalten, von besonderem Interesse.

Der Programmanalysator arbeitet wie folgt. Die Probanden können während der Darbietung eines Filmes (Spots) ihre Haltung und Ansichten äußern, indem sie an einem kleinen Erfassungsgerät, das z.B. mit Knöpfen ausgestattet ist, einen bestimmten Knopf drücken, wenn ihnen der Film gefällt ("like"), und einen anderen Knopf drücken, wenn ihnen die Darbietung nicht gefällt ("dislike").

Für die Registrierung spontaner Reaktionen wurden im Laufe der Zeit verschiedene Systeme entwickelt. Herauszustellen sind (vgl. Neibecker, Reaktionsmessung 1983, S. 229 f.).:

- das von Dentsu (Japan) entwickelte System BASIC CF, ein integriertes Computersystem, mit dem TV-Reizdarbietung, Befragung und Reaktionsmessung durchgeführt werden,
- das von CTW (Children's Television Workshop, New York) entwickelte PEAC-System (Program Evaluation Analysis Computer),
- das von ASI (Audience Studies Inc. USA) entwickelte System für Reaktionsmessungen mit Programmanalysator,
- der vom Institut für Konsum- und Verhaltensforschung (Universität des Saarlandes) entwickelte On-line-Programmanalysator.

Das letztgenannte System, dessen technische Grundstruktur in Abbildung 56 dargestellt ist, verbindet die Vorzüge der On-line-

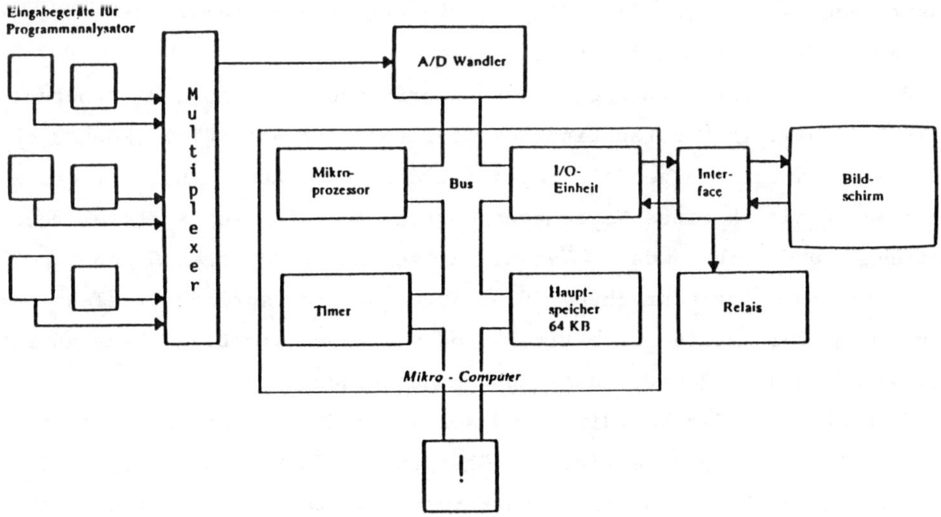

Quelle: Neibecker, Konsumentenemotionen 1985, S. 102.

Abb. 56. Technische Struktur des Programmanalysators des Instituts für Konsum- und Verhaltensforschung

Datenerfassung mit der Mobilität und Preisgünstigkeit eines Mikrocomputers. "Darüber hinaus können nicht nur dichotomische Antworten der Form like/dislike, sondern auch die Intensität der Reaktionen erfaßt werden. ... Um eine sekundengenaue Registrierung und Zuordnung der Reaktionen zu gewährleisten, werden Programmdarbietung und Programmanalysator elektronisch, durch einen sogenannten frequenzselektiven Tonschalter, synchronisiert. Die Eingaben der Testpersonen werden sofort digitalisiert, auf dem Bildschirm zu Kontrollzwecken angezeigt und auf Diskette gespeichert, wo sie für die anschließende Auswertung zur Verfügung stehen." (Neibecker, Konsumentenemotionen 1985, S. 101).

Die auf individueller Ebene erfaßten Gefallens- und Mißfallensäußerungen werden auf aggregiertem Niveau ausgewertet. Man erhält so ein Reaktionsprofil mit sekundengenauer Zuordnung der relativen und absoluten Zahl des geäußerten Gefallens und Mißfallens (vgl. Abb. 57).

Als Beispiel zeigt Abbildung 58 zwei Reaktionsprofile. Angegeben werden die geglätteten Reaktionen aller Testpersonen auf Schlagermusik (Song I und Song II); die gestrichelte Linie zeigt die Nettowerte an (Gefallen minus Mißfallen).

Der theoretische Bezug dieses Verfahrens ist in der "spontanen Reaktion" bzw. im "ersten Eindruck" gegeben. Kroeber-Riel kennzeichnet dies durch folgende Frage: "Welche Auswirkungen hat der erste, spontane Eindruck eines Meinungsgegenstandes auf die spätere Beurteilung und auf das Verhalten gegenüber diesem Gegenstand?" (Kroeber-Riel, Marktforschung 1983, S. 281). So spricht vieles dafür, daß der erste affektive Eindruck einen wichtigen Einfluß auf die nachfolgenden Beurteilungs- und Entscheidungsprozesse ausübt.

Neibecker hat die Validität und Reliabilität dieses Meßverfahrens auf Individualniveau empirisch überprüft. Im Ergebnis zeigte sich, daß die nonverbalen Gefallensreaktionen mittels Programmanalysator einen dynamischen Einblick geben, "... inwieweit Einzelelemente eines Programms, Musikstückes oder Werbespots das Gesamtgefallen und Nichtgefallen beeinflussen. Sie sind demnach als permanente Bewertungsmessungen (pleasure) im Sinne einer dimensionalen Emotionstheorie zu integrieren." (Neibecker, Konsumentenemotionen 1985, S. 152). Für die Genauigkeit dieses Meßverfahrens sprechen die von Neibecker erzielten Reliabilitäten der Messungen.

```
**************************************************************************************
*  Auswertung Programmanalysator  *    Datum: 19.06.81   Anz.VP:  90    Seite  1
**************************************************************************************

Zeitintervall        H a e u f i g k e i t :                        absolut   in %
 1   Sek.
     |---------------------- 50--------------------- 100-----------
 1   |                                                               1      1.1
 2   |+                                                              2      2.2
 3   |+                                                              3      3.3
 4   |++                                                             5      5.6
 5   |++++                                                           8      8.9
 6   |++++                                                           8      8.9
 7   |++++++                                                         12     13.3
 8   |++++++                                                         13     14.4
 9   |+++++++                                                        15     16.7
10   |++++++++                                                       16     17.8
11   |+++++++                                                        15     16.7
12   |+++++++                                                        15     16.7
13   |+++++                                                          11     12.2
14   |++++++++                                                       17     18.9
15   |+++++++++++                                                    22     24.4
16   |+++++++++++++++                                                31     34.4
17   |+++++++++++++++++++++                                          42     46.7
18   |+++++++++++++++++++++++                                        47     52.2
19   |+++++++++++++++++++++++++++++                                  59     65.6
20   |+++++++++++++++++++++++++++++++++++++                          75     83.3
21   |++++++++++++++++++++++++++++++++++++++++                       80     88.9
22   |+++++++++++++++++++++++++++++++++++++++++                      83     92.2
23   |+++++++++++++++++++++++++++++++++++++++++                      82     91.1
24   |++++++++++++++++++++++++++++++++++++++++++                     84     93.3
25   |++++++++++++++++++++++++++++++++++++++++                       81     90
26   |++++++++++++++++++++++++++++++++++++++                         77     85.6
27   |++++++++++++++++++++++++++++++++++++++                         76     84.4
28   |+++++++++++++++++++++++++++++++++++++                          74     82.2
29   |++++++++++++++++++++++++++++++++++++++++                       80     88.9
30   |+++++++++++++++++++++++++++++++++                              66     73.3
31   |++++++++++++++++++++++++++++++                                 61     67.8
32   |+++++++++++++++++++++++++++                                    55     61.1
33   |++++++++++++++++++++++++++                                     52     57.8
34   |+++++++++++++++++++++++++                                      51     56.7
35   |++++++++++++++++++++++                                         44     48.9
36   |++++++++++++++++++++                                           41     45.6
37   |+++++++++++++++++                                              34     37.8
38   |+++++++++++                                                    23     25.6
39   |+++++++++                                                      19     21.1
40   |++++++++                                                       16     17.8
41   |+++++++                                                        14     15.6
42   |++++++                                                         13     14.4
43   |+++++++                                                        14     15.6
44   |++++++                                                         13     14.4
45   |+++++                                                          10     11.1
46   |+++                                                            6      6.7
47   |+++++                                                          11     12.2
48   |+++++                                                          10     11.1
49   |+++++                                                          10     11.1
50   |++++++                                                         12     13.3
51   |+++                                                            7      7.8
52   |+++++                                                          10     11.1
53   |+++++                                                          10     11.1
54   |+++                                                            6      6.7
55   |+++                                                            6      6.7
56   |++                                                             5      5.6
57   |+++                                                            6      6.7
```

Quelle: Neibecker, Reaktionsmessung 1983, S. 231.

Abb. 57. Programmanalysator - Auswertungsbeispiel

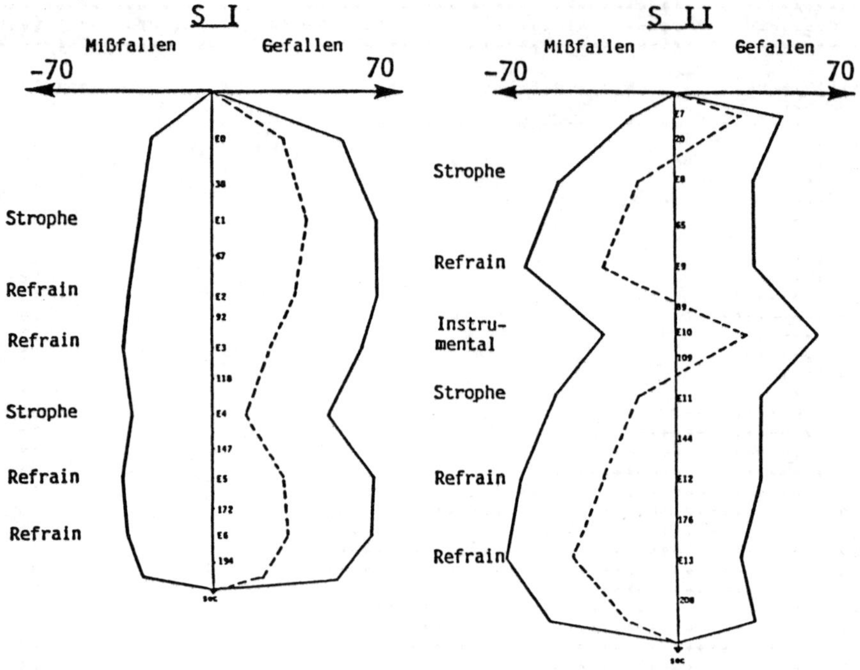

Quelle: Neibecker, Marktforschung 1987, S. 21.

Abb. 58. Programmanalysator - Reaktionsprofile

3.3.3.2.3 Psychobiologische Messungen

Psychobiologische oder psychophysiologische Verfahren, die in den letzten Jahren verstärkt in der Werbewirkungsforschung eingesetzt werden, ermöglichen die Messung biologischer (physiologischer) Reaktionen des Menschen und schließen von diesen auf psychische Prozesse. Ein Grund einer zunehmenden Verbreitung dieser apparativen nonverbalen Meßverfahren liegt darin, daß die biologischen (physiologischen) Reaktionen im allgemeinen nicht willentlich kontrolliert werden (vgl. Kroeber-Riel, Marktforschung 1983, S. 282) und mit diesen Verfahren auch das nicht willentliche (automatisierte) und das nicht bewußte Verhalten gemessen werden kann.

Wie bei der Erörterung der technologischen Grundlagen bereits erwähnt (vgl. Abschn. 2.3.2.3), erfordern die psychobiologischen Methoden eine aufwendige technische Infrastruktur, die ihren Einsatz meist auf das Labor beschränkt. Entwicklungen auf dem Gebiet der Laser- und Sensortechnik dürften jedoch zu kontaktfreien telemetrischen Verfahren führen, die einen Einsatz in natürlicher Umgebung ("Feldsituation") und in nicht-reaktiver Weise ermöglichen (vgl. auch Kroeber-Riel, Marktforschung 1983, S. 282) (vgl. Abb. 54).

Aus dem breiten Spektrum psychobiologischer Verfahren werden im folgenden behandelt:
- die Aktivierungsmessung und
- die Blickaufzeichnung.

Die Aktivierungsmessung ist eine Methode zur Messung von menschlichen Antriebskräften, die den aktivierenden Prozessen zuzuordnen sind; die Blickaufzeichnung dient der Messung kognitiver Prozesse.

(1) Aktivierungsmessung

Antriebe bzw. Antriebskräfte sind aktivierende Verhaltensbedingungen und -tendenzen. Sie treiben das menschliche Verhalten an, indem sie es mit psychischer Energie versorgen.

Kroeber-Riel zählt zu den Antrieben im weiteren Sinne Emotionen, Motivationen und Einstellungen (vgl. Kroeber-Riel, Konsumentenverhalten 1984, S. 47 ff.). Dabei gilt die Aktivierung als Basis aller Antriebskräfte. Zur Aktivierung treten kognitive Komponenten hinzu.

Emotionen sind subjektiv erlebte innere Erregungsvorgänge. Bei der Motivation tritt zu der inneren Spannung eine Zielorientierung für das Verhalten hinzu. Einstellungen umfassen darüber hinaus eine innere Haltung und Reaktionsbereitschaft hinsichtlich eines Objektes. Insgesamt läßt sich das System der Antriebskräfte nach Kroeber-Riel wie folgt darstellen (vgl. Kroeber-Riel, Konsumentenverhalten 1984, S. 51):
- Emotion = zentralnervöse Erregungsmuster + (kognitive) Wahrnehmung,
- Motivation = Emotion + (kognitive) Zielorientierung,
- Einstellung = Motivation + (kognitive) Gegenstandsbeurteilung.

Das zentrale Merkmal aller Antriebskräfte ist ihre Stärke bzw. Intensität, welche durch die ihnen gemeinsame innere Erregung bestimmt wird. Die Aktivierung ist im unmittelbaren Zusammenhang mit der Funktion des zentralen Nervensystems zu sehen. "Durch die Aktivierung wird der Organismus mit Energie versorgt und in einen Zustand der Leistungsbereitschaft und der Leistungsfähigkeit versetzt." (Kroeber-Riel, Konsumentenverhalten 1984, S. 53).

Die Stärke der Aktivierung ist dabei ein Maß, wie wach, reaktionsbereit und leistungsfähig der Organismus ist. Der Zusammenhang von Aktivierung und Leistung wird durch die " ⋂ -Hypothese" beschrieben. Sie gibt die Wirkung der Aktivierungsstärke auf die Leistung bzw. Leistungsfähigkeit an (vgl. Abb. 59).

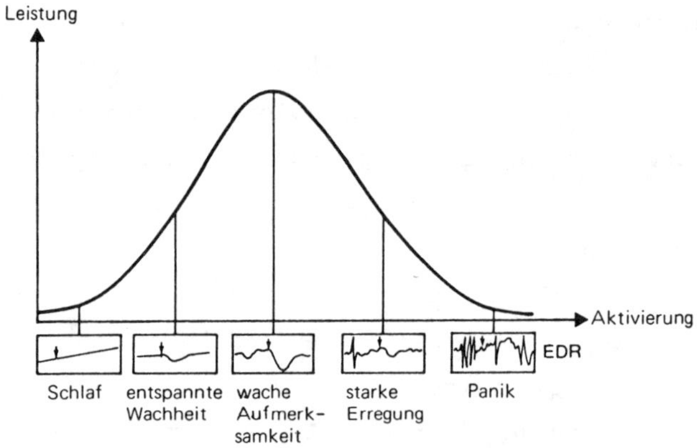

Anmerkung: Das Aktivierungskontinuum wird in verschiedene Abschnitte eingeteilt. Jeder Abschnitt kennzeichnet einen psychischen Erregungszustand und läßt sich durch bestimmte elektrodermale Reaktionsmuster charakterisieren.

Quelle: Kroeber-Riel, Konsumentenverhalten 1984, S. 73.

Abb. 59. Beziehung zwischen Aktivierung und Leistung

Das Problem der Aktivierung spielt vor allem in der Werbewirkungsforschung eine große Rolle. Konsumenten, die gezielt durch Reize in der Werbung aktiviert werden, nehmen mehr Informationen auf, verarbeiten sie schneller und speichern sie besser. Die Werbung bedient sich also aktivierender Reize, um die Wirkung zu erhöhen.

Ein valides Maß zur Messung der Aktivierung sind physiologische Indikatoren. Es werden elektrophysiologische Indikatoren, Kreislauf, Atmung und Energieumsatz, sowie biochemische Indikatoren herangezogen. In der Konsumentenforschung haben die elektrophysiologischen Indikatoren, d.s. Größen, die bioelektrische Vorgänge wiedergeben, die größte Bedeutung. Sensoren (Elektroden), die an der Körperoberfläche befestigt werden, nehmen elektrische Impulse des Körpers auf. Die elektrischen Impulse werden analog aufgezeichnet oder in digitale Werte umgewandelt. In elektrophysiologischen Indikatoren manifestieren sich entweder Reaktionen des zentralen Nervensystems oder solche des peripheren Nervensystems. "Der in der Forschung bei weitem am meisten benutzte periphere Indikator ist die elektrodermale Reaktion (EDR), auch psychogalvanische Reaktion (PGR) oder hautgalvanische Reaktion (HGR) genannt. Es handelt sich um die mit Aktivierungsschwankungen verbundenen Veränderungen des elektrischen Hautwiderstandes. Die Messungen liefern valide und reliable Werte." (Kroeber-Riel, Konsumentenverhalten 1984, S. 62 f.).

Abbildung 60 zeigt beispielhaft einen Kurvenabschnitt (Messung der elektrodermalen Reaktion), der mit einem Polygraphen aufgezeich-

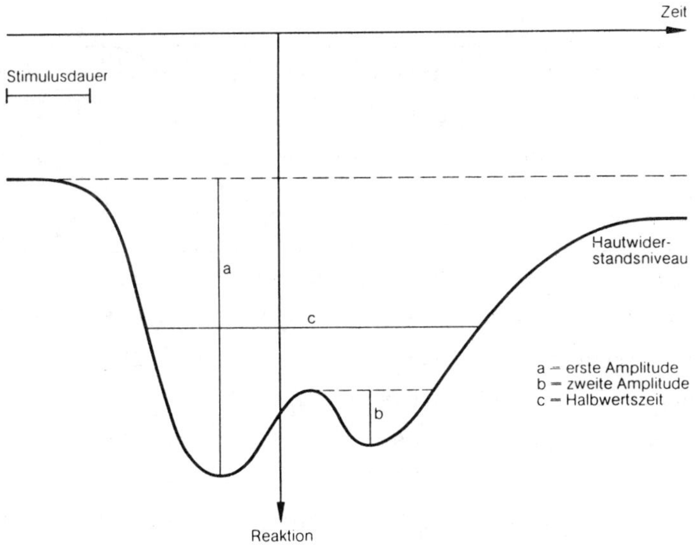

Quelle: Kroeber-Riel, Konsumentenverhalten 1984, S. 62.

Abb. 60. Erfassung der elektrodermalen Reaktion

net wurde. Tabelle 10 zeigt das Ergebnis eines TV-Spot-Tests. Die Aktivierung - gemessen über den elektrischen Hautwiderstand - korreliert mit den gängigen Werbewirkungsmaßen.

Nach einer Untersuchung von Lenz/Fritz (vgl. Lenz/Fritz, Aktivierungsforschung 1986) vermag die Aktivierungsforschung nach

Auffassung der befragten Werbeagenturen und Marktforschungsinstitute konkrete Beiträge zur Lösung von Praxisproblemen, insbesondere für Entscheidungen hinsichtlich der Werbemaßnahmen, zu liefern. "Diese positive Beurteilung der Nützlichkeit von Resultaten der Aktivierungsforschung findet auch ihren Niederschlag im Ausmaß der tatsächlichen Verwendung aktivierungstheoretischer Erkenntnisse in der Praxis." (Lenz/Fritz, Aktivierungsforschung 1986, S. 183). Das Ausmaß der faktischen Nutzung psychophysiologischer Meßverfahren bleibt nach den empirischen Befunden von Lenz/Fritz jedoch deutlich hinter der Einschätzung ihres potentiellen Nutzens zurück. Die Mehrheit der befragten Unternehmen geht aber davon aus, daß die Bedeutung dieser Verfahren in der Zukunft zunehmen wird (vgl. Lenz/Fritz, Aktivierungsforschung 1986).

Wirkungsmaß	Aktivierung	Markenerinnerung	Produkterinnerung	Einstellung	Glaubwürdigkeit	Allgemeine Anmutung
Aktivierung	-	0.49*	0.54*	0.55*	0.32	0.42*
Markenerinnerung	0.49*	-	0.63*	0.61*	0.09	-0.29
Produkterinnerung	0.54*	0.63*	-	0.25	-0.35	-0.08
Einstellung	0.55*	0.61*	0.25	-	0.64*	0.35
Glaubwürdigkeit	0.32	0.09	-0.35	0.64*	-	0.29
Allgemeine Anmutung	0.24	-0.29	-0.08	0.35	0.29	-

* Die Korrelationskoeffizienten sind mindestens auf dem 5%-Niveau signifikant.

Quelle: v. Keitz, Werbewirkungsforschung 1986, S. 42.

Tab. 10. Zusammenhang zwischen Werbewirkungsmaßen bei TV-Werbung

(2) Blickaufzeichnung

In der Konsumentenforschung werden die elementaren kognitiven Prozesse, durch die das Individuum über sich selbst und seine Umwelt Kenntnis erhält, üblicherweise eingeteilt in (vgl. Kroeber-Riel, Konsumentenverhalten 1984, S. 218):

- Informationsaufnahme,
- Informationsverarbeitung,
- Informationsspeicherung.

Die Informationsverarbeitung beginnt bereits mit der Aufnahme eines Reizes und dessen Entschlüsselung. Im weiteren Verlauf werden die vom Reiz vermittelten Informationen in Verbindung mit bereits vorhandenen Informationseinheiten gebracht und unter bestimmten Umständen letztlich im Gedächtnis langfristig gespeichert.

Das menschliche Informationsverarbeitungssystem wird in drei Module unterteilt, in denen nicht nur Informationen gespeichert, sondern auch verarbeitet werden (vgl. Kroeber-Riel, Konsumentenverhalten 1984, S. 218 ff.):

1. den sensorischen Informationsspeicher (SIS) oder Ultrakurzzeitspeicher,
2. den Kurzzeitspeicher (KZS),
3. den Langzeitspeicher (LZS).

Der sensorische Informationsspeicher dient der Aufnahme und kurzfristigen Speicherung von Reizen. Die nacheinander aufgenommenen Reize werden zu einer Reizkonstellation zusammengesetzt. Die Kapazität dieses Speichers ist groß, die Speicherdauer gering (bis 1 sec.). Der Kurzzeitspeicher ist eine Art "Arbeitsspeicher". Er übernimmt aus dem sensorischen Informationsspeicher nur einen Teil der Sinneseindrücke zur eigentlichen Verarbeitung. Sie werden decodiert, mit anderen Informationen in Beziehung gesetzt und zu grösseren Informationseinheiten zusammengefaßt. Dabei greift dieser Speicher auf den Langzeitspeicher zurück, so daß gegenwärtige und gespeicherte Erfahrungen verknüpft werden. Der Kurzzeitspeicher hat eine begrenzte Kapazität; die Speicherdauer ist im Vergleich zu der des sensorischen Speichers länger. Da laufend neue Informationen hinzukommen, werden die im Speicher befindlichen Informationen entweder gelöscht oder aber in den Langzeitspeicher übertragen.

Dieser Speicher entspricht dem menschlichen Gedächtnis; in ihm befinden sich das gesamte Wissen und die Erfahrungen eines Individuums.

Dem Blickverhalten kommt als physischem Korrelat der Informationsaufnahme Bedeutung zu (vgl. Bernhard, Blickaufzeichnung 1983, S. 107). Jeder Blickverlauf, z.B. auf einer Anzeige, verläuft in einer Abfolge von Fixationen und Saccaden. Dabei tastet der Blick die Vorlage in unregelmäßigen Sprüngen ab. Das Verweilen des Blicks auf einem Punkt wird Fixation, der Sprung Saccade genannt. Für die Messung der Informationsaufnahme sind die Ermittlung der Fixationen sowie der Dauer der Fixationen wichtig, denn nur die während der Fixationen aufgenommenen Reize werden weiterverarbeitet. Somit sind die Fixationen wichtige Indikatoren für die Informationsaufnahme.

Zur Messung der Informationsaufnahme können apparative Blickaufzeichnungsverfahren eingesetzt werden, deren technologische Grundstruktur im Abschnitt 2.3.2.3 beschrieben wurde. Die Registrierung von Blickbewegungen, die über Digitalisierung eine direkte Aufzeichnung und automatische Auswertung ermöglichen, zeigt (Leven, Blickregistrierung 1986, S. 76 f.):

"- ob das Objekt überhaupt gesehen wird (Auffälligkeit),
- wie lange es insgesamt betrachtet wird (Betrachtungsdauer),
- welche Stellen des Objekts angesehen werden (Fixationsorte),
- wie häufig sie betrachtet werden (Fixationshäufigkeit),
- in welcher Reihenfolge die Elemente angesehen werden (Fixationsreihenfolge),
- wie lange die Fixationen dauern (Fixationsdauer),
- wieviele Fixationen innerhalb der verschiedenen Elemente plaziert werden (Gazegröße),
- wie groß die Abstände zwischen aufeinanderfolgenden Fixationen sind (Saccadenlänge)."

Die apparative Blickaufzeichnung ist eine valide und reliable Methode zur Messung der Informationsaufnahme (vgl. zur neueren Diskussion um dieses Verfahren v. Keitz, Werbetest 1985; v. Keitz, Blickaufzeichnung 1986; v. Keitz, Werbewirkungsforschung 1986; v. Keitz, Werbung 1986; Rehorn, Marktforschung 1986; Weichert, Werbewirkungsforschung 1986). Ihr praktischer Einsatz ist jedoch an eine Reihe von technischen Voraussetzungen gebunden, z.B. Justierung der Apparaturen u.ä. (vgl. Bernhard, Blickaufzeichnung 1983, S. 112 f.).

Die apparative Blickaufzeichnung ist den übrigen Methoden zur Messung der Informationsaufnahme, Befragung und Beobachtung, überlegen. Befragungen (z.B. Recall- und Recognition-Verfahren) messen die Informationsaufnahme aus der artikulierten Erinnerung der Probanden an ihr eigenes Betrachtungsverhalten, d.h. sie messen nur die im Gedächtnis gespeicherten Informationen, nicht aber die Informationsaufnahme selbst, da nicht alle aufgenommenen Informationen auch gespeichert bzw. verarbeitet werden.

Als Beispiel zeigt Tabelle 11 das Ergebnis eines Anzeigentests. Dabei werden Daten aus der Blickaufzeichnung mit einer NAC-Brille Erinnerungsdaten gegenübergestellt. Im einzelnen zeigt Tabelle 11

- wieviel Prozent der Leser (einer Zeitung) durchschnittlich mit dem Blick auf eine Anzeige gelangen (Kontaktwahrscheinlichkeit),
- wie lange man sich mit einer Anzeige im Durchschnitt beschäftigt,
- wieviele Leser sich spontan an die Anzeige erinnern (Recall),
- wieviele Leser meinen, die Anzeige in der Zeitung gesehen zu haben (Recognition).

Nonverbale Methoden wie die direkte Beobachtung, bei der Probanden z.B. Testhefte durchblättern und Beobachter die Zeiträume registrieren, die der Proband auf das Betrachten einzelner Anzeigen

	Mittelwert	Spannbreite
Kontaktwahrscheinlichkeit	59,6%	3,3% - 100,0%
Betrachtungsdauer	2,9 sec.	0,1 sec. - 22,6 sec.
Recall	6,2%	0% - 66,7%
Recognition	33,8%	10,0% - 86,7%

Quelle: v. Keitz, Werbewirkungsforschung 1986, S. 44.

Tab. 11. Vergleich von Blickaufzeichnungsdaten und Erinnerungsdaten

verwendet, oder die indirekte Beobachtung, bei der mit versteckt angebrachten Kameras das Leseverhalten "beobachtet" wird, arbeiten sehr realitätsnah; es treten jedoch deutliche Schwierigkeiten in der präzisen Erfassung des Blickverhaltens auf (vgl. Bernhard, Blickaufzeichnung 1983, S. 108 und die dort angegebene Literatur).

Apparative Blickaufzeichnungsverfahren werden in der Werbewirkungsforschung, so zum Test von Anzeigen- und TV-Werbung, für Verpackungs- und Designtests, zum Test von Versandhauskatalogen, und in der (Konsumenten-)Entscheidungsforschung eingesetzt. Die Blickaufzeichnung hilft, z.B. folgende Fragen zu beantworten (vgl. Kroeber-Riel, Marktforschung 1983, S. 283):

- Wird eine bestimmte Schlüsselinformation - zum Beispiel das Markenzeichen in einer Anzeige - überhaupt aufgenommen?
- Wird der Blick durch attraktive Bilder von einer wichtigen Information abgelenkt?
- Welche Informationen und wieviele Informationen werden für eine Kaufentscheidung aufgenommen?

Der Einsatz apparativer Blickaufzeichnungsverfahren dürfte sich durch die zunehmende Bedeutung der Bildkommunikation für das Marketing (vgl. Kroeber-Riel, Werbung 1985; Kroeber-Riel, Innere Bilder 1986) verstärken, so zur Messung von Bildwirkungen bei Aufnahme der Werbebotschaft.

3.3.3.2.4 Apparative Beobachtungen

Beobachtungen stellen eine wichtige Klasse nonverbaler Methoden der Informationsgewinnung in der Marktforschung dar. Die Formen der Beobachtung lassen sich unterscheiden in:

- persönliche Beobachtung und apparative Beobachtung,
- offene und verdeckte Beobachtung.

Wird die Beobachtungssituation von einem Beobachter erfaßt, so liegt eine persönliche Beobachtung vor. Dabei kann wiederum zwischen teilnehmender und nicht-teilnehmender Beobachtung unterschieden werden. Bei der teilnehmenden Beobachtung nimmt der Beobachter direkt an der Interaktion innerhalb einer untersuchten Gruppe bzw. "am Geschehen" teil; bei der nicht-teilnehmenden Beobachtung bleibt der Beobachter außerhalb der Gruppe bzw. außerhalb des "Geschehens".

Werden die Testpersonen bzw. ihre Verhaltensweisen von technischen Geräten erfaßt, so handelt es sich um eine apparative Beobachtung, auch als unpersönliche Beobachtung bezeichnet. Mit derartigen Verfahren wird z.B. in der Zuhörer- bzw. Zuschauerforschung die Rundfunk- bzw. Fernsehnutzung erfaßt.

Eine Zwischenstellung nehmen aus technischer Sicht Beobachtungsverfahren ein, bei denen technische Hilfsmittel zur audiovisuellen Aufzeichnung (Film, Video, Tonband u.ä.) eingesetzt werden. Aus methodischer Sicht lassen sich diese Verfahren der persönlichen Beobachtung zuordnen, da die beobachteten Tatbestände durch Forscher Beobachtungskategorien zugeordnet bzw. allgemein ausgewertet werden.

Die offene Beobachtung ist dadurch gekennzeichnet, daß den Probanden die Testsituation bewußt ist; bei der verdeckten Beobachtung ist dies nicht der Fall.

Im folgenden werden die apparativen Verfahren zur Messung der Rundfunk- und Fernsehnutzung erörtert. Die modernen Informations- und Kommunikationstechnologien ermöglichen eine vollautomatische Messung, deren Vorteil in einer Reduzierung des Aufwands der Testpersonen besteht, so entfallen schriftliche Aufzeichnungen in Tagebüchern. Damit ist zugleich ein entscheidender methodischer Vorteil gegeben. Die Messung erfolgt in Form einer verdeckten (apparativen) Beobachtung, d.h. die Informationsgewinnung erfolgt nichtreaktiv bzw. passiv.

Betrachtet man den technologischen Entwicklungsprozeß, so zeichnet sich ab, daß die Meßgeräte nicht nur die eingeschalteten Rundfunk- oder Fernsehkanäle registrieren, sondern zugleich registrieren, welches Haushaltsmitglied anwesend ist. Unter diesem Aspekt werden unterschieden:

- Audimeter und Telemeter,
- People-Meter und Sensoren.

Neben der Messung der Rundfunk- und Fernsehnutzung sind in der Werbung zuverlässige Informationen über die Ausstrahlung von Rundfunk- und TV-Spots, d.h. Informationen über das Werbeaufkommen, von Bedeutung. Diese Informationen benötigen Agenturen und Werbungtreibende zur Festlegung der Werbeetats und der Mediaplanung; Sendeanstalten brauchen diese Informationen als Grundlage ihrer Verkaufsaktivitäten (vgl. auch Tietz/Zentes, Werbung 1980, S. 360 f.).

Die Erfassung der ausgestrahlten Spots ist bisher sehr arbeitsaufwendig. Die Sendezeit eines Spots muß in jeder Region, in der er gezeigt wurde, registriert werden; dies setzt voraus, daß Personen die Spots zumindest teilweise sehen oder hören. Auf der Grundlage computerisierter Mustererkennung wird eine exakte und automatisierte Identifizierung von Spots und eine sekundengenaue Berichterstattung über Beginn und Dauer der Ausstrahlung ermöglicht. Ein computerisiertes Mustererkennungssystem zur Registrierung von TV-Spots wird A.C. Nielsen ab Januar 1988 in den USA einsetzen (Monitor-Plus). "Die computerisierte Mustererkennung von Monitor-Plus funktioniert vollautomatisch. Diese Verfahrensweise setzt einen Computer als Roboter-Fernsehzuschauer ein, um Werbespots aufgrund ihres jeweiligen programmatischen Inhalts zu identifizieren. In jedem der überwachten Märkte ist ein derartiger Kontrollroboter eingesetzt, so daß alle werbetreibenden Sender innerhalb des Marktes beobachtet werden können." (Frerk, Monitor-Plus 1987, S. 24).

(1) Audimeter und Telemeter

Audimeter und Telemeter - eingetragene Warenzeichen der A.C. Nielsen Company - sind zu Gattungsbegriffen für Meßeinrichtungen zur Erfassung der Rundfunk- und Fernsehbeteiligung geworden. Es handelt sich dabei um Meßgeräte, die in die Rundfunk- bzw. Fernsehgeräte ausgewählter Panelhaushalte eingebaut werden. Die Geräte erfassen vollautomatisch die eingeschalteten Kanäle/Programme bzw. die Nutzungsart, z.B. Videorecorder-Nutzung, die Einschaltzeit und die Einschaltdauer.

"Als erstes wurden Meßeinrichtungen für die notwendig gewordene Erfassung der Rundfunk-Hörbeteiligung entwickelt. Die ursprüngliche, von Robert F. Elder und Louis Woodruff, zwei Professoren des Massachusetts Institute of Technology, entwickelte Anlage, die von der A.C. Nielsen Company erworben wurde, war der sogenannte Papier-Audimeter. Über 21 Jahre, bis 1971, entwickelte sich der Audimeter von Generation zu Generation weiter, bis er seine heutige Form erreichte, ein vollelektronisches Passivgerät." (Gold, Marketingforschung 1986, S. 2).

Kernstück des von Nielsen entwickelten Systems Telemeter, das in erster Linie den Empfang von Werbetestspots in den einzelnen Haushalten kontrolliert (vgl. Abschn. 3.3.3.2.5), ist ein Mikroprozessor, der aus einem Dutzend integrierter Prozessoren sowie einem Speicher und einem Modem besteht. Im wesentlichen ist er ein voll funktionsfähiger Computer, der zur Datenerfassung und Datenverarbeitung wie auch zur Kontrolle und Überwachung externer Funktionen verwendet wird. Der Telemeter jedes Panelhaushalts setzt sich täglich mit dem Zentralcomputer telefonisch in Verbindung (vgl. Gold, Marketingforschung 1986, S. 4 f.).

In der Bundesrepublik Deutschland setzt u.a. die GfK-Fernsehforschung Meßgeräte in Panelhaushalten zur Registrierung des Fernsehverhaltens ein. Das seit dem 1. Januar 1985 zur Fernsehzuschauerforschung eingesetzte System läßt sich wie folgt charakterisieren (vgl. Darkow, GfK-Fernsehzuschauerforschung 1985, S. 14):

- Stichprobe
  - ADM-Stichprobe auf neuestem Stand, zwei Haushalte pro Point, feine geographische Verteilung auf 1.188 Points;
- Panel
  - 2.613 Haushalte gegenüber 1.650 Haushalten früher,
  - ca. 6.000 Personen ab sechs Jahre gegenüber ca. 4.000 Personen ab drei Jahre bisher;
- Repräsentativität
  - auch für Mehr-Geräte-Haushalte,
  - auch für fernbediente Fernsehgeräte,
  - auch für Videorecorder-Haushalte;
- Meßtechnologie
  - einheitlich und zukunftssicher,
  - automatisches Erkennen von bis zu 98 Kanälen,
  - An- und Abmeldung von Personen über Fernbedienung,
  - Erfassung sämtlicher Bildschirmaktivitäten,
  - integrierte umfassende Messung der Videorecorder-Nutzung.

(2) People-Meter und Sensoren

Die Messung der Rundfunk- bzw. Fernsehnutzung erfolgte traditioneller Weise in kombinierter Form. Die automatische Registrierung der eingeschalteten Programme/Kanäle, Einschaltdauer usw. wurde ergänzt um schriftliche Aufzeichnungen in Tagebüchern. Darin wurde bspw. festgehalten, welches Haushaltsmitglied fernsieht.

Eine Substitutionsmöglichkeit dieser Aufzeichnungstechnik stellen sog. People-Meter dar. In dem GfK-System melden sich Personen über eine Fernbedienung an und ab. In anderen Systemen drückt man in bestimmten Abständen einen Knopf, um zu signalisieren, wer anwesend ist (vgl. Gold, Marketingforschung 1986, S. 7). Der methodische Nachteil dieser Verfahren liegt in der "nicht-passiven Betätigung", die zu falschen Ergebnissen führen kann.

Diese Problematik dürfte zukünftig mit Hilfe von Sensoren überwunden werden. Sensoren können auf zweierlei Weise eingesetzt werden:

- passive Sensoren,
- aktive Sensoren.

"Passive Sensoren könnten immer dann ein geräuschloses Strahlungsfeld unterbrechen, sobald sich der Sensor nähert. Jeder Sensor trägt einen Personencode, dem UPC nicht unähnlich, den das Feld erkennt und auf diese Weise Personen unterscheidet." (Gold, Marketingforschung 1986, S. 7).

Ein größeres Informationserfassungspotential haben sog. aktive Sensoren. Darunter sind Geräte zu verstehen, die Daten aus einer Quelle im Haushalt erfassen, speichern und übertragen können. Die Sensoren erkennen nicht nur den Träger, sondern auch seine jeweilige körperliche Verfassung, die durch äußere Reize, z.B. Fernsehprogramme oder Werbeansagen, hervorgerufen wurde (vgl. Gold, Marketingforschung 1986, S. 7 f.).

Ein Szenario der Marketingforschung unter dem Einfluß von Sensoren zeichnete Gold auf dem ESOMAR-Kongreß 1985 (vgl. Gold, Marketingforschung 1986, S. 8):

"Der Einfluß auf die Marketingforschung der Zukunft ist gewiß. Sensoren werden, im Hinblick auf die Überwachung ihres Fernsehverhaltens, den Mitgliedern eines Haushalts ihr passives Verhalten zurückgeben. Was allerdings wesentlich wichtiger ist, ist die permanente Überwachungsmöglichkeit des einzelnen im Hinblick auf das Testen von Werbespots. Reaktionen auf Werbeaussagen könnten über Pulsschlag, Blutdruck, neurochemische Reaktionen und dergleichen erfaßt werden. Es könnte sich ein völlig neues Feld für die Erfassung menschlicher Reaktionen auf Werbestimuli eröffnen."

3.3.3.2.5 Elektronische Panels

Traditionellerweise werden marketingrelevante Informationen aus unterschiedlichen Quellen herangezogen, z.B.

- artikelgenaue Verkaufsdaten und Kausaldaten (z.B. Preisänderungen, Sonderangebote) aus Handelspanels,
- Einkaufsgewohnheiten privater Haushalte aus Haushaltspanels,
- Fernsehnutzung und Empfang von Werbespots aus apparativen Beobachtungsverfahren.

Die modernen Informations- und Kommunikationstechnologien bieten die Möglichkeit, die unterschiedlichen Datenquellen in einem einzigen Datensystem zusammenzufassen. Die weitestgehende Integrationsmöglichkeit ist bei den sog. Singulärquellen-Verfahren (Single-Source-Ansatz) gegeben, bei denen die Einkäufe einzelner Haushalte und der Umfang, in dem diese Haushalte von Werbemedien erreicht werden, erfaßt werden.

Die Technologie schafft ein Bindeglied zwischen Fernsehgewohnheiten bzw. Fernsehnutzung und Einkaufsverhalten und ermöglicht daher integrierte Informationen: "Die Einkäufe der Haushalte werden an den Einzelhandelskassen oder über Scanner in den Haushalten aufgezeichnet. Die Fernsehbeteiligung wird im elektronischen Speicher der Meßgeräte festgehalten. Daraus ergibt sich die Möglichkeit, eine weitestgehend passive Betätigung der Haushaltsmitglieder in präzise Informationen über bestimmte Zusammenhänge umzusetzen." (Gold, Marketingforschung 1986, S. 3).

Diese technologische und methodische Vernetzung führt zu kombinierten elektronischen Handels- und Konsumentenpanels (vgl. Zentes, Mediendynamik 1981, S. 21). Die Erfassung der Einkäufe der Haushalte bzw. Kunden an Datenkassen oder über Scanner im Handel ermöglicht auch den Aufbau elektronischer Handelspanels, die die klassischen Aufzeichnungsverfahren durch Außendienstmitarbeiter der Marktforschungsinstitute ergänzen oder gar substituieren dürften.

Die automatische Registrierung der Abverkaufsdaten in elektronischen Datenkassensystemen bietet nicht nur die Möglichkeit zum Aufbau neuartiger Panels, die repräsentative Aussagen über Gesamtmärkte zulassen, sie schafft auch in den einzelnen Handelsunternehmen verbesserte informatorische Grundlagen für den Einsatz der Marketinginstrumente.

Im folgenden werden diese Informationsgewinnungsansätze, deren gemeinsames technisches Merkmal die automatische Verkaufsdatenerfassung im Handel ist, behandelt:
- elektronische Handels- und Konsumentenpanels,
- elektronische Handelspanels,
- unternehmensspezifische elektronische Verkaufsdatenerfassung.

(1) Elektronische Handels- und Konsumentenpanels

Die elektronischen Handels- und Konsumentenpanels stellen - wie bereits erwähnt - eine hohe Stufe der Integration unterschiedlicher Informationsquellen dar. Sie basieren methodisch auf dem Singulärquellen-Ansatz. Die Geschichte der Singulärquellen-Verfahren beschreibt Gold (Gold, Marketingforschung 1986, S. 3 f.):
"Das erste Planungsmodell für Singulärquellen-Daten wurde 1961 von der Advertising Research Foundation in einem Papier entworfen, das die Bewertung von Werbeträgern konzipierte. Die Endstufe des in diesem Papier beschriebenen Modells beschreibt den Zusammenhang zwischen Absatzentwicklung und Medieneinsatz. Realisiert wurde diese sechste Stufe durch eine Einrichtung zum versuchsweisen Testen von Fernsehwerbung, die unter dem Namen Milwaukee Ad Lab bekannt wurde. Die Tests wurden mit Hilfe eines verkabelten Haushaltspanels durchgeführt, das innerhalb desselben Marktes in zwei gleichbleibende Gruppen unterteilt war. Jede Panel-Hälfte wurde einem nach Häufigkeit, Konzept oder Ausstrahlungszeitpunkt unterschiedlichen Werbespot-Programm ausgesetzt. Die Durchschlagskraft der jeweils getesteten Maßnahmen wurde an den Einkäufen abgelesen, die in den Haushalten der beiden Stichprobengruppen in schriftlicher Form festgehalten wurden."

Singulärquellen-Konzepte auf "High-Tech-Basis" wurden erstmals in dem BehaviorScan-Dienst realisiert. Die Einkäufe der Panelhaushalte wurden in den Scanner-Kassen der Lebensmittel-Einzelhandelsgeschäfte registriert. Über einen TV-Kabel-Konverter konnten ersatzweise

Werbespots in die von den einzelnen Haushalten empfangenen Programme eingespeist werden. Durch Split des Panels wurden vergleichende Untersuchungen von TV-Spots ermöglicht.

Die wichtigsten im praktischen Einsatz befindlichen Singulärquellen-Systeme sind:

- BehaviorScan von IRI (Information Resources, Inc., Chicago), das in den USA seit 1980 eingesetzt wird;
- GfK-BehaviorScan, das in einer Arbeitsgemeinschaft von IRI und der GfK seit 1985 im Verbreitungsgebiet des Kabelpilotprojektes Ludwigshafen betrieben wird;
- ERIM TESTSIGHT, das von A.C. Nielsen Company seit 1984 in 2 Städten der USA eingesetzt wird;
- TELERIM, das von A.C. Nielsen Company GmbH seit 1986 in vier Testgebieten in der Bundesrepublik Deutschland eingesetzt wird.

Gemeinsames Merkmal dieser Systeme einer High-Tech-Marktforschung ist die Verbindung von Kausaldaten, z.B. empfangener TV-Spots, mit effektivem Kaufverhalten, das z.B. über Scanner und Identifikationskarten erfaßt wird. Dieses Design stellt eine völlig neue Möglichkeit für die Testmarktforschung dar. Die Systeme werden daher auch als Testmarktsysteme bezeichnet (vgl. o.V., Hi-Tech-Marktforschung 1985; o.V., Marktforschung 1986; o.V., Scanner-Daten 1986).

BehaviorScan und GfK-BehaviorScan

Das Testmarktsystem GfK-BehaviorScan basiert methodisch und technologisch auf dem von IRI entwickelten System zur exakten Messung alternativer Marketingmaßnahmen einschließlich TV-Werbung auf das effektive Kaufverhalten (vgl. Eskin, BehaviorScan 1984).

Das System baut zugleich auf dem GfK-ERIM-Panel auf, für das um mehrere über das Bundesgebiet gestreute Super- und Verbrauchermärkte herum jeweils ein Haushaltspanel mit einer gewissen Anzahl von Stammkunden gebildet wurde. Die Panelhaushalte sind mit einer Identifikationskarte mit Kenn-Nummer (Strichcode) ausgestattet, die sie bei jedem Einkauf an der Kasse vorlegen. Über die Kenn-Nummer können die Einkäufe jedem Panelhaushalt zugeordnet werden (vgl. Abb. 61).

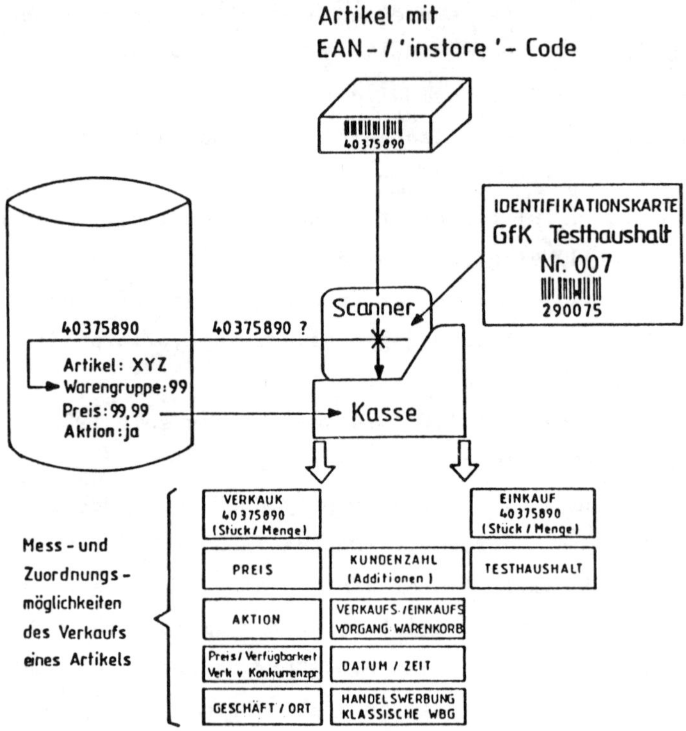

Quelle: Hehl, Scanner-Marktforschung 1986, S. 162.

Abb. 61. Datenerfassung im Markt (GfK-ERIM-Panel)

Mit dieser Meßtechnik können die Marktchancen neuer Produkte und Produktkonzeptionen unter gleichzeitiger Einbeziehung von Käufer- und Haushaltsdaten getestet werden. Dieses Panel liefert folgende Kennziffern (vgl. Hehl, Scanner-Marktforschung 1986, S. 163):

- Käuferreichweite (Probierkäufer),
- Struktur der Käufer (Zielgruppen),
- Wiederkaufrate (Produktakzeptanz),
- Einkaufsintensität.

Unberücksichtigt bleibt bei diesem Testmarktverfahren die TV-Werbung. Im Gegensatz dazu integriert das GfK-BehaviorScan-System TV-Werbung nach dem Singulärquellen-Ansatz (vgl. Abb. 62). Das System wurde in zwei Stufen entwickelt und implementiert.

In einer ersten Entwicklungsstufe wurden in dem Testort Haßloch im Verbreitungsgebiet des Kabelpilotprojektes Ludwigshafen 2.000

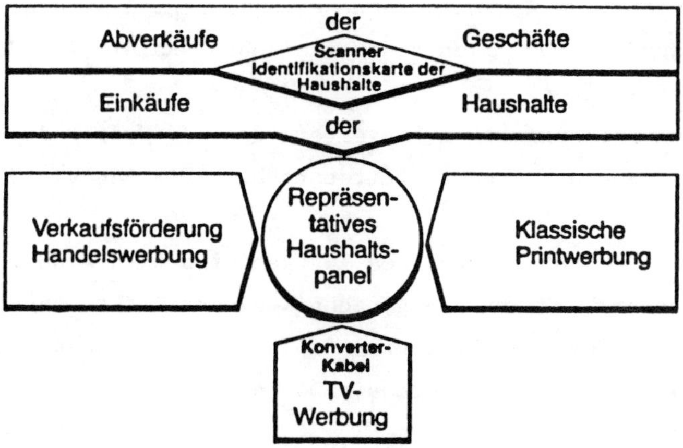

Quelle: Litzenroth, GfK-BehaviorScan 1986, S. 151.

Abb. 62. Singulärquellen-Ansatz des GfK-BehaviorScan-Testsystems

Testhaushalte ausgewählt, von denen die Hälfte verkabelt ist. Auf der Handelsseite konnten 6 Einzelhandelsgeschäfte unterschiedlicher Betriebstypen (SB-Warenhaus, Disconter, Drogeriemarkt, Supermarkt) mit einer Umsatzbedeutung von rd. 95% im Lebensmittelbereich gewonnen werden. Damit ist es möglich, "... auch die Auswirkung von TV-Werbung auf das effektive Kaufverhalten durch den Vergleich der beiden Gruppen (Haushalte mit Kabel, Haushalte ohne Kabel) zu messen. Allerdings beschränkt sich dabei die Ausstrahlung von Testspots zunächst auf den Bereich ausgewählter privater Programmanbieter, deren Programme ausschließlich von verkabelten Haushalten empfangen werden können." (Litzenroth, GfK-BehaviorScan 1986, S. 144).

In einer zweiten Entwicklungsstufe wurde durch eine spezielle Technologie die Voraussetzung für eine gezielte individuelle TV-Werbeansprache geschaffen. Dadurch ist es möglich, Test- und Kontrollgruppen jeweils spezifisch für einen Test zu bilden (vgl. Litzenroth, GfK-BehaviorScan 1986, S. 145).

Da die Ausstrahlung der Testspots über Kabel erfolgt, müssen die Haushalte, bei denen eine individuelle Ansteuerung möglich sein soll, über einen Kabelanschluß verfügen. Zu diesem Zweck wurden 2.000 Testhaushalte verkabelt; zusätzlich wurden deren Fernsehgeräte mit speziellen adressierbaren Konvertern ausgerüstet, die eine gezielte individuelle Werbeansprache ermöglichen. Als zusätzliche Kontrollgruppe wurden 1.000 Testhaushalte ohne Kabel in der Gesamtstichprobe beibehalten.

Neben den adressierbaren Konvertern ist das System durch folgende Infrastruktur gekennzeichnet (Litzenroth, GfK-BehaviorScan 1986, S. 146 f.):

"- Am Kopfende des Kabelnetzes des Testgebietes wird ein Studio mit entsprechender TV-Übertragungstechnik eingerichtet, das gesteuert von einem Computer über einen speziellen Datenkanal der Deutschen Bundespost mit den adressierbaren Konvertern der Testhaushalte kommuniziert.
- Die Übertragung der Testspots an die jeweils ausgewählten Testhaushalte erfolgt über einen speziellen Kabelkanal.
- Das von den adressierbaren Konvertern registrierte TV-Einschaltverhalten der Testhaushalte läßt sich bei einer Stichprobe mit Hilfe von Modems der Deutschen Bundespost über die Telefonanlage abrufen."

Diese technische Infrastruktur macht sog. "Cut-in-Prozeduren" möglich. Im Rahmen regulär gesendeter Werbeblöcke können gezielt einzelne Werbespots durch Testspots gleicher Länge bei der Testgruppe überblendet werden, während die Kontrollgruppe weiterhin den regulären Werbespot erhält (vgl. Abb. 63).

Die Vorteile dieses Testmarktsystems sind (vgl. Hehl, Scanner-Marktforschung 1986, S. 164):
- komplett kontrollierbare Testbedingungen,
- Simulation gesamter Marketingpläne,
- Integration aller im Handel üblichen Verkaufsförderungsmaßnahmen,
- exakte Messung der Wirkung von TV-Werbung.

Als Beispiel zeigt Abbildung 64 die Meßergebnisse einer Neuprodukteinführung mit hoher bzw. niedriger Werbeunterstützung.

Schwierigkeiten dieses Testmarktsystems bestehen im folgenden (vgl. Hehl, Scanner-Marktforschung 1986, S. 164):
- keine Information über die Aufnahmebereitschaft des Handels;
- Produkte mit niedriger Einkaufsfrequenz ermöglichen nur begrenzte Aussagen über die Wiederkaufrate;
- bei Warengruppen mit kleinem Einkaufskreis läßt die geringe Fallzahl keine signifikanten Aussagen zu;

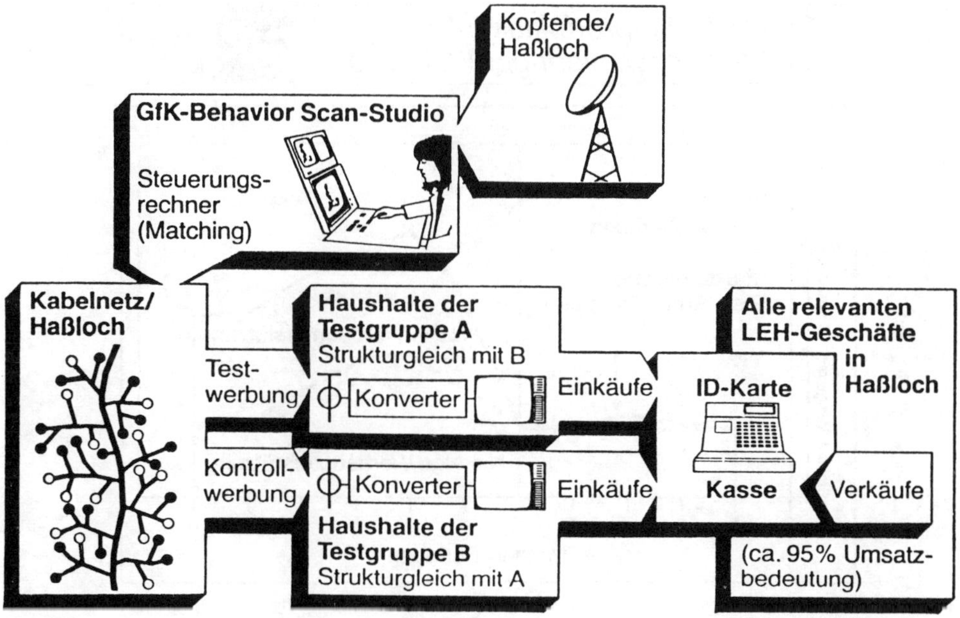

Quelle: Hehl, Scanner-Marktforschung 1986, S. 163.

Abb. 63. Responsemessung von TV-Spots im GfK-BehaviorScan-Testsystem

- Artikel, die überwiegend von Kindern ohne Begleitung Erwachsener gekauft werden, lassen sich nicht ausreichend erfassen;
- Produkte, die überwiegend über den Fachhandel vertrieben werden, lassen sich nicht im Lebensmitteleinzelhandel hinsichtlich Akzeptanz und Wiederkauf testen.

ERIM TESTSIGHT und TELERIM

Das ERIM TESTSIGHT-System basiert ebenfalls auf dem Singulärquellen-Ansatz. Das Testsystem verbindet die Messung des Fernseh-Einschalt- und Sehverhaltens mit der Messung des Einkaufsverhaltens ausgewählter Panelhaushalte. ERIM TESTSIGHT ist aus dem Test-Marketing-Dienst ERIM (Electronic Research for Insights into Marketing), den Nielsen 1970 in Frankreich einführte und der als Werbemedium eine Zeitschrift benutzte, hervorgegangen. 1978 wurde der Dienst um die Möglichkeit erweitert, Fernsehwerbung zu testen; er wurde umbenannt in

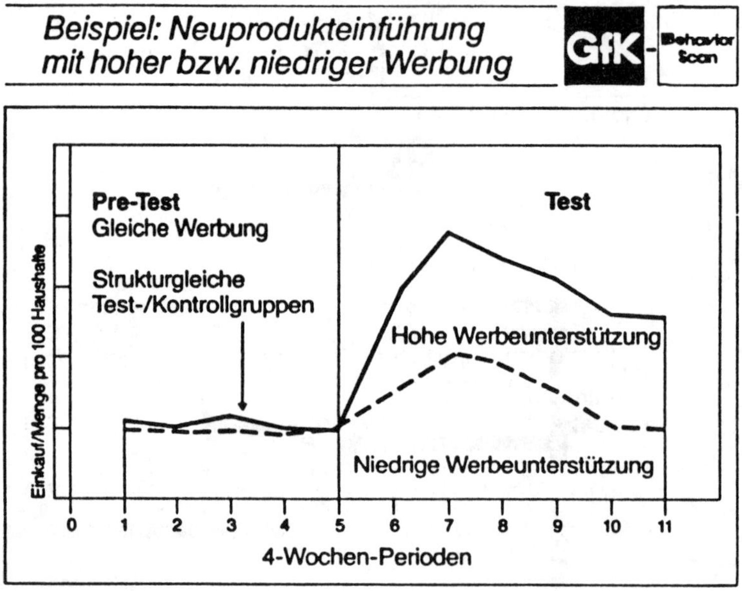

Quelle: Litzenroth, GfK-BehaviorScan 1986, S. 150.

Abb. 64. Neuprodukteinführung mit hoher bzw. niedriger Werbeunterstützung

ERIM-TV. Ende der siebziger Jahre wurde in ERIM ebenfalls die Möglichkeit integriert, Absatzdaten mit Hilfe von Scanner-Kassen zu erfassen. Dies wurde ergänzt um den Einsatz von mobilen Datenerfassungsgeräten, mit denen Kausaldaten erfaßt und über Telefonleitungen an die Zentrale übermittelt wurden (vgl. Gold, ERIM 1985, S. 2 f.).

ERIM TESTSIGHT wird in den USA in zwei Testmärkten eingesetzt, in Springfield, Missouri, und Sioux Falls, South Dakota. Die einzige Informationsquelle bildet ein Haushaltpanel von jeweils 2.500 Haushalten, deren Einzelhandelseinkäufe und TV-Sehverhalten erfaßt werden. Alle bedeutenden Lebensmittel-Einzelhandelsgeschäfte und Drug Stores sind mit Scanner-Kassen ausgerüstet; absatzbeeinflussende Daten wie Handelswerbung, Display und Sonderangebote werden mit MDE-Geräten erfaßt. Die Panelhaushalte verfügen über Ausweiskarten, mit denen sie sich an der Einzelhandelskasse identifizieren.

Die von ERIM TESTSIGHT ausgestrahlten Test-TV-Spots werden über ein Spezialgerät empfangen, mit dem die Panelhaushalte ausgestattet sind. In jedem der ERIM TESTSIGHT-Märkte wurde für die Übertragung von Testsendungen eine spezielle TESTSIGHT-Sendeanlage eingerichtet (vgl. Abb. 65). Mit diesem "Over-the-Air-Testverfahren" können Testspots sowohl in verkabelte als auch in nicht-verkabelte Haushalte

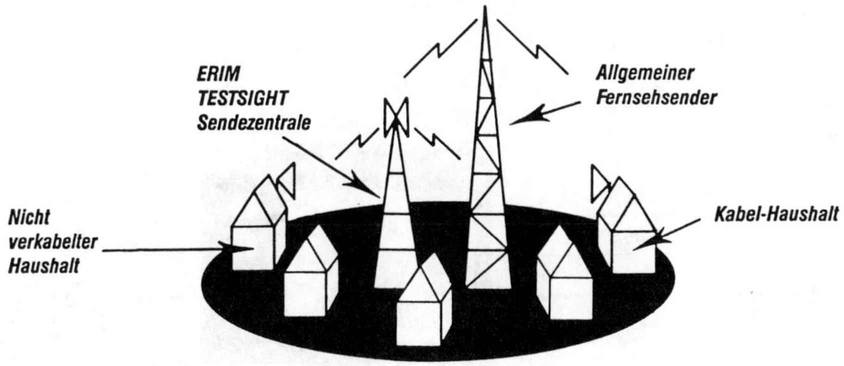

Quelle: Gold, ERIM 1985, S. 5.

Abb. 65. TV-Sendesystem von ERIM TESTSIGHT

übertragen werden. Hierin liegt ein zentraler Vorteil im Vergleich zu anderen Testmarktverfahren, die nur verkabelte Haushalte berücksichtigen können, da das Fernsehverhalten zwischen verkabelten und nicht verkabelten Haushalten in den USA signifikante Unterschiede aufweist (vgl. Gold, ERIM 1985, S. 4 f.).

Kernstück der ERIM TESTSIGHT-Technologie, die Cut-in-Prozeduren ermöglicht, ist der Telemeter (vgl. Abb. 66; vgl. auch Abschn. 3.3.3.2.4). "Der Telemeter jedes einzelnen Haushalts setzt sich täglich mit dem TESTSIGHT-Zentralcomputer in Verbindung. Er identifiziert sich und erhält eine Aufstellung von Identifikationscodes für die Werbespots des nächsten Tages. Diese Daten, zusammen mit der bereits in den Telemeter eingegebenen Programmierung, beinhalten die notwendigen Instruktionen für die Kontrolle des Fernsehgeräts. Zu dem festgelegten Zeitpunkt wird ein Testspot mit zugehörigem Identifikationscode ausgestrahlt, dem die Kanalnummer vorausgeht. Stimmen 'Auslösekommando' und im Telemeter programmierte Daten überein, so schaltet Telemeter vom empfangenen Kanal auf das

TESTSIGHT-Programm um. Gleichzeitig erscheint auf dem Bildschirm der über die Spezialantenne empfangene Test-Werbespot. Am Ende des Spots wird das Gerät wieder auf das ursprünglich empfangene Programm zurückgeschaltet. Dieser Synchronisationsvorgang zwischen Testspot-Ausstrahlung, Telemeter und TV-Gerät kann täglich buchstäblich Dutzende Male vor sich gehen - der Zuschauer bemerkt nichts Außergewöhnliches." (Gold, ERIM 1985, S. 6).

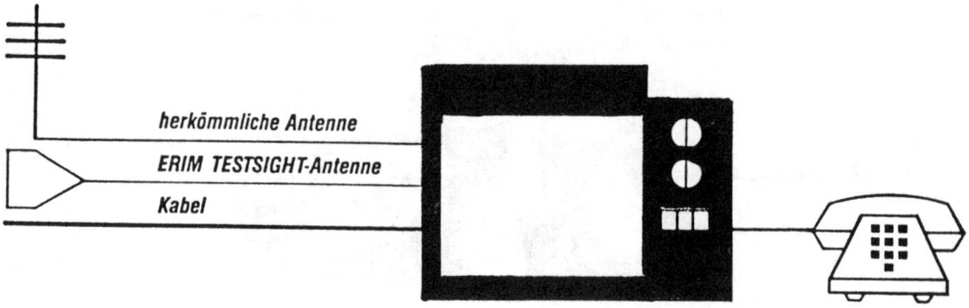

Quelle: Gold, ERIM 1985, S. 6.

Abb. 66. Telemeter-Technologie von ERIM TESTSIGHT

Das "Over-the-Air-System" liegt auch TELERIM (Television Electronic Research for Insights into Marketing) zugrunde, ein Dienst, den A.C. Nielsen Company GmbH seit 1986 in Kooperation mit dem ZDF in der Bundesrepublik Deutschland etabliert hat. TELERIM ist gekennzeichnet durch (vgl. Zepp, TELERIM 1986, S. 120 ff.):

- vier Teststädte mit angemessener Nord-Süd-Streuung (Bad Kreuznach, Reutlingen, Hemer, Buxtehude);
- vier repräsentative Käuferpanel mit je 750 Haushalten, die mit Identifationskarten ausgestattet sind;
- Messung des Einkaufsverhaltens in mehreren Geschäften (SB-Warenhaus, Verbrauchermarkt, SB-Supermarkt, Disconter, Drogeriemarkt) des Testmarktes über Datenkassensysteme, die eine artikelgenaue Erfassung der Haushaltseinkäufe ermöglichen;
- Erfassung von In-Store-Aktivitäten (Verkaufsförderungsmaßnahmen u.ä.) mit mobilen Datenerfassungsgeräten durch TELERIM-Mitarbeiter;
- gezielte Versorgung örtlicher Testmärkte mit spezieller Testwerbung, z.B. in Form von Test-Anzeigen, die in eine Publikumszeitschrift (HörZu) eingelassen werden, oder durch TV-Spots.

Die Testwerbespots werden über die normalen Sendekanäle des ZDF-Werbefernsehens an die Haushalte in den Testmärkten ausgestrahlt. Sendetechnische Voraussetzung hierfür ist, "... daß die Teststadt nicht von einem Hauptsender, sondern nur von einem Umsetzer, mit begrenztem Übertragungsbereich, mit dem nationalen Programm versorgt wird. Dieser Umsetzer ersetzt Bild für Bild eines vorher bestimmten Werbespots, der national ausgestrahlt wird, durch einen anderen Werbespot, der auf einem an den Umsetzer angeschlossenen Videogerät aufgezeichnet ist. Der bildgenaue Austausch, sogenanntes "cut-in", erfolgt im Studio (Sendezentrale des ZDF) mittels Steuerbefehlen eines computergestützten Systems, wobei Anfang und Ende dieses Vorgangs vom Auge des Fernsehzuschauers nicht wahrgenommen werden kann. ... Die Testsituation bleibt realistisch. Die Haushalte im Sendebereich des Umsetzers, aus denen das Käuferpanel rekrutiert wurde, empfangen den (die) zu testenden Werbespots." (Zepp, TELERIM 1986, S. 122 f.).

(2) Elektronische Handelspanels

Die Kombination von Konsumentenpanels und Handelspanels ermöglicht neuartige lokal bzw. regional begrenzte Testmarktsysteme nach dem Singulärquellen-Ansatz. Ein technologisches Kernstück dieser Systeme ist die elektronische Verkaufsdatenerfassung über Scanner-Kassen in Handelsbetrieben.

Diese Technologie ermöglicht auch den Aufbau elektronischer Handelspanels mit nationaler Repräsentanz (vgl. Zentes, Mediendynamik 1981, S. 20 f.). Voraussetzung hierfür ist eine ausreichende Verbreitung der elektronischen POS-Systeme im Handel. Während dies in den USA mit einem Anteil des "gescannten" Lebensmittelumsatzes von rd. 46% bereits gegeben ist (vgl. Tab. 2, Abschn. 2.3.2.1), sind repräsentative elektronische Handelspanels auf nationaler Ebene in der Bundesrepublik Deutschland mit einem entsprechenden Anteil von erst ca. 4% noch nicht möglich (vgl. Zentes, Marktforschung 1987, S. 37).

Die elektronischen Handelspanels sind als Weiterentwicklungen traditioneller Handelspanels einzustufen, bei denen Außendienstmitarbeiter periodisch die Daten auf der Handelsebene erfassen. Die auf

Scanner-Basis bestehenden Meß- und Zuordnungsmöglichkeiten des Verkaufs eines Artikels zeigt Abbildung 67. Die gestrichelten Linien

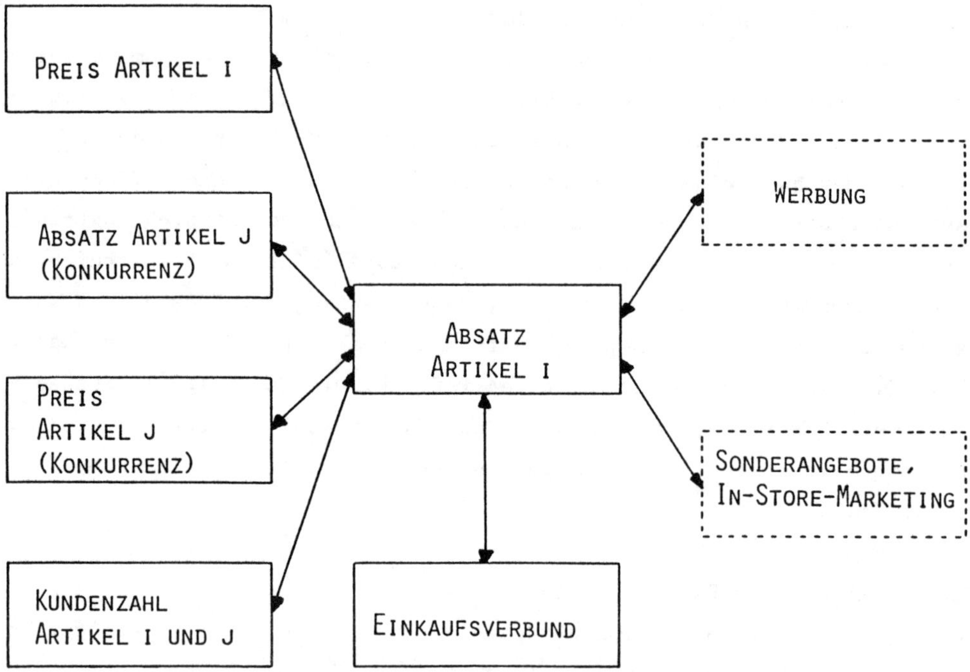

Quelle: in Anlehnung an Simon, Scanner-Daten 1985, S. 8.

Abb. 67. Meß- und Zuordnungsmöglichkeiten des Verkaufs eines Artikels auf Scanner-Basis

deuten dabei (unabhängige) Variablen an, die nicht automatisch an den Scanner-Kassen erfaßt werden, sondern die durch Mitarbeiter von Marktforschungsinstituten oder Mitarbeitern der Panel-Handelsunternehmen separat über mobile Datenerfassungsgeräte erfaßt und übermittelt werden müssen.

Traditionelle Handelspanels und Scanner-Handelspanels unterscheiden sich in qualitativer Hinsicht in den folgenden Punkten (vgl. Simon/Kucher/Sebastian, Scanner-Daten 1982, S. 562):

Kriterium	Traditionelles Handelspanel	Scanner-Handelspanel
Erhebungsfrequenz	zweimonatlich ex post	kontinuierlich
Berichtszeitraum	2 Monate	1 Woche
Erfassungsmodus Absatz	Inventur und Belege	tatsächliche Abverkäufe
Erfassungsmodus Preis	aktueller Preis am Erhebungstag	tatsächlicher Preis
Berichtsverfügbarkeit	nach ca. 4 Wochen	nach ca. 2 Wochen
Kosten	hoch, da sehr personalintensiv	sehr niedrig, da Nebenprodukt des Kassiervorganges
Reliabilität	beschränkt, da Anteil menschlicher Arbeit hoch	langfristig als sehr hoch zu erwarten
externe Validität	hoch	langfristig ebenfalls als hoch zu erwarten

Einen Vergleich zwischen dem herkömmlichen nationalen Handelspanel Nielsen Food Index (NFI) und dem elektronischen Nielsen National ScanTrack (NST) zeigt Tabelle 12. Die Angaben beziehen sich dabei auf das Jahr 1982, in dem mit 130 Scanner-Supermärkten bereits eine Marktabdeckung bezogen auf die Marktabdeckung des Nielsen Food Index von ca. 60% erreicht wurde.

Name	NIELSEN Food Index (NFI)	NIELSEN National ScanTrack (NST)
Paneltyp	herkömmliches Handelspanel	elektronisches Handelspanel
Panelgröße	1.300 Lebensmittelgeschäfte	z.Zt. 130 Supermärkte
Marktabdeckung	100 Prozent	z.Zt. ca. 60 Prozent
Berichtszeitraum	2 Monate	1 Woche
Erhebungsdauer	1 Monat	-
Erhebungsmethode	manuell	Scanning
Marktunterteilung	10 NIELSEN-Gebiete 4 Geschäftstypen 4 Kreis-(County-) Größenklassen	bisher keine
Berichtsverfügbarkeit	4 - 5 Wochen nach dem mittleren Erhebungstag	2 Wochen nach Ende der Berichtswoche
Datenumfang	Wareneingang Lagerbestand Absatz Verkaufspreis	Absatz Verkaufspreis Kausaldaten

Quelle: Huppert, Scanning 1984, S. 25.

Tab. 12. Vergleich von herkömmlichen und elektronischen nationalen Handelspanels, durchgeführt für die NIELSEN-Lebensmittel-Einzelhandelspanels in den USA

Lokale elektronische Handelspanels, die teilweise mit Konsumentenpanels gekoppelt sind, werden in den USA bereits seit 1976 durchgeführt, nationale Handelspanels seit 1978. Eine Zusammenstellung der Scanner-Pionierdienste zeigt Tabelle 13 (vgl. zu den einzelnen Diensten auch Simon/Kucher/Sebastian, Scanner-Daten 1982, S. 567).

Institut/ Dienst	nationale Handelspanels	lokale Handelspanels
NIELSEN	1980	1979
NABSCAN	1978	1978
ADTEL	-	1981
TRIM	-	1976
IRI	1980	1980

Quelle: in Anlehnung an Huppert, Scanning 1984, S. 22.

Tab. 13. Elektronische Panels in den USA mit dem Jahr der Markteinführung

In den USA steht mit ScanTrack nunmehr ein wöchentlicher nationaler Service zur Verfügung, der auf einer repräsentativen Stichprobe basiert und auf die Grundgesamtheit der Supermärkte mit mehr als 4 Millionen Dollar Jahresumsatz hochgerechnet wird. Der Nielsen-Dienst "Local Scantrack Major Markets" stellt Daten aus strukturgleichen Märkten zur Verfügung. Mit diesem lokalen Testpanel können unter kontrollierten Bedingungen Marketingmaßnahmen wie Preisänderungen, Produkteinführungen, Verkaufsförderungsaktionen und Plazierungen getestet werden (vgl. auch o.V. Scanner-Daten 1986, S. 29 f.).

In der Bundesrepublik Deutschland sowie in anderen Ländern, in denen Scanning noch nicht eine ausreichende Verbreitung hat, existieren Scanning-Pilot-Dienste. Einen ersten Schritt in Richtung Scanner-Marktforschung hat in Deutschland die GfK getan, die in ihr bereits 1978 eingerichtetes ERIM-Panel Scanner-Märkte integrierte. Dadurch wurden sowohl in technischer Sicht die Datenerfassung als auch in methodischer Sicht die Auswertungsmöglichkeiten verbessert (vgl. Klein, Zukunft 1982).

Seit 1986 betreibt A.C. Nielsen in Deutschland mit ScanTrack einen Scanning-Service. "Datenquellen sind 36 Scanner-Märkte aus 12 Handelsorganisationen, die wöchentliche Abverkaufsdaten in maschinenlesbarer Form zur Verfügung stellen. Bereits 10 Arbeitstage nach Ende der Berichtsperiode sind Analysen der eigenen sowie der Wettbewerbsmarken nach Größe, Geschmacksrichtungen, Duftrichtung usw. erhältlich, die aufzeigen, wie sich Absatz, Preis, Umsatz sowie Marktanteile verändert haben." (vgl. Löhmer u.a., Perspektiven 1986). Den Datenfluß im System ScanTrack zeigt Abbildung 68.

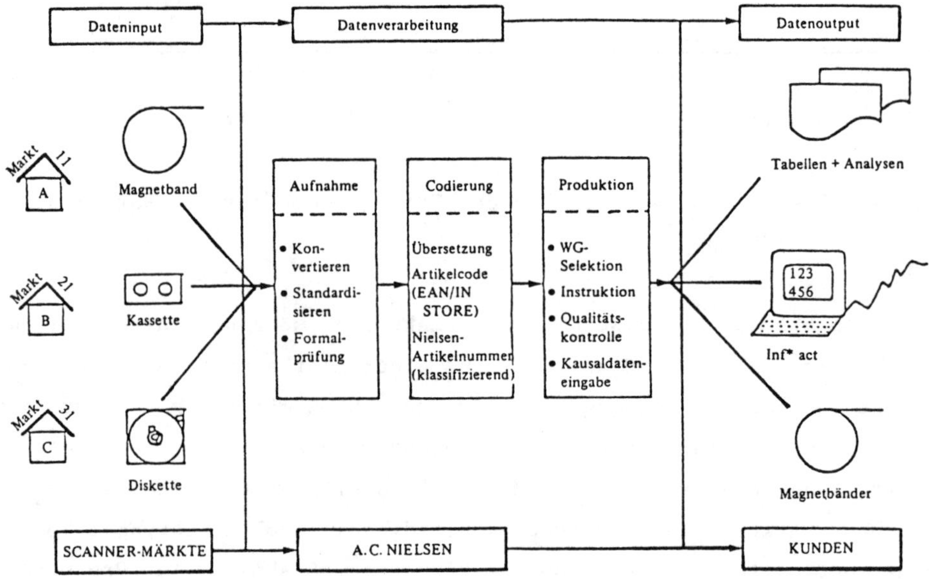

Quelle: Löhmer u.a., Perspektiven 1986, S. 34.

Abb. 68. Datenfluß im System ScanTrack

Scanning-Panels beinhalten für Hersteller- und Handelsunternehmen ein umfassendes Informationspotential (vgl. Zentes, Mediendynamik 1981, S. 20 f.). Für die Hersteller zeichnen sich z.B. neue Formen

- der Distributionsanalyse,
- der Konkurrenzanalyse,
- der Wirkungsanalyse,
- der Segmentierungsanalyse

ab (vgl. Abb. 69), die im Vierten Kapitel näher erörtert werden. Beispielhaft sei hier nur der Vorteil der Zeitpräzision von Distributionsanalysen auf Scanning-Basis im Vergleich zu herkömmlichen Panels erwähnt (vgl. Abb. 70). Während auf der Grundlage traditioneller Panels in einem Intervall von zwei Monaten - neuerdings auch in einem Intervall von einem Monat - berichtet wird, ermöglichen Scanner-Daten eine Verkürzung der Berichtsperiode auf eine Woche.

Scanner-Daten bieten zugleich Ansatzpunkte für eine Neuorientierung der Produktionssteuerung und der Logistik. Die Heranziehung von Verkaufsdaten und aktuellen Beständen auf der Handelsebene ermöglicht eine "Just-in-time-Belieferung" des Handels (vgl. Zentes, Warenwirtschaft und Logistik 1986; Zentes, Integration der Warenwirtschaftssysteme 1986).

Die Scanning-Panels liefern auch den Handelsunternehmen wichtige informatorische Grundlagen ihrer Marketingaktivitäten. Die Paneldaten übernehmen die Funktion einer "externen Meßlatte" für die Beurteilung interner Daten, die ein handelseigenes POS-System liefert (vgl. hierzu die Ausführungen im Vierten Kapitel).

Für das Marketing der Industrie- und Handelsunternehmen sind als Informationsquelle nicht nur die elektronischen Scanning-Panels der Marktforschungsinstitute von Interesse, sondern auch Datenpool-Dienste wie das System MADAKOM (vgl. Abb. 22, Abschn. 2.3.3.1). Im Rahmen des MADAKOM-Systems werden interessierten Unternehmen neutralisierte verkaufsstellenbezogene Artikelumsatzdaten in gewünschten Zeitraumverdichtungen zur Verfügung gestellt. Es handelt sich dabei um Artikelrohdaten, d.h. ungewichtete und nicht ausgewertete Artikelumsatzdaten (Menge/Wert). Diese Informationen werden ergänzt um den Verkaufspreis und die verschiedenen Aktionsaktivitäten (vgl. Spitzlay, MADAKOM 1986, S. 36 f.).

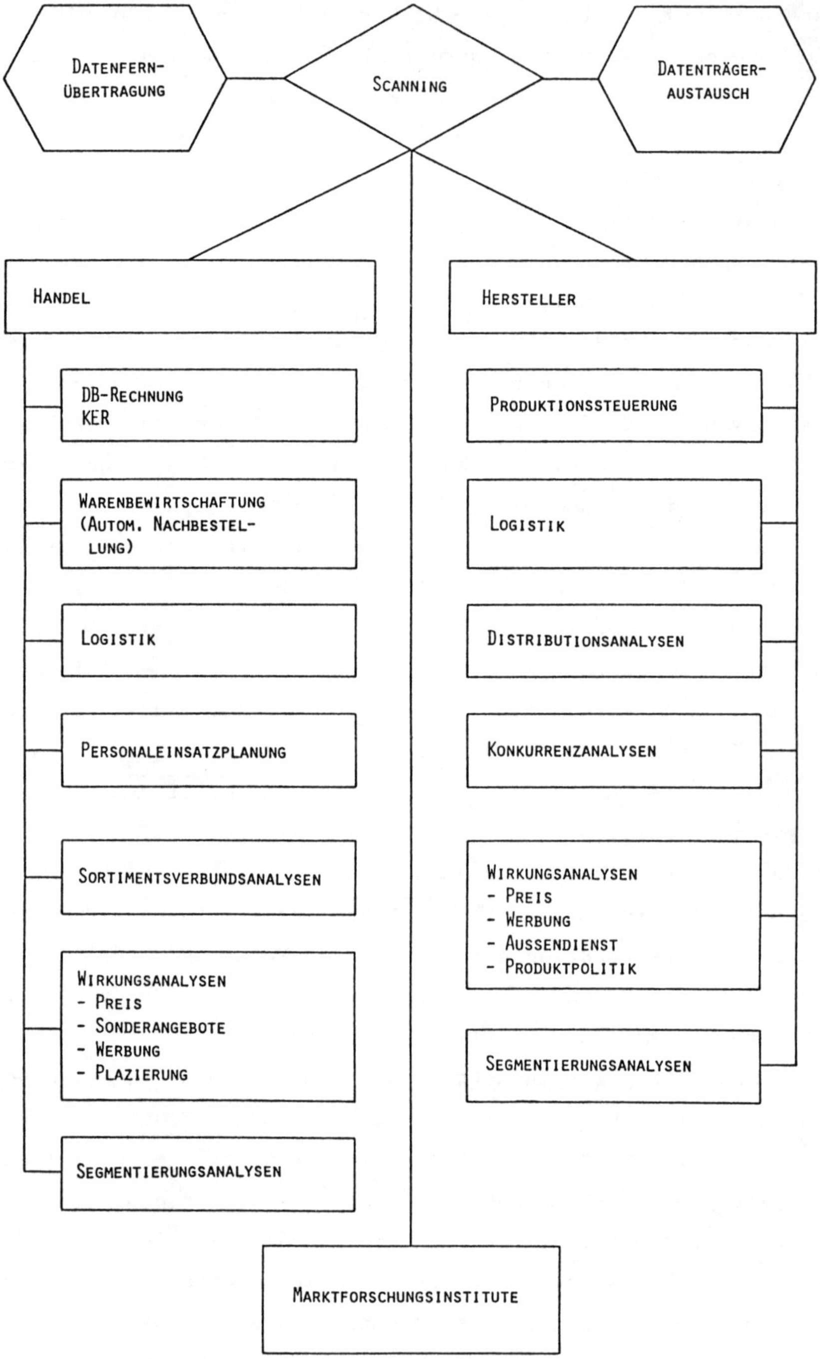

Abb. 69. Möglichkeiten des Scanning für Marktforschung und Marketing-Entscheidungen

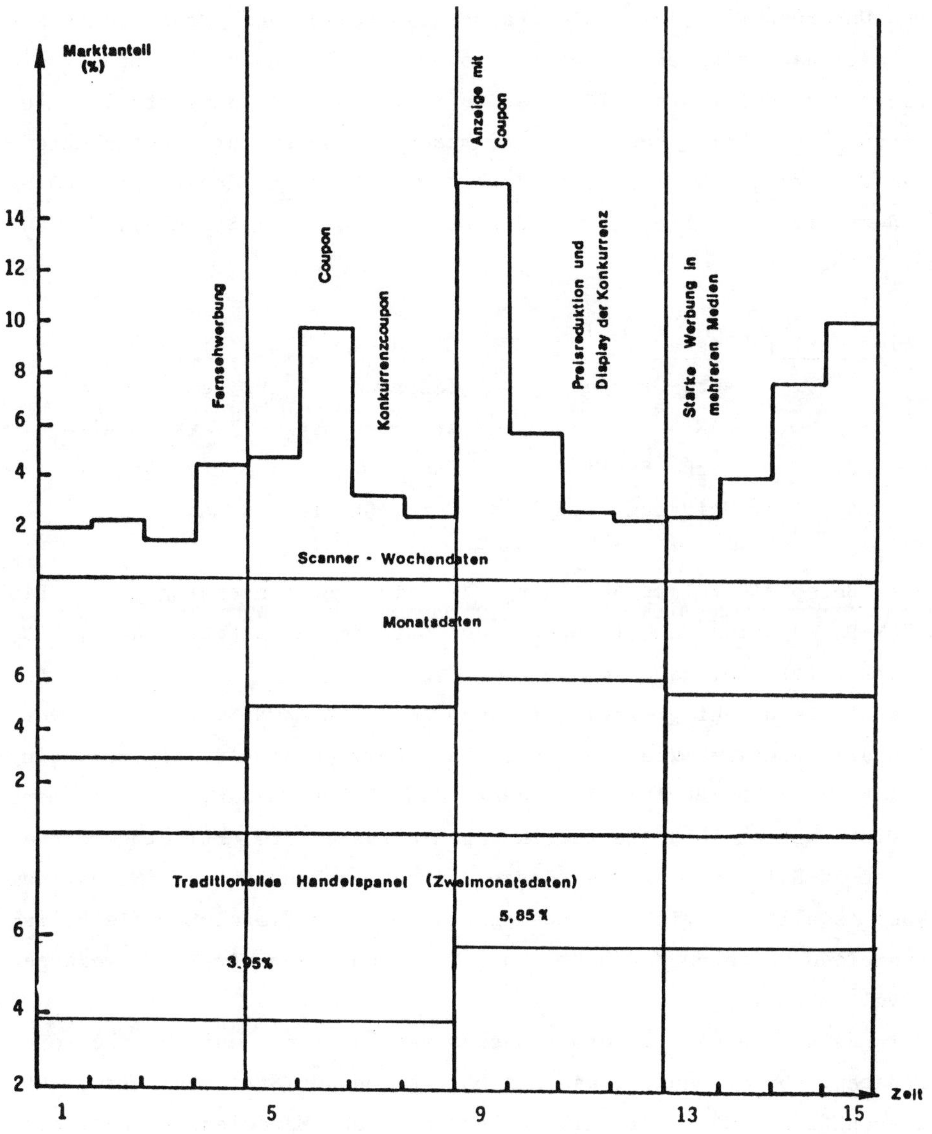

Quelle: TRIM (Tele Research Item Movement Inc.) zitiert nach Simon/ Kucher/Sebastian, Scanner-Daten 1982, S. 561.

Abb. 70. Vergleich von Marktanteilsentwicklungen auf Basis traditioneller und Scanning-Panels

Den Unternehmen stehen die Daten wahlweise auf Magnetband mit einem standardisierten Datensatz oder auf Listen zur Verfügung. Die Grundstruktur der Listenbilder ist in Abbildung 71 dargestellt. Bei gleichem Listenbild kann der Benutzer zwischen drei unterschiedlichen Datenfolgen wählen, d.h. Reihenfolgen, nach denen die Daten auf der Liste sortiert ausgedruckt werden (vgl. Spitzlay, MADAKOM 1986, S. 38):

Sortierbegriff	Liste 1	Liste 2	Liste 3
1	Art.-Gruppe	Zeitraum	Zeitraum
2	EAN	Art.-Gruppe	Verk.-Stelle
3	Verk.-Stelle	EAN	Art.-Gruppe
4	Zeitraum	Verk.-Stelle	EAN

Als Beispiel zeigt Abbildung 72 die Listenversion 1. Die MADAKOM-Daten sind dabei nach der Datenfolge Artikelgruppe, EAN, Verkaufsstelle, Zeitraum sortiert.

Sowohl die Scanning-Panels als auch das MADAKOM-System und vergleichbare Dienste wie der Sales Data Service der Article Numbering Association in Großbritannien oder das POS-DATA-Service-Experiment des Distribution Code Center in Japan erfassen die Artikelbewegungen am Point-of-Sale, d.h. sie erfassen Artikelverkaufsdaten. Neben dem Verkauf stellt - wie im Abschnitt 2.3.2.1 aufgezeigt - die Belieferung einen weiteren Meßpunkt zur Erfassung von Artikelbewegungen dar (vgl. Abb. 18).

Der Aufbau eines Informationssystems auf der Basis von Belieferungsdaten, so des Zentrallagergeschäftes und des Strecken- bzw. Direktgeschäftes zur Einzelhandelsstufe von Handelsorganisationen, geht von dem Prinzip "rein=raus" aus, d.h. die in die Einzelhandelsstufe gelieferte Ware wird als (an den Endkunden) verkauft betrachtet. Dieses Prinzip führt nur zu geringfügigen Fehlern, wenn die Lagerumschlagsgeschwindigkeit hoch bzw. die Lagerdauer niedrig ist (vgl. Zentes, Struktur 1986, S. 10). Dies ist bspw. im Food-Bereich der Fall.

VSt.-Nr.	Org.-Nr.	Typ-Nr.	Wi Ra	St. Ort	Verkaufs-Zeitraum von ----------bis	Z	CCG-AG	Original-EAN Verkettung zu	Kurzbezeichnung des Artikels	Volumen-Einheit	MMA IMV	Menge EAN-EH	Verkaufs-Preis	A
9999 0.04	99 .05	999 .06	99 .07	99 .08	99.99.99 - 99.99.99 09 .10	9 .11	9999 1.02	999999999999 9 999999999999 9 .03 .04 .09	AAAAAAAAAAAAAAAAAAA .05	99999 .07	999 999 .08 .10	9999999 .11	99999,99 .12	9 .13
Verkaufsstellen-Nr.	VSt.-Organ.-Zugehörigk.	VSt.-Typ	Wirtschaftsraum	Standort	Verkaufszeitraum	Verkaufs-Tageszeit	CCG-Artikelgruppe	1. Reihe: EAN der Verkaufseinheit 2. Reihe: EAN der kleinsten Verbraucher-einheit	Kurztext der Artikelbezeichnung	Volumen der Verkaufseinheit (ccm, cdm, l. kg. g usw.)	Mehrstückmultiplikatoren 1. bezogen auf kleinste EAN-Verbraucher-einheit 2. bezogen auf Inhalt der kleinsten EAN-Verbrauchereinheit	Mengen-Umsatz des Zeitraums in EAN-Einheiten	Ladenverkaufspreis der EAN-Einheit	Aktionskennzeichen
Verkaufsstellendaten							Artikel-Daten							

Quelle: Spitzlay, MADAKOM 1986, S. 37.

Abb. 71. Grundstruktur der MADAKOM-Listen

VKST NR	ORG NR	TYP NR	VERKAUFS - ZEITRAUM VON --------- BIS	Z	CCG-AG	ORIGINAL - EAN VERKETTUNG	ZU	KURZ-BEZEICHNUNG DES ARTIKELS	VOLUM -EH	MMA IMV	MENGE EAN-EH	VERKAUFS -PREIS	VERKAUFS -UMSATZ
08802		232	05.05.86-10.05.86	0	1506	401540019014	1	LENOR	4000	1	9	5,29	48
08802		232	12.05.86-17.05.86	0	1506	401540019014	1	LENOR	4000	1	4	5,29	21
08802		232	19.05.86-24.05.86	0	1506	401540019014	1	LENOR	4000	1	13	5,29	69
08802		232	26.05.86-31.05.86	0	1506	401540019014	1	LENOR	4000	1	10	5,29	53
08802											36		190
4015400190141											825		4346
02127		221	05.05.86-10.05.86	0	1506	401540019016	5	LENOR	2000	1	4	4,49	18
02127		221	19.05.86-24.05.86	0	1506	401540019016	5	LENOR	2000	1	4	4,49	18
02127		221	26.05.86-31.05.86	0	1506	401540019016	5	LENOR	2000	1	6	4,49	27
02127											14		63
02654		222	05.05.86-10.05.86	0	1506	401540019016	5	LENOR	2000	1	7	4,93	34
02654		222	12.05.86-17.05.86	0	1506	401540019016	5	LENOR	2000	1	6	4,18	25
02654		222	19.05.86-24.05.86	0	1506	401540019016	5	LENOR	2000	1	3	4,18	13
02654		222	26.05.86-31.05.86	0	1506	401540019016	5	LENOR	2000	1	13	4,25	55
02654											29		127
03116		222	05.05.86-10.05.86	0	1506	401540019016	5	LENOR	2000	1	5	4,49	22
03116		222	12.05.86-17.05.86	0	1506	401540019016	5	LENOR	2000	1	6	4,49	27
03116		222	19.05.86-24.05.86	0	1506	401540019016	5	LENOR	2000	1	3	4,49	13
03116		222	26.05.86-31.05.86	0	1506	401540019016	5	LENOR	2000	1	2	4,49	9
03116											16		72
08071		222	05.05.86-10.05.86	0	1506	401540019016	5	LENOR	2000	1	3	4,49	13
08071		222	12.05.86-17.05.86	0	1506	401540019016	5	LENOR	2000	1	4	4,49	18
08071		222	19.05.86-24.05.86	0	1506	401540019016	5	LENOR	2000	1	4	4,49	18
08071											11		49
4015400190165											70		311
1506											17026		92281

Quelle: Spitzlay, MADAKOM 1986, S. 37.

Abb. 72. MADAKOM-Liste - Version 1

In diesem Sortimentsbereich führen die Belieferungsdaten aus methodischer Sicht zu einer akzeptablen Näherungslösung. Der zentrale ökonomische Vorteil eines derartigen Informationssystems liegt darin, daß zu seinem Aufbau keine POS-Technologie, z.B. Datenkassen, Scanner o.ä., erforderlich sind. Voraussetzung sind artikelgenaue Belieferungsdaten in die Einzelhandelsstufe, die in den meisten Handelsorganisationen, z.B. Filialunternehmen, Einkaufsgenossenschaften, freiwilligen Ketten, bereits auf Rechnern zur Verfügung stehen.

Auf diesem Prinzip basiert der MIDAS-Dienst von Nielsen, der in Australien, Belgien, Japan, Deutschland, Großbritannien und Kanada angeboten wird. Die Grundstruktur des Waren- und Informationsflusses in MIDAS (Management-Informationen für dynamische Absatzsteuerung) ist in Abbildung 73 dargestellt.

Grundlage dieses Dienstes bilden Datenträger, die von den kooperierenden Handelsunternehmen (Filialunternehmen, Einkaufsgenossenschaften, Handelsketten) an die Nielsen-Zentrale geliefert

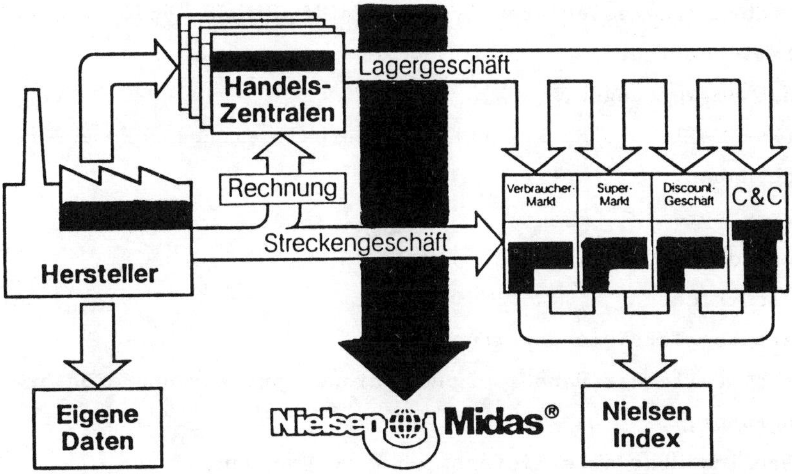

Quelle: Schmidt, MIDAS 1983, S. 5.

Abb. 73. Waren- und Informationsfluß im System MIDAS

werden. "Die Datenträger enthalten deren artikelgenaue Warenbewegung in die angeschlossenen Märkte nach folgenden Kriterien:

- monatlich/Mengen bzw. Wertumsatz
- pro Warenbereich/Warengruppe
- pro Artikel/Packungsgröße/Sorte
- Verkaufspreis pro Artikel
- getrennt nach Vertriebsschienen
  - VM/SBW (VM = Verbrauchermärkte, SBW = SB-Warenhäuser, Anm. d. Verf.)
  - Supermärkte
  - Discounter
  - C+C (C+C = Cash & Carry Märkte, Anm. d. Verf.)
- Lager- bzw. Streckengeschäft.

Nielsen führt diese Daten - nach der Codierung mit einer Nielsen-Artikelnummer (NAN) - mit Hilfe eines speziellen Software-Programms zusammen und erstellt auf der Basis der faktischen Messungen - ohne Hochrechnung - entsprechende Berichte für die verschiedenen Nutzerkreise." (Schmidt, MIDAS 1983, S. 6 f.).

Nutzer dieses Dienstes sind sowohl Hersteller als auch Handelsunternehmen. Die erstellten Berichte orientieren sich an den unterschiedlichen Interessenlagen (vgl. Schmidt, MIDAS 1983, S. 7 f.):

- Herstellerbericht
  - Monatsauswertungen,
  - Marktanteile pro Markt/Artikel innerhalb einer oder mehrerer Warengruppen,
  - Verkaufspreise,
  - Kausaldaten (Distribution usw.),
- Handelsbericht
  - Quartals-/Tertialsauswertungen,
  - Marktanteile der Handelsorganisationen pro Warenbereich bzw. Warengruppe,
  - Überblick über alle lieferbaren Warengruppen,
  - Trennung nach Vertriebsschienen.

Der Vorteil des MIDAS-Dienstes besteht für Handelsunternehmen insbesondere darin, daß der Output des Systems (Handelsberichte) im Vergleich zu den (traditionellen und elektronischen) Handelspanels besser auf das Informationsbedürfnis der Entscheidungsträger im Handel abgestimmt ist; die Berichte können für den Handel die Funktion einer "externen Meßlatte" ansatzweise erfüllen.

(3) Unternehmensspezifische elektronische Verkaufsdatenerfassung

Die elektronischen Informations- und Kommunikationstechnologien schaffen die Voraussetzungen zum Aufbau von Scanning-Panels, Systemen der Marktdatenkommunikation bzw. von Datenpoolsystemen sowie von Panels auf der Basis von Belieferungsdaten, deren Ergebnisse - in Berichtsform, auf Datenträgern u.ä. - Industrie- und Handelsunternehmen zur informatorischen Fundierung ihrer Marketingentscheidungen zur Verfügung stehen. Die Informationen werden dabei auf unternehmens- bzw. betriebsindividueller Ebene (Mikroebene) im Handel gewonnen.

Die auf Mikroebene erfaßten Informationen beinhalten für die betrachteten Handelsunternehmen ein beachtliches Marketingpotential (vgl. Zentes, Informationspotentiale 1987; vgl. auch Abb. 69), unabhängig davon, ob die gewonnenen Informationen zusätzlich an Marktforschungsinstitute o.ä. geliefert werden. Die rechnergestützte

Erfassung der Artikelbewegungen ermöglicht den Aufbau eines unternehmensspezifischen Informationssystems (vgl. auch Abb. 17, Abschn. 2.3.2.1).

Die Panelsysteme und andere Dienste ermöglichen die Ergänzung des unternehmensspezifischen Informationssystems um Vergleichsdaten (z.B. Marktdaten, Konkurrenzdaten). Der Verkauf der eigenen Artikelbewegungsdaten - ergänzt um Kausaldaten u.ä. - an Marktforschungsinstitute bietet darüber hinaus einen ökonomischen Vorteil. Diesen Vorteil nutzen Handelsunternehmen auch durch den direkten Verkauf der Artikelbewegungsdaten an Hersteller (vgl. Zentes, Hersteller-/ Händler-Beziehungen 1984, S. 56).

Zur Erfassung der Artikelbewegungen - eine Grundlage zum Aufbau eines unternehmensspezifischen Informationssystems im Handel - können die gleichen Meßpunkte herangezogen werden, die im Zusammenhang mit elektronischen Panels erörtert wurden (vgl. auch Abschn. 2.3.2.1):

- Belieferungsdaten (POR-Systeme),
- Verkaufsdaten (POS-Systeme).

Der Aufbau eines Informationssystems auf Belieferungsdaten stellt eine pragmatische Lösung dar, die im Food-Bereich auch auf unternehmensindividueller Ebene eine zulässige Näherungslösung darstellt. Im Non-Food-Sektor, der durch niedrigere Lagerumschlagsgeschwindigkeiten gekennzeichnet ist, kann sich der Handel ohne POS-Erfassung dagegen keine ausreichende Transparenz über Artikelbewegungen schaffen (vgl. Zentes, Struktur 1986, S. 10 f.).

Die Installation von POS-Systemen schafft nicht nur die technischen Voraussetzungen zur Erfassung von Artikeldaten, sie ermöglicht die gleichzeitige Erfassung von Kunden- und Verkäuferdaten, die insbesondere für das Marketing von Non-Food-Handelsunternehmen, z.B. Fachgeschäften und Fachmärkten, von Interesse ist. So kann im bedienungsorientierten (Fach-)Handel die Verkäufernummer am Checkout manuell mit eingegeben werden oder in Form eines Strichcodes oder in OCR-Schrift - beispielsweise auf Zusatzetiketten - mit Lesestiften, Lesepistolen u.ä. eingelesen werden (vgl. Kirchner/Zentes, Führen mit Warenwirtschaftssystemen 1984, S. 26).

Die Erfassung der Kundendaten ist in
- die Erfassung kundengruppenorientierter Daten und
- die Erfassung kundenindividueller Daten

zu unterscheiden. Kundengruppen können vorab z.B. nach den Merkmalen Alter und Geschlecht gebildet werden (vgl. Abb. 74).

ALTER	GESCHLECHT	
	MÄNNLICH	WEIBLICH
UNTER 12 JAHREN		
12 BIS UNTER 18 JAHREN		
18 BIS UNTER 30 JAHREN		
30 BIS UNTER 45 JAHREN		
45 JAHRE UND MEHR		

Abb. 74. Erfassung der Kundendaten bei 7-Eleven Japan

Die von den einzelnen Kunden getätigten Einkäufe werden dann den entsprechenden Klassen zugeteilt. Nach diesem Konzept erfaßt die 7-Eleven-Gruppe in Japan über ein separates (Touch-)Feld der am Check-out eingesetzten Kassen die Kundenmerkmale Alter und Geschlecht (vgl. auch Sekikawa, Kleiner Riese 1985).

Zur Erfassung kundenindividueller Daten stehen grundsätzlich mehrere Möglichkeiten zur Verfügung. Aus Marketingsicht bieten handelseigene Kundenkarten die größte Flexibilität; ein Trend zu derartigen Karten zeichnet sich z.Z. im Handel ab, so bei Warenhausunternehmen, SB-Warenhausunternehmen, Unternehmen des Cash-and-Carry-Großhandels und bei Baumarktunternehmen (vgl. auch Zentes,

Handelstechnik 1986, S. 16 f.). Bei der Ausgabe der Kundenkarten, die aus der Sicht des Handelsmarketing zugleich eine Individualisierung der Finanzleistungen des Handels und weitgehende Diversifizierung ermöglichen, z.B. im Bereich der Bank- und Versicherungsleistungen und zu stärkerer Kundenbindung führen dürfte, werden "Stammdaten" der Kunden, wie z.B. sozioökonomische Daten, erfaßt und in der Kundendatenbank gespeichert. Die kundenindividuell gespeicherten Stammdaten werden laufend um Transaktionsdaten ergänzt, die bei der Verkaufsabwicklung erfaßt werden; hierzu zählen Artikeldaten, Artikelmengen, Preise, Zeitpunkte usw. (vgl. Karches, Warenwirtschaft 1984, S. 208).

Technisch erfolgt die Erfassung z.B. über Chipkarten, Magnetstreifenkarten, Kundenkarten mit Strichcodierung oder in OCR-Schrift durch entsprechende Peripherie-Geräte (vgl. Abb. 75). Die POS-Systeme bieten somit die Möglichkeit zum Aufbau eines dreidimensionalen Informationssystems (vgl. Abb. 76).

Die gleiche technische Grundstruktur zur Erfassung von Kundendaten und das gleiche Marketingpotential besitzen Kundenkarten, die von Marktforschungsinstituten herausgegeben werden. Dies gilt grundsätzlich auch für die Kreditkarten der Kreditkartengesellschaften

Quelle: Adler Bekleidungswerke.

Abb. 75. Beispiel für eine Kundenkarte

(z.B. Diners, Amexco, Visa, Eurocard) und die Debitkarten, die im Rahmen von POS-Banking bzw. elektronischer Zahlungssysteme (Electronic Funds Transfer System, EFTS) eingesetzt werden (vgl.

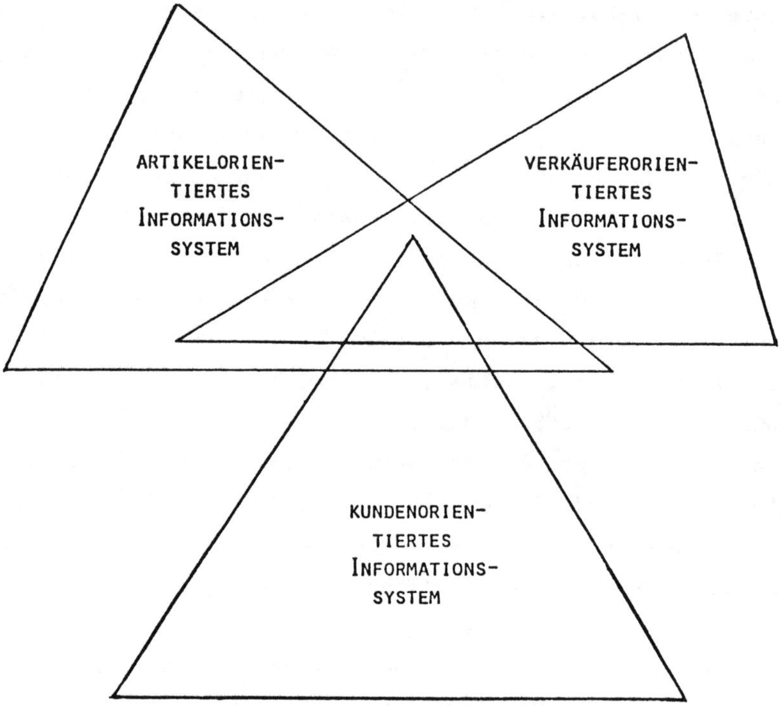

Abb. 76. Grundstruktur eines dreidimensionalen Informationssystems

hierzu Godschalk, Computergeld 1983, S. 52 ff.; Gottlieb Duttweiler-Institut, Elektronisches Geld 1983; Gottlieb Duttweiler-Institut, Zahlungsverkehr 1985; Tietz, POS-Banking 1985). Das Marketingpotential dieser Systeme ist zunächst aus datenschutzrechtlichen Gründen begrenzt. Darüber hinaus dürfte die Verbreitung von POS-Banking sehr langsam verlaufen; erforderlich ist zunächst die Überwindung ökonomisch bedingter Barrieren (Verteilung der Systemkosten), die Überwindung technisch bedingter Barrieren (Parallelität unterschiedlicher Technologien, z.B. Magnetstreifenkarten, Chipkarten) und die Überwindung institutionell bedingter Barrieren (historisch und soziologisch bedingte Bedeutung des Bargelds) (vgl. Zentes, Point of Sale 1986).

Kapitel 4
Informationsanalyse und Entscheidungsunterstützung im Marketing

4.1 Gegenstand

Neben der Informationsgewinnung stellen die Informationsanalyse und die Entscheidungsunterstützung unter Einbeziehung der Möglichkeiten einer maschinellen Wissensverarbeitung die wesentlichen Komponenten eines EDV-gestützten Marketing dar (vgl. Abb. 6, Abschn. 1.3.1.). Die Informationsanalyse wird als Vorstufe der Entscheidungsunterstützung betrachtet, die durch die Erarbeitung von Handlungsempfehlungen gekennzeichnet ist. Entscheidungsunterstützungssysteme, die durch die Technologie der Wissensverarbeitung (Expertensysteme) einen höheren Qualitätsgrad erreichen dürften, transformieren "Informationen in Aktionen" bzw. in Aktionsvorschläge.

Im Mittelpunkt der Ausführungen dieses Kapitels steht die Einbindung der internen und externen Marketinginformationen in den Marketing-Entscheidungsprozeß unter Heranziehung moderner Informations- und Kommunikationstechnologien. Das gerade im Marketing umfangreiche Informationsvolumen - dies gilt sowohl hinsichtlich interner wie auch externer Informationen - führt zugleich zur Frage des Managements bzw. Handlings dieser Informationen (Informationsmanagement). Diese Frage betrifft u.a. die zweckmäßige Selektion und Verdichtung von Informationen, die Art der Aufbereitung und Darstellung der Analyseergebnisse, z.B. durch Graphiksysteme. Insofern kommt der Bildkommunikation, die im Dritten Kapitel im Zusammenhang mit nonverbalen Methoden der Informationsgewinnung bereits angesprochen wurde, auch im Bereich der Informationsanalyse und Entscheidungsunterstützung eine wichtige Aufgabe zu, so zur Veranschaulichung von Daten (vgl. auch Behrens, Bildverarbeitung 1986, S. 260).

Im folgenden werden zunächst die Entwicklungsschritte von einer rechnergestützten Informationsanalyse zu einer wissensbasierten Entscheidungsunterstützung (Expertensysteme) aufgezeigt. In die Ausführungen werden dabei jeweils marketingspezifische Beispiele integriert. Auf den einzelnen Entwicklungsstufen werden zugleich Fragen des Informationsmanagements behandelt. Hieran schließt sich die Darstellung von zwei komplexen Fallbeispielen an, in denen das Zusammenwirken aller Komponenten eines EDV-gestützten Marketing aufgezeigt wird.

Analog zur Terminologie des Dritten Kapitels werden die Begriffe "Informationsanalyse" und "Entscheidungsunterstützung" im methodischen Sinne, "Informationsverarbeitung" und "Informationsaufbereitung" in technologischer Hinsicht verwendet.

4.2 Systeme der Informationsanalyse und Entscheidungsunterstützung

4.2.1 Überblick

Die methodischen Entwicklungen auf den Gebieten Statistik, Ökonometrie, Operations Research einerseits, die Erkenntnisse der Gehirnforschung und der Imageryforschung andererseits sowie die technologischen Entwicklungen auf den Gebieten der Übertragung, Speicherung und Verarbeitung von Informationen - einschließlich der Akquisition, Speicherung und Verarbeitung von Wissen - ermöglichen ein breites Spektrum von Ansätzen zur Analyse und zur entscheidungsunterstützenden Transformation bzw. Aufbereitung von Informationen.

Nach Umfang und Struktur der von den Systemen gegebenen Handlungsempfehlungen lassen sich vier Gruppen unterscheiden:

- Berichts- und Abfragesysteme,
- Auswertungssysteme,
- Interpretative Systeme und Entscheidungsunterstützungssysteme,
- Expertensysteme.

Diese Systeme sind eng miteinander verbunden, d.h. die Trennung ist nicht überschneidungsfrei. Die Überschneidungen weisen auf methodische Elemente hin, die in allen Systemen verwendet werden (können).

4.2.2 Berichts- und Abfragesysteme

4.2.2.1 Berichtssysteme

4.2.2.1.1 Grundprinzip und Arten

Berichtssysteme (Reporting Systems) sind eine herkömmliche Form der computergestützten Informationsauswertung, Informationsaufbereitung und Ergebnispräsentation. Sie sind weitestgehend als sog. generatoraktive Systeme konzipiert (vgl. zu dieser Terminologie Szyperski, Informationssysteme 1975), d.h. die Aktivität liegt auf Seiten des Computers. Derartige Systeme sind kennzeichnend für die konventionelle Datenverarbeitungstechnik, das Batch Processing (Stapelbetrieb), bei dem der Anwender während der Abwicklung der Aufgaben keine Möglichkeit hat, auf den Datenverarbeitungsprozeß einzuwirken.

Die Berichtssysteme können zunächst in starre Berichtssysteme und flexible Berichtssysteme unterschieden werden. In starren Berichtssystemen erhalten die Entscheidungsträger in vorab festgelegten Rhythmen standardisierte Auswertungen in Form von EDV-Listen. Eine Flexibilisierung kann dadurch erreicht werden, daß Inhalte, Berichtszeiträume und Formate variierbar sind. Die Entscheidungsträger können durch Definition vorgegebener Parameter Auswertungen anfordern und dadurch die Starrheit konventioneller Berichtssysteme überwinden. Flexible Berichtssysteme stellen eine Vorstufe benutzeraktiver Systeme dar.

Aus statistischer Sicht liefern Berichtssysteme meist Verdichtungen (Aggregationen) von Mikrodaten, d.h. ein- oder zweidimensionale Häufigkeitsverteilungen oder univariate Maßzahlen, so Lageparameter (z.B. arithmetisches Mittel), Streuungsparameter (z.B. Varianz) und Konzentrationsmaße (z.B. das Lorenz'sche Konzentrationsmaß) oder Verhältniszahlen (z.B. Quoten, Beziehungszahlen, Indexzahlen) (vgl. zu diesen Formen der Datenreduktion Hüttner, Informationen 1979, S. 164 ff.; Hammann/Erichson, Marktforschung 1978, S. 75 ff.).

Berichtssystemen können auch höhere Formen der statistischen Informationsanalyse zugrundeliegen, so bivariate und multivariate Verfahren. Im praktischen Einsatz dominieren jedoch Systeme, die auf einfachen Verfahren der Verdichtung und Aufbereitung von Informationen basieren. Hauptanwendungsgebiete derartiger Berichtssysteme sind routinisierte Massendatenverarbeitungsprozesse wie das Erstellen von Umsatzstatistiken, kurzfristigen Erfolgsrechnungen u.ä.

In Berichtssystemen findet keine Entscheidungsunterstützung statt. Die Umsetzung der Informationen in Aktionen obliegt dem Entscheidungsträger (vgl. auch Carls, Daten 1981). Neben der fehlenden Entscheidungsunterstützung erweist sich bei Berichtssystemen die Informationsfülle - oftmals auch als "Problem der Datenflut" bezeichnet - als schwierig (vgl. Zentes/Hilgers, Entscheidungsqualität 1986, S. 92). Benutzeraktive Berichtssysteme stellen durch die Möglichkeit, (Sonder-)Auswertungen auf Anforderung zu erarbeiten, einen ersten Ansatzpunkt zur Reduzierung des Informationsvolumens (auf der Outputseite) dar.

Der Verbreitungsgrad von Berichtssystemen ist in der Marketingpraxis sehr hoch. Die fortschreitenden Verbesserungen auf dem Gebiet der EDV-Technik, insbesondere die Dialogverarbeitung und der Einsatz von Mikrocomputern, dürften zu einem (relativen) Bedeutungsrückgang dieser Systeme führen. Aber auch im Zeitalter der Dialog- und der Wissensverarbeitung werden Berichtssysteme in routinisierten Massendatenverarbeitungsprozessen eingesetzt.

Neben benutzeraktiven (flexiblen) Berichtssystemen stellen Ausnahmeberichtssysteme (Exception-Reporting) einen weiteren Ansatzpunkt für das Informationsmanagement dar. Ausnahmeberichtssysteme zeichnen sich dadurch aus, daß nur die "Fälle" aufgezeigt werden, die über oder unter vorgegebenen Toleranzgrenzen liegen; sie basieren insofern auf dem Führungsprinzip des Management by Exception (vgl. Zentes, Grundbegriffe 1983, S. 38). Das Grundprinzip der Ausnahmeberichterstattung ist in Abbildung 77 dargestellt.

Diese Exception-Reporting-Ansätze erhalten eine zusätzliche diagnostische Komponente, wenn nicht über bereits realisierte Abweichungen berichtet wird, sondern wenn auf der Grundlage der Ist-Werte Prognosen erstellt werden, die in Verbindung mit vorgegebenen Schwellenwerten, die Ausgangsbasis für Warnungen und Aktionen darstellen. Zukunftsorientiertes Exception-Reporting ist eine Grundlage zum Aufbau eines Frühwarn- und Frühchancensystems.

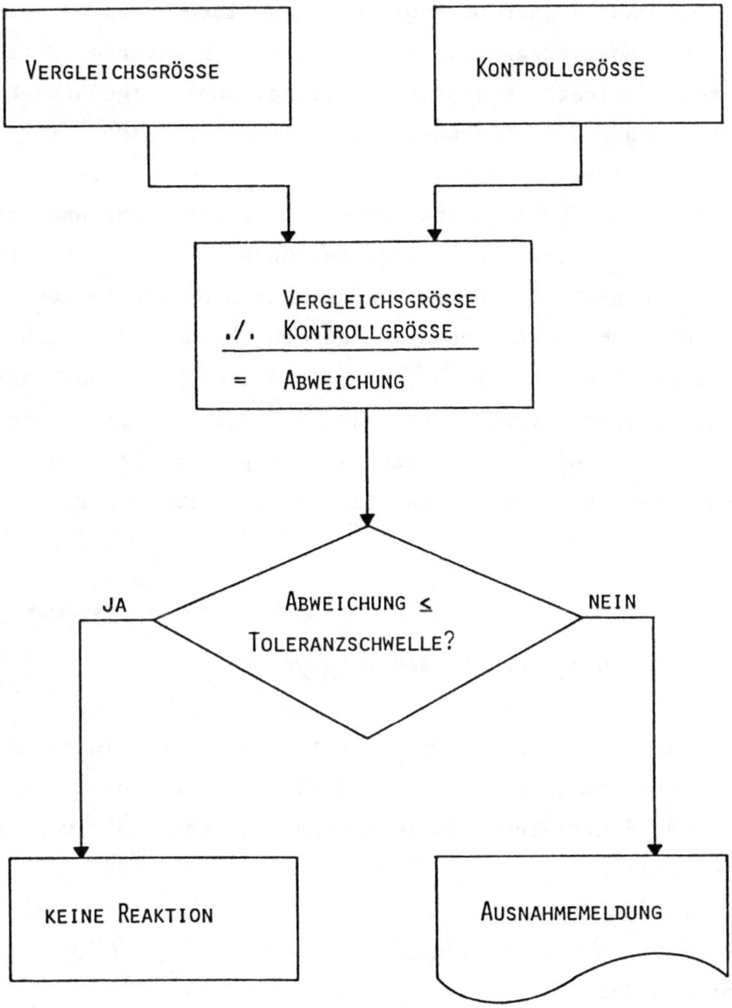

Abb. 77. Grundprinzip der Ausnahmeberichtssysteme

An Ausnahmeberichtssysteme werden im Vergleich zu herkömmlichen (starren oder flexiblen) Berichtssystemen höhere Anforderungen gestellt. Dies gilt sowohl auf der Ebene des Marketing-Management als auch auf der methodischen Ebene. So setzt die Orientierung an vorgegebenen Schwellenwerten ein umfassendes und differenziertes Planungssystem voraus. Der Vergleich der prognostizierten Ist-Werte mit den vorgegebenen Plan-Werten macht darüber hinaus die Einbeziehung von Prognoseverfahren erforderlich. Dabei ist zu beachten, daß die Prognosegüte und die Komplexität der Verfahren nicht in einem positiven Zusammenhang stehen müssen. Oftmals lassen sich bereits mit einfachen Prognoseverfahren, z.B. mittels gleitender Durchschnitte und anderer "naiver" Methoden, befriedigende Ergebnisse erzielen (vgl. hierzu Zentes, Optimalkomplexion 1976, S. 195 ff.; Hüttner, Absatzprognosen 1982, S. 158).

Wenngleich Ausnahmeberichtssysteme auch auf der Grundlage konventioneller elektronischer Datenverarbeitungstechnik (z.B. im Rahmen des Batch Processing) möglich sind, kommen sie in der Marketingpraxis bisher kaum zur Anwendung. Insofern kann das Ergebnis einer amerikanischen Studie aus dem Jahre 1975 auch heute noch auf die Situation im Marketing übertragen werden (vgl. Zentes, Implementierung 1978, S. 264): "... exception reporting is itself still far more often the exception than the rule" (PoKempner, Information Systems 1975, S. 15).

4.2.2.1.2 Starre und flexible Berichtssysteme

Berichtssysteme spielen - wie bereits erwähnt - in der Marketingpraxis nach wie vor eine wichtige Rolle. Die Akzeptanz von Berichtssystemen und damit ihre Nutzung hängen wesentlich davon ab, inwieweit es gelingt,

- die richtige Information,
- in der richtigen Aufbereitung,
- im richtigen Zeitpunkt,
- dem richtigen Mitarbeiter

zur Verfügung zu stellen (vgl. Abb. 78).

Beim Aufbau eines Berichtssystems sind daher folgende informationslogistischen Grundsätze zu beachten:

- Erforderlich sind eine zweckmäßige Selektion und Verdichtung der Informationen. Dies wird am Beispiel rechnergestützter Warenwirtschaftssysteme mit artikelgenauer Verkaufsdatenerfassung im Handel besonders deutlich. Bei Sortimenten mit oftmals mehr als 40.000 Artikeln, die mit ihren Verkaufspreisen und sonstigen Informationen (vgl. Abb. 67) zeitpunktgenau erfaßt werden, entsteht z.B. in Filialunternehmen ein immenses Informationsvolumen auf Mikroebene,

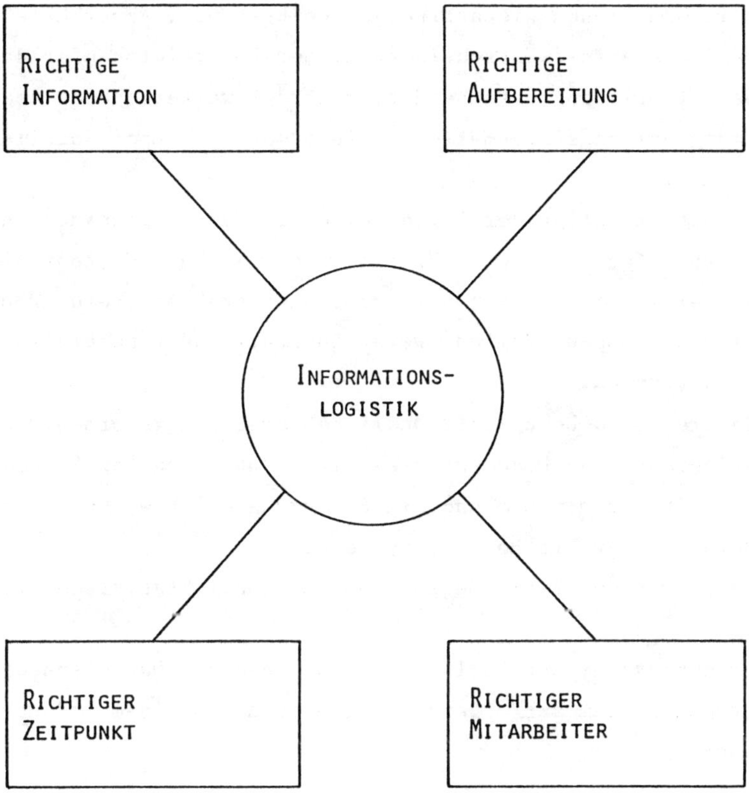

Abb. 78. Informationslogistische Aufgaben beim Aufbau eines Berichtssystems

das eine Aggregation in sachlicher Hinsicht (z.B. in Artikelgruppen, Warengruppen u.ä.) und in zeitlicher Hinsicht (z.B. auf Wochenbasis) unabdingbar macht.

- Erforderlich sind eine zweckmäßige Adressierung der Informationen, d.h. eine Harmonisierung von Informationsbedarf und Informationsangebot, und ein zweckmäßiger Informationsrhythmus, d.h. eine Harmonisierung von Berichts- und Aktions- bzw. Reaktionsrhythmen. Auch dies kann am Beispiel rechnergestützter Warenwirtschaftssysteme verdeutlicht werden. Hat ein Filialleiter in einem zentralistisch geführten Filialunternehmen keine Sortimentskompetenz, d.h. er darf nicht über die Struktur des Sortiments entscheiden, sondern nur Dispositionskompetenz, d.h. er darf gelistete Artikel nachbestellen, so genügen in einem auf ihn abgestimmten Berichtssystem Informationen wie artikelgenaue Bestände, Abverkäufe u.ä. als Grundlage seiner Entscheidungen. Der Zentraleinkäufer dagegen, der über die Listung entscheidet, benötigt weitergehende Analysen, so Deckungsbeitragsinformationen, Informationen über Sortimentsverbund u.ä.

Andererseits benötigt der Filialleiter die artikelgenauen Informationen bspw. täglich oder mehrmals in der Woche. Dem Zentraleinkäufer, der mit den Lieferanten z.B. Jahresrahmenvereinbarungen abschließt, genügen möglicherweise quartals- oder tertialsbezogene Auswertungen.

- Erforderlich sind benutzerfreundliche Darstellungsformen. Bezogen auf Berichtssysteme bedeutet dies die Reduzierung der Standardberichte auf ein Minimum und die Ergänzung um Auswertungen auf Anforderung (flexible Berichtssysteme).

Im folgenden werden zwei Beispiele für Berichtssysteme im Marketing dargestellt:

- ein Berichtssystem zur Filialsteuerung in einem Handelsunternehmen,
- ein Berichtssystem zur Außendienststeuerung in einem Industrieunternehmen.

Filialsteuerung in einem Handelsunternehmen

Grundlage der Filialsteuerung in dem betrachteten Handelsunternehmen, dessen Verkaufsbereich dreistufig aufgebaut ist (Filialebene - Bezirksebene - Verkaufsgebietsebene), ist eine Filialergebnisrechnung in Form einer hierarchisch aufgebauten Deckungsbeitragsrechnung:

	Umsatz Netto (ohne MWSt)
./.	Wareneinsatz (ohne Vorsteuer)
=	Deckungsbeitrag 1 (DB1)
./.	Personalkosten der Filiale
=	Deckungsbeitrag 2 (DB2)
./.	Reisekosten
./.	Strom- und Heizungskosten
./.	allgemeine Betriebskosten
./.	Telefon-/Portokosten
./.	Fuhrparkkosten
./.	Warenbestandszinsen
./.	Kosten der Filialwerbung
=	Deckungsbeitrag 3 (DB3) (= Filialergebnis)
./.	Miete (+ Mieterträge)
./.	Raumnebenkosten
./.	Reparaturen
./.	Abschreibungen
./.	Beiträge/Versicherungen
./.	Steuern
./.	sonstige Kosten
=	Deckungsbeitrag 4 (DB4)

Die Steuerung der Filialen nach dem Profit-Center-Konzept basiert auf dem Deckungsbeitrag 3, hier auch als Filialergebnis bezeichnet, da der Deckungsbeitrag 3 alle vom Filialleiter beeinflußbaren Kosten enthält. Zur Verdichtung auf der Bezirksebene wird der Deckungsbeitrag 4 herangezogen. Das Bezirksergebnis ergibt sich aus der Summe der diesem Bezirk zugehörigen DB4-Werte abzüglich der dem Bezirk insgesamt zurechenbaren Kosten. Hierzu gehören u.a. die Personalkosten des Bezirksleiters, Reisekosten u.ä. Analog hierzu werden das Verkaufsgebietsergebnis und das Unternehmensergebnis berechnet (vgl. Abb. 79).

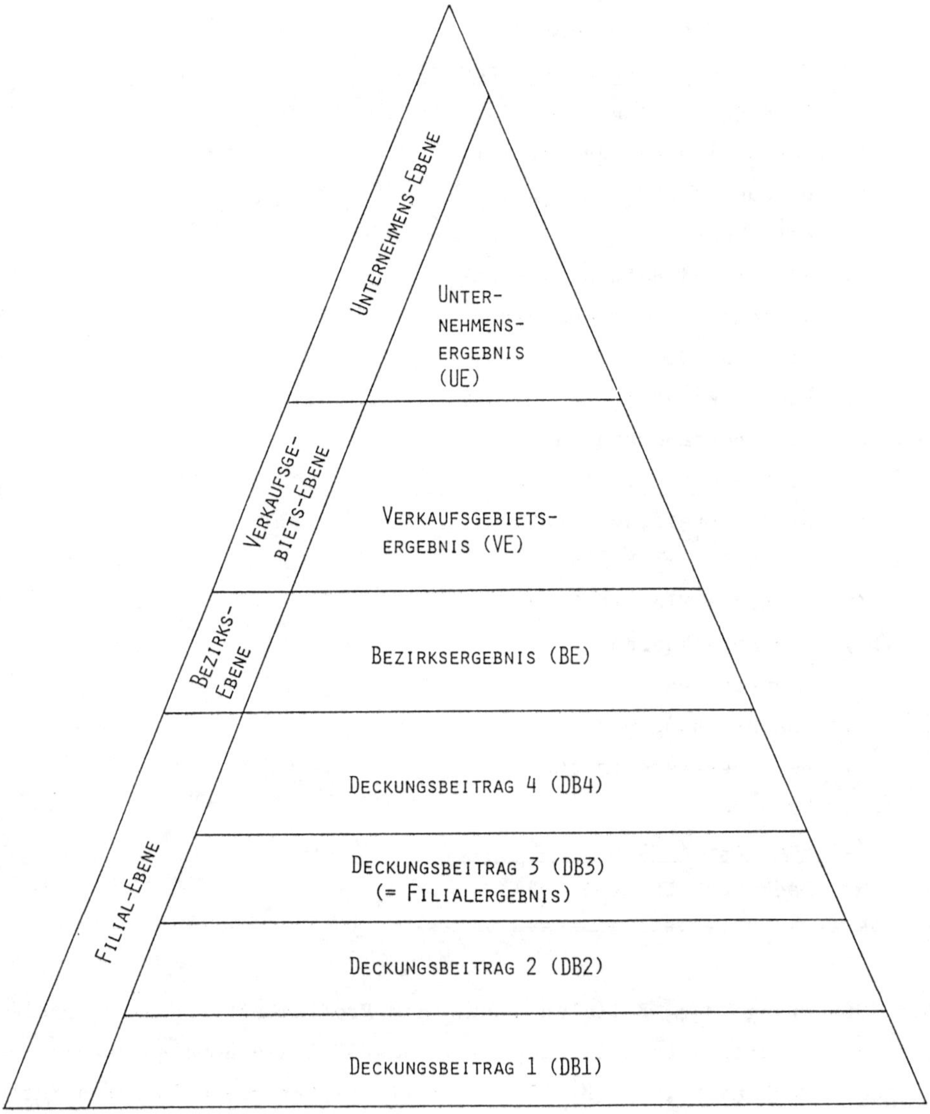

Abb. 79. Grundstruktur einer hierarchischen Deckungsbeitragsrechnung in einem Filialunternehmen

Die Deckungsbeitragsrechnung ist in ein Berichtswesen integriert, das den Entscheidungsträgern die für sie jeweils wichtigen Informationen monatlich in standardisierter Form liefert. Auf Anforderung können die Entscheidungsträger zusätzliche Informationen erhalten.

Als Beispiel zeigt Tabelle 14 den monatlichen Soll-Ist-Vergleich auf Filialebene. Der Filialleiter erhält die von ihm beeinflußbaren Kosten im einzelnen aufgelistet; die von ihm nicht steuerbaren Kosten werden in einer Summe ausgewiesen ("Kosten 2"). Auf Anforderung erhält der Filialleiter eine Aufsplittung dieses Kostenblockes. Standardgemäß erhält der Filialleiter weiterhin eine Aufschlüsselung der Personalkosten als der wichtigsten Kostenart sowie ausgewählte Kennzahlen.

Nach dem gleichen Prinzip werden die Bezirks- und Verkaufsgebietsleiter mit den für sie relevanten Informationen in entsprechend verdichteter Form standardmäßig und auf Anforderung versorgt.

In dem dargestellten Fallbeispiel (vgl. Tab. 14) erhalten die Entscheidungsträger (Filialleiter, Bezirksleiter) neben den filialspezifischen Informationen Vergleichswerte der jeweiligen Filialgruppe (FIL-GRP). Jede Filiale ist einer strukturähnlichen Gruppe zugeordnet. Die Zuordnung erfolgt auf der Grundlage von Marktdaten, Konkurrenzdaten und sonstigen Strukturdaten mit Hilfe multivariater statistischer Verfahren. Als Vergleichswerte werden dabei nicht die Durchschnittswerte der realen Betriebe herangezogen, sondern aus den effektiven Werten wird jeweils ein fiktiver Referenzbetrieb simuliert.

Außendienststeuerung in einem Industrieunternehmen

Berichtssysteme spielen traditionellerweise eine wichtige Rolle im Verkaufs- bzw. Vertriebsbereich, so zur Steuerung des Außendienstes. Zur "Durchleuchtung" der Arbeitsweise der Außendienstmitarbeiter dienen in dem betrachteten Fallbeispiel sog. Verkäuferprofile, die monatlich erstellt werden (vgl. Zentes, Außendienststeuerung 1980, S. 156 ff.). Das Verkäuferprofil enthält die folgenden Standardinformationen:

- umsatzbezogene Informationen
  - Monatsumsatz,
  - Umsatz nach Preisstufen,
  - Umsatz nach Artikelklassen,

SEPTEMBER 1986 BRUTTO-UMSATZ SOLL 4.878.735 DM SOLL-IST-VERGLEICH FILIALE SOLL-DB3 853.313 FILIALE 01 ESSEN
08.10.86 xxxxxxxxxxxxxxxxxxxxxxxxxxx VERKAUFSFLÄCHE 420 QM
FILIAL-GRP.02 BEZIRK H.MUELLER

B E R I C H T S M O N A T				BEZEICHNUNG	A U F G E L A U F E N E S J A H R						FIL-GRP
SOLL DM	IST DM	ABW. DM	ABW. %		SOLL DM	SOLL %	IST DM	IST %	ABW. DM	ABW. %	IST %
314.581	283.258	31.323-	9,96-	UMSATZ BRUTTO	3.902.988		3.526.215		376.773-	9,65-	
275.948	248.472	27.476-	9,96-	UMSATZ NETTO	3.423.674	100,00	3.093.171	100,00	330.503-	9,65-	100,00
153.727	138.288	15.439-	10,04-	WARENEINSATZ	1.907.295	55,71	1.709.412	55,26	197.883-	10,38-	54,62
				ENTH.NACHLAESSE			1.206	0,04			
122.221	110.184	12.037-	0,05	DECKUNGSBEITRAG1	1.516.379	44,29	1.383.553	44,73	132.826-	0,44	45,38
31.137	30.538	599-	1,01	PERSONALKOSTEN	358.509	11,26	323.070	10,44	62.439-	0,82-	10,94
325	146	179-	0,06-	REISEKOSTEN	3.900	0,11	3.111	0,10	789-	0,01	0,14
2.325	4.934	2.609	112,22	STROMKOSTEN	27.900	0,81	28.623	0,93	723	2,59	0,75
333	327	6-	1,80-	HEIZUNGSKOSTEN	3.996	0,12	7.939	0,26	3.943	98,67	0,19
621	3.814	3.193	514,17	ALLG.BETRIEBSK.	7.564	0,22	14.546	0,47	6.982	92,31	0,22
373	452	119	31,90	TELEFON/PORTO	4.611	0,13	4.901	0,16	290	6,29	0,14
369	359	10-	2,71-	FUHRPARKKOSTEN	4.572	0,13	3.714	0,12	858-	18,77-	0,12
8.002	7.671	331-	4,14-	WARENBEST.-ZINS	96.024	2,80	99.547	3,22	2.523	3,67	2,75
13.245	12.780	465-	3,51-	FILIALWERBUNG	299.653	8,75	88.264	2,85	211.389-	70,54-	8,96
56.730	61.061	4.331	7,65	SUMME KOSTEN1	833.729	24,35	573.715	18,55	260.014-	31,19-	24,21
91.084	79.646	11.438-	12,56-	DECKUNGSBEITRAG2	1.130.870	33,03	1.060.689	34,29	70.181-	6,21-	34,44
65.491	49.123	16.368-	24,99-	DECKUNGSBEITRAG3	682.650	19,94	810.044	29,19	127.394	18,66	21,17
26.989	29.646	2.657	9,84	SUMME KOSTEN2	323.558	9,45	443.676	14,34	120.118	37,12	11,45
83.719	90.707	6.988	8,35	GESAMTKOSTEN	1.157.287	33,80	1.017.391	32,89	139.896-	12,09-	35,66
38.502	19.477	19.025-	49,41	DECKUNGSBEITRAG4	359.092	10,49	366.368	11,84	7.276	2,03	9,72
				GEHAELTER STAMM							
				PROVISION/PRAEM.							
				AUSHILFSLOEHNE							
				GESETZL.SOZ.AUFW.							
				FREIW.SOZ.AUFW.							
				SONST.PERS.AUFW.							
				ANZAHL MITARBEIT.							
				UMSATZ JE MITARB.							
				DB1 JE DM PERSK							
				DB1 JE QM VERKFL							
				UEBERBESTAND DM							
				LAGERDAUER TAGE							

Tab. 14. Beispiel eines monatlichen Soll-Ist-Vergleichs auf Filialebene

  - Umsatz nach Preisstufen und Artikelklassen,
  - Umsatz nach Kundenkategorien,
  - Umsatz-Sollerfüllung;
- preis- und provisionsbezogene Informationen
  - Provisionsdurchschnitt,
  - Provision nach Preisstufen,
  - Provision nach Artikelklassen,
  - Provision nach Artikelklassen und Preisstufen;
- auftragsbezogene Informationen
  - Anzahl der Aufträge,
  - Anzahl der Aufträge pro Arbeitstag,
  - durchschnittlicher Auftragswert,
  - Anzahl der Neukunden (= Expansionsrate des Kundenstamms),
  - Anzahl der "bewegten" Kunden;
- sonstige Informationen
  - Arbeitstage,
  - Krankheits- und Urlaubstage.

Die umsatz-, preis- und provisionsbezogenen Informationen werden in Form einer Umsatzmatrix ausgewiesen (vgl. Abb. 80). Der Umsatz nach Kundenkategorien sowie die auftragsbezogenen Informationen geben Aufschluß über die Aktivitätenstruktur des Verkäufers. Hierzu gehören insbesondere die Anzahl der Aufträge bzw. die durchschnittliche Auftragszahl pro Tag und der durchschnittliche Auftragswert.

Die Anzahl der "bewegten" Kunden ergibt sich durch Bereinigung der Auftragszahl, d.h. es werden alle Kunden herausgefiltert, mit denen im Berichtszeitraum mehr als ein Auftrag erzielt wurde. Diese Meßgröße wird der Zahl der gespeicherten Kunden gegenübergestellt.

Das Verkäuferprofil beinhaltet neben diesen ausschließlich auf einen Außendienstmitarbeiter bezogenen Informationen auch die Plazierung in sog. "Rennlisten". Die Rennlisten sind flexibel gestaltet, d.h. je nach Verkaufs- oder Aktionsschwerpunkt kann die Plazierung nach

- der Anzahl der Aufträge,
- dem Umsatz,
- der Sollerfüllung,
- der Potentialausschöpfung

erfolgen.

Verkäuferprofil

Verkäufer: Nr. :

Arbeitstage: Krankheit: Urlaub:

UMSATZ / PREIS / PROVISION

Art.-klasse	Preisstufe					Gesamt
	I	II	III	IV	V	
A						
B						
C						
Gesamt						

Umsatz mit

Kaufkunden:

Nullkunden:

Neukunden:

Plan-Umsatz: Soll-Erfüllung: Prov. ø:

AUFTRÄGE / KUNDEN

Anzahl Aufträge: Aufträge/Arbeitstag: ø Auftragswert:

Anzahl Neukunden: Anzahl bew. Kunden:

SORTIMENT

PLAZIERUNG

Klasse: Platz: Bestwert:

Quelle: Zentes, Außendienststeuerung 1980, S. 158.

Abb. 80. Verkäuferprofil als Element eines vertriebsorientierten Berichtssystems

Die Verkäuferprofile können - entsprechend der organisatorischen Grundstruktur des Verkaufsaußendienstes - verdichtet werden, so zu Bezirksprofilen (1. Führungsebene) und Gebietsprofilen (2. Führungsebene). Diese aggregierten Informationen erhalten die Führungskräfte standardmäßig.

Darüber hinaus erhalten die Führungskräfte der Außendienstorganisationen einen Katalog der verfügbaren Sonderauswertungen mit den zugehörigen Parametern, die jeweils zu definieren sind. Zur Erstellung der Sonderauswertung "Potentialausschöpfung" sind dies bspw.:

- die Auswahlmerkmale,
  - die sachliche Abgrenzung (z.B. Branche),
  - die räumliche Abgrenzung (z.B. Postleitzahl),
  - die zeitliche Abgrenzung (z.B. Monat);
- die Art der Verarbeitung (z.B. Prozentuierung),
- die Sortierfolge (z.B. nach Prozentwerten absteigend),
- die Art der Ausgabe bzw. Aufbereitung.

Als Beispiel zeigt Abbildung 81 einen Ausschnitt aus dem Katalog der verfügbaren Sonderauswertungen.

```
BEZIRKS-SONDERAUSWERTUNGEN
--------------------------------------------------------------------
AUSWERTUNG: BL - 01 / POTENTIALAUSSCHÖPFUNG

- BESCHREIBUNG: DAS POTENTIAL WIRD BERECHNET UND DEM UMSATZ
                GEGENÜBERGESTELLT.

- PARAMETER:
  - AUSWAHLMERKMALE:          - VERKÄUFERNUMMER
                              - KUNDENNUMMER
                              - BRANCHENNUMMER
                              - ARTIKELGRUPPE
                              - ZEITRAUM
  - DARSTELLUNG:              - PROZENTUAL (001)
                              - ABSOLUT (002)
  - SORTIERFOLGE:             - NACH AUSSCHÖPFUNGSGRAD
                                STEIGEND (001)
                              - NACH AUSSCHÖPFUNGSGRAD
                                FALLEND (002)
  - AUSGABE:                  - STANDARD (01)
                              - AUFLAGENHÖHE
```

Abb. 81. Beispiel eines Kataloges für Sonderauswertungen

4.2.2.1.3 Ausnahmeberichtssysteme

Ausnahmeberichtssysteme stellen sowohl aus der Perspektive des Informationsmanagements als auch hinsichtlich ihres diagnostischen Potentials eine Weiterentwicklung starrer und flexibler Berichtssysteme dar.

Die Beschränkung der Berichterstattung auf Ausnahmefälle, die durch eine Überschreitung festgestellter Abweichungen zwischen einer oder mehreren Kontrollgrößen von vorgegebenen Soll-Werten gekennzeichnet sind (vgl. Abb. 77), reduziert das Informationsvolumen. Sie orientiert sich überdies an der Aktivitätenstruktur von Führungskräften, die im operativen Bereich durch Kontrolle von Planabweichungen und Initiierung von Gegensteuerungsmaßnahmen gekennzeichnet ist.

Die Wirksamkeit von Plan-Ist-Vergleichen und daraus abgeleiteten Aktionen oder Reaktionen kann dadurch erhöht werden, daß Abweichungen nicht auf der Grundlage historischer Daten gemeldet werden, d.h. nachdem die Abweichung bereits eingetreten ist, sondern prognostizierte Ist-Werte die Basis einer Ausnahmemeldung darstellen. Das Ausnahmeberichtssystem erhält dadurch - wie im Abschnitt 4.2.2.1.1 aufgezeigt - den Charakter eines Frühwarn- bzw. Frühchancensystems.

Im folgenden wird zunächst an den im vorangegangenen Abschnitt (Abschn. 4.2.2.1.2) erörterten Beispielen der Filialsteuerung in einem Handelsunternehmen und der Außendienststeuerung in einem Industrieunternehmen die Arbeitsweise vergangenheitsorientierter und zukunftsorientierter Ausnahmeberichtssysteme aufgezeigt. Hieran schließt sich die Darstellung des sog. Signaldatenberichts an, der aus der Fülle der sich aus dem Marktgeschehen ergebenden Daten (Scanning-Daten) die Ereignisse selektiert, die von Bedeutung sind.

Exception-Reporting in der Filialsteuerung

In dem Beispiel zur Filialsteuerung erhalten die Filialleiter monatlich den in Tabelle 14 dargestellten Soll-Ist-Vergleich. Die Bezirksleiter, denen in diesem Fallbeispiel zwischen 8 und 12 Filialen unterstellt sind, erhalten monatlich den in Tabelle 15 dargestellten Soll-Ist-Vergleich, der einen raschen Überblick über die Deckungsbeitrags- bzw. Ergebnissituation ihres Bezirks sowie der zugehörigen

SEPTEMBER 1986 SOLL-IST-UEBERBLICK
08.10.86 xxxxxxxxxxxxxxxxxxxx
BEZIRK 01 HERR MUELLER

FILIALE		UMSATZ BRUTTO IST ZU SOLL DM	%	DECKUNGSBEITRAG1 IST ZU SOLL DM	%	SUMME KOSTEN1 IST ZU SOLL DM	%	DECKUNGSBEITRAG3 IST ZU SOLL DM	%	GESAMTKOSTEN IST ZU SOLL DM	%	DECKUNGSBEITRAG4 IST ZU SOLL DM	%
BEZIRK	M	2.493.459	6,3-	972.517	0,3	532.944	0,0	439.573	0,2	774.302	1,7	198.215	0,4-
INSGESAMT	A	31.529.745	1,2-	12.343.500	0,4	5.988.037	2,6-	6.355.463	3,1	9.797.590	1,7	2.545.910	0,2-
01 ESSEN	M	283.258	10,0-	110.184	0,1	61.061	7,6	49.123	25,0-	90.707	8,4	19.477	49,4-
	A	3.526.215	9,7-	1.383.759	0,5	573.715	31,2	810.044	18,7*	1.017.391	12,1-	366.368	2,0
02 MUELHEIM	M	270.844	0,1-	105.931	0,2	57.371	0,3-	48,560	0,5	81.360	0,4	24.571	0,2-
	A	3.480.395	0,1	1.359.241	0,2	739.182	0,1-	620.059	0,3	1.048.740	0,5	310.501	0,3-
03 OBER-HAUSEN	M												
	A												
04 DORTMUND	M												
	A												
05 DUESSEL-DORF	M												
	A												
06 DUISBURG	M												
	A												
07 RATINGEN	M												
	A												
08 VELBERT	M												
	A												
09 HATTINGEN	M												
	A												

Tab. 15. Beispiel eines monatlichen Soll-Ist-Überblicks auf Bezirksebene

Filialen liefert. Zur Erhöhung der Aussagekraft dieses Überblicks sind außergewöhnliche Planabweichungen, d.h. vorgegebene Toleranzgrenzen überschreitende Abweichungen, der Deckungsbeiträge 1 bis 3 zusätzlich optisch gekennzeichnet. Für diese Filialen erhält der Bezirksleiter automatisch den vollständigen filialspezifischen Soll-Ist-Vergleich (vgl. Tab. 14), weitergehende Auswertungen können angefordert werden.

Die beiden ersten Spalten der Tabelle 15 enthalten die Filialnummern und die Filialbezeichnungen. Die dritte Spalte enthält den tatsächlichen Brutto-Umsatz in DM; daneben befindet sich die prozentuale Abweichung des Ist-Brutto-Umsatzes vom Soll-Brutto-Umsatz. Eine negative Abweichung, d.h. ein Ist-Umsatz, der kleiner als der Soll-Umsatz ist, wird mit einem Minus gekennzeichnet.

Die nächste Spalte enthält den Deckungsbeitrag 1 in DM; daneben wird die Abweichung von Ist-DB1 zu Soll-DB1 in Prozentpunkten ausgewiesen. Hier bedeutet ein Minuszeichen, daß der Ist-Anteil kleiner als der Soll-Anteil ist.

Die sich anschließende Spalte gibt Auskunft über die beeinflußbaren Kosten; danach wird die Soll-Ist-Abweichung bei den beeinflußbaren Kosten in Prozent ausgewiesen. Auch hier bedeutet das Minuszeichen ein Unterschreiten der Plan-Werte.

Hieran schließt sich der Deckungsbeitrag 3 an, der, ebenso wie die nachfolgenden Gesamtkosten, absolut sowie als Soll-Ist-Abweichung in Prozent dargestellt wird. Zuletzt wird der Deckungsbeitrag 4, ausgewiesen als Ist-DM-Wert und prozentuale Soll-Ist-Abweichung, angezeigt.

Die ersten beiden Zeilen des Soll-Ist-Überblicks geben Aufschluß über die entsprechenden Werte des Bezirks, auf die sich die jeweilige Statistik bezieht, wobei die erste Zeile jeweils die Werte des Berichtsmonats (M) und die zweite Zeile die Werte für das aufgelaufene Jahr (A) enthält. Es schließt sich die Auflistung aller zum Bezirk gehörenden Filialen an, wobei jeweils eine Zeile für den Berichtsmonat und eine Zeile für das aufgelaufene Jahr vorgesehen ist.

Exception-Reporting in der Außendienststeuerung

Das in Abbildung 80 dargestellte Verkäuferprofil ist das Basiselement eines vertriebsorientierten Berichtssystems in dem skizzierten Fallbeispiel. Es enthält Felder für Standardinformationen, die im Abschnitt 4.2.2.1.2 erörtert wurden, sowie freie Felder zur Aufnahme von Abweichungs- und Frühwarn- bzw. Frühchanceninformationen, die ein computerisiertes Diagnosesystem liefert (vgl. Zentes, Außendienststeuerung 1980, S. 155 ff.).

Die in der Umsatzmatrix enthaltenen prozentualen Anteile der Artikelklassen (A, B, C) und die Preisstufen (I - V) sind Input einer verkäuferbezogenen Abweichungsanalyse. Vom System wird automatisch eine Warnung ausgegeben, wenn die Anteile in den Klassen die zulässige Abweichung vom Mittelwert aller Verkäufer, vom Mittelwert des Vertriebszweiges oder vom Plan-Wert unterschreiten. Die Vergleichsparameter können dabei wahlweise durch die Verkaufsleitung festgelegt werden.

Eine weitere Exception-Reporting-Kategorie des Verkäuferprofils ist die Sortimentsdistribution (Feld "Sortiment" in Abb. 80). Sie bezieht sich auf den Anteil einzelner Warengruppen am Verkäuferumsatz. Basis dieser Ausnahmeberichterstattung sind die nach Warengruppen differenzierten Branchenprofile sowie die im Kundenstamm gespeicherte Branchencodierung, die eine Aufsplittung des Kundenpotentials ermöglichen. Weicht der Umsatzanteil einer Warengruppe um einen bestimmten Wert von dem Plan- bzw. Durchschnittswert ab, so erfolgt eine warengruppenbezogene Abweichungsmeldung. Die Sortimentsdiagnose ist mit "Therapievorschlägen" verbunden. Handlungsempfehlungen in Form von Hinweisen auf unterrepräsentierte Warengruppen werden über Textgeneratoren in verbaler Form in die Verkäuferprofile einbezogen.

Die Umsatz-Sollerfüllung orientiert sich an den monatlichen Umsatzvorgaben. Die kumulierten Umsatzwerte werden auf Abweichungen von zulässigen Toleranzgrenzen untersucht. Dabei wird festgestellt, ob Jahresabschnittswerte innerhalb der Toleranz liegen, die für den Jahresplanwert gilt. Tendenziell darf für kleinere Zeitabschnitte die zulässige prozentuale Abweichung von einem Plan-Wert größer sein als für größere Abschnitte, da bei größeren Zeiträumen störende Einflüsse sich gegenseitig kompensieren können.

Dieses Abweichungsanalyseverfahren ist in Tabelle 16 an einem Beispiel dargestellt. Gezeigt werden zunächst die Saisonfaktoren, die monatlichen Plan-Umsatz-Werte sowie die kumulierten Plan-Umsatz-Werte. Beträgt die zulässige Planunterschreitung in einem Jahr

Monat	Saison-index	Plan-Umsatz in DM	kumulierter Plan-Umsatz in DM	Faktor (TOFA)	zulässige untere Abweichung in %	untere Toleranzschwelle in DM
Januar	0,965	27.944	27.944	3,46	17,30	23.110
Februar	0,965	27.944	55.888	2,45	12,25	49.042
März	1,058	30.637	86.545	2,00	10,00	77.891
April	1,032	29.884	116.429	1,73	8,65	106.358
Mai	1,015	29.392	145.821	1,55	7,75	134.520
Juni	0,962	27.857	173.678	1,41	7,05	161.434
Juli	0,945	27.365	201.043	1,31	6,55	187.875
August	0,960	27.799	228.842	1,22	6,10	214.883
September	1,112	32.201	261.043	1,15	5,75	246.033
Oktober	1,221	35.357	296.400	1,10	5,50	280.098
November	1,020	29.537	325.937	1,04	5,20	308.988
Dezember	0,730	21.139	347.076	1,00	5,00	329.722

Quelle: Zentes, Außendienststeuerung 1980, S. 148.

Tab. 16. Beispiel einer verkäuferbezogenen Abweichungsanalyse

z.B. 5%, so ergeben sich für den Faktor zur Berechnung des Toleranzbereichs des kumulierten Umsatzes (TOFA) die folgenden Werte:

$$\text{TOFA} = \sqrt{12/t}$$

Dabei kennzeichnet t den Monat; z.B. gilt für den Monat März t = 3. Aus dieser Beziehung folgt, daß der Toleranzbereich im ersten Monat (t = 1) $\sqrt{12/1}$ = 3,46mal so groß ist wie die insgesamt zulässige Abweichung nach einem Jahr (5%). Der Verlauf der Toleranzgrenze des kumulierten Umsatzes ist in Abbildung 82 dargestellt.

Unterschreitet der kumulierte Monatsumsatz eines Verkäufers die so berechnete Toleranzgrenze, wird in das Verkäuferprofil automatisch eine Warnmeldung aufgenommen. Die verkäuferbezogenen Abweichungen werden gleichzeitig an die Bezirksleiter (= direkte Vorgesetzte) gemeldet.

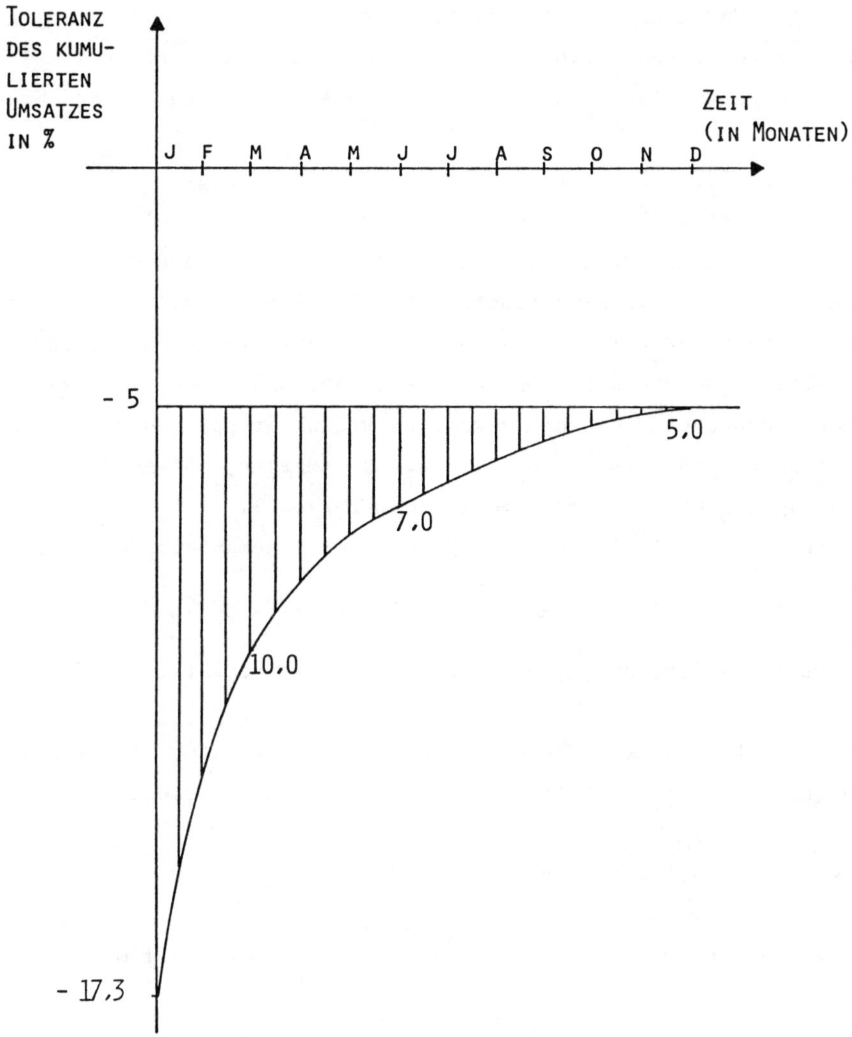

Quelle: Zentes, Außendienststeuerung 1980, S. 147.

Abb. 82. Verlauf des Toleranzbereichs kumulierter Plan-Umsatzwerte

Signaldatenbericht auf Scanning-Basis

Die artikelgenaue Verkaufsdatenerfassung, z.B. auf Scanning-Basis, ist für das Marketing von Industrie- und Handelsunternehmen außerordentlich nützlich und wünschenswert. Sie bringt aber auch - wie bereits erwähnt - das Problem der Bewältigung der Informationsflut mit sich. Einen Ansatzpunkt hierzu bietet der von der Nielsen-Marketingforschung entwickelte Signaldatenbericht, der die wichtigsten Anteilsveränderungen hervorhebt, die sich im Laufe einer Berichtsperiode ergeben (vgl. zu den folgenden Ausführungen Harter, Signaldaten 1987).

Grundlage der Berichterstattung sind die sog. PQ-Werte (PQ-Statistik), die als (mathematisches) Produkt aus absoluter und relativer Anteilsveränderung berechnet werden. Die PQ-Messung hat ihren Ursprung in der Informationstheorie. Diese Methode ist "... für die Feststellung ungewöhnlicher Veränderungen der Position einer Marke bei beliebigen Produktgruppen und Märkten, basierend auf Absatz- und Anteilsschwankungen, die die jeweilige Produktgruppe oder den Markt kennzeichnen, äußerst nützlich ..." (Harter, Signaldaten 1987, S. 21) (vgl. auch die dort angegebene Literatur).

Die PQ-Werte, die in Tabelle 17 an einem Rechenbeispiel erläutert werden, sind wie folgt definiert:

$$\text{PQ-Wert} = \text{absolute Anteilsveränderung} \times \text{relative Anteilsveränderung}$$

Bezeichnet P den (prozentualen) Anteil in der aktuellen Periode und Q den (prozentualen) Anteil in der vorhergehenden Periode, dann gilt:

$$\text{absolute Anteilsveränderung} = P - Q$$

$$\text{relative Anteilsveränderung} = \frac{P - Q}{0{,}5 \times (P + Q)} \times 100$$

Für den PQ-Wert folgt somit:

$$\text{PQ-Wert} = (P - Q) \times \frac{P - Q}{0{,}5 \times (P + Q)} \times 100 = \frac{(P - Q)^2}{0{,}5 \times (P + Q)} \times 100$$

Ein einfaches und brauchbares Kriterium, die Bedeutung von Anteilsveränderungen zu beurteilen, ist die Heranziehung vorhergehender PQ-Resultate. "Insbesondere dann, wenn ein PQ-Wert der aktuellen Periode größer ist als der Mittelwert der vorhergegangenen PQ-Ergebnisse, wird die entsprechende Anteilsveränderung als wichtiges

Ereignis herausgestellt." (Harter, Signaldaten 1987, S. 21). Zur Beurteilung signifikanter Anteilsveränderungen wird ein PQ-Index-Punktwert berechnet:

$$\text{PQ-Index-Punktwert} = \frac{\text{aktueller PQ-Wert}}{\text{Mittelwert zurückliegender PQ-Werte}} \times 100$$

Tabelle 18 zeigt ein Beispiel einer PQ-Berichterstattung. Wiedergegeben werden die aktuellen Anteile aller Marken einer Gesundheits- und Körperpflegemittel-Warenklasse in zwei Märkten in Orten der USA, die absolute Anteilsveränderung im Vergleich zur vorhergehenden Berichtsperiode sowie die PQ-Index-Punktwerte. Die Bedeutung der Veränderung wird graphisch durch Sterne veranschaulicht. Die Zahl der Sterne kennzeichnet die Signifikanz eines Ergebnisses nach Größe des Index-Wertes gemäß Tabelle 19; Sterne links bedeuten Anteilsverluste, Sterne rechts Anteilsgewinne. Diese Signaldatenberichterstattung "... ermöglicht es dem Benutzer, die wichtigsten Entwicklungen und deren relative Bedeutung optisch schnell zu erkennen." (Harter, Signaldaten 1987, S. 23).

	Anteil (in %)		Anteilsveränderung		
Marke	vorher	aktuell	absolut	relativ	PQ-Wert
A	38,0	42,0	+ 4,0	+ 10%	40
B	18,5	21,5	+ 3,0	+ 15%	45
C	7,0	9,0	+ 2,0	+ 25%	50
D	2,5	3,5	+ 1,0	+ 33%	33

Quelle: Harter, Signaldaten 1987, S. 21.

Tab. 17. Vergleichende Darstellung von absoluter Anteilsveränderung, relativer Anteilsveränderung und PQ-Wert

Marke	Produkt-Kennzeichnung	Anteil (in %)	absolute Veränderung	PQ-Index-Punktwert	Bedeutung der Veränderung -	+
BOS	1	6,2	- 1,5	461	**	
BOS	2	3,3	- 1,8	1.070	****	
BOS	3	5,3	1,8	973		***
BOS	4	10,1	1,2	211		*
NY	1	14,5	- 2,2	409	**	
NY	2	7,5	- 2,3	814	***	
NY	3	3,3	- 0,6	138	*	
NY	4	6,0	- 0,7	118	*	
NY	5	2,2	- 0,5	156	*	
NY	6	4,6	1,3	614		**
NY	7	7,7	0,9	159		*
NY	8	12,3	3,8	1.851		******
NY	9	9,7	- 0,9	121	*	
NY	10	1,8	0,6	398		*
NY	11	1,0	0,7	1.123		****

Quelle: Harter, Signaldaten 1987, S. 22.

Tab. 18. Beispiel eines Signaldatenberichts auf Basis von PQ-Werten

PQ-Index-Punktwerte	Anzahl der Sterne
0 - 99	0
100 - 399	1
400 - 699	2
700 - 999	3
1.000 - 1.299	4
1.300 - 1.599	5
1.600 - 1.899	6
1.900 - 2.199	7
2.200 - 2.499	8
2.500 - 2.799	9
2.800 und mehr	10

Quelle: Harter, Signaldaten 1987, S. 22.

Tab. 19. Bedeutungseinführung der PQ-Index-Punktwerte

4.2.2.2 Abfragesysteme

4.2.2.2.1 Grundprinzip und Arten

Fortschreitende Verbesserungen auf dem Gebiet der Informations- und Kommunikationstechnologie führten zur Entwicklung interaktiver Mensch-Maschine-Kommunikationssysteme mit hohem Benutzerkomfort. So gipfelten der Aufbau von Datenbanken und die Dialogverarbeitung in der Möglichkeit von ad-hoc-Abfragen (On-line-Abfragen).

Derartige Abfragesysteme sind dadurch charakterisiert, daß der Entscheidungsträger seine Informationsanforderung im jeweiligen Bedarfsfall über ein Endgerät, z.B. ein Bildschirmterminal, definiert, und der Rechner daraufhin eine spezifische Auswertung erstellt. Das Ergebnis wird am Bildschirm aufgezeigt und/oder in Form eines Listenausdrucks zur Verfügung gestellt.

Das zugrundeliegende Verarbeitungsprinzip ist der Dialogbetrieb. Es findet eine durch große Schnelligkeit gekennzeichnete Mensch-Maschine-Kommunikation statt, bei der die Dialoge entweder computer- oder benutzergeführt sein können. Bei benutzergeführtem Dialog agiert der Anwender initiativ mit Hilfe der verfügbaren Kommandos und/oder einer Abfragesprache. Wird der Dialog vom Computer geführt, reagiert der Benutzer auf Anweisungen und Fragen des im Rechner aktiven Softwaresystems. On-line-Abfragen über Bildschirmterminals o.ä. sind zunächst an unternehmensinterne zentrale oder dezentrale Datenbanken möglich (vgl. auch Abb. 35, Abschn. 2.3.5.1.1). Die Techniken der Telekommunikation, so der Datenfernübertragung - ggf. unter Einschaltung von Satellitenübertragung - bieten Möglichkeiten für interaktive Abfragesysteme über beliebige Entfernungen. Die Übertragungstechnologien schaffen zugleich die Voraussetzungen für On-line-Abfragen an externe Datenbanken, die im Abschnitt 3.3.2.2 erörtert wurden.

Auch in interaktiven Abfragesystemen findet keine Entscheidungsunterstützung i.e.S. statt. Die Möglichkeit, die Informationsanforderung situationsspezifisch zu definieren, führt jedoch zu einer größeren Kongruenz von Informationsbedarf und Informationsangebot. Der "maßgeschneiderte" Systemoutput - als Ergebnis einer ad-hoc-Abfrage - ist im Regelfall stärker an den Informationsbedürfnissen der Entscheidungsträger orientiert, als dies in flexiblen Berichtssystemen möglich ist.

Aus methodischer Sicht ist der Übergang von Abfragesystemen zu Auswertungssystemen, die im nachfolgenden Abschnitt behandelt werden, fließend. So können On-line-Abfragen sich zunächst auf die in Datenbanken verfügbaren Mikrodaten beziehen, die dann ohne weitere statistische Transformation dem Benutzer am Bildschirm angezeigt oder ausgedruckt werden. Vielfach setzen ad-hoc-Abfragen bereits Verdichtungen von Mikrodaten voraus, z.B. in Form von Häufigkeitsverteilungen, oder Transformationen zu Maßzahlen wie Mittelwerten. In einer weiteren Stufe können komplexe statistische Methoden zum Einsatz kommen.

Dialogorientierte Abfragesysteme stellen zugleich einen Ansatzpunkt zur individuellen Datenverarbeitung dar. So ermöglicht der Einsatz von Mikrocomputern den Zugriff auf unternehmensinterne oder externe Datenbanken, den Transfer von Datenbanksegmenten in den Mikrocomputer und die dezentrale Verarbeitung der Daten durch Einsatz einfacher Tabellenkalkulationsprogramme und statistischer Softwarepakete. Der Einsatz von Computergraphik ermöglicht letztlich eine Visualisierung von Analyseergebnissen.

Im folgenden werden interaktive Abfragesysteme auf die On-line-Wiedergabe gespeicherter Mikrodaten und einfacher Verdichtungen (Aggregationen) beschränkt; sie werden als Auskunftssysteme bezeichnet. Abfragen, die darüber hinaus gehende statistische Analysen erfordern, werden, da der Auswertungsaspekt im Vordergrund steht, den Auswertungssystemen zugerechnet.

4.2.2.2.2 Auskunftssysteme

Dialogorientierte Auskunftssysteme sind heute mit ökonomisch vertretbarem Aufwand einsetzbar. Sie ermöglichen eine weitgehende Ausschöpfung des Potentials verfügbarer Marketinginformationen. Ihre Verbreitung ist - trotz ihres umfangreichen Anwendungsspektrums - bisher begrenzt. Vieles spricht jedoch dafür, daß in den nächsten Jahren mit einer stärkeren Diffusion zu rechnen ist.

Von den vielfältigen Anwendungsmöglichkeiten im Marketing werden im folgenden beispielhaft erörtert:

- ein On-line-Auskunftssystem zur Verkäufersteuerung in einem Handelsunternehmen,
- ein On-line-Auskunftssystem zur Außendienststeuerung in einem Industrieunternehmen,
- ein internes On-line-Marketing-Informationssystem,
- ein externes On-line-Datenbanksystem.

On-line-Auskunftssystem zur Verkäufersteuerung

Das in den vorangegangenen Abschnitten erwähnte Fallbeispiel der Filialsteuerung in einem Handelsunternehmen wird im folgenden um ein weiteres Element ergänzt. Neben dem (Standard-) Berichtssystem und dem Exception-Reporting-System wird ein On-line-Auskunftssystem zur Steuerung der Verkäufer in den Filialen eingesetzt.

Unterhalb des Monats, der als eigentliche Berichtsperiode festgelegt wurde, sind für die Filialen lediglich umsatz-, ertrags- und provisionsbezogene Informationen auf Tagesbasis vorgesehen. Im Gegensatz zu den bisher aufgeführten Auswertungen, die in Listenform bereitgestellt werden (vgl. Tab. 14 - 15), können die Tagesstatistiken am Bildschirm abgerufen werden.

Als Informationsempfänger sind sowohl Verkäufer als auch Filialleiter vorgesehen. Dem Verkäufer werden die tägliche Abfragemöglichkeit der von ihm im laufenden Monat erzielten Ergebnisse sowie eine Prognose der von ihm zum Monatsende wahrscheinlich erzielten Ergebnisse zur Verfügung gestellt. Die Prognosewerte werden dabei erst nach Ablauf von etwa einem Drittel des Monats angezeigt.

Abbildung 83 zeigt den Aufbau der für den Verkäufer vorgesehenen Bildschirmmaske. Der Kopf besteht aus 3 Zeilen. Die erste Zeile enthält die Bezeichnung der Liste und das Datum. Zeile 2 enthält den Namen der Filiale, in der der Verkäufer tätig ist; Zeile 3 enthält den Namen des Verkäufers. Als Spalten enthält die Maske neben der Zeilenbezeichnung den Tag, den aufgelaufenen Monat sowie die Prognoserechnungsergebnisse am Monatsende. Für alle drei Bereiche sind jeweils Spalten für DM-Werte und für Prozentwerte vorgesehen.

TAGESSTATISTIK VERKAEUFER TAG XX.XX.XX
FILIALE
VERKAEUFER

BEZEICHNUNG	T A G		AUFGELAUFEN. MONAT		PROGNOSERECHNUNG	
	DM	%	DM	%	DM	%
UMSATZ SOLL	xxx.xxx		x.xxx.xxx		x.xxx.xxx	
UMSATZ IST	xxx.xxx		x.xxx.xxx		x.xxx.xxx	
ABWEICHUNG		xxx,xx-		xxx,xx-		xxx,xx-
NACHLASS		xx,xx		xx,xx		xx,xx
DB1 SOLL		xx,xx		xx,xx		xx,xx
DB1 IST		xx,xx		xx,xx		xx,xx
PROVISION	xxx		x.xxx		x.xxx	

Abb. 83. On-line-Auskunftssystem zur Verkäufersteuerung

Die Zeilen haben den Ist-Umsatz und den Soll-Umsatz des Mitarbeiters, angegeben in DM, die Umsatzabweichung, den Nachlaß (gewährte Rabatte) in Prozent, den Deckungsbeitrag 1, Soll und Ist in Prozent, sowie die Provision des Verkäufers in DM zum Inhalt.

Grundlage für die Berechnung der ausgewiesenen Werte ist ein artikelgenaues Warenwirtschaftssystem, das auf Filialebene autonom eingesetzt wird. Über ein Bildschirmterminal können die Mitarbeiter in den Verkaufsfilialen auf ihre individuellen Werte zugreifen. Zur Steuerung der Verkäufer wird ein deckungsbeitragsorientiertes Provisionssystem eingesetzt. Die kumulierten Werte eines Monats werden mittels gleitender Durchschnitte auf den Monat hochgerechnet.

On-line-Auskunftssystem zur Außendienststeuerung

Die zunehmende Verbesserung der informatorischen Entscheidungsgrundlagen im Handel, die rechnergestützte Warenwirtschaftssysteme z.B. dem Einkauf ermöglichen, führt zu veränderten Anforderungen an die Vertriebsinformationssysteme der Hersteller. So benötigen die Mitarbeiter im Verkaufsaußendienst möglichst zeitnahe Verkaufs- bzw. Kundeninformationen, um im informatorischen Trading up ihrer Gesprächspartner im Handel zu bestehen (vgl. Zentes, Verkaufsmanagement 1986, S. 24).

Eine Möglichkeit hierzu bieten mobile Datenerfassungsgeräte und tragbare (mobile) Mikrocomputer (Hand-Held-Computer). Diese Technologie, die im Abschnitt 2.3.2.2 skizziert wurde, ist heute mit ökonomisch vertretbarem Aufwand auch in großen Außendienstorganisationen einsetzbar.

Mobile Datenerfassungsgeräte wurden in Vertriebs- bzw. Außendienstinformationssystemen zunächst zur Erfassung und (einkanaligen) Übermittlung von Aufträgen an die Zentrale, ein regionales Verkaufsbüro o.ä. eingesetzt (vgl. Abb. 84). Eine weitere Entwicklungsstufe stellte die Integration des Außendienstberichtswesens dar. Neben den Bestelldaten (Aufträgen) wurden Besuchsdaten, Tageskilometer, Spesen u.ä. erfaßt und übermittelt. Als Beispiel zeigen Abbildung 85 und 86 die Informationskategorien eines MDE-Besuchsberichtes und eines MDE-Tagesberichtes. Eine weitere Ergänzung stellt die Erfassung von Marktbeobachtungen wie Marktdaten, Konkurrentendaten und Kundendaten durch die Außendienstmitarbeiter dar.

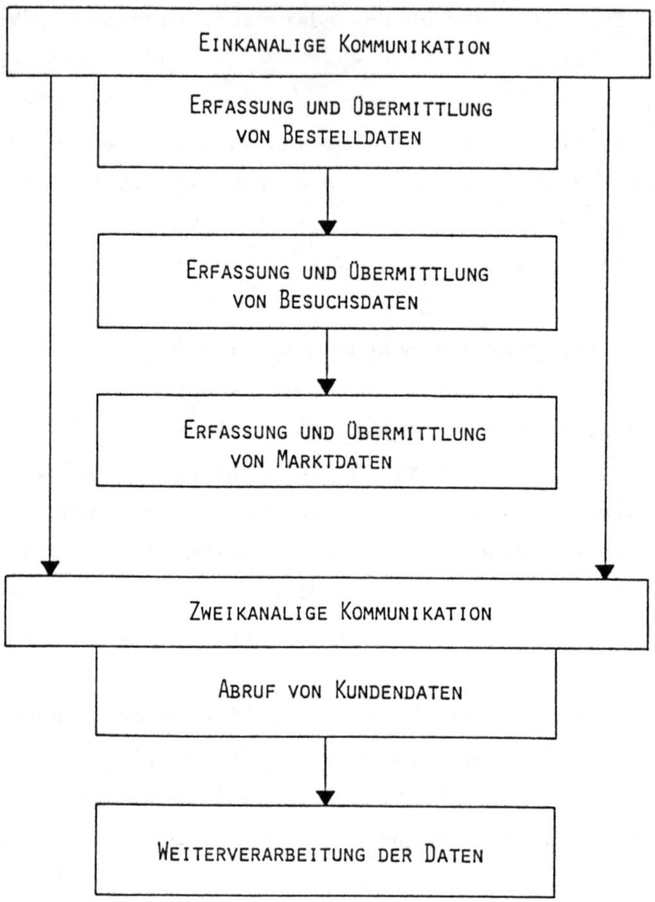

Abb. 84. Entwicklungsstufen der MDE-Technik in Vertriebsinformationssystemen

KND-NR.:	DIE KUNDENNUMMER
ANFZ:	DIE ANFANGSZEIT DES BESUCHS
ENDZ:	DIE ENDEZEIT DES BESUCHS
MIN:	DIE VOM MDE ERRECHNETE BESUCHSZEIT
BS/NR.:	DIE NUMMER DES BESUCHSBERICHTS FÜR DIESEN KUNDEN
INFC:	WICHTIGE INFORMATIONEN, DIE DER AUSSENDIENSTMITARBEITER ÜBERMITTELN MÖCHTE (ZAHLENSCHLÜSSEL)
TE:	DER AUFTRAG IST TELEFONISCH ERHALTEN WORDEN
EK:	DEN EINKÄUFER NICHT ANGETROFFEN
KZ:	DEN KUNDEN ZEITLICH NICHT GESCHAFFT
AUFTRAG ERHALTEN:	DA DER ADM BIS ZU 6 VERSCHIEDENE PARTNER VERTRETEN KÖNNTE, WIRD HIER JEWEILS KENNTLICH GEMACHT, FÜR WELCHEN UNSERER PARTNER ER EINEN AUFTRAG ERHALTEN HAT; DABEI ZEIGT DIE OBERE ZEILE DIE PARTNER (1-6), DIE ZEILE DARUNTER, OB ER EINEN AUFTRAG ERHALTEN HAT (1).
NOCH VORRAT:	HIER WIRD KENNTLICH GEMACHT, DASS DER KUNDE BEI DIESEM PARTNER NOCH VORRAT HAT (1); TAUCHT WEDER BEI AUFTRAG ERHALTEN NOCH BEI VORRAT EINE 1 AUF, SO IST DIESER PARTNER BEI DIESEM KUNDEN NICHT GELISTET.
SERVICE:	HIER WIRD AUFGEZEIGT, WIEVIELE MINUTEN VON DER REINEN BESUCHSZEIT FÜR SERVICE AUFGEWENDET WURDE; Z.B. DIE 25 BEDEUTET, DASS 25 MINUTEN FÜR SERVICE AUFGEWENDET WURDEN, DIE 0 HINTER DER 25 BEDEUTET, DASS DER ADM NORMALSERVICE ALS REGALPFLEGE DURCHGEFÜHRT HAT.

Quelle: o.V. Datenerfassung 1985, S. 76.

Abb. 85. Informationskategorien eines MDE-Besuchsberichtes

VTR:	DIE VERTRETERNUMMER
ANZ/KD:	DIE ANZAHL DER BESUCHTEN KUNDEN
BESUCHSZ:	ZEIT, DIE DER ADM FÜR BESUCHE BEIM KUNDEN AUFGEWENDET HAT
ZEIT/ANF:	UHRZEIT TAGESANFANG
ZEIT/END:	UHRZEIT TAGESENDE
ZEIT/MIN:	GESAMTZEIT SEINER TÄTIGKEIT
TELEFON:	TELEFONNUMMER, UNTER DER DER ADM ZU ERREICHEN IST. DIESE NUMMER WIRD NUR ANGEGEBEN, WENN ER AUSSER HAUS ÜBERNACHTET.
PLZ:	DIE POSTLEITZAHL DES ORTES, IN DEM ER ÜBERNACHTET
INFC1 + 2:	WICHTIGE INFORMATIONEN, DIE DER ADM ÜBERMITTELN MÖCHTE
KM: 1. KND:	KILOMETERSTAND DES ERSTEN KUNDEN
KM: L. KND:	KILOMETERSTAND DES LETZTEN KUNDEN

Quelle: o.V., Datenerfassung 1985, S. 75.

Abb. 86. Informationskategorien eines MDE-Tagesberichtes

Wesentliche Erweiterungen der Einsatzmöglichkeiten der MDE-Technik brachte die Möglichkeit der Zwei-Wege-Kommunikation (vgl. Abb. 87). Sie ermöglicht den Außendienstmitarbeitern den Abruf von Daten aus zentralen Datenbanken, so von
- Kundendaten,
- Gebietsdaten/Marktdaten,
- Tourendaten

und schafft damit die Voraussetzungen zur Gesprächs- bzw. Verkaufsunterstützung.

Auch die MDE-Technik bzw. der Einsatz tragbarer Mikrocomputer führt von On-line-Auskunftssystemen zu höheren Formen interaktiver Mensch-Maschine-Kommunikation. So können auf dem Zentralrechner entsprechende Analysen initiiert (Datenfernverarbeitung) und die Ergebnisse in die dezentralen Terminals übermittelt werden. Alternativ hierzu können Datenbankausschnitte in tragbare Mikrocomputer übertragen und dort weiter verarbeitet werden.

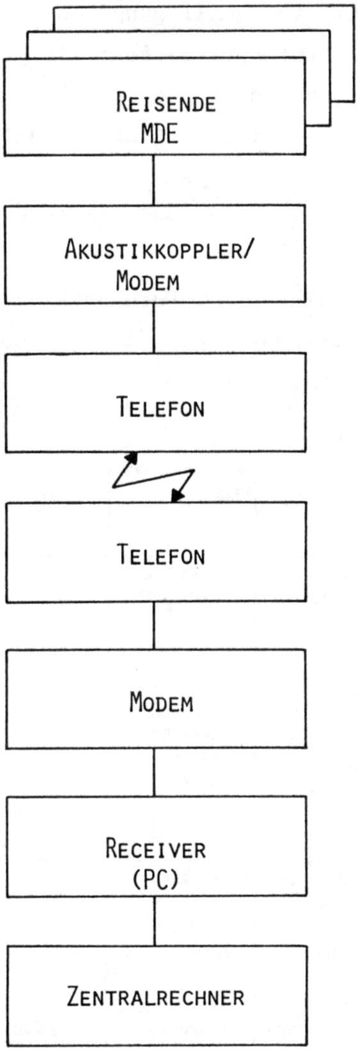

Abb. 87. Konfiguration eines Zwei-Wege-Vertriebsinformationssystems auf MDE-Basis

On-line-Marketing-Informationssystem

Als "klassisches" Beispiel eines On-line-Auskunftssystems kann das Marketing-Informationssystem der Firma Henkel & Cie GmbH, Düsseldorf, erwähnt werden, das bereits Anfang der siebziger Jahre eingesetzt wurde (vgl. Sihler/Schulz, Marketing-Informations-Systeme 1974, S. 518 ff.). Obwohl das System in vielen Entwicklungsstufen in Richtung eines Entscheidungsunterstützungssystems ausgebaut wurde, wird im folgenden zur Verdeutlichung des Pioniercharakters dieses Systems die Ausgangsstruktur kurz dargestellt.

In die Datenbank wurden einbezogen:

- die Informationen aus dem Nielsen-Einzelhandelsindex,
- die Informationen des Haushaltspanels von G & I,
- die von Infratest durchgeführte zweimonatliche Befragung bei Endverbrauchern.

Einen Überblick über die in der Datenbank gespeicherten Marktforschungsdaten zeigt Abbildung 88; die logische Struktur des Nielsen Segments ist beispielhaft in Abbildung 89 dargestellt.

Institut	Art der statistischen Erhebung	Aufnahmemodus	Beobachtungsfeld	Zahl der Beobachtungselemente	Berichtshäufigkeit	Art der gelieferten Informationen (Magnetband)
Nielsen	Panel	Geschultes Institutspersonal	Lebensmitteleinzelhandel	ca. 1.000	zweimonatlich	Auf die Gesamtheit hochgerechnete, aggregierte Daten
		Formel: Alter Bestand + Einkäufe ./. Neuer Bestand = Absatz	Fachhandel (Drogerien, Seifengeschäfte)	ca. 500	zweimonatlich	
G & I	Panel	Haushalte berichten schriftlich über ihr Einkaufsverhalten	Endverbraucher (private Haushalte)	5.000	monatlich	Statistisches Primärmaterial
Infratest	Repräsentative Zufallsauswahl	Befragung von Haushalten durch geschulte Interviewer	Endverbraucher (private Haushalte)	ca. 1.200	zweimonatlich	Statistisches Primärmaterial

Quelle: Sihler/Schulz, Marketing-Informations-Systeme 1974, S. 520.

Abb. 88. Inhalt der Henkel-Datenbank

Mit den in der Datenbank gespeicherten Informationen können einfache arithmetische Operationen durchgeführt werden, z.B. das Bilden von Rangreihen, die Berechnung absoluter und prozentualer Ver-

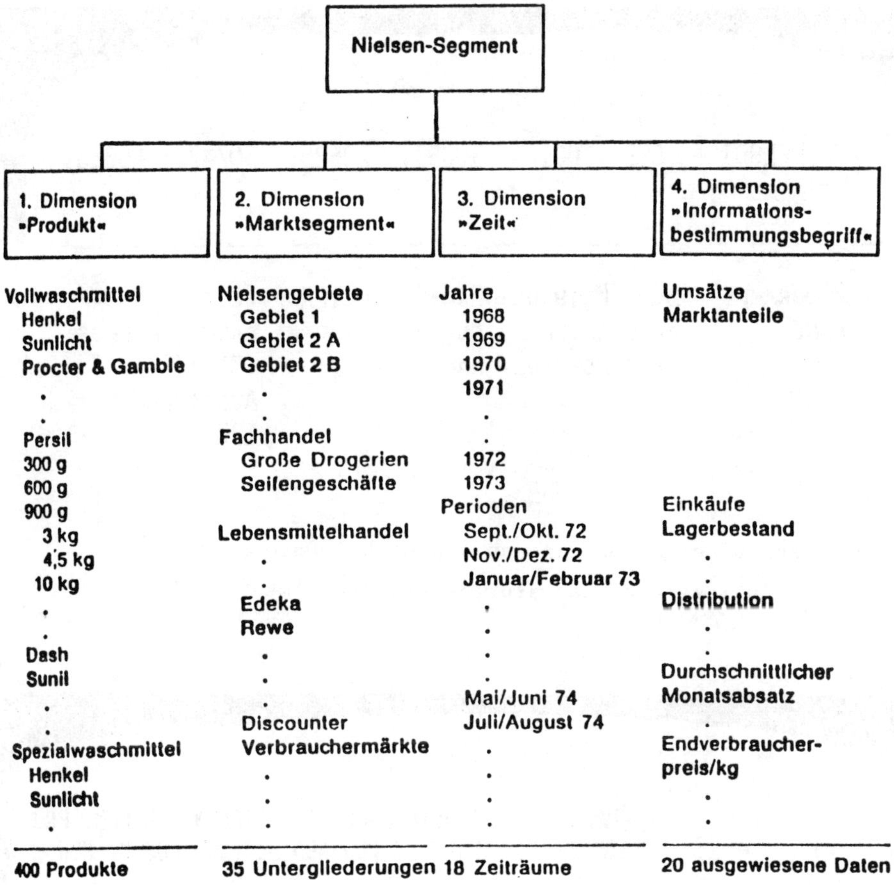

Quelle: Sihler/Schulz, Marketing-Informations-Systeme 1974, S. 521.

Abb. 89. Logische Struktur des Nielsen-Segments

gleichszahlen, die Bildung von Indizes. In weiteren Entwicklungsstufen wurden kompliziertere statistische Verfahren in die Methodenbank integriert (vgl. Sihler/Schulz, Marketing-Informations-Systeme 1974, S. 521 f.).

Als Beispiel zeigt Abbildung 90 den Ablauf einer Anfrage. "Unterstellt man, daß der Produktmanager wissen möchte, wie sich bei einer bestimmten Hausfrauengruppe, z.B. jungen Hausfrauen (bis 29 Jahre), im Bundesgebiet die Einkäufe eines bestimmten Konkurrenzproduktes im Vergleich zu anderen Altersgruppen laut G & I entwickelt

```
▷//&PPM001   GKD   001   10051.   20625.   30747.   40616.
```

Programm-name	GcJ Segment	Methode (hier: Abfrage)	Produktname	Altersgruppe	Zeitraum (März/August 1972)	Kaufmenge in %

Abb. 90a. Ablauf einer Anfrage an die Henkel-Datenbank

- Anfrage über Tastatur des Bildschirmterminals -

MARKE X T.ALTER HAFR T.PERIODEN 2 KAUFM. PRO

	BIS 29 J	30J-39 J	40J-49J	50J-59J	60J U. MEH
MAE	7 %	12 %	9 %	11 %	8 %
APR	13 %	11 %	9 %	10 %	6 %
MAI	7 %	11 %	9 %	8 %	10 %
JUNI	11 %	9 %	10 %	8 %	9 %
JULI	13 %	12 %	7 %	12 %	7 %
AUG	13 %	10 %	10 %	8 %	12 %

ENDE.

M-B = ANFRAGE

Quelle: Sihler/Schulz, Marketing-Informations-Systeme 1974, S. 523 f.

Abb. 90b. Ablauf einer Anfrage an die Henkel-Datenbank

- Ergebnis der Anfrage am Bildschirm -

hat. Um diese Informationen zu bekommen, kann der Benutzer anhand einer Liste die entsprechenden Merkmale verschlüsseln. Die Anfrage für diesen Fall geht aus Abbildung 90a (Nummer geändert, Anm. d. Verf.) hervor." (Sihler/Schulz, Marketing-Informations-Systeme 1974, S. 523).

Das Ergebnis der Anfrage erscheint - wie in Abbildung 90b dargestellt - auf dem Bildschirm. Diese Ergebnisinformationen können nach vorgegebenen Methoden weiterverarbeitet werden.

On-line-Recherchen in einer externen Datenbank

Die im Zweiten Kapitel erörterten Datenbanktechnologien und die Technologien der Telekommunikation eröffnen mit externen On-line-Datenbanken neue Formen der Sekundärmarktforschung (vgl. Abschn. 3.3.2.2). Als Beispiel einer (externen) Marktforschungsdatenbank, die einen On-line-Zugriff ermöglicht, kann das System "SABINE On-Line (S.O.L.)" erwähnt werden, das die Nielsen Company in Frankreich bereits 1982 ihren (Einzelhandels-Index-)Kunden (Herstellern) anbot (vgl. Mureau, SABINE On-line 1985).

"Für jeden Kunden wird eine persönliche Datenbank eingerichtet, die die je Geschäft erfaßten Daten der regelmäßigen Indizes von bis zu sieben zweimonatigen Erhebungsperioden enthält (vgl. Abb. 91, Anm. d. Verf.). Die Daten sind auf Platten gespeichert, was bedeutet, daß Kunden, die über ein Kennwort verfügen, sofortigen und ständigen Zugriff zu den Informationen besitzen. Der Abruf gestaltet sich aufgrund von Sichtgeräten oder Druckern äußerst einfach." (Mureau, SABINE On-line 1985, S. 18).

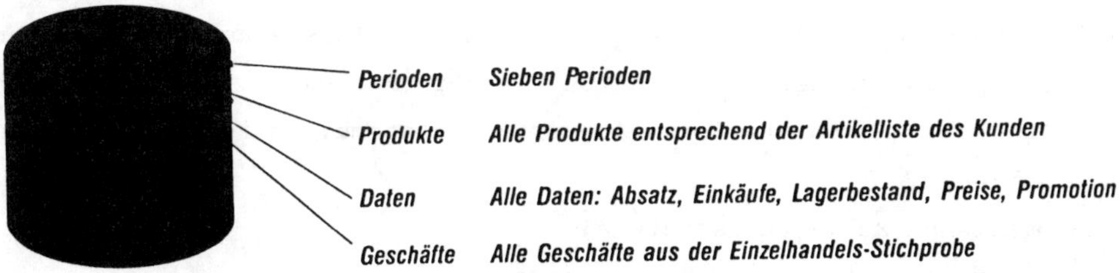

Quelle: Mureau, SABINE On-line 1985, S. 18.

Abb. 91. Dimensionen der S.O.L.-Datenbank

Die meisten Abfragen beziehen sich auf folgende Informationen (vgl. Mureau, SABINE On-line 1985, S. 19):

- Auswirkungen verschiedener Preise auf den Marktanteil einer Marke und ihrer direkten Konkurrenten,
- Häufigkeit auftretender Nichtbevorratung und deren Auswirkung auf den Marktanteil,
- Auswirkungen der Häufigkeit direkter Einkäufe in Drug Stores,
- kumulative Distributionsanalyse eines neuen Produkts,
- Erfolgskontrolle von Verkaufsförderungsaktionen.

Die Nutzung dieses Dienstes, der eine Ergänzung zum herkömmlichen Nielsen-Index darstellt, dokumentiert sich in den bereits 1984 monatlich rd. 500 Analysen (vgl. Mureau, SABINE On-line 1985, S. 19).

4.2.3 Auswertungssysteme

4.2.3.1. Grundprinzip und Arten

Wie im Abschnitt 4.2.2 aufgezeigt, werden in Berichts- und Abfragesystemen (Auskunftssystemen) i.d.R. bereits arithmetische Operationen mit den verfügbaren Basisinformationen ("Rohdaten") durchgeführt. Es handelt sich dabei meist nur um Verdichtungen und einfache Formen der Reduzierung.

In Auswertungssystemen sind neben diesen Möglichkeiten komplexere Formen der Informationsanalyse durchführbar, z.B. durch den Einsatz bivariater und multivariater statistischer Methoden, den Einsatz ökonometrischer Methoden usw.

Die modernen Informations- und Kommunikationstechnologien bieten vielfältige Formen der Integration dieser Methoden in computergestützte bzw. computerisierte Auswertungssysteme. Im folgenden werden unterschieden:

- automatische Auswertungssysteme,
- dialogorientierte Auswertungssysteme,
- interaktive Methodenbanksysteme.

Den Auswertungssystemen kommt im Marketing insbesondere zur Analyse externer Informationen, z.B. im Rahmen der Marktforschung, eine große Bedeutung zu. Im Vordergrund stehen dabei Informationen in numerischer Form (Daten). Numerische Informationen werden sowohl durch konventionelle Formen als auch durch neuere Formen der Marktforschung gewonnen (vgl. hierzu die Ausführungen im Abschn. 3.3.); dies gilt hinsichtlich verbaler und nonverbaler Methoden.

Neben numerischen Informationen sind für die Marktforschung Textinformationen von Bedeutung. Textinformationen werden u.a. gewonnen

- in offenen Fragen in Befragungsprogrammen,
- in Gruppendiskussionen durch Beobachtung,
- durch Dokumentenanalyse.

Methodische Entwicklungen im Bereich der Linguistik und computertechnologische Entwicklungen ermöglichen auch in diesem Feld rechnergestützte Formen der Informationsanalyse, so in Form einer computergestützten Inhaltsanalyse.

Die elektronischen Technologien der Erfassung, Übertragung, Speicherung und Verarbeitung von Informationen ermöglichen - wie im Dritten Kapitel bereits erwähnt - eine direkte Verknüpfung von Informationsgewinnung und Informationsanalyse. Man denke etwa an die Möglichkeit der direkten Auswertung in computergestützten und computerisierten Befragungssystemen, der computergestützten Magnitudemessung, der Aktivierungsmessung oder an die Realisierung sequentieller Stichprobenpläne (vgl. Abschn. 3.3.3.1.2).

4.2.3.2 Automatische Auswertungssysteme

4.2.3.2.1 Computergestützte Datenanalyse

Zur Datenanalyse steht ein breites Spektrum von Methoden der mathematischen Statistik (z.B. univariate, bivariate und multivariate Verfahren), Methoden der Ökonometrie (z.B. regressionsanalytische Verfahren), Methoden der Zeitreihenanalyse (z.B. Trendanalyseverfahren), Methoden der Frequenzanalyse (z.B. spektralanalytische Verfahren) in programmierter Form in Standard-Anwendungssoftware zur Verfügung. Diese programmierten Methoden ermöglichen den Aufbau einer Methodenbank, auf die in benutzerfreundlicher Form zugegriffen werden kann. Ohne nähere Programmierkenntnisse können über einfache

Makrobefehle, z.B. am Bildschirmterminal, Analyseschritte initiiert werden, die meist im Batch-Betrieb abgewickelt werden (vgl. die Ausführungen im Abschn. 2.3.5.1.3).

Der benutzerfreundliche Zugang zu diesen Methoden beinhaltet jedoch auch die Gefahr einer nichtproblem- bzw. datenadäquaten Methodenanwendung. So können "per Knopfdruck" multivariate statistische Verfahren, z.B. Faktorenanalysen, auf Daten angewendet werden, unabhängig von deren Skalenqualität oder der Überprüfung von Verteilungsvoraussetzungen.

Häufig eingesetzte Softwarepakete sind:

- BMDP 79 (Biomedical Computer Programms, P-Series),
- SPSS-X (Statistical Package for the Social Sciences, Programmversion X),
- SAS (Statistik Analyse System).

Einen Überblick über Universalprogramme bzw. -programmpakete und Spezialprogramme vermittelt Trommsdorff (vgl. Trommsdorff, Auswertungsverfahren 1983). Den praktischen Umgang mit derartigen Paketen zeigen - schwerpunktmäßig am Beispiel von SPSS - Hüttner (vgl. Hüttner, Informationen 1979) und insbesondere Backhaus u.a. (vgl. Backhaus u.a., Analysemethoden 1987).

Die Programmpakete SPSS und SAS stehen nicht nur für den Einsatz auf Großrechnern, sondern auch in einer PC-Version zur Verfügung. Gerade diese Möglichkeit dürfte in den nächsten Jahren zu einer raschen Verbreitung von Datenanalysesystemen führen. Das technische Anwendungsspektrum ist dabei sehr breit. So ist SPSS/PC+ ein interaktives, kommandogesteuertes System, bei dem jedes Kommando und jede Prozedur grundsätzlich sofort nach Eingabe ausgeführt wird. Längere Analysen im Sinne von mehreren Prozedurläufen nacheinander sind als Stapelprozeß ablauffähig; SPSS/PC+ enthält auch eine Datentransferfunktion und ermöglicht so eine Kommunikation zwischen Großrechner und Mikrocomputer. Dateien können zwischen SPSS/PC+ und SPSS-X auf dem Großrechner hin- und hergeschoben werden.

Die PC-Versionen der Auswertungsprogramme erreichen bereits eine hohe Verarbeitungsgeschwindigkeit. So benötigt SPSS/PC+ für

- eine Datendeskription bei 500 Fällen und 10 Variablen ca. 15 sec.,
- eine 5 x 5-Kontingenztafelanalyse derselben Daten rd. 5 sec.,

- eine Korrelation mit 10 Variablen bei 500 Fällen ca. 12 sec.,
- eine Regression derselben Datenmenge rd. 16 sec.

Die Hardware-Voraussetzungen werden von der SPSS GmbH Software, München, wie folgt beschrieben: "SPSS/PC+ läuft auf einem IBM PC/XT oder AT sowie auf allen dazu kompatiblen Microcomputern mit mindestens 384 K Kernspeicher, einer 10 MB Festplatte und PC DOS (MS DOS) 2.0 oder höher. Ein mathematischer Koprozessor ist optional. Abhängig davon, welche Prozeduren installiert werden, liegt der Platzbedarf auf der Festplatte zwischen 1 MB und 6 MB."

Die wichtigsten Prozeduren der PC-Version von SPSS und SAS, die wichtigsten Zusatzpakete sowie die Preise der einzelnen Module sind in Abbildung 92 und 93 dargestellt.

Als Anwendungsbeispiel wird im folgenden die Auswertung einer Primäranalyse mit Hilfe des Paketes SPSS/PC+ Basics dargestellt.

PC-gestützte Auswertung von Marktforschungsdaten

Abbildung 94 zeigt einen Ausschnitt aus einem Variablenmodell (nominales Skalenniveau), das einer exploratorischen Befragung zum Urlaubsverhalten von Studenten zugrundelag. Die Befragung wurde im Rahmen einer Übung zur Marktforschung an der Universität Gesamthochschule Essen durchgeführt. In die Untersuchung wurden 100 Studenten einbezogen.

In Abbildung 95 ist beispielhaft das Ergebnis einer einfachen Häufigkeitsanalyse der Variablen
- Urlaubskosten,
- benutzte Verkehrsmittel,
- Urlaubszweck

dargestellt. Abbildung 96 zeigt das Ergebnis einer Kreuztabellierung der Variablen
- Einkommen und Urlaubskosten,
- Urlaubszweck und Geschlecht.

Das Ergebnis einer Korrelationsanalyse der metrisch erfaßten Variablen Einkommen und Urlaubskosten ist in Abbildung 97 dargestellt.

Name und Anschrift des Anbieters	SPSS GmbH Software, Steinsdorfstr. 19, 8000 München 22					
Verfügbare Module	Basics	Advanced Stat.	Tables	Data Entry	Graphics	Mapping
Wesentliche Anwendungsbereiche	Full-Screen-Editor Deskriptive Statistik Kreuztabellierung Varianzanalyse Multiple Regression Tabellarische Darstellungen Automatische Fehlersuche im Programm Hilfestellungen Daten- und Dateiverwaltung File-Austausch mit anderen Programmpaketen	Diskriminanzanalyse Faktorenanalyse Hierarchische Clusteranalyse Multivariate Varianz- und Kovarianzanalyse Loglineare Modelle für mehrdimensionale Kontingenztafeln	Erstellen von druckreifen Tabellen mit und ohne Statistikwerte in beliebiger Dimension, z.B. Kreuztabellen in Säulen- und Zeilendarstellung Mehrfachantwortanalyse Deskriptive Statistik innerhalb von Tabellen Verknüpfung mehrerer Tabellen in einer Ausgabedatei	Zur schnellen Eingabe, Anzeige und Korrektur von großen Datenmengen Datenangepaßte Menübildschirme Automatische logische Datenfehlersuche	Erstellung von Business-Graphiken Gestaltung graphischer Darstellungen Einfügen von Texten Ausgabe graphischer Darstellungen	Erstellung von graphischen Übersichten Weltkarte, bis auf Bundesländerebene zerteilbar Thematische Datenabfrage Eintragen eigener Daten in die Landkarten
Preise, Stand März 1987 (jeweils zzgl. MWSt) in DM Kaufpreis	3.000	1.000	1.000	1.000	1.250	1.250
Mietpreis pro Jahr bei 1 - 500 Kopien 501 - 2000 Kopien 2001 - 5000 Kopien	4.800 9.600 14.400	4.200 8.400 12.600	4.200 8.400 12.600	4.200 8.400 12.600	2.050 4.100 6.150	auf Anfrage

Quelle: SPSS GmbH Software.

Abb. 92. Überblick über das Auswertungssystem SPSS/PC+

Name und Anschrift des Anbieters	SAS Institute GmbH, Neuenheimer Landstr. 28-30, 6900 Heidelberg 1							
Verfügbare Module	Base SAS	SAS/STAT	SAS/IML	SAS/FSP	SAS/GRAPH	SAS/ETS	SAS/AF	SAS/OR
Wesentliche Anwendungsbereiche	Full-Screen-Editor Deskriptive Statistik Kreuztabellierung Tabellarische Darstellungen Einfache graphische Darstellungen Daten- und Dateiverwaltung File-Austausch mit anderen Programmpaketen Automatische Fehlersuche im Programm Hilfestellungen	Clusteranalyse Diskriminanzanalyse Faktorenanalyse Kanonische Korrelation Regressionsanalyse Varianz- und Kovarianzanalyse	Interaktive Matrixsprache mit diversen Matrizenoperationen	Interaktives Programm zur schnellen Eingabe, Anzeige und Korrektur von großen Datenmengen Individuell gestaltbare Bildschirme Automatische logische Datenfehlersuche Effiziente Erstellung von Individual- und Standardbriefen	Erstellen von Business-Graphiken 3-dimensionale Darstellungen Individuelle Gestaltung von Graphiken Kombination mehrerer Graphiken Einfügen von Texten Ausgabe graphischer Darstellungen	Zeitreihenanalyse Saisonale Glättung Celsus x11 Box-Jenkins	Deutschsprachige Menüeinführung für EDV-unbedarfte Anwender	Diverse Verfahren des Operations Research, z.B. Lineare Programmierung Netzplantechnik
Preise	Es besteht lediglich die Möglichkeit der Miete. Es werden individuelle Gruppenlizenzen für 3 bis 5000 Geräte in diversen Staffeln angeboten. Der jeweilige Preis hängt, neben der Anzahl der Kopien, auch vom Umfang des jeweiligen Paketes ab. Für zahlreiche Benutzergruppen werden Sonderkonditionen angeboten. Exakte Preisangaben auf Anfrage.							

Quelle: SAS Institute GmbH.

Abb. 93. Überblick über das Auswertungssystem PC SAS

```
-----------------------------------------------------------------
                                   SPSS/PC+

Variable: GESCHL              Label: GESCHLECHT
  Value labels follow         Type: Number  Width:  1   Dec: 0
                              Missing: * None *

  1.00    MAENNLICH           2.00    WEIBLICH

Variable: EINK                Label: EINKOMMEN
  Value labels follow         Type: Number  Width:  4   Dec: 0
                              Missing: * None *

  1.00    0 - 499 DM          2.00    500 - 999 DM
  3.00    1000 - 1499 DM      4.00    1500 und mehr DM

Variable: ZWECK               Label: URLAUBSZWECK
  Value labels follow         Type: Number  Width:  1   Dec: 0
                              Missing: * None *

  1.00    ERHOLUNG            2.00    AKTIV
  3.00    ABENTEUER           4.00    BILDUNG
  5.00    SONSTIGES

Variable: VERKEHR             Label: VERKEHRSMITTEL
  Value labels follow         Type: Number  Width:  1   Dec: 0
                              Missing: * None *

  1.00    FLUGZEUG            2.00    AUTO/MOTORRAD
  3.00    SCHIFF              4.00    BAHN
  5.00    BUS                 6.00    FAHRRAD
  7.00    GETRAMPT            8.00    SONSTIGES
-----------------------------------------------------------------
```

Abb. 94. Variablenspezifikationen (Ausschnitt) im Programmpaket SPSS/PC+

SPSS/PC+

KOSTEN URLAUBSKOSTEN

Value Label	Value	Frequency	Percent	Valid Percent	Cum Percent
0 - 499 DM	1	77	77.0	77.0	77.0
500 - 999 DM	2	3	3.0	3.0	80.0
1000 - 1499 DM	3	3	3.0	3.0	83.0
1500 und mehr DM	4	17	17.0	17.0	100.0
	TOTAL	100	100.0	100.0	

Valid Cases 100 Missing Cases 0

SPSS/PC+

VERKEHR VERKEHRSMITTEL

Value Label	Value	Frequency	Percent	Valid Percent	Cum Percent
FLUGZEUG	1	17	17.0	17.0	17.0
AUTO/MOTORRAD	2	82	82.0	82.0	99.0
SCHIFF	3	1	1.0	1.0	100.0
	TOTAL	100	100.0	100.0	

Valid Cases 100 Missing Cases 0

SPSS/PC+

ZWECK URLAUBSZWECK

Value Label	Value	Frequency	Percent	Valid Percent	Cum Percent
ERHOLUNG	1	62	62.0	62.0	62.0
AKTIV	2	24	24.0	24.0	86.0
ABENTEUER	3	14	14.0	14.0	100.0
	TOTAL	100	100.0	100.0	

Valid Cases 100 Missing Cases 0

Abb. 95. Univariate Häufigkeitsanalyse ausgewählter Variablen mit dem Programmpaket SPSS/PC+

SPSS/PC+

Crosstabulation: EINK EINKOMMEN
By KOSTEN URLAUBSKOSTEN

KOSTEN-> EINK	Count Row Pct Col Pct Tot Pct	0 - 499 DM 1	500 - 999 DM 2	1000 - 1499 DM 3	1500 und mehr DM 4	Row Total
0 - 499 DM	1	11 84.6 14.3 11.0	1 7.7 33.3 1.0		1 7.7 5.9 1.0	13 13.0
500 - 999 DM	2	16 76.2 20.8 16.0		2 9.5 66.7 2.0	3 14.3 17.6 3.0	21 21.0
1000 - 1499 DM	3	10 71.4 13.0 10.0	1 7.1 33.3 1.0		3 21.4 17.6 3.0	14 14.0
1500 und mehr DM	4	40 76.9 51.9 40.0	1 1.9 33.3 1.0	1 1.9 33.3 1.0	10 19.2 58.8 10.0	52 52.0
	Column Total	77 77.0	3 3.0	3 3.0	17 17.0	100 100.0

Number of Missing Observations = 0

SPSS/PC+

Crosstabulation: GESCHL GESCHLECHT
By ZWECK URLAUBSZWECK

ZWECK-> GESCHL	Count Row Pct Col Pct Tot Pct	ERHOLUNG 1	AKTIV 2	ABENTEUER 3	Row Total
MAENNLICH	1	42 68.9 67.7 42.0	12 19.7 50.0 12.0	7 11.5 50.0 7.0	61 61.0
WEIBLICH	2	20 51.3 32.3 20.0	12 30.8 50.0 12.0	7 17.9 50.0 7.0	39 39.0
	Column Total	62 62.0	24 24.0	14 14.0	100 100.0

Number of Missing Observations = 0

Abb. 96. Kreuztabellierung ausgewählter Variablen mit dem Programmpaket SPSS/PC+

```
-----------------------------------------------------------------
                             SPSS/PC+

Variable       Cases         Mean               Std Dev

EINK             100    1699.0000              976.5943
KOSTEN           100     610.8400              591.5717
-----------------------------------------------------------------
                             SPSS/PC+

Correlations:   EINK    KOSTEN

  EINK          1.0000  .1206
  KOSTEN         .1206 1.0000

N of cases:     100     1-tailed Signif:   * - .01   ** - .001


" . " is printed if a coefficient cannot be computed
-----------------------------------------------------------------
```

Abb. 97. Metrische Korrelationsanalyse ausgewählter Variablen mit dem Programmpaket SPSS/PC+

4.2.3.2.2 Computergestützte Inhaltsanalyse

Die Inhaltsanalyse ist eine "... Untersuchungstechnik, die der objektiven, systematischen und quantitativen Beschreibung des offenbaren Inhalts von Mitteilungen aller Art dient."(Berelson, Content Analysis 1952, S. 489). Im Mittelpunkt des inhaltsanalytischen Vorgehens steht die Anwendung eines Kategoriensystems auf das zu untersuchende Material. Durch die Zuordnung des Textes zu den Kategorien soll der für die Fragestellung relevante Textinhalt in intersubjektiv nachvollziehbarer Weise erfaßt und ausgewertet werden können (vgl. Grunert/Bader, Weiterverarbeitung 1986, S. 239).

Die computergestützte Inhaltsanalyse ermöglicht, durch iteratives Arbeiten an den Transkripten aus qualitativen Erhebungen ein möglichst valides Kategoriensystem zu erstellen. In der computergestützten Inhaltsanalyse wird die intensionale Kategoriendefinition, bei der die Bedeutung jeder Kategorie abstrakt gekennzeichnet und möglicherweise auch durch einige Beispiele erläutert wird, "... durch eine extensionale Definition ersetzt, wodurch es möglich wird, die Vercodung des Textes vom Rechner vornehmen zu lassen. Kategorien müssen also definiert werden durch eine vollständige Auflistung all der Textelemente, deren Vorliegen zur Einordnung in eine bestimmte Kategorie führen soll. ... Dadurch, daß der bei der manuellen Inhaltsanalyse aufwendigste Arbeitsteil, nämlich die Vercodung des Textes, in kürzester Zeit vom Rechner durchgeführt werden kann, wird es möglich, ein Kategoriensystem durch iteratives Arbeiten am Text immer weiter zu verfeinern, bis es sowohl in bezug auf die theoretische Fragestellung als auch in bezug auf den vorliegenden Text als ausreichend valide erscheint." (Grunert/Bader, Weiterverarbeitung 1986, S. 239).

Zur computergestützten Inhaltsanalyse wurden - wie auch zur computergestützten Datenanalyse (vgl. Abschn. 4.2.3.2.1) - eine Reihe von Programmpaketen entwickelt. Eines der bekanntesten Pakete ist TEXTPACK, das von ZUMA in Mannheim entwickelt wurde und vertrieben wird (vgl. Grunert/Bader, Weiterverarbeitung 1986, S. 239). Die Vorgehensweise einer computergestützten Inhaltsanalyse auf der Basis von TEXTPACK ist schematisch in Abbildung 98 dargestellt.

Als Beispiel einer computergestützten Inhaltsanalyse wird im folgenden die Inhaltsanalyse einer Gruppendiskussion dargestellt.

<u>Iterative Inhaltsanalyse der Transkripte einer Gruppendiskussion</u>

Grunert/Bader analysierten auf der Basis des Systems TEXTPACK getrennte Gruppendiskussionen zwischen Produktlaien (2 Gruppen) und Produktexperten (2 Gruppen) zum Thema Fotoapparat (vgl. zu den folgenden Ausführungen Grunert/Bader, Weiterverarbeitung 1986, S. 243 ff.). Das endgültige Kategoriensystem, das in Tabelle 20 wiedergegeben ist, umfaßt 46 Produktmerkmale, 30 Produktanwendungen und 13 Produktmarken.

Eine erste Form der Auswertung ist die Analyse der Häufigkeiten des Auftretens der einzelnen Kategorien (vgl. Tab. 20). Sie läßt jedoch "... die wichtige Frage nach den in den kognitiven Strukturen der Diskussionsteilnehmer verankerten Verbindungen zwischen den einzelnen Kategorien beiseite ... ." (Grunert/Bader, Weiterverarbeitung 1986, S. 244). Abbildung 99 verdeutlicht die Stärke der Assoziationen zwischen Kategorien. "Sie zeigt, mit welchen Anwendungen und Merkmalen die Marke 'Canon' von den beiden Gruppen Pro-

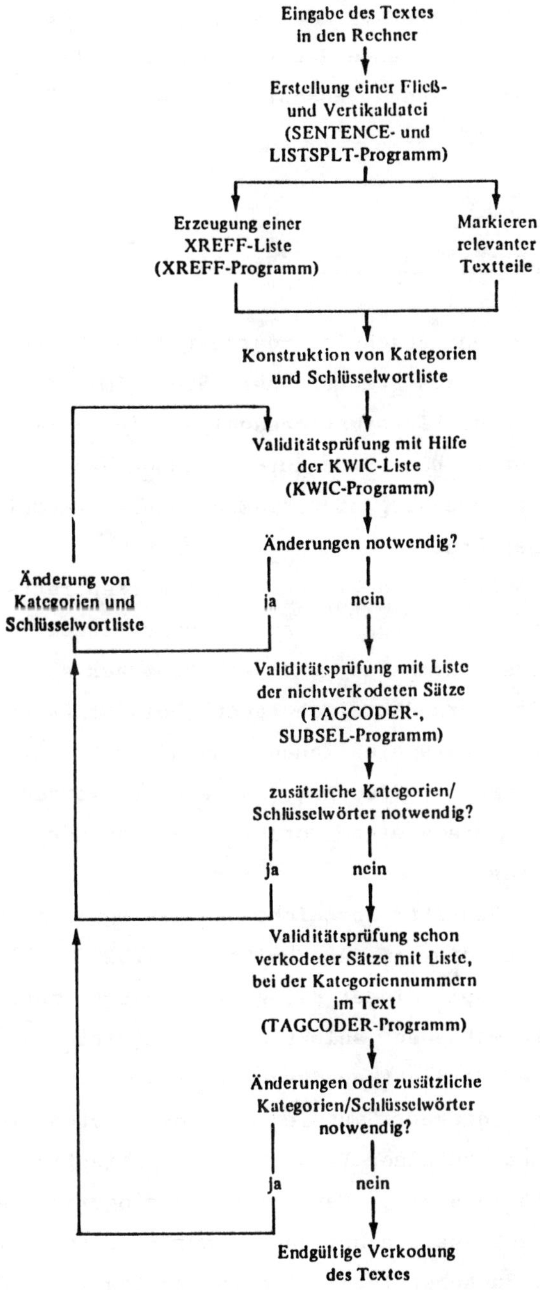

Quelle: Grunert/Bader, Weiterverarbeitung 1986, S. 240.

Abb. 98. Vorgehensweise des computergestützten Inhaltsanalysesystems TEXTPACK

duktlaien und Produktexperten im Laufe der Diskussion in Verbindung gebracht wurde, wobei die Länge der verbindenden Linien sich invers monoton zur Stärke der Assoziation verhält." (Grunert/Bader, Weiterverarbeitung 1986, S. 245).

4.2.3.3 Dialogorientierte Auswertungssysteme

Die im vorangegangenen Abschnitt dargestellten automatischen Auswertungssysteme sind aus technischer Sicht im wesentlichen dadurch charakterisiert, daß die Informationsanalyse in Form einer Stapelverarbeitung abläuft. Die Prozeduren können dabei über Bildschirmterminals initiiert werden, gleichermaßen können Ergebnisse am Bildschirm und/oder über Drucker ausgegeben werden.

Einen ersten Schritt in Richtung dialogorientierter Auswertungssysteme stellen die erwähnten PC-Auswertungssysteme dar. Die Möglichkeit, daß jedes Kommando und jede Prozedur sofort nach Eingabe ausgeführt wird, ist grundsätzlich auch bei Großrechnern gegeben. Die Vielzahl der unterschiedlichen Anwendungen, die in der Regel gleichzeitig auf einem Großrechner ausgeführt werden, führt meist jedoch dazu, daß umfangreiche statistische Auswertungen als Batch-Job abgewickelt werden.

Einen weiteren Schritt in Richtung dialogorientierter Auswertungssysteme stellen die im Abschnitt 4.2.2.2.2 skizzierten Auskunftssysteme dar. Bei dieser Kategorie dialogorientierter Abfragesysteme werden Informationen selektiert und einfache arithmetische Operationen zu ihrer Verdichtung durchgeführt.

Die Verknüpfung dieser Systeme mit den automatischen Auswertungssystemen führt zu einer Vorstufe dialogorientierter oder interaktiver Methodenbanksysteme. Derartige dialogorientierte Auswertungssysteme können aus technischer Sicht in unterschiedlicher Form realisiert werden. Zunächst ist zwischen zentraler und dezentraler Informationsverarbeitung zu unterscheiden. Bei zentraler Verarbeitung und (ausschließlichem) Einsatz von Großrechnern erfolgt der Zugang zu Daten- und Methodenbanken über Bildschirmterminals. Der Benutzer kann - wie am Beispiel des Marketing-Informationssystems der Firma Henkel dargestellt (vgl. Abb. 90) - Informationen selek-

Kategorien-nummer	Kategorienbezeichnung	Anzahl der genannten Sätze in den Kategorien		
		Produktexperten	Produktlaien	Insgesamt
	MERKMALE			
29	Spiegelreflex/Sucherkamera	100	38	138
4	Preis der Kamera	50	65	115
2	autom./manuelle Bedienung	80	24	104
17	Belichtungszeiten	56	9	65
42	Objektiv	56	8	64
24	Testurteil	38	25	63
18	Blende	39	18	57
27	Pocketkamera	24	33	57
20	Brennweite	46	8	54
5	Bedienungsprobleme beim Fotografieren	40	11	51
6	Bildqualität allgemein	27	17	44
12	Gewicht	34	8	42
22	Dias möglich	34	6	40
19	Blitzanschluß und Adapter	32	4	36
10	Handlichkeit und Größe	21	13	34
13	Bildschärfe	18	13	31
16	Batterien	19	6	25
9	Bildausschnitt/Sucherausschnitt	18	6	24
31	Motor	19	–	19
7	Robustheit	4	15	19
44	Filmgröße und Filmart	13	6	19
1	Ausbaufähigkeit	8	10	18
36	Geräusch	11	–	11
21	Aussehen	2	9	11
43	Grauimport	9	–	9
45	Auswechselbarkeit der Objektive	9	–	9
32	Lichtempfindlichkeit	8	–	8
8	Ruf des Herstellers	7	1	8
46	Verschluß des Objektivs	7	–	7
23	Filmempfindlichkeitsbereich	5	2	7
35	verschiedene Objektive	5	1	6
11	Bildperspektive	–	5	5
40	Linsen	4	1	5
28	Selbstauslöser	1	4	5
3	Bildzählung	–	4	4
33	universell einsetzbar	2	1	3
37	Bedienungsanleitung	2	1	3
34	technischer Stand	1	2	3
30	Kompatibilität	2	–	2
38	Autofokus	2	–	2
39	Mikroprozessoren	2	–	2
41	mehrmaliges Belichten möglich	2	–	2
15	Auslaufmodell	–	2	2
25	Garantie	–	2	2
14	vorm Bauch zu bedienen	–	1	1
26	Objektiv rausklappbar	–	1	1
Insgesamt		857	380	1237

Tab. 20. Kategoriensystem und Häufigkeit der Erwähnung der einzelnen Kategorien als Ergebnis einer computergestützten Inhaltsanalyse

Kategorien-nummer	Kategorienbezeichnung	Anzahl der genannten Sätze in den Kategorien		
		Produktexperten	Produktlaien	Insgesamt
	ANWENDUNGEN			
58	Häufigkeit des Fotografierens	18	18	36
69	Leute	28	6	34
64	im Freien und im Raum	20	5	25
57	Landschaftsbilder	15	10	25
59	Urlaubsfotos	8	13	21
52	Hobby oder Nebenher	4	16	20
51	Bilder vergrößern	16	1	17
49	Schnappschüsse	12	5	17
48	Erinnerung an besondere Ereignisse	9	8	17
68	Pflanzen- und Tieraufnahmen	12	4	16
55	Freizeit im Freien	4	9	13
53	besondere Aufnahmen	7	3	10
73	Motiv	6	4	10
71	Serie	9	–	9
47	Sportaufnahmen	8	1	9
76	Nachtaufnahmen	8	–	8
67	Nah- und Makroaufnahmen	4	2	6
70	Lichtverhältnisse	5	–	5
50	Dias und Album ansehen	3	2	5
74	Außentemperaturen	4	–	4
56	bei schönem Wetter	2	2	4
72	Kunst und kreative Tätigkeit	3	–	3
75	Stadt	3	–	3
65	beruflich	2	1	3
66	Exkursionen	–	2	2
60	Familienfotos	1	1	2
61	verschenken	1	–	1
62	Kalender	1	–	1
63	Kartieren	–	1	1
54	größere Entfernungen	–	1	1
Insgesamt		213	115	328
	MARKEN			
77	Canon	29	6	35
82	Minolta	23	–	23
86	Nikon	17	–	17
80	Leica	7	2	9
81	Konica	6	–	6
79	Exakta	3	3	6
85	Olympus	5	–	5
88	Metz	4	–	4
78	Minox	–	4	4
84	Quelle	2	–	2
83	Porst	1	–	1
87	Agfa-Pocket	1	–	1
89	Chinon	1	–	1
Insgesamt		99	15	114

Quelle: Grunert/Bader, Weiterverarbeitung 1986, S. 244 f.

Tab. 20. (Fortsetzung)

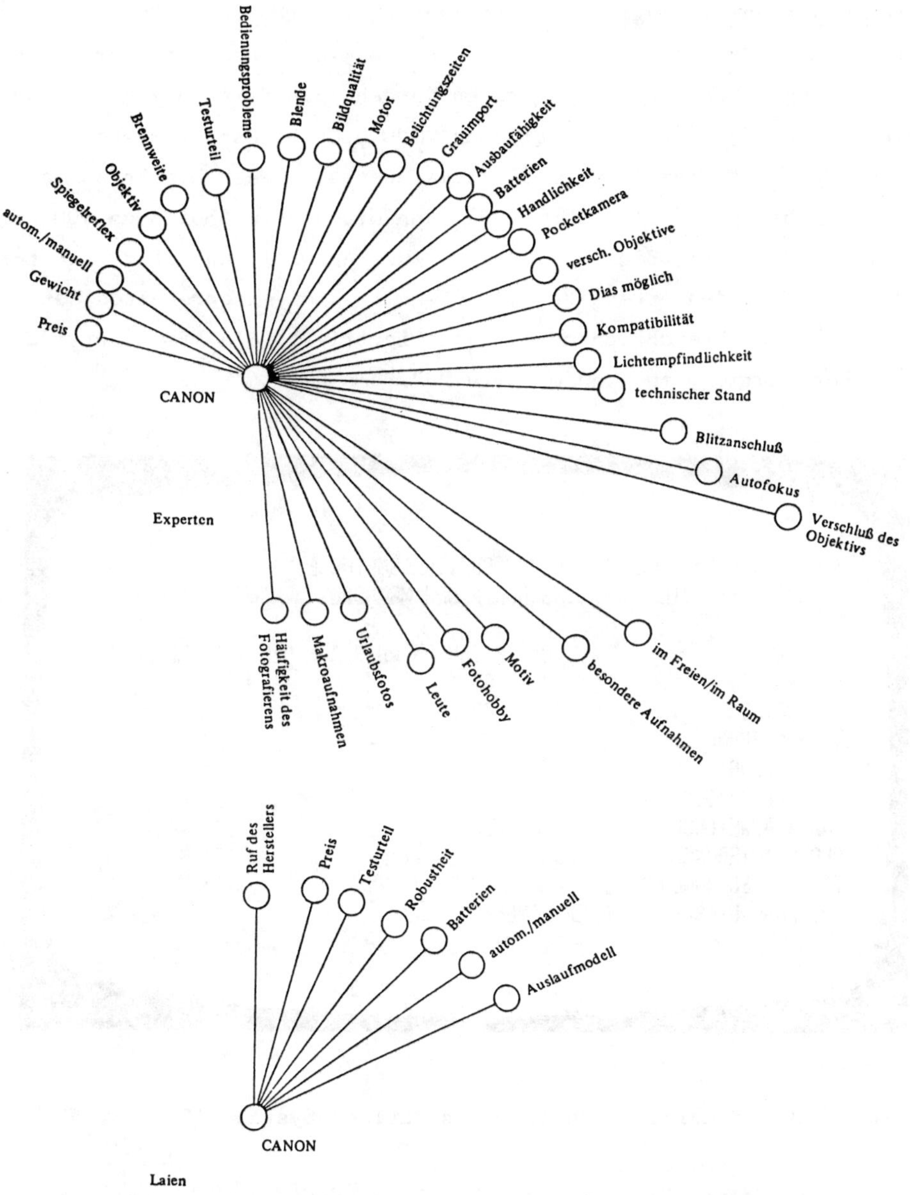

Quelle: Grunert/Bader, Weiterverarbeitung 1986, S. 246.

Abb. 99. Analyse der mit der Marke "Canon" assoziierten Merkmale und Anwendungen

tieren und nach vorgegebenen Prozeduren verarbeiten. Die programmierten Methoden können durch einfache Makrobefehle initiiert werden oder in vorgegebenen Menüs abgerufen werden. Als Beispiel einer derartigen Anwendung zeigt Abbildung 100 eine Bildschirmmaske aus dem (Basis-)Informationssystem der Firma Henkel. Das Ergebnis einer Bildschirmabfrage (vgl. Abb. 90) kann mit den in Abbildung 100 dargestellten Methoden, die der Rechner zur Auswahl anbietet, weiterverarbeitet werden. Der Benutzer wählt die entsprechende Methode aus, z.B. eine Trendberechnung, und initiiert die Prozedur durch Eingabe der Nummer, in diesem Falle "8".

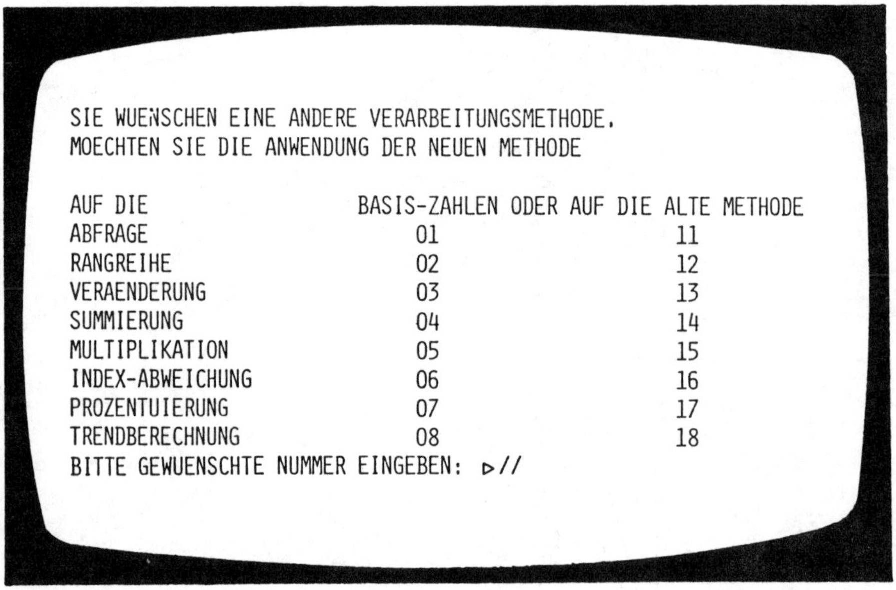

Quelle: Sihler/Schulz, Marketing-Informations-Systeme 1974, S. 524.

Abb. 100. Methodenauswahl in einem dialogorientierten Auswertungssystem

Die Mikrocomputertechnologie schafft gerade in dialogorientierten Auswertungssystemen den Übergang zur dezentralen und damit individuellen Informationsverarbeitung. Der Einsatz von Mikrocomputern, die als Satellit in einem Rechnernetz arbeiten, ermöglicht - wie bereits erwähnt - den Zugriff auf zentrale Datenbanken, den

Transfer von Datenbanksegmenten in den PC und die dezentrale (Weiter-)Verarbeitung der Informationen. Dabei können einfache Tabellenkalkulationsprogramme (vgl. Abschn. 2.3.5.1.3) oder Softwarepakete mit komplexen statistischen Verfahren wie SPSS/PC+ oder PC SAS (vgl. Abb. 92 und 93) eingesetzt werden.

Die technische Infrastruktur für eine individuelle Informationsanalyse, bei der Mikrocomputer als Satelliten eines Rechnernetzes eingesetzt werden, ist in Abbildung 101 dargestellt. Aus informationslogistischen Aspekten setzt eine individuelle Informationsverarbeitung neben dem Aufbau von Netzarchitekturen ein koordiniertes Datenmanagement und eine koordinierte Software-Wartung voraus. Ein unkoordinierter PC-Einsatz in den Fachabteilungen beinhaltet die Gefahr der Mehrfacherfassung von Daten, individueller Datenbasen mit hoher Redundanz und unterschiedlicher Aktualität sowie die Gefahr der Fehlinterpretation von Informationen. Zur Vermeidung von Frustrationen nach kurzfristigen "Euphoriephasen" im Zusammenhang mit individueller Informationsverarbeitung sind nicht nur umfangreiche Schulungsmaßnahmen, sondern auch der Aufbau eines zentralen PC-Benutzerservice erforderlich.

Die Mikrocomputertechnologie hat in Verbindung mit Tabellenkalkulationsprogrammen auch zu einer verstärkten Visualisierung von Analyseergebnissen geführt. Der Einsatz von Graphik-Paketen (Business Graphics) ermöglicht den Übergang "von der Zahl zur Graphik", eine Entwicklung, bei der die Erkenntnisse der bildorientierten Kommunikationsforschung als Katalysator wirken (vgl. hierzu die Ausführungen im Dritten Kapitel).

Die Visualisierung ist ein geeignetes Mittel, die Engpässe der kognitiven Informationsverarbeitung zu überwinden, da visualisierte Informationen schneller wahrgenommen und verarbeitet werden. "Eine Tabelle mit Marktforschungsergebnissen ist genau, aber zur Aufnahme der Informationen benötigt man relativ viel Zeit und Aufmerksamkeit. Bei der Visualisierung dieser Informationen durch ein Balken-, Kurven- oder Kuchendiagramm können die wesentlichen Informationen 'mit einem Blick' erfaßt werden. Es ist zu beachten, daß die Verdichtung nicht nur durch die graphische Veranschaulichung erreicht wird. Zusätzliche Möglichkeiten bietet die Verwendung von Farben, die Zei-

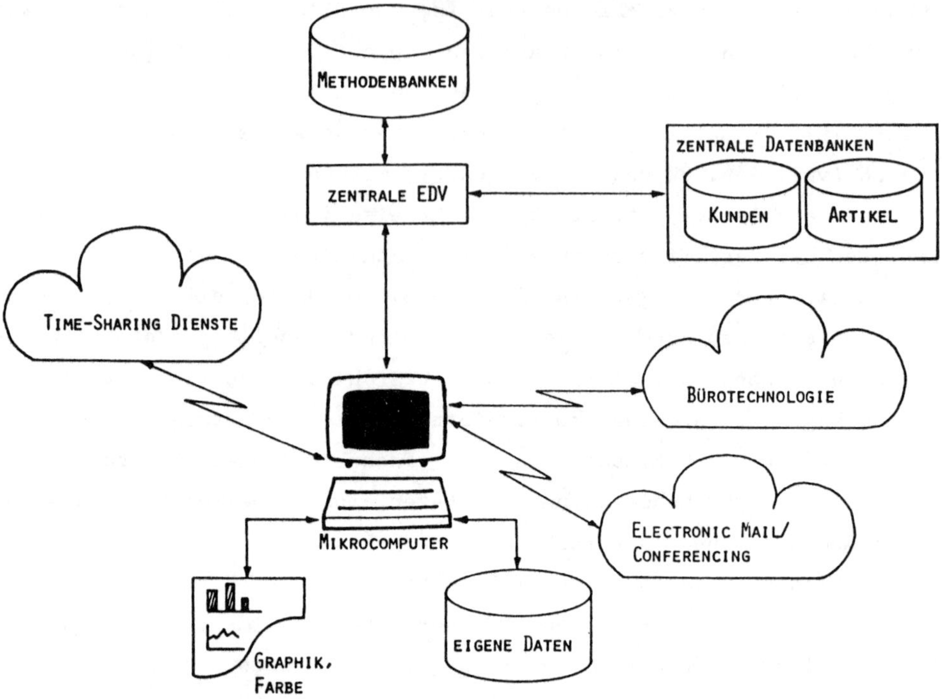

Quelle: Scheer, Betriebswirtschaftslehre 1987, S. 118.

Abb. 101. EDV-Konfiguration zur individuellen Informationsanalyse

chenfunktionen übernehmen können. Durch Farben können beispielsweise Produkte gekennzeichnet und kritische Bereiche hervorgehoben werden." (Behrens, Bildverarbeitung 1986, S. 260).

Als Beispiel zeigt Abbildung 102 die Ergebnisse eines Preistests in einem Testmarkt. Während die tabellarische Darstellung der Ergebnisse "auf den ersten Blick" keine Struktur erkennen läßt (vgl. Abb. 102a), zeigt die graphische Darstellung (vgl. Abb. 102b) bereits die Tendenz, daß mit höheren Preisen niedrigere Absatzmengen korrespondieren und umgekehrt. Noch deutlicher wird dies, wenn auf die "Punktewolke" eine einfache lineare Regression angewendet wird (vgl. Abb. 102c).

Die dialogorientierten Auswertungssysteme wurden zunächst nach dem Kriterium der Informationsverarbeitung in zentrale und dezentrale Systeme differenziert. Eine weitere Unterscheidung bezieht

Periode	Preis	Menge
1	12,--	7.000
2	18,--	4.000
3	8,--	10.000
4	4,--	9.000
5	6,--	9.000
6	2,--	12.000
7	24,--	1.000
8	16,--	3.000
9	14,--	5.000
10	10,--	6.000
11	20,--	3.000
12	22,--	2.000

Abb. 102a. Vergleichende Darstellung von Analyseergebnissen in tabellarischer und graphischer Form
- tabellarische Darstellung -

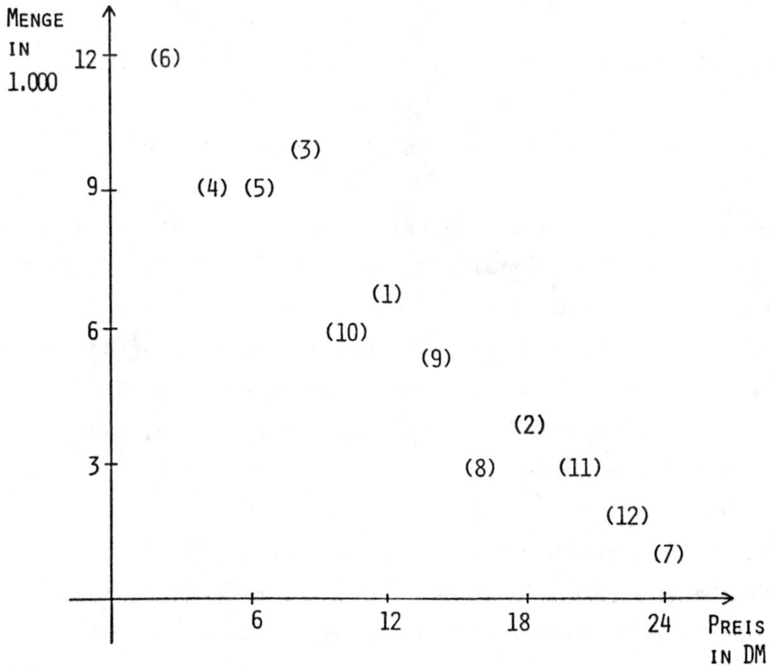

Abb. 102b. Vergleichende Darstellung von Analyseergebnissen in tabellarischer und graphischer Form
- graphische Darstellung: Preis-Mengen-Kombination -

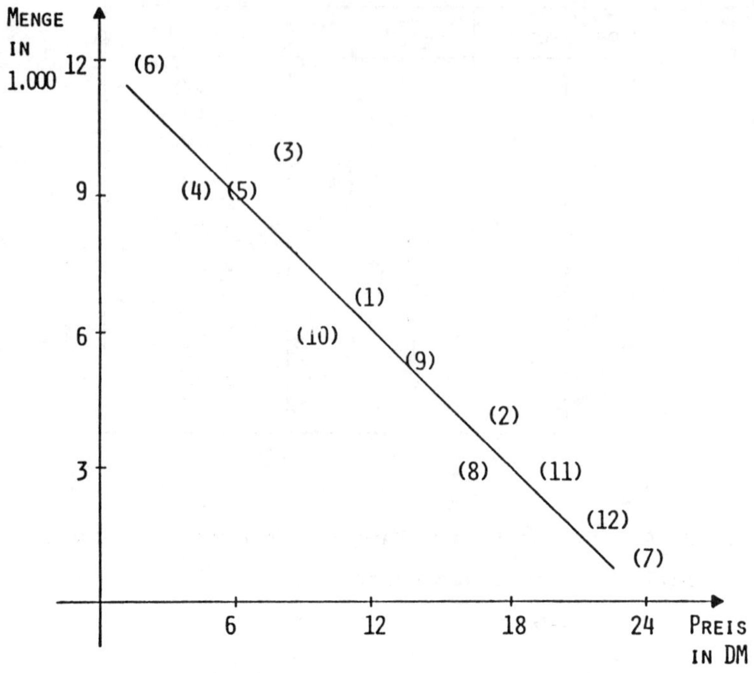

Abb. 102c. Vergleichende Darstellung von Analyseergebnissen in tabellarischer und graphischer Form
- graphische Darstellung: Regressionsgerade -

sich darauf, ob auf unternehmensinterne oder auf unternehmensexterne Daten- und Methodenbanken zugegriffen wird. So können über Bildschirmterminals aus externen Datenbanken Informationen selektiert und auf dem Host-Rechner mit statistischen Verfahren weiterverarbeitet werden. Diese Verarbeitungsprozedur schließt - wie im Abschnitt 3.3.2.2 aufgezeigt - die Möglichkeit ein, auf dem Host auch unternehmensinterne Daten zu speichern und mit externen Daten zu verknüpfen.

Der Einsatz von Mikrocomputern bietet auch beim Zugriff auf externe Datenbanken die Möglichkeit des Datentransfers - wie auch des Methodentransfers in Form von Tele-Software - und der individuellen Weiterverarbeitung.

Als Beispiele für dialogorientierte Auswertungssysteme im Marketing werden im folgenden dargestellt:

- ein externes Daten- und Methodenbanksystem,
- ein PC-gestütztes dialogorientiertes Auswertungssystem.

Externes Daten- und Methodenbanksystem

Als Beispiel eines dialogorientierten Auswertungssystems, das Unternehmen in Form eines externen Daten- und Methodenbanksystems zur Verfügung steht, kann das Informationsanalysesystem des Ifo-Instituts beispielhaft vorgestellt werden (vgl. zu den folgenden Ausführungen Goldrian, Datenbanken 1984).

Das Ifo-Informationssystem, dessen Grundstruktur in Abbildung 103 dargestellt ist, steht neben den Institutsmitarbeitern, Kunden des

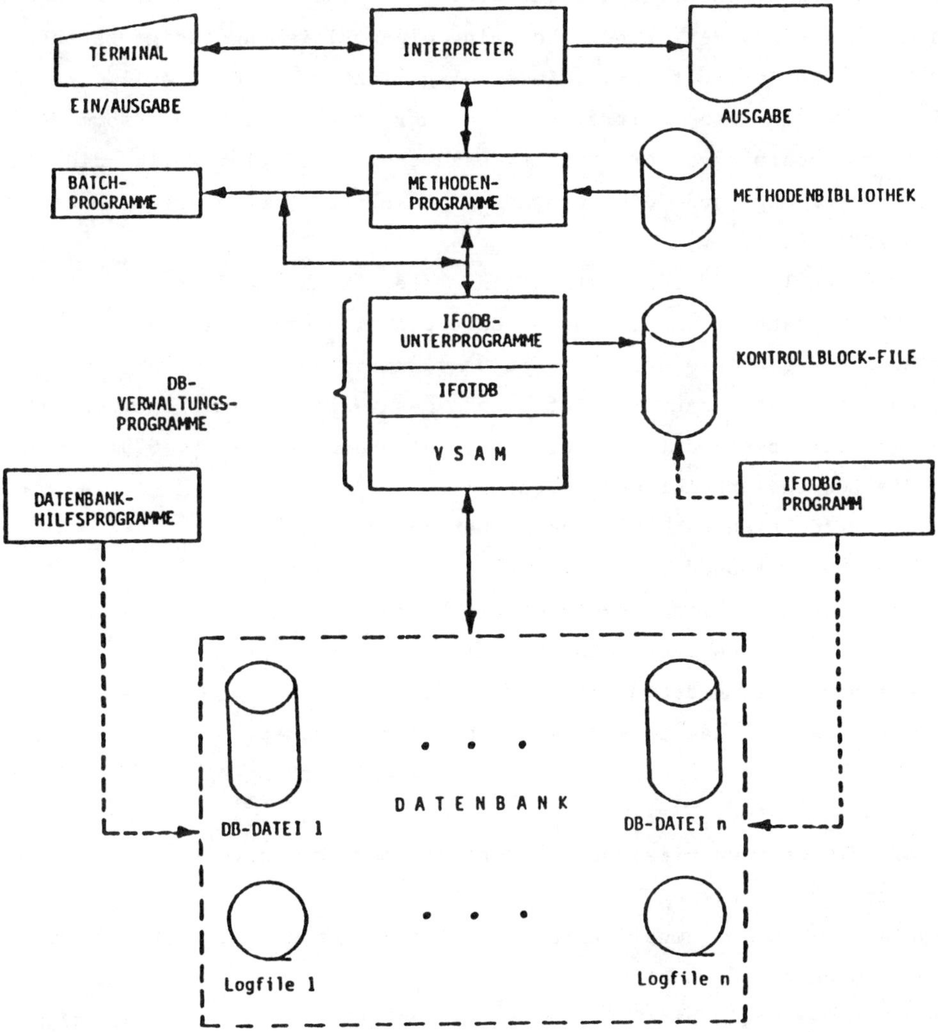

Quelle: Goldrian, Datenbanken 1984, S. 86.

Abb. 103. Struktur des Ifo-Datenbank- und Methodenbanksystems

Instituts als externe Daten- und Methodenbank zur Verfügung, die off-line oder on-line genutzt werden kann. Die Off-line-Nutzung der Datenbank "... als Bezugsquelle für wirtschaftsstatistische Zeitreihen erfordert praktisch keine Voraussetzungen. Die Daten sind in der Regel sowohl ausgedruckt bzw. graphisch dargestellt als auch auf einem maschinenlesbaren Medium zu erhalten. Die letztere Form ermöglicht eine problemlose Pflege des Datenbestandes auf der eigenen DV-Anlage, indem periodisch Anschlußwerte auf Magnetband abgerufen und eingespielt werden. Diese Vorgehensweise empfiehlt sich demnach, wenn der Kunde über eine eigene leistungsfähige Daten- und Methodenbank verfügt bzw. diese eingerichtet werden soll. In der Regel werden die Zeitreihen nicht nur in ihrer Ursprungsform dargeboten, sondern auch aufbereitet. Dazu zählen beispielsweise die Saisonbereinigung und die Prognose von Daten." (Goldrian, Datenbanken 1984, S. 87 f.).

Die On-line-Nutzung ermöglicht den direkten Zugriff auf über 8.000 wirtschaftsstatistische Zeitreihen. Kern des Datenbestandes sind die Ergebnisse der Ifo-Konjunkturumfragen bei Unternehmen der Industrie, der Bauwirtschaft und des Handels. Im einzelnen umfaßt dieser Datenbestand (vgl. Goldrian, Datenbanken 1984, S. 95):

- die Beurteilung der Geschäftslage,
- die Produktionstätigkeit gegenüber dem Vormonat,
- die Beurteilung des Fertigwarenlagers,
- den Auftragseingang gegenüber dem Vormonat,
- den Auftragsbestand gegenüber dem Vormonat,
- die Beurteilung des Auftragsbestandes,
- die Inlandsverkaufspreise gegenüber dem Vormonat,
- die Erwartungen hinsichtlich der Produktionstätigkeit in den nächsten 3 Monaten,
- die Erwartungen hinsichtlich der Inlandsverkaufspreise in den nächsten 3 Monaten,
- die Erwartungen hinsichtlich des Umfangs des Exportgeschäfts in den nächsten 3 Monaten,
- die Erwartungen hinsichtlich der Geschäftsentwicklung in den nächsten 6 Monaten.

Neben den Konjunkturtestdaten enthält die Ifo-Datenbank Zeitreihen der amtlichen Statistik sowie Zeitreihen sonstiger Quellen, so u.a. (vgl. Goldrian, Datenbanken 1984, S. 98 f.):

- gesamtwirtschaftliche Daten, Geld- und Kapitalmarktdaten,
- Daten über öffentliche Finanzen und Außenhandel,
- Indexreihen der industriellen Nettoproduktion,
- Indexreihen der industriellen Bruttoproduktion für Investitionsgüter,
- Indexreihen der Auftragseingänge und der Umsätze in der Industrie,
- Preisindizes,
- Daten der Bau- und Verkehrswirtschaft,
- Indexreihen der Umsätze im Groß- und Einzelhandel,
- Beschäftigte der Industrie.

Mehrstufige Analyseprogramme sind in der Methodenbank des Ifo-Informationssystems zur Auswertung verfügbar. Der On-line-Zugriff auf diese Methodenbank ermöglicht (vgl. Goldrian, Datenbanken 1984, S. 99 f.):

- die Ausgabe einzelner oder mehrerer Zeitreihen in Tabellenform,
- die Umformung der Originaldaten in Wachstumsraten (in Prozent) bzw. absolute Veränderungen (Differenzen), Indexwerte, prozentuale Abweichungen von gleitenden Durchschnitten, lineare Trends oder exponentielle Trends sowie in Logarithmen und reziproke Werte,
- die einfache Addition oder Zusammengewichtung verschiedener Reihen,
- die Berechnung von statistischen Kenngrößen wie Mittelwert, Standardabweichung, Variationskoeffizient,
- die Berechnung eines Korrelogramms zweier Zeitreihen zur Untersuchung der zwischen diesen Reihen bestehenden Zeitverschiebungen,
- die Darstellung zweier Zeitreihen in einem Streudiagramm,
- die Saisonbereinigung mit dem ASA II-2 Verfahren,
- die Schätzung des Trends oder der Trend- und Konjunkturkomponenten einer Zeitreihe,
- einfache und multiple Regressionsanalysen,
- univariate Prognosen mittels der Box-Jenkins-Technik.

Die Ergebnisse dieser Prozeduren können - je nach technischer Ausstattung des Benutzers - als Tabelle über Drucker ausgedruckt, als Graphik über leistungsfähige Drucker oder Plotter erstellt oder an zwei- oder mehrfarbigen Bildschirmen aufgezeigt werden. Auch

Goldrian betont die Möglichkeit der graphischen Aufbereitung der Analyseergebnisse: "Besonders vorteilhaft ist, daß alle Ergebnisse auch graphisch dargestellt werden können. Dies ermöglicht einen schnellen und sicheren Überblick und erleichtert die Entscheidungsfindung." (Goldrian, Datenbanken 1984, S. 99).

Als Output-Beispiel zeigt Abbildung 104 das Geschäftsklima als Frühindikator des Auftragseingangs in Form eines Plotterausdrucks (vgl. zur Bedeutung von Frühindikatoren im Marketing Backhaus, Investitionsgüter-Marketing 1982, S. 260).

PC-gestütztes dialogorientiertes Auswertungssystem

Als Beispiel eines dialogorientierten Auswertungssystems, das aus technischer Sicht über Mikrocomputer in Form von Satellitenrechnern realisierbar ist, kann das bereits im Abschnitt 4.2.3.2.1 erwähnte System SPSS/PC+ dargestellt werden. Über die Datentransferfunktion können (SPSS-X-)Dateien vom Großrechner auf einen Mikrocomputer "geladen" werden. Auf dem Mikrocomputer kann dann unter Einsatz der dezentral verfügbaren statistischen Software (z.B. SPSS/PC+ Basics) die weitere Informationsanalyse durchgeführt werden. Das Ergebnis der Analyse kann mit Hilfe des Moduls Graphics graphisch aufbereitet werden.

Die technische Grundstruktur eines derartigen PC-gestützten Dialogsystems ist in Abbildung 105 dargestellt. Abbildung 106 zeigt das Ergebnis einer univariaten Häufigkeitsanalyse, die auf einem Mikrocomputer erstellt wurde, in tabellarischer (vgl. Abb. 106a) und graphischer Form (vgl. Abb. 106b).

4.2.3.4 Interaktive Methodenbanksysteme

4.2.3.4.1 Computergestützte Methodenauswahl

Die in den Abschnitten 4.2.3.2 und 4.2.3.3 dargestellten automatischen bzw. dialogorientierten Auswertungssysteme gehen von einer Methodensammlung in Form einer Methodenbank aus, deren Angebotsspektrum ("Reichtum der Methodensammlung") sehr unterschiedlich sein kann (vgl. zu den Entwurfskriterien für Methodenbanken Mertens/ Bodendorf, Methodenbanken 1979).

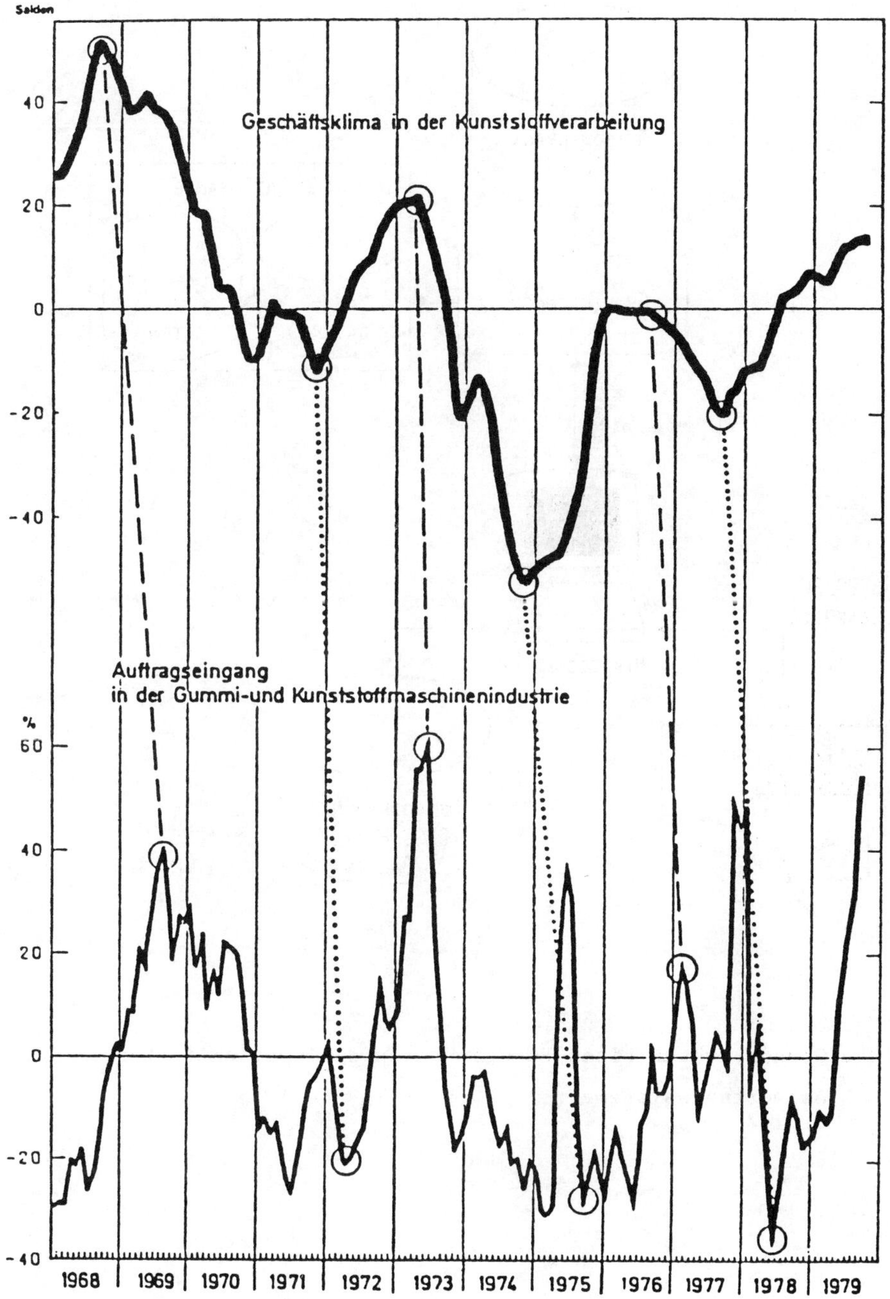

Quelle: Goldrian, Datenbanken 1984, S. 92.

Abb. 104. Geschäftsklima und Auftragseingang als Analysebeispiel

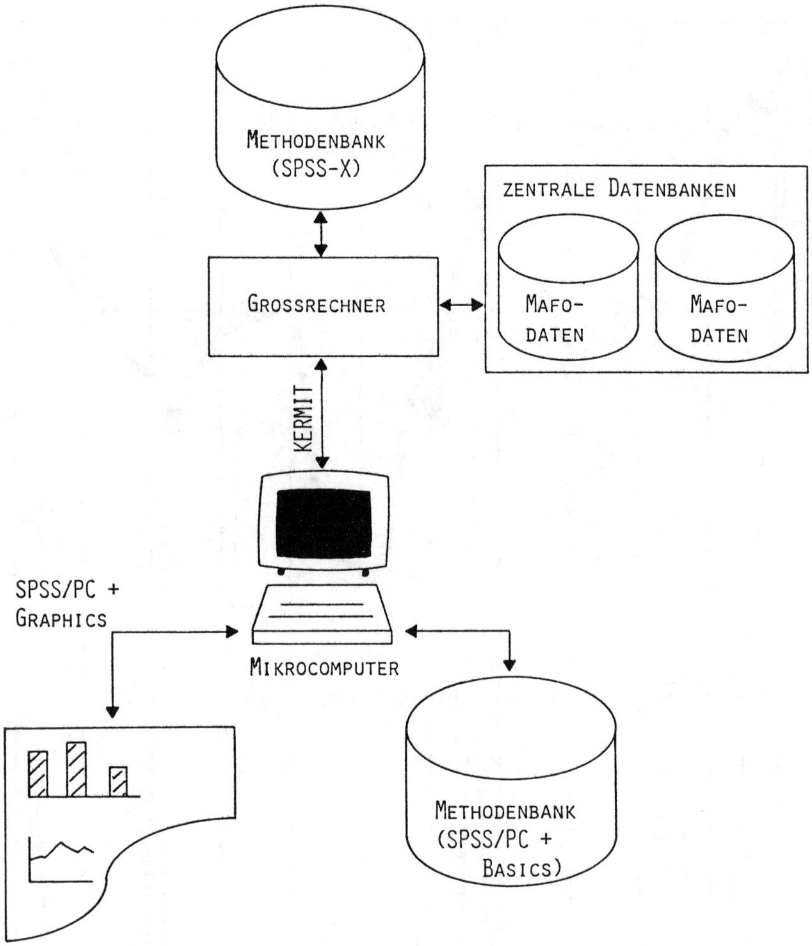

Abb. 105. Grundstruktur eines PC-gestützten dialogorientierten Auswertungssystems

PRODUCT Product sold

Value Label	Value	Frequency	Percent	Valid Percent	Cum Percent
Gourmet popcorn	1.00	4	22.2	22.2	22.2
Hot dogs	2.00	5	27.8	27.8	50.0
Soda water	3.00	3	16.7	16.7	66.7
Beer	4.00	6	33.3	33.3	100.0
	TOTAL	18	100.0	100.0	

Abb. 106a. Analysebeispiel mit dem Programmpaket SPSS/PC+ Basics - Ergebnis einer Häufigkeitsanalyse: tabellarische Darstellung -

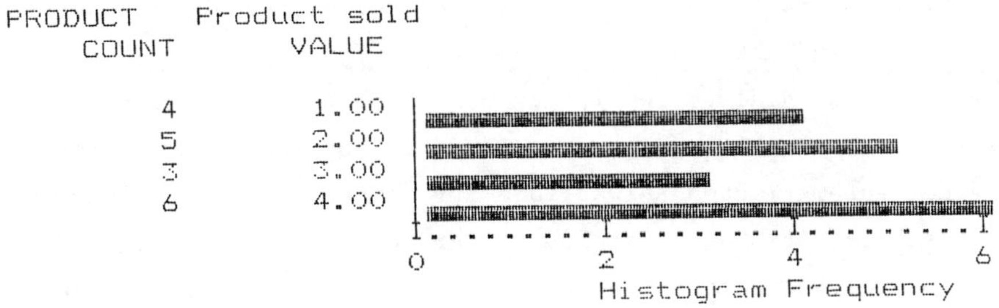

Valid Cases 18 Missing Cases 0

Abb. 106b. Analysebeispiel mit dem Programmpaket SPSS/PC+ Basics - Ergebnis einer Häufigkeitsanalyse: graphische Darstellung -

Charakteristisch für eine Methodenbank ist, daß der Benutzer aus der Sammlung der verfügbaren Methoden seine Auswahl trifft, z.B. am Bildschirm, und damit eine Analyse durch den Rechner initiiert. Der Auswahlprozeß selbst wird dabei nicht durch den Rechner unterstützt.

Interaktive Methodenbanksysteme bieten dagegen eine Benutzerunterstützung. Sie kann Auswahlhilfen und -verbote und Interpretationshilfen beinhalten. Rechnergestützte Auswahlhilfen und -verbote können in mehreren Erscheinungsformen auftreten. Eine erste Form ist die Führung des Benutzers im Dialog. Dieses Verfahren, das als Vorstufe einer computergestützten Methodenauswahl bezeichnet werden kann, setzt Methodenbeschreibungen in Form einer Methodendokumentation in Baumstruktur voraus. "Während des Dialogs bietet die Maschine an den Verzweigungspunkten Menüs an, die es dem Benutzer erlauben, den Baum von der groben Zusammenfassung (z.B. Methodenhauptgrupppe "Statistik") über Untergliederungen (z.B. Methodengruppe "Abhängigkeitsanalyse") bis zu ausführbaren Programmen (Methode "Rang-Korrelation") zu durchlaufen." (Mertens/Bodendorf, Methodenbanken 1979, S. 535).

Als Beispiel einer derartigen Methodendokumentation kann das System METHAPLAN erwähnt werden, in dem Dokumentationen der Methoden in drei unterschiedlichen Detaillierungsstufen (Gesamtverzeichnis, Methodenklassenverzeichnis, Bausteindokumentation) am Bildschirm abgerufen werden können (vgl. Mertens/Bodendorf, Methodenbanken 1979, S. 534 f.). Die Struktur dieser Methodenbankdokumentation zeigt in vereinfachter Form Abbildung 107.

Während in dialogorientierten Methodenbankdokumentationen der eigentliche Auswahlvorgang dem Benutzer obliegt, sucht das System bei einer automatischen Auswahl die für eine Problemstellung geeignete Methode aus der Sammlung oder es selektiert eine möglichst kleine Gruppe geeigneter Verfahren, aus der der Benutzer letztlich manuell auswählt. Die maschinelle Auswahl bzw. Vorauswahl erfolgt z.B. auf der Grundlage der folgenden Merkmale (vgl. Mertens/ Bodendorf, Methodenbanken 1979, S. 535):

- Art des mit der Methode zu lösenden Problems,
- Qualität der Daten (z.B. Stichprobengröße, Zahl der Merkmale, Zahl der Merkmalsausprägungen, Skalenniveau),
- zulässiger Aufwand.

Eine Möglichkeit zur automatischen Methodenauswahl bieten Entscheidungstabellen. Auf diesem Prinzip basiert das bereits in den 70er Jahren an der Universität Erlangen-Nürnberg entwickelte Methodenbanksystem MADAS (vgl. Mertens/Bodendorf, Methodenbanken 1979, S. 535 und die dort angegebene Literatur).

Das Prinzip der Entscheidungstabelle kann in Abbildung 108 an einem Beispiel dokumentiert werden. "Gefragt wird, ob ein Zusammenhang zwischen dem Wohnsitz und dem Besitz eines bestimmten Waschmaschinentyps besteht. In einem vorhergehenden Verfahrensschritt sei bereits die Methodengruppe 'bivariate Strukturanalyse' ausgewählt

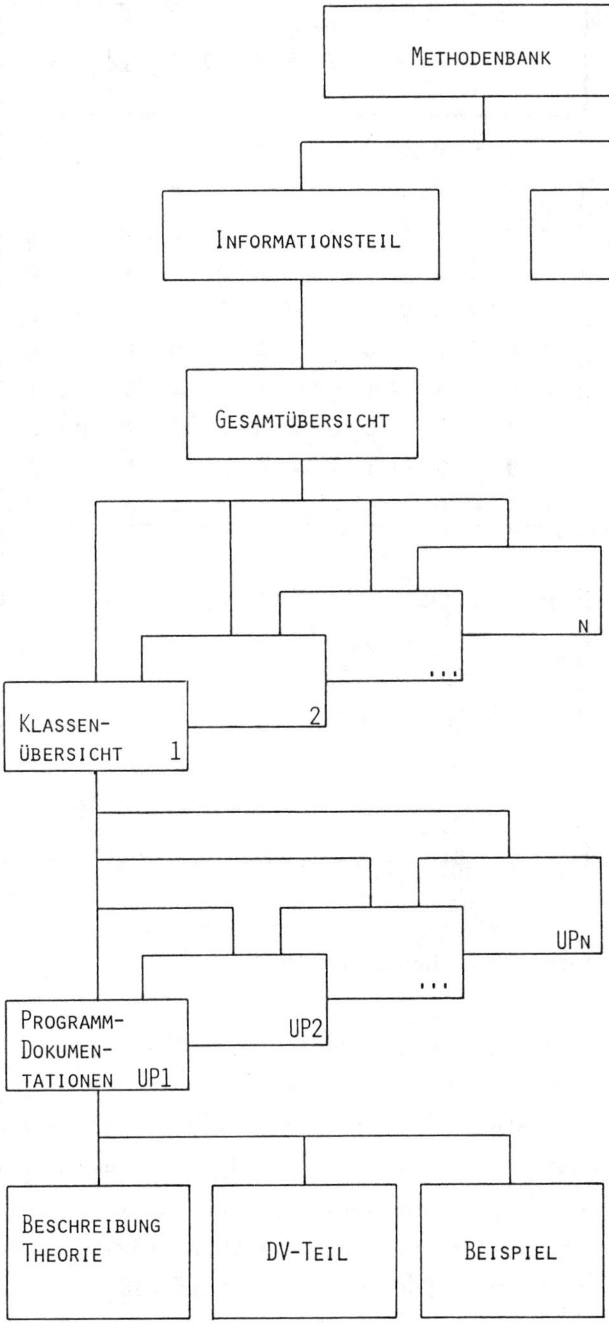

Quelle: Mertens/Bodendorf, Methodenbanken 1979, S. 535.

Abb. 107. Grundstruktur der Methodenbankdokumentation von METHAPLAN

Methodenauswahl zur bivariaten Strukturanalyse	Regeln 1	2	3	4	5	6	7	8	9	10	11	12	13	14	
Bedingungsteil															**Bedingungsanzeigeteil**
1 dichotom	1	1	0	0	0	1	1	0	1	0	0	0	0	0	
1 normalverteilt	-	-	-	-	1	-	-	0	-	1	0	-	-	1	
1 nominal	-	-	1	1	0	-	-	0	-	0	1	0	0	0	
1 ordinal	-	-	0	0	1	-	-	-	-	0	0	-	-	0	
1 metrisch	-	-	0	0	0	-	-	-	-	1	0	-	-	1	
2 dichotom	1	0	1	0	1	0	0	1	0	1	0	0	0	0	
2 normalverteilt	-	-	-	-	-	1	0	-	1	-	-	0	-	1	
2 nominal	-	1	-	1	-	0	0	-	0	-	0	1	0	0	
2 ordinal	-	0	-	0	-	1	-	-	0	-	-	0	-	0	
2 metrisch	-	0	-	0	-	0	-	-	1	-	-	0	-	1	
Aktionsteil															**Aktionsanzeigeteil**
Phi	x														
Kontingenz		x	x	x											
Spearman/Tie					x	x									
Kendall/Tie							x	x							
Punkt - Biseral									x	x					
Wilcox/Freeman											x	x			
Kendall/Tab													x		
Produkt - Moment														x	

Quelle: Mertens/Bodendorf, Methodenbanken 1979, S. 536.

Abb. 108. Entscheidungstabelle zur bivariaten Strukturanalyse

worden. Die Entscheidungstabelle zeigt in ihrem Bedingungsteil Zeilen für zwei Merkmale (Merkmal 1: 'Bundesland' und Merkmal 2: 'Besitz einer Waschmaschine'). Beide Merkmale sind nominal skaliert. Infolgedessen trifft Regel Nr. 4 zu, die im Aktionsteil der Entscheidungstabelle auf den Kontingenzkoeffizienten verweist." (Mertens/Bodendorf, Methodenbanken 1979, S. 535 f.).

Eine weitere Entwicklungsstufe eines automatischen Auswahlsystems ist durch einen vom Rechner kontrollierten Dialog zur Abfrage der für die Methodenauswahl relevanten Merkmale und einer dadurch schrittweisen Selektion der geeigneten Methode gekennzeichnet. Nach diesem Prinzip arbeiten z.B. die computergestützten Methodenauswahlsysteme

- SAMBA und
- DEMI,

die im folgenden kurz vorgestellt werden.

Computergestütztes Auswahlsystem SAMBA

Das an der Universität Erlangen-Nürnberg entwickelte System SAMBA (SPSS-anwendungsorientierte Methodenbank) selektiert in zwei Stufen. "Zunächst ist die gewünschte Methodengruppe zu bestimmen, dann wird innerhalb dieser Gruppe eine konkrete Methode ausgewählt. Dieser Auswahlvorgang kann vom System je nach Wunsch mehr oder weniger stark unterstützt werden." (Mertens/Bodendorf, Methodenbanken 1979, S. 536).

Im Experten-Modus ("Herrensystem") bestimmt der Benutzer die anzuwendende Methode, ohne Auswahlhilfen in Anspruch zu nehmen. "Dazu fordert er zunächst das Verzeichnis der vorhandenen Methodengruppen an und entscheidet sich für die seiner Meinung nach geeignetste. Das System zeigt ihm daraufhin das Menübild der in dieser Gruppe zusammengefaßten Methoden, aus der der Benutzer schließlich die gewünschte auswählt." (Mertens/Bodendorf, Methodenbanken 1979, S. 537).

Im Laien-Modus ("Sklavensystem"), der hier im Vordergrund der Betrachtung steht, führt der Rechner den Dialog "... und bestimmt zunächst die passende Methodengruppe, indem er durch Fragen an den Benutzer dessen Analyseabsicht grob eingrenzt. Um aus dieser Gruppe unzulässige Methoden herausfiltern zu können, fragt das System dann nach bestimmten Dateneigenschaften. Diese Auswahlkriterien sind von Methodengruppe zu Methodengruppe verschieden: Beispiele sind Skalenniveau, Anzahl der in die Berechnung eingehenden Variablen oder Art der Ausprägung von Merkmalen (streng diskret bzw. dichotom, polytom). Aus dem so vorselektierten Methodenangebot wählt der Benutzer - evtl. unter Zuhilfenahme der Dokumentation - die gewünschte Methode aus." (Mertens/Bodendorf, Methodenbanken 1979, S. 536).

Als Beispiel zeigt Abbildung 109 den Ablauf einer computergestützten Methodenauswahl mit Hilfe des Systems SAMBA. In Abbildung 109a erfragt der Rechner einige Angaben zu den auszuwertenden Daten, so

- die Anzahl der Variablen und
- die Ausprägung der Variablen.

```
***************************************************************************
* METHODENAUSWAHL            S A M B A (602.13)                          *
***************************************************************************

SIE MOECHTEN EIN VERFAHREN AUS DER METHODENGRUPPE
-->>DESKRIPTIVE STATISTIK ANWENDEN.

UM SIE BEI DER METHODENAUSWAHL UNTERSTUETZEN ZU KOENNEN, BENOETIGT DAS
SYSTEM FOLGENDE INFORMATIONEN:
- ANZAHL DER SIMULTAN, D.H. IN EINER EINZELNEN BERECHNUNG BETRACHTETEN
  -->>VARIABLEN (BEI MEHR ALS 2 VARIABLEN GENUEGT EINE UNGEFAEHRE
           ANGABE).
- AUSPRAEGUNG DIESER VARIABLEN :
     -->>DISKRET  (D)
     -->>STETIG   (S)
BITTE GEBEN SIE DIE ANZAHL UND DEN ENTSPRECHENDEN BUCHSTABEN AN.

ANZAHL DER VARIABLEN      =[2  ]
AUSPRAEGUNG DER VARIABLEN=[S]
```

Abb. 109a. Computergestützte Methodenauswahl mit dem System SAMBA
- Vorbereitung der automatischen Vorselektion -

```
***************************************************************************
* METHODENAUSWAHL            S A M B A (602.13)                          *
***************************************************************************

ZUR LOESUNG IHRES PROBLEMS KANN IHNEN LEIDER NUR DAS FOLGENDE VERFAHREN
ANGEBOTEN WERDEN :
(1) >D>SCATTERGRAM    : STREUUNGSDIAGRAMM (GRAPHIK)

SOLLTEN SIE MIT DIESEM VERFAHREN NICHT EINVERSTANDEN SEIN, SO HABEN SIE
DIE MOEGLICHKEIT, DURCH -->>DISKRETISIERUNG IHRER VARIABLEN FOLGENDE
VERFAHREN FUER DISKRETE DATEN ZU VERWENDEN :
(2) >D>CROSSTABS      : MEHRDIM. HAEUFIGKEITSVERTEILUNGEN (KREUZTABELLEN)
(3) >D>MULT RESPONSE  : HAEUFIGKEITSVERTEILUNGEN BEI
                        MEHRFACH-ANTWORT-FRAGEN

BITTE GEBEN SIE DIE ENTSPRECHENDE NUMMER AN. FALLS SIE MIT KEINEM DER
AUFGEFUEHRTEN VERFAHREN EINVERSTANDEN SIND, GEBEN SIE BITTE -SEND-.

NUMMER=[1]
```

Quelle: Mertens/Bodendorf, Methodenbanken 1979, S. 537.

Abb. 109b. Computergestützte Methodenauswahl mit dem System SAMBA
- Vorselektiertes Methodenangebot -

Daraufhin bietet er zur Analyse ein Streuungsdiagramm (Scattergram) an (vgl. Abb. 109b). In einer Vorstufe, die nicht dargestellt ist, erkannte der Rechner bereits, daß der Nutzer ein Verfahren aus der Methodengruppe "Deskriptive Statistik" anwenden will (vgl. Abb. 109a).

Computergestütztes Auswahlsystem DEMI

In dem computergestützten Auswahlsystem DEMI, das im Institut für Wirtschaftsinformatik der Universität des Saarlandes entwickelt wurde, erfolgt die Selektion geeigneter Prognoseverfahren in einem Computerdialog. Dieser Dialog folgt der Logik eines Entscheidungsbaums, der in Abbildung 110 dargestellt ist.

Einen Ausschnitt aus einem Computerdialog, in dem der Benutzer aufgrund seiner Prognoseaufgabe und der verfügbaren Datenbasis auf das Winters-Modell als geeignetem Verfahren hingewiesen wird, zeigt Abbildung 111.

4.2.3.4.2 Computergestützte statistische Interpretation

Interaktive Methodenbanksysteme können den Benutzer nicht nur in der Auswahl geeigneter Methoden unterstützen, sondern auch in der statistischen Interpretation der Analyseergebnisse. Dabei kann zwischen statischen und dynamischen Interpretationshilfen unterschieden werden.

Statische Interpretationshilfen beinhalten - so Mertens/ Bodendorf - weitgehend Lehrbuchwissen, ohne auf die spezifische Datensituation einzugehen. Als Beispiel zeigt Abbildung 112 eine derartige Interpretationshilfe aus dem Methodenbanksystem MADAS. Der Benutzer kann den berechneten Tau-Wert - als Ergebnis einer Rangreihen-Korrelation nach Kendall - in die vorgegebenen Kategorien einordnen.

Dynamische Interpretationshilfen berücksichtigen die spezifische Datensituation. Die "Lehrbuchinterpretation" wird durch Informationen aus dem Anwendungsfall angereichert und somit die Aussagekraft gesteigert (vgl. Mertens/Bodendorf, Methodenbanken 1979, S. 538). Es ist davon auszugehen, daß durch den Einsatz von Expertensystemen künftig weitergehende Interpretationshilfen erreicht werden können.

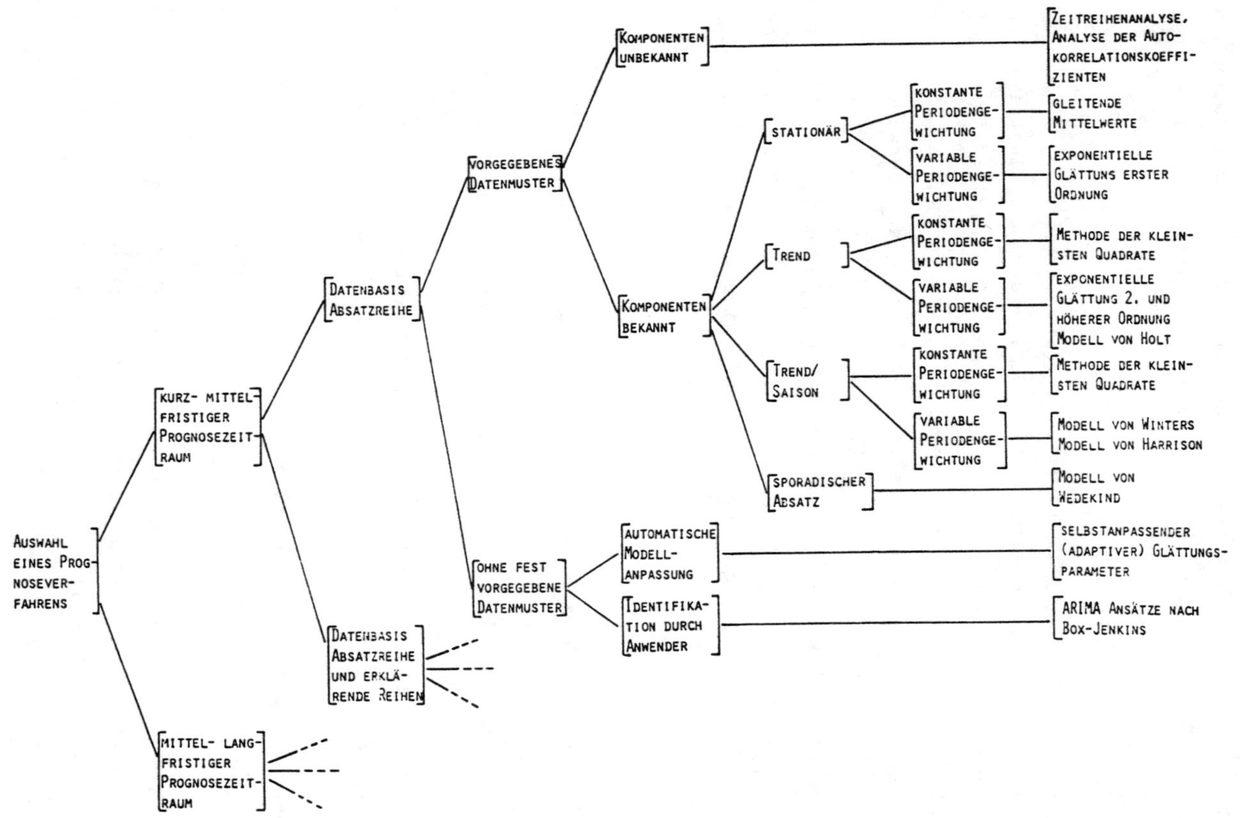

Quelle: Scheer, Betriebswirtschaftslehre 1987, S. 146.

Abb. 110. Entscheidungsbaum zur Auswahl von Prognoseverfahren im System DEMI

```
DAS PROGRAMM 'PROGNOSE-DIALOG' FUEHRT SIE ZUM FUER IHR
PROBLEM ADAEQUATEN PROGNOSEVERFAHREN UND UNTERSTUETZT SIE
BEI DER MODELLAUSWAHL

SIND DIE ZUR PROGNOSEERSTELLUNG BENOETIGTEN DATEN
BEREITS AUF DISKETTE GESPEICHERT?
WENN JA BITTE J, WENN NEIN BITTE N EINGEBEN
J

FUER WELCHEN PROGNOSEZEITRAUM SOLL
DIE PROGNOSE ERSTELLT WERDEN?
A) KURZ-MITTELFRISTIG (D.H. ZEITRAUM BIS ZU EINEM JAHR)
B) MITTEL-LANGFRISTIG (D.H. ZEITRAUM GROESSER ALS EIN JAHR)


GEBEN SIE BITTE A ODER B EIN
A

WELCHE DATEN SOLLEN ZUR ERSTELLUNG
DER PROGNOSE VERWENDET WERDEN?

A) NUR VERGANGENHEITSWERTE DER ZU PROGNOSTIZIERENDEN ZEITREI
B) ODER WEITERE ERKLAERENDE EINFLUSSGROESSEN?

GEBEN SIE BITTE A ODER B EIN
A

IST DAS DATENMUSTER DER ZEITREIHE BEKANNT?
WENN JA BITTE J, WENN NEIN BITTE N EINGEBEN
J

   SOLL DAS PROGNOSEVERFAHREN
A) AUFGRUND DES BEKANNTEN DATENMUSTERS ODER
B) SOLL EIN SICH SELBSTANPASSENDES VERFAHREN
   AUSGEWAEHLT WERDEN?
GEBEN SIE BITTE A ODER B EIN
A

ENTHAELT DIE ZEITREIHE EINEN TREND?
WENN JA BITTE J, WENN NEIN BITTE N EINGEBEN
J

ENTHAELT DIE ZEITREIHE REGELMAESSIGE SAISONSCHWANKUNGEN?
WENN JA BITTE J, WENN NEIN BITTE N EINGEBEN
J

WIE GROSS IST DIE ANZAHL DER VERFUEGBAREN
VERGANGENHEITSDATEN? (BITTE ZAHL EINGEBEN)
36

GEEIGNETE(S) PROGNOSEVERFAHREN:

WINTERS MODELL

A) AUSFUEHRUNG DES AUSGEWAEHLTEN VERFAHRENS
   ODER
B) ERNEUTER DURCHLAUF DES DIALOGES
C) BEENDEN DES DIALOGES?
GEBEN SIE BITTE A, B ODER C EIN
A
----------------------------------------------
----------------------------------------------
I             PROGNOSEERSTELLUNG             I
I  DURCH AUSFUEHRUNG DES WINTERS-MODELLS     I
----------------------------------------------
----------------------------------------------
```

Quelle: Scheer, Betriebswirtschaftslehre 1987, S. 147.

Abb. 111. Computerdialog zur Auswahl von Prognoseverfahren im System DEMI

```
|-----------------------------------------------|
|                                               |
|IST TAU POSITIV, DANN UEBERWIEGEN DIE UEBEREIN-|
|STIMMUNGEN, IST TAU NEGATIV, SO UEBERWIEGEN DIE|
|UMKEHRUNGEN.                                   |
|                                               |
|ES BEDEUTEN:                                   |
|                                               |
|0.0 < |TAU| < 0.2 = KEINE KORRELATION          |
|0.2 < |TAU| < 0.4 = SCHWACHE KORRELATION       |
|0.4 < |TAU| < 0.6 = MITTLERE KORRELATION       |
|0.6 < |TAU| < 0.8 = MITTELSTARKE KORRELATION   |
|0.8 < |TAU| < 1.0 = HOHE BZW. STARKE KORRELATION|
|                                               |
|                                               |
|EIN KORRELATIONSKOEFFIZIENT VON +0.6 SAGT Z.B. |
|AUS, DASS, BEZOGEN AUF DIE GESAMTZAHL DER      |
|FAELLE, DIE UEBEREINSTIMMUNGEN DIE UMKEHRUNGEN |
|ZU 60 % UEBERWIEGEN.                           |
|                                               |
|-----------------------------------------------|
```

Quelle: Mertens/Bodendorf, Methodenbanken 1979, S. 539.

Abb. 112. Statistische Interpretationshilfe im System MADAS

4.2.4 Interpretative Systeme und Entscheidungsunterstützungssysteme

4.2.4.1 Grundprinzip und Arten

Entscheidungsunterstützungssysteme setzen - wie im Zweiten Kapitel dargestellt - neben einer Datenbank und einer Methodenbank eine Modellbank voraus (vgl. Abb. 38., Abschn. 2.3.5.1.3), in der die Strukturen realer Probleme in Beschreibungs-, Erklärungs- und Entscheidungsmodellen erfaßt sind. Durch diese Komponente unterscheiden sich Entscheidungsunterstützungssysteme von Auswertungssystemen, die durch eine Sammlung programmierter Methoden gekennzeichnet sind. Die im vorangegangenen Abschnitt beschriebenen interaktiven Methodenbanken zeigen jedoch, daß die Grenzen zwischen den Systemen fließend sind. So unterstützen sie den Benutzer u.a. in der Datenversorgung und der Parameterbestimmung; sie übernehmen damit Aufgaben, die auch Modellbanken zugeschrieben werden. Insofern stellt Scheer zu Recht fest, daß die Unterscheidung zwischen Modell- und Methodenbank für eine gedankliche Unterscheidung sinnvoll ist, aber von realen Systemen nicht immer streng eingehalten wird (vgl. Scheer, Betriebswirtschaftslehre 1987, S. 141).

Zu den Entscheidungsunterstützungssystemen (i.w.S.) werden im folgenden auch die sog. interpretativen Systeme gerechnet. Sie sind dadurch charakterisiert, daß die Ergebnisse von statistischen Auswertungen bzw. Analysen inhaltlich interpretiert werden. Diese inhaltliche Interpretation von Ergebnissen grenzt die Systeme zugleich ab von den Systemen einer computergestützten statistischen Interpretation, die sich auf formale Aspekte wie das Signifikanzniveau u.ä. bezieht (vgl. Abschn. 4.2.3.4.2).

4.2.4.2 Interpretative Systeme

Interpretative Systeme sind dadurch charakterisiert, daß Analyseergebnisse, als Output generator- oder benutzeraktiver Berichtssysteme, interaktiver Abfragesysteme oder automatischer oder dialogorientierter Auswertungssysteme, selbst Gegenstand einer weiteren Analyse sind. So wird bspw. aufgezeigt, warum ein bestimmtes Ergebnis erzielt wurde, d.h., welche Faktoren zu diesem Ergebnis in welchem Umfang beigetragen haben. Insofern haben interpretative Systeme zunächst eine diagnostische Funktion.

Kernstück des "Diagnosemoduls" sind programmierte Analysepfade, die ausgehend von Ergebnissen - bspw. in Form von Kennzahlen - die Ergebnisdeterminanten und ihre wechselseitigen Beziehungen extrahieren. Die Analysepfade sind Elemente der Modellbank.

Ein derartiges interpretatives Verfahren stellt die Vorstufe zu einem Expertensystem dar. Das Expertenwissen ist in möglichen Analysepfaden programmiert. Im Vergleich zu Expertensystemen ist die - implizit berücksichtigte - Wissensbasis statisch; die Lernfähigkeit des Systems ist begrenzt. Ein interpretatives System läßt sich mit konventioneller EDV-Technologie - im Sinne von Datenverarbeitung - realisieren.

Die Ergebnisinterpretation ist zugleich Grundlage der Entscheidungsunterstützung. So können auf der Basis der extrahierten Determinanten und ihrer wechselseitigen Beziehungen die Auswirkungen alternativer Maßnahmen simuliert und entsprechende Handlungsvorschläge unterbreitet werden; insofern sind interpretative Systeme auch therapeutisch orientiert. Kernstück des "Therapiemoduls" sind Simulationsstudien, d.h., die Verknüpfungsregeln werden genutzt, um die Auswirkungen alternativer Aktionen aufzuzeigen. Interpretative Systeme stellen insofern eine Weiterentwicklung interaktiver Computersimulation in Form sog. "What-if-Abfragen" dar (vgl. Abschn. 2.3.5.1.3).

Auch das "Therapiemodul" unterscheidet sich wesentlich von Expertensystemen. Es werden die Auswirkungen alternativer Maßnahmen vom Rechner simuliert; die Auswahl der Maßnahmen wird jedoch vom Benutzer und nicht im System vorgenommen bzw. vorgeschlagen.

Im folgenden werden am Beispiel der Kennzahl Return on Investment (ROI) mögliche Analysepfade aufgezeigt.

Analysepfade in einer ROI-Planungs- und Kontrollrechnung

Als Return on Investment wird die Rentabilität des investierten (gebundenen) Kapitals bezeichnet. Die ROI-Formel kennzeichnet in ihrer einfachsten Ausprägung das Verhältnis von Kapitalgewinn G_{IK} (bilanzieller Gewinn + Fremdkapitalzinsen + kalkulatorische Zinsen) zum insgesamt investierten und zu verzinsenden Kapital IK (Anlagevermögen + Umlaufvermögen mit Wertansätzen aus der Bilanz oder der Kostenrechnung), unabhängig von der Kapitalherkunft (vgl. hierzu Hahn, Return on Investment 1976, Sp. 3421):

$$ROI = G_{IK}/IK$$

Erweitert um den Umsatz U kann die Kennziffer auch als Produkt aus Umsatzgewinnrate G_{IK}/U - auch als Umsatzrendite bezeichnet - und Kapitalumschlagshäufigkeit gebildet werden:

$$ROI = G_{IK}/U \times U/IK$$

"Umsatzgewinnrate und Kapitalumschlagshäufigkeit sind die für die Höhe der Rentabilität des investierten Kapitals entscheidenden Komponenten. Dieselbe Rentabilitätszahl läßt sich auf der Basis unterschiedlicher Umsatzgewinnraten und Kapitalumschlagszahlen erreichen. Diesen Zusammenhang verdeutlichen Iso-Rentabilitätskurven (vgl.

Abb. 113, Numerierung geändert, Anm. d. Verf.). Es handelt sich um einen seit langem in Theorie und Praxis bekannten Zusammenhang, der für Zwecke ergebnisorientierter Unternehmensführung genutzt werden kann und in spezifischer Ausprägung ein grundlegendes Führungsprinzip widerspiegelt ('geringer Nutzen, hoher Umschlag' oder 'hoher Nutzen, geringer Umschlag'). Die Rentabilität kann sich trotz sinkender Umsatzgewinnrate erhöhen, sofern die negative Wirkung der abnehmenden Umsatzgewinnrate durch einen gesteigerten Kapitalumschlag überkompensiert wird (und umgekehrt)." (Hahn, Return on Investment 1976, Sp. 3422).

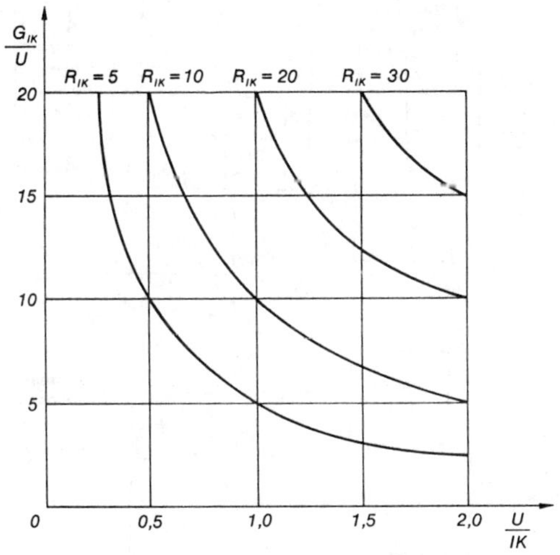

Quelle: Hahn, Return on Investment 1976, Sp. 3421.

Abb. 113. Iso-Rentabilitätskurven

Die Kennziffer ROI kann auch als Ausgangs- oder Endpunkt eines Zielsystems angesehen werden, das sich aus den Komponenten der ROI-Formel ableiten läßt. Der formale Aufbau eines ROI-Systems - auch als Du-Pont-System bezeichnet - ist in Abbildung 114 dargestellt. Das ROI-System gestattet, "... mit Wertgrößen des Rechnungswesens Ziele und Maßnahmen in der Unternehmung in einem ergebnisorientierten Zusammenhang abzubilden und zu gestalten. Als Soll-/ Ist-Zahlenwerk eignet es sich als Schema für den Aufbau einer kombiniert retrograd/progressiv durchgeführten rollenden ergebnisorientierten Planungs- und Kontrollrechnung." (Hahn, Return on Investment 1976, Sp. 3422.).

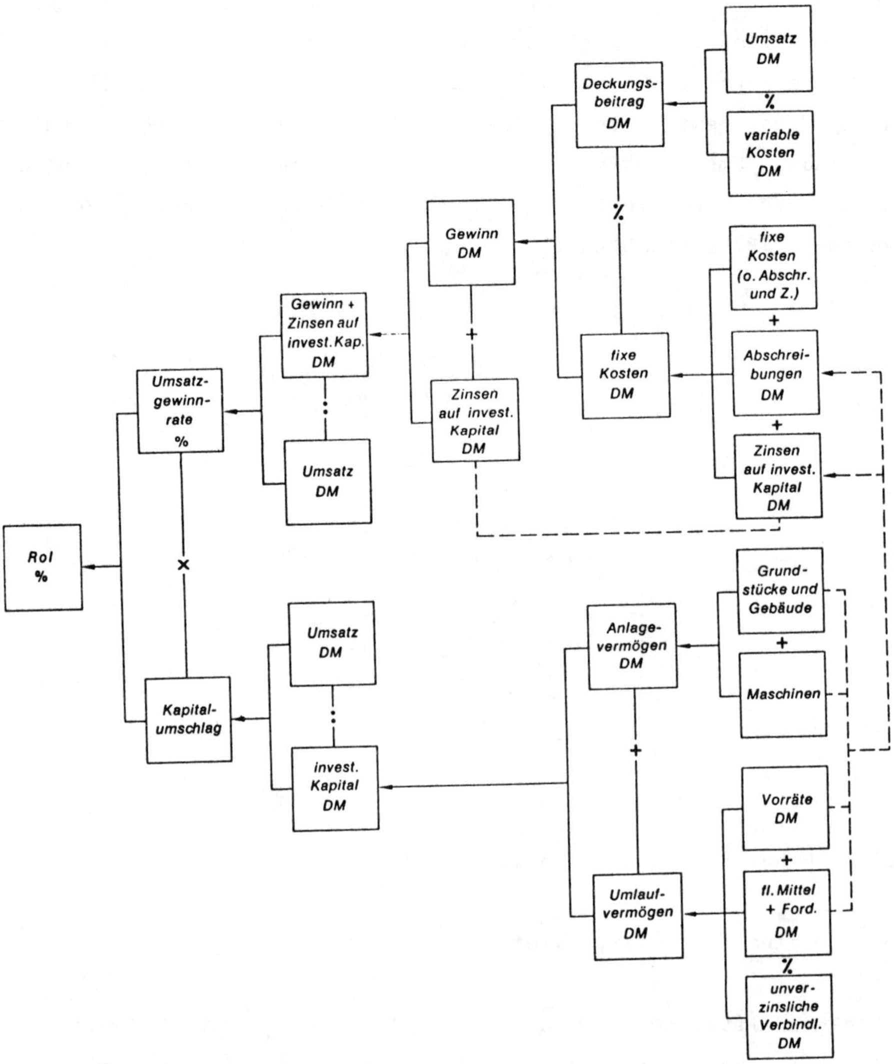

Quelle: Hahn, Return on Investment 1976, Sp. 3423 f.

Abb. 114. Formale Struktur eines ROI-Systems

Eine derartige ergebnisorientierte Planungs- und Kontrollrechnung kann u.a. zur Filialsteuerung in einem Handelsunternehmen eingesetzt werden. An diesem Beispiel wird im folgenden der Ablauf eines interpretativen Systems beschrieben.

Strebt das betrachtete Unternehmen in seinen Filialen, die im Sinne eines Investment Centers geführt werden, einen ROI von 10% an und erreicht eine Filiale in einer Periode nur einen Wert von 8%, der als Ergebnis einer Filialerfolgsrechnung, z.B. in Form eines standardisierten Berichts, den Entscheidungsträgern in der Zentrale vorgelegt wird, so können in einer ersten Analysestufe die Umsatzgewinnrate und die Kapitalumschlagshäufigkeit überprüft werden. In dem Beispiel soll die Ist-Kapitalumschlagsgeschwindigkeit von annähernd 4 dem vorgegebenen Sollwert von 4 unter Berücksichtigung einer vorgegebenen Toleranzgrenze entsprechen; die Umsatzgewinnrate weicht dagegen mit 2% deutlich von dem Planwert (2,5%) ab. Die weitere Analyse setzt an diesem Wert an (vgl. Abb. 115).

Die Überprüfung ergibt, daß der Ist-Umsatz mit rd. 8 Mio DM dem vorgegebenen Wert entspricht, der ausgewiesene Gewinn mit 140.000 DM von dem Planwert (180.000 DM) abweicht. Die Zinsen auf das Kapital erreichen mit rd. 20.000 DM das geplante Niveau.

Die Analyse der fixen Kosten zeigt in einem weiteren Schritt ebenfalls keine größeren Abweichungen, so daß die Nichterreichung des vorgeschlagenen ROI-Wertes auf den nicht ausreichenden Deckungsbeitrag von 210.000 DM zurückgeführt werden kann. Da das vorgegebene Umsatzniveau mit rd. 8 Mio DM eingehalten wurde, und die variablen Kosten ohne Wareneinsatzkosten eine unbedeutende Größenordnung aufweisen, ist die Deckungsbeitragseinbuße von 40.000 DM auf die Umsatzstruktur, d.h. die Rohertragsstruktur, zurückzuführen.

Ein weiterer Analyseschritt zeigt, daß der Umsatz sich auf die Rohertragsklassen wie folgt aufteilt; als relativer Deckungsbeitrag 1 (rel. DB1) wird dabei der Quotient aus absolutem Deckungsbeitrag 1 und zugehörigem Umsatz bezeichnet:

- Klasse 1 (rel. DB1 = 5,0%): 1.000.000 DM
- Klasse 2 (rel. DB1 = 4,0%): 1.000.000 DM
- Klasse 3 (rel. DB1 = 3,0%): 2.000.000 DM
- Klasse 4 (rel. DB1 = 1,5%): 4.000.000 DM

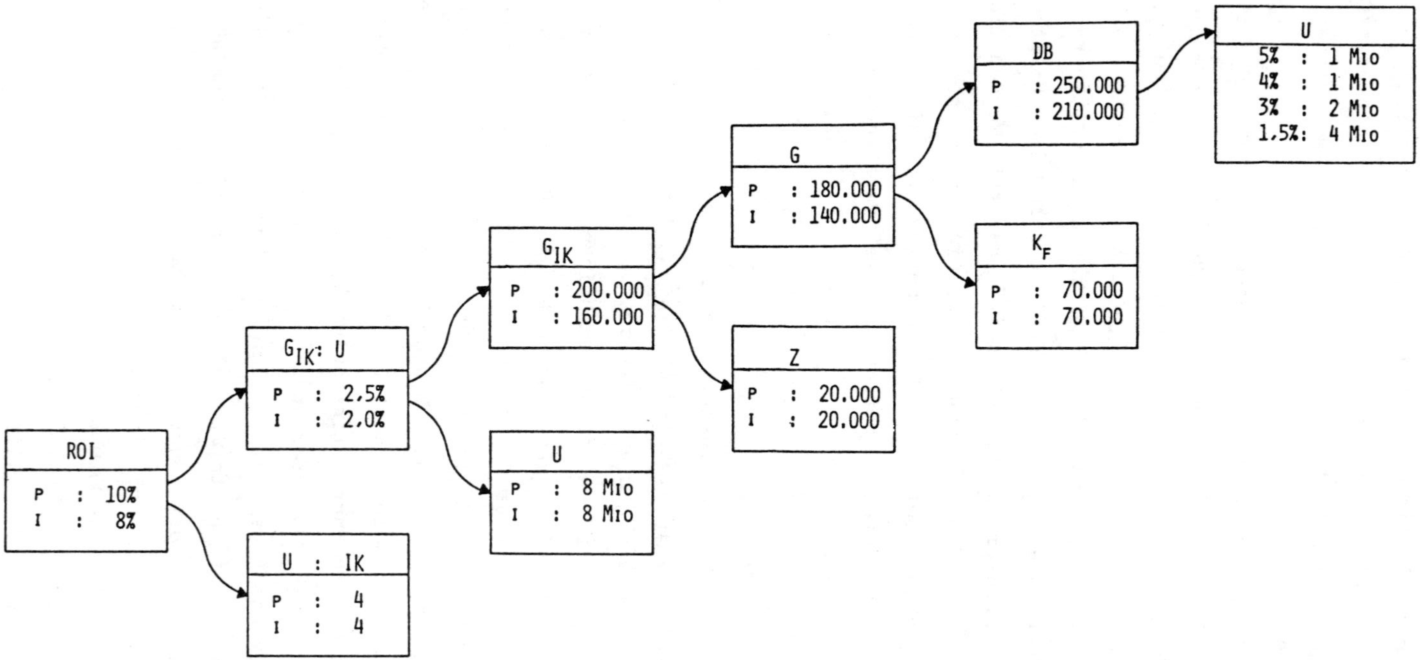

Anmerkung:

P = Planwert
I = Istwert
Z = Zinsen auf inv. Kapital
K_F = fixe Kosten

Abb. 115. Beispiel eines Analysepfades in einem ROI-System

Diese Umsatzstrukturanalyse führt zu dem Ergebnis, daß die rohertragsschwachen Umsatzklassen überdurchschnittlich stark verkauft wurden. In einer weiteren Analyse kann nun festgestellt werden, ob es sich dabei vorwiegend um den Verkauf von niedrig, aber "normal kalkulierter Ware" oder um den verstärkten Verkauf von Sonderangebotsartikeln handelt.

Während diese Analyse für die Zentralebene, z.B. die Verkaufsleiter, bereits eine ausreichende Diagnose der Planabweichung darstellt, kann sich auf Filialebene ein weiterer Analyseschritt als zweckmäßig erweisen (vgl. Abb. 116). So lassen sich der erzielte Gesamtumsatz und seine Deckungsbeitragsstruktur nach Verkäufern aufgliedern. Dadurch wird es möglich zu erkennen, ob einzelne Verkäufer bspw. überproportional stark zur Deckungsbeitragseinbuße durch Verkauf von Sonderangebotsware beigetragen haben. In dem Fall soll gelten:

DB1-Klasse	Verkäufer A	Verkäufer B	Verkäufer C	Verkäufer D
1	400.000,--	80.000,--	200.000,--	320.000,--
2	300.000,--	100.000,--	400.000,--	200.000,--
3	500.000,--	400.000,--	400.000,--	700.000,--
4	700.000,--	1.600.000,--	900.000,--	800.000,--

Diese Analyse, deren formaler Ablauf in Abbildung 116 und 117 dargestellt ist, beinhaltet eine handlungsempfehlende Komponente. In diesem Fall deutet das Ergebnis auf die Notwendigkeit eines verstärkten Verkaufstrainings hin.

Die auf diese Weise extrahierten Determinanten und ihre Verknüpfung ermöglichen auch die Simulation der Auswirkungen von Veränderungen der unabhängigen Variablen. Würde der Umsatz des Verkäufers B die gleiche DB1-Struktur aufweisen wie der seiner Kollegen, die zusammen einen durchschnittlichen relativen Deckungsbeitrag 1 von 2,852% realisieren, so ergäbe sich allein dadurch eine Steigerung des ROI von 8% auf 8,9%, d.h. um rd. 11% (vgl. Abb. 117).

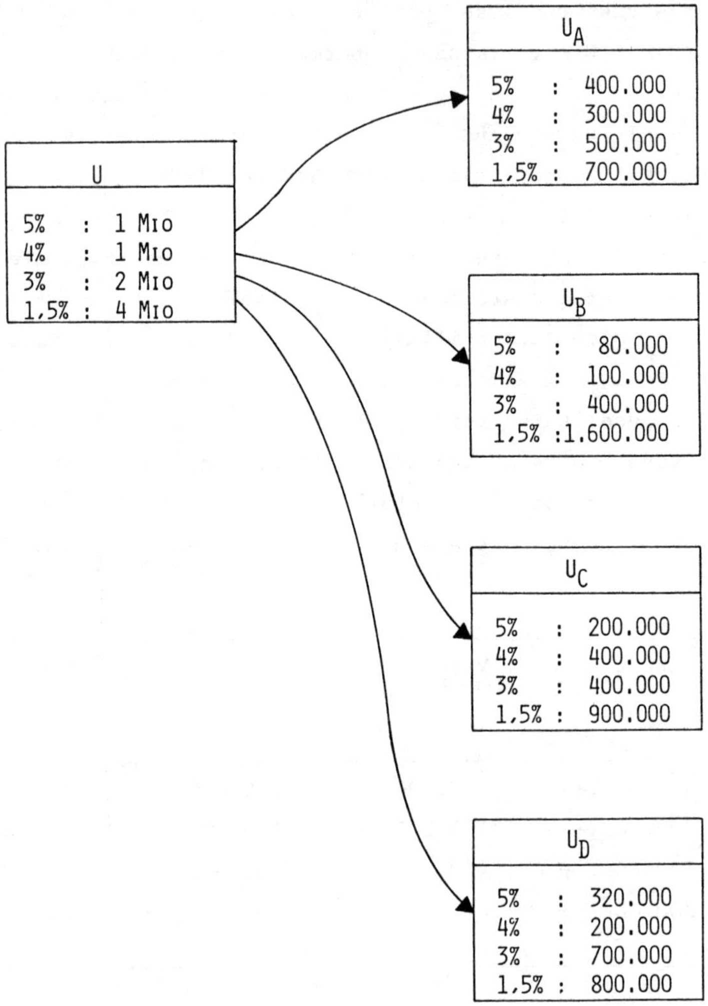

Abb. 116. Beispiel eines verkäuferbezogenen Umsatzanalysepfades

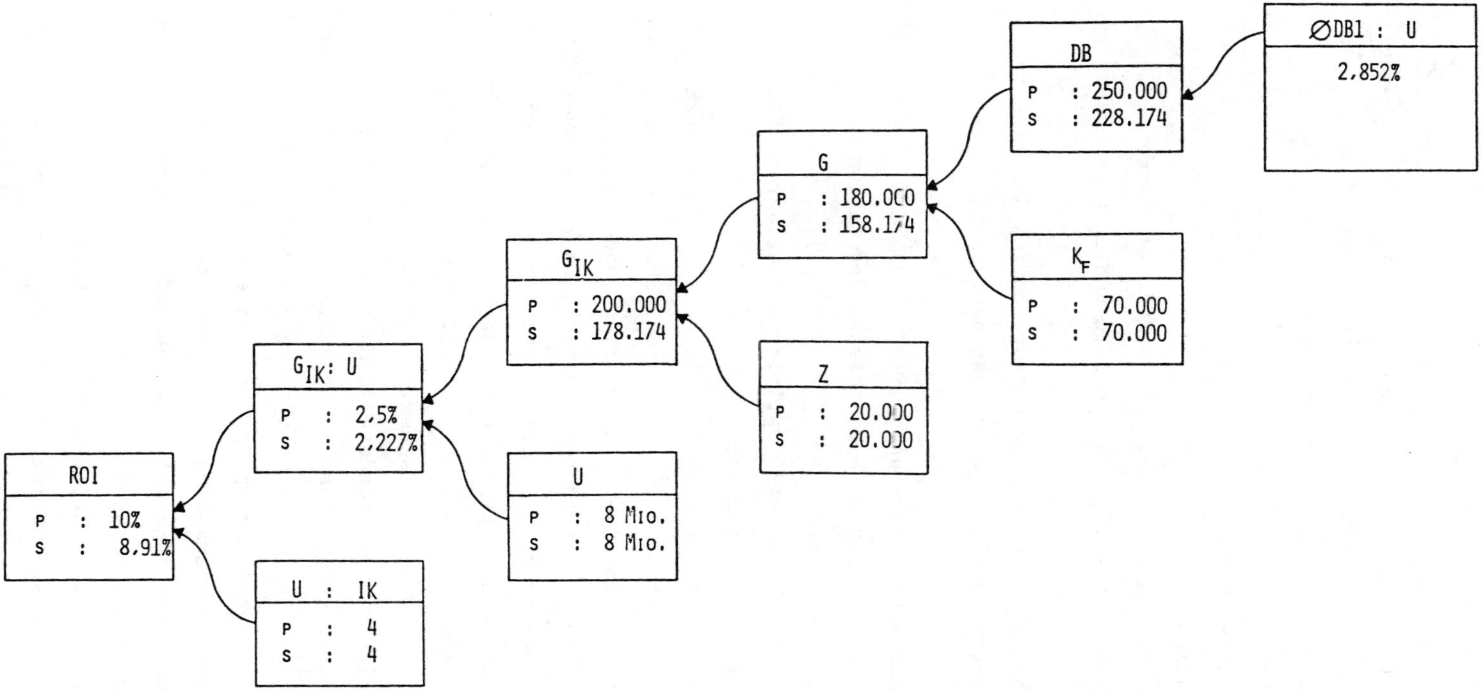

Anmerkung:
s = Simulationswert

Abb. 117. Beispiel einer Simulationsrechnung in einem ROI-System

4.2.4.3 Entscheidungsunterstützungssysteme

Entscheidungsunterstützungssysteme sind - wie in Abschnitt 2.3.5.1.3 skizziert - interaktive Systeme, die auch einem EDV-unerfahrenen Endbenutzer ein umfassendes
- Informationsabfrage-,
- Informationsauswertungs- und
- Planungsinstrumentarium

zur Verfügung stellen. Entscheidungsunterstützungssysteme ermöglichen u.a. (vgl. auch Retzlaff, Entscheidungsunterstützungssysteme 1984, S. 130 ff.):
- Verdichtungen von Rohinformationen zu aussagefähigen Kennziffern,
- Konzentration auf "Ausreißer", z.B. auf besonders hohe Soll/Ist-Abweichungen,
- statistisch-ökonometrische Auswertungen,
- Umsetzung von Analyseergebnissen in graphische Darstellungen,
- Anwendung von Prognoseverfahren,
- Einsatz von Planungsverfahren, z.B. Optimierungsverfahren, Simulationsverfahren, Sensitivitätsanalysen.

Des weiteren ermöglichen Entscheidungsunterstützungssysteme die Integration von Informationen unterschiedlicher Quellen, z.B. interner und externer Informationen. Integration bedeutet dabei, zu jedem Zeitpunkt mit den verfügbaren Analyse- und Planungsverfahren auf jedes Informationselement zugreifen und grundsätzlich alle Berechnungen für jede Kombination durchführen zu können, ohne daß Zwischendateien o.ä. angelegt werden müssen. Ein möglichst hoher Integrationsgrad ist - wie die Diskussion der Informationsgewinnung im Dritten Kapitel zeigte - insbesondere im Marketing von Bedeutung.

Die "Assistentenfunktion" eines Entscheidungsunterstützungssystems sollte sich auch in der Unterstützung der Methodenauswahl und der (statistischen) Ergebnisinterpretation niederschlagen. Neben diesen Elementen einer interaktiven Methodenbank, die in realisierten Systemen von unterschiedlichem Ausmaß anzutreffen sind, weist ein Entscheidungsunterstützungssystem eine umfangreiche Sammlung von Beschreibungs-, Erklärungs- und Entscheidungsmodellen auf. Diese Modellbank unterstützt den Endbenutzer in der Datenversorgung, der Parameterbestimmung und in der Modellauswahl.

Auf dem Gebiet der Marketing-Entscheidungsunterstützungssysteme (Marketing Support Systems) leistete insbesondere Little bahnbrechende Arbeit (vgl. Little, Decision Support Systems 1979). Seine Ansätze, die auf das Decision-Calculus-Konzept zurückgehen (vgl. Little, Decision Calculus 1970), lösten die Entwicklung und Implementierung einer Vielzahl von Marketing Support Systemen aus (z.B. ASSESOR, NEWS, BRANDAID, ADBUDG, MEDIAC), bei denen jedoch eine Entscheidungsunterstützung (i.e.S.) in unterschiedlichem Ausmaß realisiert ist. Oftmals handelt es sich "nur" um komplexe Meß- und Prognosesysteme (vgl. auch Simon, Marketingwissenschaft 1986, S. 207).

Die Marketing-Entscheidungsunterstützungssysteme, die den Endbenutzer "von der Information zur Aktion" führen sollen, können nach verschiedenen Kriterien gegeneinander abgegrenzt werden. Zunächst ist danach zu unterscheiden, ob sie sich auf einzelne Marketinginstrumente beziehen - wie Werbung oder Verkauf (Außendiensteinsatz) - oder auf das gesamte Marketinginstrumentarium (Marketing-Mix).

Aus technisch-organisatorischer Sicht kann danach differenziert werden, ob die Systeme in den unternehmenseigenen Rechenzentren installiert sind, oder ob ein Entscheidungsunterstützungssystem eines Beratungsunternehmens, z.B. eines Marktforschungsinstituts, auf dem dortigen (externen) Rechner genutzt wird, und die Bildschirmterminals, Drucker, Plotter usw. der Benutzer über eine Wähl- oder Standleitung mit dem Computer verbunden sind. Ein weiteres Unterscheidungsmerkmal betrifft den Einsatz von Mikrocomputern zur indviduellen Verarbeitung. So können die Entscheidungsunterstützungssysteme (ausschließlich) auf Großrechnern installiert werden oder - analog zur Struktur dialogorientierter Auswertungssysteme (vgl. Abschn. 4.2.3.3) - kann eine Kombination zentraler und dezentraler Verarbeitung mit Datentransfer zwischen Mikrocomputer und Großrechner durchgeführt werden.

Im folgenden wird zunächst als Beispiel eines partiellen Entscheidungsunterstützungssystems ein Ausschnitt aus dem System SALES FORCE dargestellt, das zur Außendienststeuerung entwickelt wurde. Als Beispiel eines Marketing Support Systems, das sich auf ein breites Spektrum von Marketinginstrumenten bezieht, wird das System EXPRESS dargestellt.

Das Marketing Support System EXPRESS wird in einer "externen Großrechner-Variante" vorgestellt. Das von Taylorix Tymshare, Stuttgart, vertriebene System kann - sofern die Hardware- und Softwarevoraussetzungen erfüllt sind - auch auf dem Rechner des Benutzers installiert werden. Das System EXPRESS steht auch in einer PC-Version zur Verfügung.

Vergleichbare Systeme werden in Deutschland u.a. von der GfK, Nürnberg, und von CMS, Frankfurt, einer Tochtergesellschaft von A.C. Nielsen, angeboten (vgl. auch o.V., Marketing-Mix-Optimierung 1981). Es handelt sich um die Systeme INMARKT (GfK) und INF*ACT (CMS), das neuerdings ebenfalls in einer PC-Version (PC INF*ACT) zur Verfügung steht (vgl. Lillegaard, PC INF*ACT 1987).

Entscheidungsunterstützungssystem SALES FORCE

Das in einem Unternehmen der Investitionsgüterindustrie implementierte Decision Support System SALES FORCE unterstützt (vgl. Zentes, Außendienststeuerung 1980, S. 45 f.):

- die Festlegung der Kontaktzeiten, Besuchsfrequenzen, Besuchsabstände und Touren (Modul "Steuerung"),
- die Aufteilung einer gegebenen Außendienstkapazität auf Kundengruppen (Vertriebszweige) sowie die räumliche Allokation der Außendienstmitarbeiter (Modul "Strukturierung"),
- die Festlegung der Größe des Außendienstes (Modul "Dimensionierung").

Im folgenden wird als Ausschnitt aus dem Steuerungsmodul die computergestützte Ermittlung der Besuchsfrequenzen bei gegebener Außendienstkapazität und Gebietsaufteilung dargestellt (vgl. Zentes, Außendienststeuerung 1980, S. 65 ff.).

Das Steuerungsmodul besteht im wesentlichen aus

- den Eingabedaten,
- den Verarbeitungsprozeduren,
- den Ausgabedaten.

Bei den Eingabedaten stehen die Wirkungsfunktionen (Responsefunktionen, Reaktionsfunktionen) im Vordergrund. Sie drücken allgemein den funktionalen Zusammenhang zwischen unterschiedlichen Aktivitätsniveaus eines oder mehrerer Marketinginstrumente (unabhängige Variable) und bestimmten Wirkungsparametern (abhängige Variable), z.B. dem Umsatz, aus. Das Steuerungsmodul geht von monovariablen Wirkungsfunktionen aus. Der Umsatz eines Unternehmens (= abhängige Variable) wird als abhängig von dem Kontaktniveau des Außendienstes (= unabhängige Variable) betrachtet. Andere Marketinginstrumente werden nicht in die Analyse einbezogen; ihre Aktivitätsniveaus werden als konstant unterstellt.

Die Parametrisierung der Wirkungsfunktionen erfolgt zweistufig. Auf der Basis empirisch gewonnener Daten werden mit Hilfe statistisch-ökonometrischer Verfahren Wirkungsrelationen für einzelne Kundensegmente abgeleitet. Diese Wirkungsfunktionen - sie sind als "Durchschnittswerte" zu verstehen - sind die Grundlage subjektiver Schätzungen bzw. Ausgangspunkt einer Plausibilitätsüberprüfung durch die Außendienstmitarbeiter bzw. Verkaufsmanager; sie werden als generatorerzeugte Stützfunktionen bezeichnet und sind in der Modellbank gespeichert. Die Integration der Modellbenutzer in den Prozeß der Informationsgewinnung erfolgt aus technischer Sicht über eine Mensch-Maschine-Kommunikation im On-line-Verfahren. Diese Zweistufigkeit ermöglicht eine Verknüpfung subjektiver Schätzungen mit statistischen Daten. Das Steuerungsmodul ist somit als eine Kombination eines "data based model" und eines "judgement based model" zu betrachten. Zu dem Modellinput gehören weiterhin die Kosten- und Kapazitätsdaten als Elemente der Datenbank.

Zur entscheidungsorientierten Analyse der Modelldaten stehen in der Methodenbank zwei Verfahren zur Verfügung:

- ein Simulationsansatz,
- ein Optimierungsansatz.

Der Modelloutput beinhaltet die zieladäquaten Aktivitätsniveaus der einbezogenen Außendienstinstrumente sowie die prognostizierten Werte der Wirkungsparameter. Der Modelloutput ist selbst wiederum Gegenstand einer subjektiven Plausibilitätskontrolle, die zu einer Modifizierung der Inputgrößen und damit zu einem erneuten Modelldurchlauf führen kann.

In Abbildung 118 ist die Blockstruktur des Steuerungsmoduls (Optimierungsversion) dargestellt.

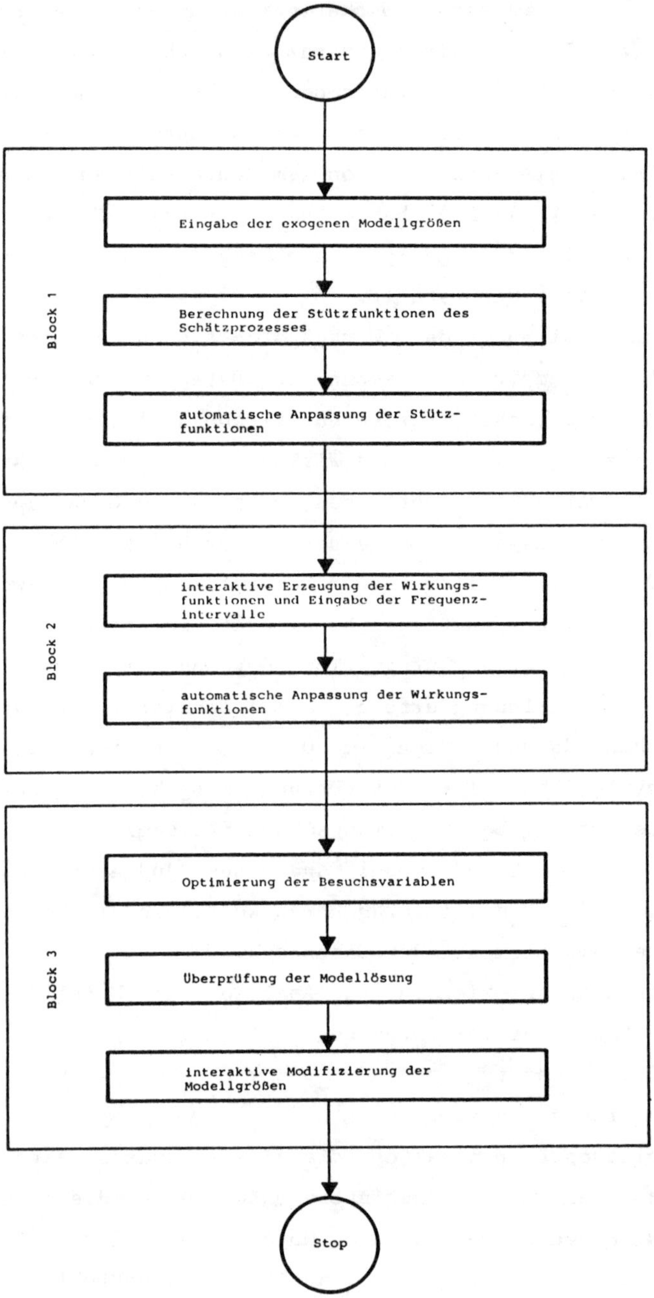

Quelle: Zentes, Außendienststeuerung 1980, S. 117.

Abb. 118. Blockstruktur des Steuerungsmoduls des Entscheidungsunterstützungssystems SALES FORCE

Aufgabe von Block 1 ist die computerisierte Erzeugung der Modellgrößen. Nach manueller Eingabe der Verkäufernummer werden die modellrelevanten Informationen aus der Datenbank abgerufen. Hierzu gehören:

1. die verkäuferspezifischen Informationen
   - in bezug auf Kaufkunden
     - Potential,
     - Vorjahresumsatz,
     - Vorjahresdeckungsbeitrag,
     - Vorjahresbesuchsfrequenz,
     - Gesamtfluktuationsrate;
   - in bezug auf Nullkunden
     - Potential,
     - durchschnittlicher Deckungsbeitragssatz,
     - durchschnittliche Potentialausschöpfung;
   - in bezug auf Neukunden
     - durchschnittlicher Auftragswert,
     - durchschnittlicher Deckungsbeitragssatz;
2. die verkäuferunabhängigen Informationen
   - die verfügbare Kapazität (Zahl der Arbeitstage),
   - die Parameter der Stützfunktionen
     - Kaufkunden-Stützfunktion,
     - Nullkunden-Stützfunktion,
     - Neukunden-Stützfunktion,
   - die Kostensätze für
     - Auftragsabwicklung (fix und variabel),
     - Kundenbesuche (Fahrtkostensatz).

Der zweite Verarbeitungsschritt besteht in der Berechnung der Stützfunktionen des Schätzprozesses. Hierzu gehören die entsprechenden Funktionen für Kaufkunden, Nullkunden und Neukunden. Die generatorerzeugten Stützfunktionen für Kaufkunden werden automatisch an die inflationierten Vorjahresumsätze angepaßt.

Aufgabe von Block 2 ist zunächst die interaktive Erzeugung der Wirkungsfunktionen. Die generatorerzeugten adaptierten Stützfunktionen bilden die Grundlage des Schätzprozesses. Die subjektiven Schätzungen der Wirkungsfunktionen werden dann - sofern eine

Korrektur durch die Modellbenutzer erfolgt - automatisch angepaßt. Weiterhin erfolgt in diesem Block die Eingabe der kundenspezifischen Frequenzintervalle.

An diesen Dialogprozeß schließt sich dann im Block 3 die Optimierung der Besuchsvariablen und die anschließende Überprüfung der Modellösung an. Diese Plausibilitätskontrolle kann dann u.U. einen zweiten interaktiven Informationsgewinnungsprozeß auslösen, der zur erneuten Optimierung führt.

Marketing Support System EXPRESS

Als "klassisches" Anwendungsbeispiel des Marketing Support Systems EXPRESS kann in Deutschland der Einsatz in der zur Unilever-Gruppe gehörenden Union Deutsche Lebensmittelwerke GmbH dargestellt werden. Das Marketing Support System EXPRESS erfüllt in der Union Deutsche Lebensmittelwerke GmbH drei Aufgaben, die zugleich als Entwicklungsstufen betrachtet werden können (vgl. zu den folgenden Ausführungen Gansera/Röske, Marketing 1981, S. 37 ff.):

- Verbesserung und Beschleunigung der ad-hoc-Informationen,
- Entwicklung von Markenmodellen,
- Entscheidungsunterstützung durch Analyse der Auswirkungen alternativer Marketingstrategien.

Zur Verbesserung und Beschleunigung der ad-hoc-Informationen erfüllt EXPRESS die Funktion eines On-line-Auskunftssystems, dessen Basis eine Datenbank darstellt, die Daten aus unterschiedlichen internen und externen Quellen beinhaltet. Als Beispiel kann der Inhalt der Datenbank für Margarine beschrieben werden. Sie enthält folgende Zeitreihen (vgl. Abb. 119):

- Nielsen:
  - Tonnage,
  - Preis,
  - Distribution,
  - Lagerbestand,
  - Verkäufe,
  - Zweitplätze;
- G & I:
  - Käuferhaushalte,
  - Menge,
  - Wert;
- S & P:
  - Werbe-DM pro Medium;

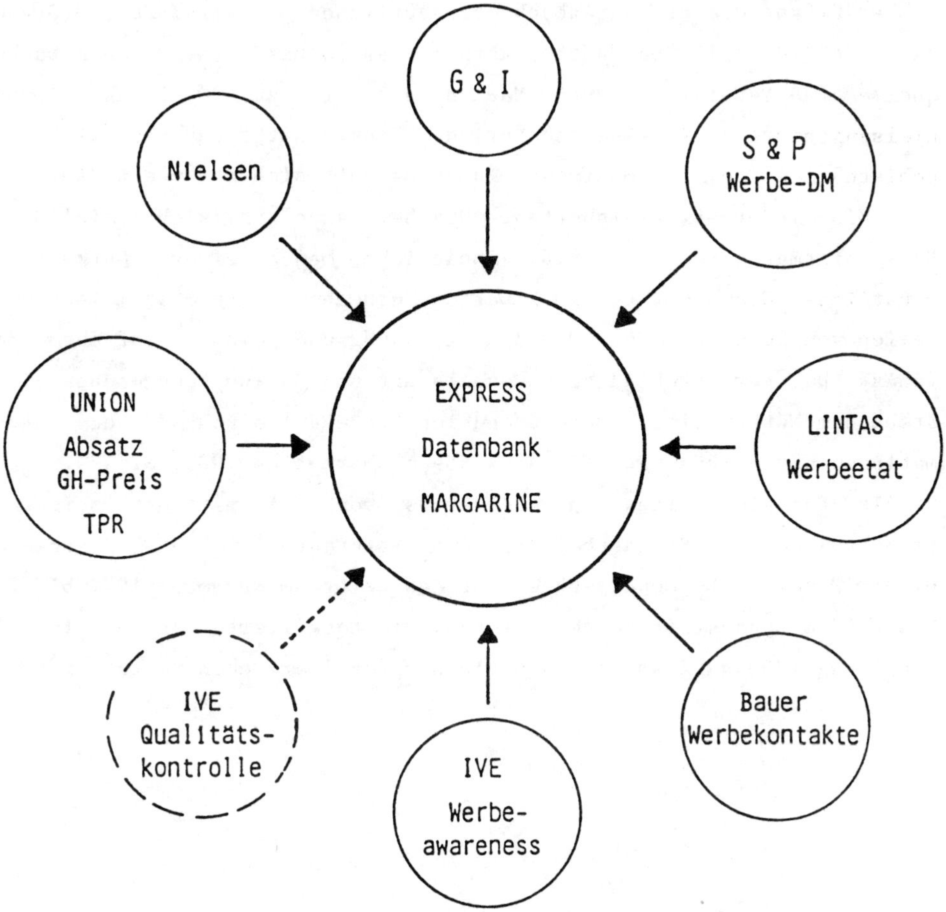

Quelle: Gansera/Röske, Marketing 1981, S. 38.

Abb. 119. Marketing-Datenbank der Union Deutsche Lebensmittelwerke GmbH

- Lintas: - Werbe-DM (effektiv) der eigenen Marken;
- Bauer: - Werbekontakte pro Medium;
- IVE: - Awarenessdaten aus dem Werbemonitor,
  - Imagedaten;
- UNION: - Absatz eigener Marken,
  - Großhandelspreise,
  - Rabattmitteleinsatz.

Den Umfang dieser Datenbank verdeutlichen Gansera/Röske (Stand: Mai 1980): "Alle Daten sind abrufbar ab Januar 1976. Je nach Datenquelle sind Details bis zu 60 Marken und bis zu 30 Breaks (Bund, Nielsengebiete, Organisationsformen, Einkaufsstättentypen, Verkaufsgebiete) möglich. Das Speichervolumen beläuft sich zur Zeit auf rd. 1,5 Mio Informationseinheiten. Hierbei handelt es sich lediglich um Basisinformationen, wie z.B. monatliche Menge einer Marke und monatliche Gesamtmarktmenge. Daraus errechnet das System in Bruchteilen von Sekunden den Marktanteil aufgrund eines einfachen Befehls. Da per Befehl jede sinnvolle Art und Verknüpfung machbar ist, steht dem Nutzer eine nahezu unendlich große Fülle von ad hoc Informationen zur Verfügung." (Gansera/Röske, Marketing 1981, S. 47).

Als Beispiel eines On-line-Abrufs von Informationen zeigt Abbildung 120a die Eingabebefehle, um Marktanteil, Preis, Werbeetat einer Marke auf Monatsebene für den Zeitraum November 1977 bis Februar 1978 bundesweit zu selektieren. Die tabellierte Angabe ist in Abbildung 120b dargestellt. Neben einer tabellarischen Ausgabe ist

```
MARKE   X
MONAT   NOV 77 BIS FEB 78
GEBIET  BUND

TABELLIERE  MARKTANTEIL  PREIS  WERBEETAT
```

Abb. 120a. Informationsabruf im System EXPRESS
- Eingabe einer ad-hoc-Abfrage -

MARKTFORSCHUNGS-INFORMATIONSSYSTEM EXPRESS

MARKE	NGEB	ZEIT	MARKTANTEIL	PREIS	WERBEETAT
X	BUND	NOV77	2.2%	2.42 DM/KG	0.00 TDM
		DEZ77	2.1%	2.45 DM/KG	0.00 TDM
		JAN78	2.9%	2.34 DM/KG	0.84 TDM
		FEB78	2.8%	2.28 DM/KG	1.87 TDM

Quelle: Gansera/Röske, Marketing 1981, S. 41.

Abb. 120b. Informationsabruf im System EXPRESS
- Ausgabe in tabellarischer Form -

auch eine graphische Ergebnisdarstellung möglich (vgl. Abb. 121). An diesem Beispiel wird zugleich das Zusammentragen von Informationen aus unterschiedlichen Quellen dargestellt. Die Informationen zum Werbeetat stammen aus dem S & P-Segment, die Preise und Marktanteile aus dem G & I-Segment (vgl. Abb. 119).

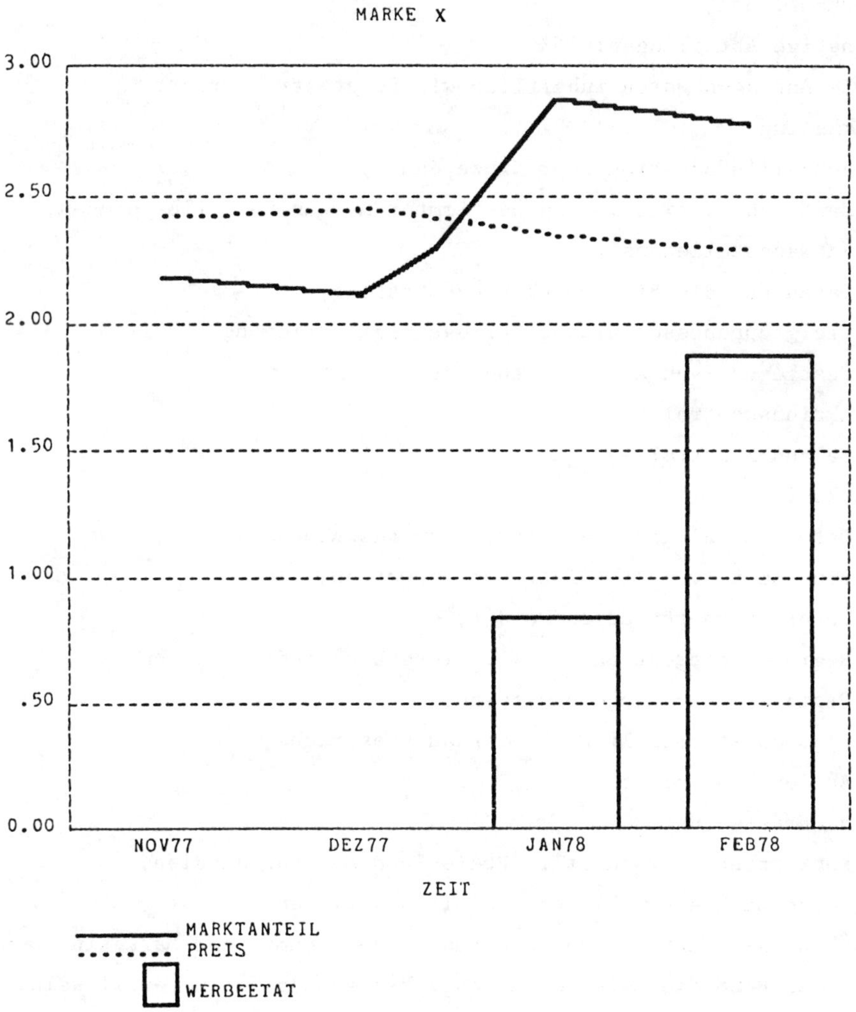

Quelle: Gansera/Röske, Marketing 1981, S. 43.

Abb. 121. Graphische Darstellung einer ad-hoc-Abfrage im System EXPRESS

Derartige ad-hoc-Abfragen stellen einen Schwerpunkt der Nutzung des EXPRESS-Systems dar. So wurde die Datenbank nach Angaben von Gansera/Röske im Jahre 1979 rd. 600 mal für ad-hoc-Informationsabrufe genutzt. Die Anfragen verteilten sich wie folgt auf die einzelnen Abteilungen (vgl. Gansera/Röske, Marketing 1981, S. 52):

- Marketing: 50%,
- Verkauf: 35%,
- sonstige Abteilungen: 15%.

Die Anfragen waren inhaltlich wie folgt strukturiert:

- Marketing
  - Schnellinformation über Einzeldaten,
  - zeitliche Entwicklungen bestimmter Marken in Teilbereichen,
  - Schwachstellenanalysen,
  - Daten für die Brand-Marketing-Strategy,
  - Zielgruppenbeschreibung für das Media-Briefing,
  - Festlegung von Action Standards,
  - Aktionskontrolle,
  - Relaunchkontrolle;
- Verkauf
  - Daten für allgemeine Information des Außendienstes,
  - Bestimmung von Zieldistributionswerten,
  - Information für Sales Folder,
  - Regionalinformationen für Gebietsverkaufsdirektionen,
  - Regional- und Handelsanalysen,
  - Argumentationshilfen für Verkaufsgespräche,
  - Aktionskontrolle;
- Geschäftsleitung
  - Konkurrenzanalysen bzgl. Preis- und Mediastrategien,
  - Gesamtmarktentwicklungen und Trendanalysen.

Neben dem Abruf von Informationen kommt dem Marketing Support System EXPRESS die Aufgabe zu, sog. Markenmodelle zu entwickeln, die nicht nur einen bestimmten Status beschreiben, z.B. den Marktanteil einer Marke, sondern das Zustandekommen eines Ergebnisses erklären. Derartige Erklärungsmodelle haben zugleich eine prognostische und damit entscheidungsunterstützende Funktion, in dem sie Wenn-Dann-Aussagen ermöglichen.

Zur Ableitung von Erklärungsmodellen verfügt das System EXPRESS zunächst über eine umfangreiche Methodenbank; es stellt insofern auch - im Sinne der Terminologie dieses Kapitels - ein Auswertungssystem dar. Darüber hinaus verfügt EXPRESS über eine Modellbank, aus der die Grundstrukturen von Responsefunktionen, d.h. die funktionalen Beziehungen zwischen Marketinginstrumenten (unabhängigen Variablen) und Wirkungsgrößen (abhängigen Variablen) abrufbar sind.

Als Beispiel einer einfachen Responseanalyse im System EXPRESS zeigt Abbildung 122 den Zusammenhang zwischen dem relativen Preis einer Marke, definiert als Preis dieser Marke bezogen auf den Preis der Warengruppe, und dem Marktanteil. Eine derartige Analyse stellt eine Vorstufe zur Entwicklung eines komplexen Marketing-Mix-Modells dar, das die Auswirkungen des Einsatzes unterschiedlicher Marketinginstrumente auf den Absatz einer Marke zeigt.

In vereinfachter Form kann einem Marketing-Mix-Modell z.B. folgende Struktur zugrundeliegen (vgl. Gansera/Röske, Marketing 1981, S. 63):

- nicht beeinflußbare Variablen
  - Trend: die Marke verliert pro Jahr 1,2% Anteil;
  - Butterpreis: sinkt der Butterpreis um 1 DM/kg, so verliert Marke X 0,8% Anteile;
- Sondereinflüsse
  - Relaunch: der im Oktober 1977 durchgeführte Relaunch brachte eine Marktanteilsniveauverschiebung um + 3,5%;
- veränderbare Marketing-Mix-Variablen
  - Relativer Preis: Änderung des Preisindex um + 1% führt zu Anteilsverlust von 0,7%;
- TPR: Einsatz von Rabattmitteln in Höhe von + 1 Mio DM steigert die Anteile um 1,4 %;
- Werbekontaktanteile: durch Erhöhung der Werbeanteile um 10% erreicht Marke X + 0,3% Marktanteile;
- Distribution: Einfluß unbekannt, da während des Zeitraums keine Änderung der Distribution eintrat.

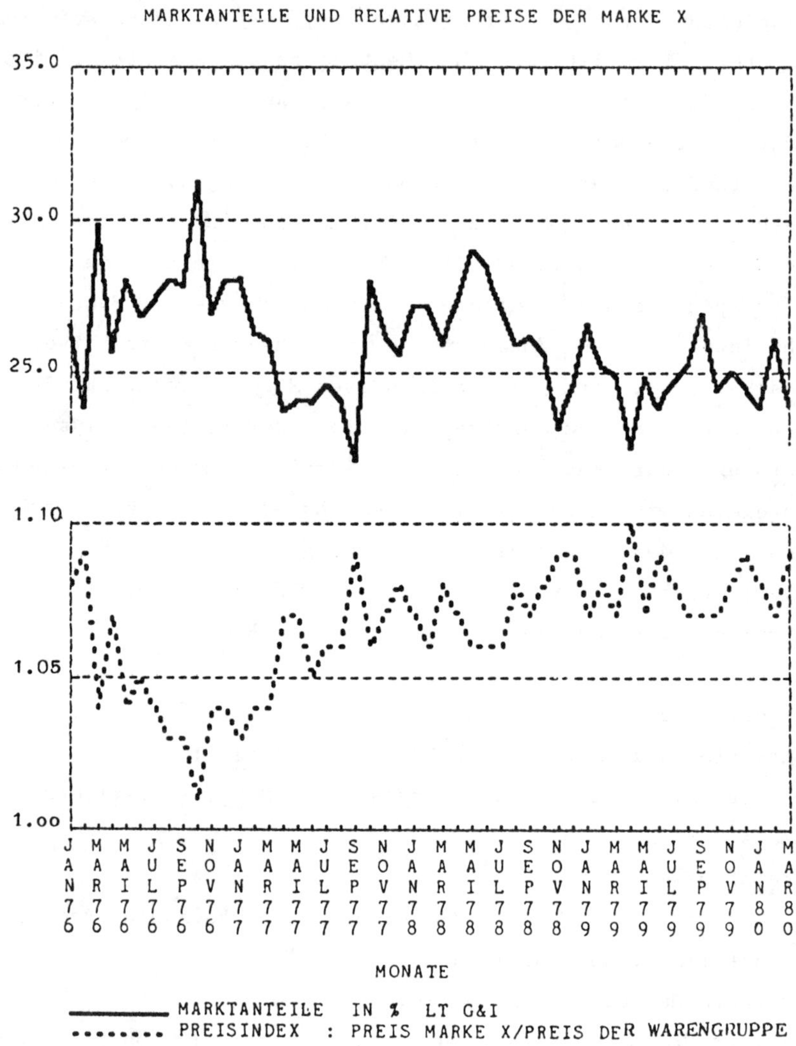

Quelle: Gansera/Röske, Marketing 1981, S. 58.

Abb. 122. Graphische Darstellung einer einfachen Responseanalyse im System EXPRESS

Als Beispiel einer Responseanalyse auf der Grundlage dieses Marketing-Mix-Modells zeigt Abbildung 123 die Schätzung des Marktanteils der Marke X in graphischer Form. Es handelt sich dabei um eine ex-post-Prognose. Der Vergleich mit den realen Marktanteilen ermöglicht eine Validierung des Modells.

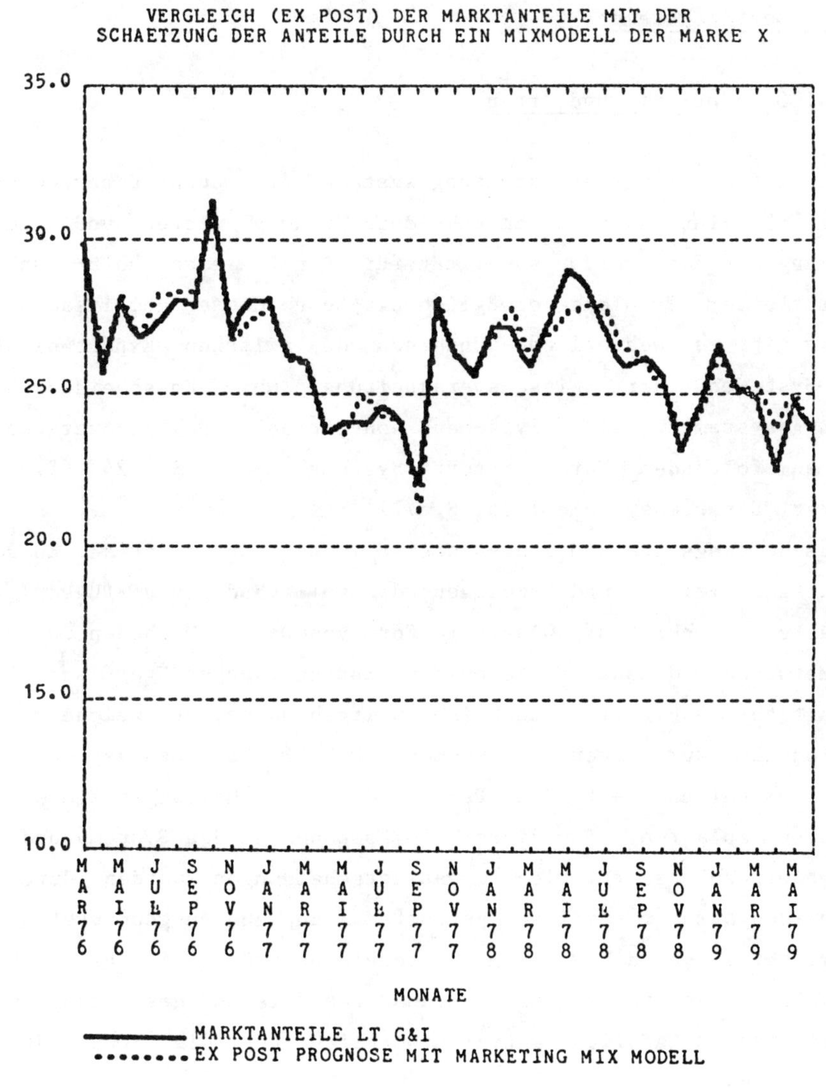

Quelle: Gansera/Röske, Marketing 1981, S. 62.

Abb. 123. Marktanteilsprognose durch ein Marketing-Mix-Modell im System EXPRESS

4.2.5 Expertensysteme

4.2.5.1 Grundprinzip und Arten

Sowohl Entscheidungsunterstützungssysteme als auch Expertensysteme sollen der interaktiven Entscheidungsbildung dienen und eine Verbesserung der Entscheidungsqualität für den Bereich halb- und unstrukturierter Probleme ermöglichen. Neben dieser gemeinsamen Zielsetzung gibt es wesentliche Unterschiede zwischen Expertensystemen als Systemen der Wissensverarbeitung und Entscheidungsunterstützungssystemen als Systemen konventioneller Datenverarbeitung (vgl. zum folgenden Ford, Expert Systems 1985, S. 24 ff. sowie Wahlster, Expertensysteme 1985, S. 777).

Entscheidungsunterstützungssysteme machen Daten für den Entscheidungsträger leicht und weitgehend vollständig verfügbar. Sie beinhalten "konkretes" Wissen in Form von Daten, Methoden und Modellen. Methoden und Modelle stehen dem Entscheidungsträger zur freien Disposition, d.h. er entscheidet weitgehend selbst, welche Methoden und Modelle zur Anwendung kommen. Der Problemlösungsprozeß kann somit flexibel und auf die Person des Entscheidungsträgers zugeschnitten ablaufen, da dieser die Komponenten des Systems und deren Zusammenwirken steuert. Die Auswahlentscheidungen werden durch den Entscheidungsträger selbst getroffen. Entscheidungsunterstützungssysteme setzen von daher beim Entscheidungsträger intensive Kenntnisse über das Problemgebiet voraus. Das "Wissen" des Entscheidungsträgers ist maßgeblich mitverantwortlich für die Qualität der Entscheidung.

Expertensysteme liefern dem Benutzer fertige Entscheidungen bzw. Ergebnisse. Sie verfügen über "heuristisches" Wissen. Mit Hilfe von in Datenstrukturen übersetzten kognitiven Prozessen wird das Wissen manipuliert. Der Benutzer ist nur passiv am Problemlösungsprozeß beteiligt, indem er dem System fallspezifisches Faktenwissen zur Verfügung stellt und Antwort auf die durch das System gestellten Fragen gibt. Flexibilität und persönlicher Stil können somit nicht in die Entscheidung eingebracht werden, da nicht der Benutzer das System steuert, sondern das System den Benutzer lenkt. Bedingt durch die Übernahme des gesamten Entscheidungsprozesses durch das System muß beim Benutzer nur eine gewisse Vertrautheit mit dem Problemgebiet vorausgesetzt werden. Das "Wissen" des Systems ist verantwortlich für die Qualität der Entscheidung.

Entscheidungsunterstützungssysteme und Expertensysteme werden mit iterativen und prototypischen Methoden entwickelt. Eine wesentliche Forderung bei der Konzeption von Entscheidungsunterstützungssystemen ist darin zu sehen, daß der Entscheidungsträger in den Gestaltungsprozeß einbezogen wird, da nur so eine optimale Realisation seiner Vorstellungen bezüglich Daten, Methoden und Modellen möglich ist. Jeder Entscheidungsträger entwickelt seinen eigenen Denk- und Entscheidungsstil (vgl. Dehio/Kieser, Entscheidungsunterstützungssysteme 1983, S. 373), und das Entscheidungsunterstützungssystem sollte während des Gestaltungsprozesses immer mehr diesem individuellen Stil angepaßt werden. Diese Forderung ist auf der einen Seite für die Akzeptanz der Systeme von besonderer Bedeutung. Andererseits sind mit ihrer Umsetzung zahlreiche Probleme verbunden.

Bei Expertensystemen sind die an der Entwicklung beteiligten Experten nicht die späteren Benutzer, für die das System konzipiert wird. Mit den Experten wird zunächst ein Prototyp mit begrenzter Wissensbasis erstellt, die im Laufe des Gestaltungsprozesses permanent erweitert wird. Erst wenn sie über "genügend" Wissen verfügt, um die durch die Benutzer an das System gestellten Aufgaben lösen zu können, kann ein praktischer Einsatz des Expertensystems erfolgen. Da Wissen nicht "statisch" ist, muß das System während seines Einsatzes permanent gewartet werden, da eine veraltete Wissensbasis die durch das System erzielte Entscheidungsqualität beeinträchtigt. Die Nichteinbeziehung des Benutzers bringt neben psychologisch bedingten Akzeptanzbarrieren weitere Schwierigkeiten mit sich, wenn die Sprache des Systems und die Sprache des Benutzers nicht übereinstimmen.

Unter formalen Aspekten weisen Entscheidungsunterstützungssysteme und Expertensysteme insbesondere im Hinblick auf die Integration in ihre Einsatzumgebung Unterschiede auf. Ein effizienter Einsatz von Entscheidungsunterstützungssystemen ist auf konventionellen Rechenanlagen möglich. Besondere Anforderungen werden hauptsächlich an die Benutzeroberfläche gestellt, die einen leichten und für den Entscheidungsträger komfortablen Umgang mit dem System ermöglichen soll (vgl. Abb. 38). Die Programmierung kann in höheren Programmiersprachen wie Cobol, Pascal, APL u.a. erfolgen. Für den effizienten Einsatz von Expertensystemen sind nichtprozedurale Programmiersprachen wie Lisp und Prolog Voraussetzung. Des weiteren sind leistungsfähige Rechner (Lisp- und/oder Prolog-Rechner) erforderlich (vgl. auch Abschn. 2.3.5.2). Die Integration in ein bestehendes System ist von daher mit großen Schwierigkeiten verbunden, solange nicht die entsprechenden Schnittstellen geschaffen sind.

Seit Beginn der 70er Jahre wurde eine Vielzahl von Expertensystemen, von denen bis heute nur wenige im praktischen Einsatz sind, für unterschiedliche Anwendungsbereiche entwickelt (vgl. u.a. Mertens/Allgeyer, Künstliche Intelligenz 1983; Retti, Expertensysteme 1984, S. 88 ff.; Schnupp, Expertensysteme 1986; Mans, Disziplin 1986; Brenner, Orakelsprüche 1987). Das Marktpotential für Expertensysteme wird generell als sehr hoch eingeschätzt. Schätzungen schwanken - je nach Abgrenzung der Expertensystem-Technologie - zwischen 3 Mrd Dollar und 13 Mrd Dollar (z.B. Frost & Sullivan) für das Jahr 1990 (vgl. o.V., Künstliche Intelligenz 1987, S. 5).

Abbildung 124 zeigt das Interesse an Expertensystemen als Ergebnis einer Untersuchung in den 100 größten deutschen Unternehmen. Danach wird die ES-Technologie als nutzbringendes Werkzeug in allen Branchen angesehen. Erstaunlich ist, daß mit dem Nutzen von Expertensystemen bereits innerhalb der nächsten zwei Jahre gerechnet wird. Hier zeigt sich möglicherweise eine Parallele zur MIS-Euphorie der 60er und frühen 70er Jahre.

Unabhängig vom konkreten Anwendungsbereich ist der sinnvolle Einsatz von Expertensystemen an bestimmte Voraussetzungen geknüpft (vgl. Waterman, Expert Systems 1986, S. 128 f.):

- Allgemeine Voraussetzungen:
  - Es müssen Experten (mindestens ein Experte) verfügbar sein, die über das Wissen zur Lösung der Aufgaben verfügen.
  - Die Experten müssen die zur Lösung führenden Methoden darstellen und erklären können.
  - Die Experten müssen eine Übereinstimmung erzielen bzgl. Auswahl und Richtigkeit der Lösungen.

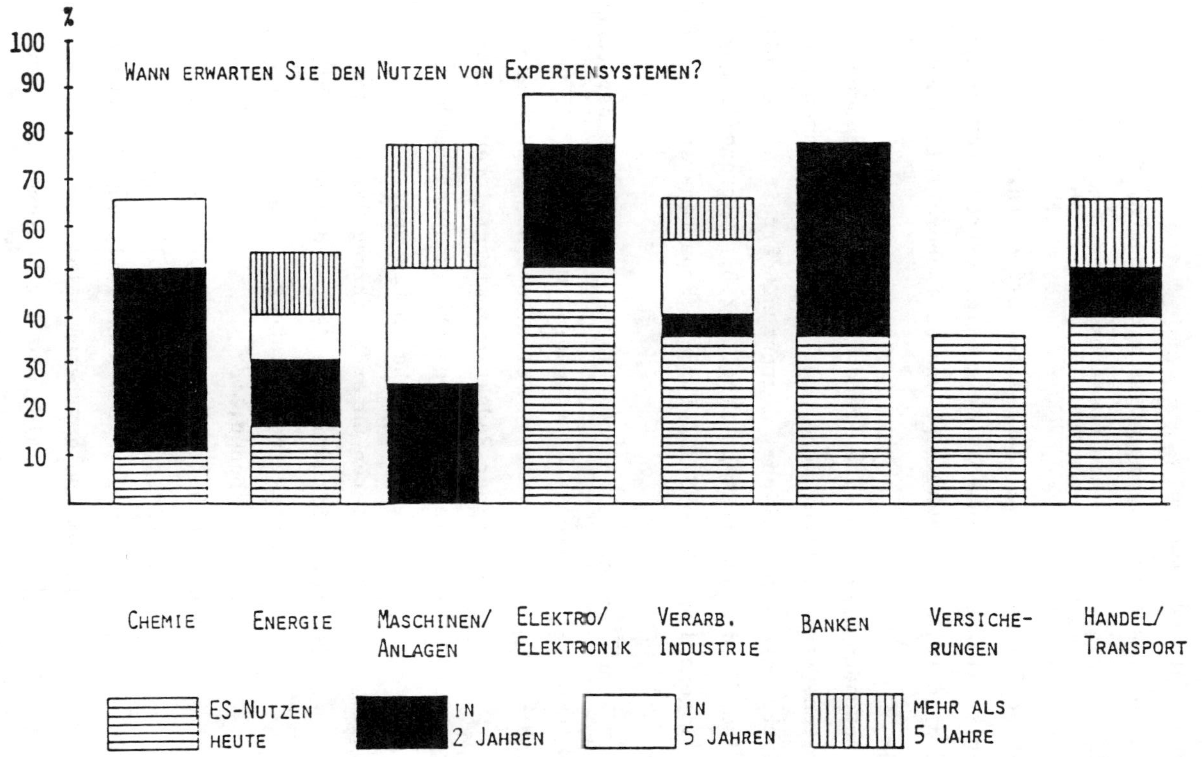

Quelle: o.V., Künstliche Intelligenz 1987, S. 5.

Abb. 124. Beurteilung des Nutzens von Expertensystemen durch die hundert größten deutschen Unternehmen

- Aufgabenbezogene Voraussetzungen:
  - Die Aufgaben sollten kein Allgemeinwissen erfordern, d.h. sie müssen einem gut abgrenzbaren und überschaubaren Gebiet zugeordnet werden können.
  - Die Aufgaben sollten kognitive Fähigkeiten erfordern.
  - Die Aufgaben sollten nicht zu schwierig sein; extrem schwierige Aufgaben sind in relativ unabhängige und einfachere Teilaufgaben zu zerlegen.

Erfüllt ein Anwendungsbereich die genannten Voraussetzungen, so kann ein Expertensystem verschiedene Funktionen wahrnehmen, über deren begriffliche und inhaltliche Abgrenzung derzeit in der Literatur noch keine Einigkeit besteht (vgl. z.B. Mertens/Allgeyer, Künstliche Intelligenz 1983, S. 695 f.; Puppe, Expertensysteme 1986, S. 3).

Nach Mertens können folgende Aufgabenklassen von Expertensystemen unterschieden werden (vgl. Mertens, Expertensysteme 1987):

- Diagnosesysteme: klassifizieren Fälle, oft auf der Grundlage einer Reduktion umfangreichen Datenmaterials, gegebenenfalls unter Berücksichtigung unsicheren Wissens;
- Expertisesysteme: formulieren unter Benutzung der Diagnosedaten Situationsberichte, die auch schon Elemente einer Beratung ("Therapie") enthalten können;
- Intelligente Checklisten: dienen bei Entscheidungsprozessen als Gedächtnisstütze und der Vollständigkeitssicherung; sie können Teile von Beratungs- und Diagnosesystemen sein;
- Beratungssysteme: geben im Dialog mit dem Menschen eine auf den vorliegenden Fall bezogene Handlungsempfehlung;
- Selektionssysteme: dienen der Auswahl von Elementen aus einer meist großen Zahl von Alternativen, können Teile von Konfigurations- und Planungssystemen sein;
- Konfigurationssysteme: stellen auf der Basis von Selektionsvorgängen unter Berücksichtigung von Schnitt-

	stellen, Unverträglichkeiten und parametrisierten Benutzerwünschen komplexere Gebilde zusammen;
- Planungssysteme:	übernehmen ähnliche Aufgaben wie Selektions- und Konfigurationssysteme, berücksichtigen aber darüber hinaus zeitliche Reihenfolgen;
- Zugangssysteme:	stellen in der Regel Hüllen zu konventionellen Entscheidungs- und Planungshilfen dar, sollen weniger geschulten Benutzern den Umgang mit den konventionellen Methoden erleichtern;
- Hilfesysteme:	leisten in Mensch-Maschine-Dialogen aktive, d.h. vom Benutzer nicht angeforderte Hilfen, um den Benutzer vor Fehlern zu bewahren und den Problemlösungsprozeß effizienter zu machen;
- Unterrichtssysteme:	sind eine Weiterentwicklung des computerunterstützten Unterrichts um Elemente der Künstlichen Intelligenz;
- Entscheidungssysteme:	übernehmen die Entscheidung automatisch, solange bestimmte parametrisierte Grenzen nicht verlassen werden.

4.2.5.2 Ausgewählte Prototypen

Die wesentlichen Funktionen von Expertensystemen lassen sich unter
- Diagnose im Sinne von Beobachtung, Interpretation, Fehlersuche u.ä.,
- Therapie im Sinne von Beratung und
- Planung auf der Basis bestehender Strukturen sowie im Sinne der "Konstruktion" neuer Strukturen

subsumieren.

Nahezu alle Entscheidungsfelder des Marketing weisen Fragestellungen der Diagnose, Therapie und Planung auf. Neue Methoden und

Technologien haben neue Informationsquellen erschlossen und ermöglichen ein "informatorisches Trading up" des Marketing. Eine Verbesserung der Entscheidungsqualität wird jedoch nur dann erreicht, wenn die personelle und kognitive Kapazität zur permanenten Interpretation der Auswertungen und zur Planung und Umsetzung konkreter Maßnahmen zur Verfügung steht. In der Regel treten gerade in diesen Bereichen Engpässe auf, die eine vollständige und zielgerichtete Ausschöpfung der Informationspotentiale verhindern.

Expertensysteme können im Marketing in Form von Diagnose-, Therapie- und Planungssystemen durch die Einbeziehung qualitativen Expertenwissens über Analysen auf der Basis von Ursache-Wirkungs-Beziehungen, wie sie heute z.B. im Bereich der Preis-, Sonderangebots-, Werbe- und Sortimentspolitik durchgeführt werden, hinausgehen und somit die Entscheidungsqualität verbessern. Durch die Möglichkeit der Multiplikation des Expertenwissens können zudem die oben angesprochenen Engpässe überwunden werden.

Neben diesen Möglichkeiten im Bereich der Marketing- und Managemententscheidungen ist ein denkbarer Einsatzbereich von Expertensystemen, aufbauend auf den Warenwirtschaftsinformationen, in der Disposition und dem Bestellwesen zu sehen (vgl. Zentes/Hilgers, Entscheidungsqualität 1986, S. 101).
Auf der Basis der konventionellen Datenverarbeitung können durch die Definition geeigneter Parameter wie Bedarf, Lieferzeit, Umschlagshäufigkeit, Mindestbestellgrößen, Konditionen u.ä. Bestellvorschläge ermittelt werden. Diese Bestellvorschläge müssen dem Einkaufsexperten vorgelegt werden, der aufgrund seiner Erfahrungen und seines Wissens (wie Warenkenntnisse und Marktkenntnisse) diese Vorschläge beurteilt. Durch die Erfassung dieser Erfahrungen und dieses Wissens in einem Expertensystem könnte die Beurteilung der Bestellvorschläge durch das System übernommen werden. Die Bestellschreibung und -überwachung der so ermittelten Vorschläge könnten mit Hilfe der konventionellen Datenverarbeitung durchgeführt werden. Weitere wichtige Aufgaben im Rahmen der Disposition sind die Durchführung von Limitrechnungen, die Lieferantenselektion und die Distributionsoptimierung. Durch eine Verknüpfung von warenwirtschaftsspezifischen Daten und Expertenwissen besteht auch für diese Aufgaben die Möglichkeit, die erforderlichen Entscheidungen zu verbessern.

Als Beispiele für Expertensystem-Prototypen im Marketing werden im folgenden dargestellt:
- das Expertensystem für den Einkauf (EES),
- der Marketing Strategy Assistant (MSA).

Expertensystem für den Einkauf (EES)

Ein erstes System, das auf den warenwirtschaftlichen Bereich ausgerichtet ist, wurde an der TU Berlin entwickelt (vgl. zum folgenden Bader u.a., Expertensystem o. J.); es ist inhaltlich auf den Bereich der Lieferantenselektion begrenzt.

Das Expertensystem für den Einkauf berücksichtigt bei der Auswahl von Lieferanten quantitative und qualitative Kriterien. Das menschliche Know how des Einkäufers wie Erfahrungen mit verschiedenen Lieferanten, Wissen über die betriebsinternen Abläufe und die Einkaufspolitik des Unternehmens u.ä. fließt in die Auswahlentscheidungen ein. Um die Entscheidungen überprüfbar und nachvollziehbar zu machen, verfügt das System über eine Erklärungskomponente. "Die Erklärungskomponente von EES
- erklärt die Gründe für eine Lösung und zeigt, daß die Lösung plausibel ist;
- erklärt scheinbar unlogische Lösungen und macht sie dadurch nachvollziehbar plausibel und
- erleichtert es, die Schlußfolgerungen des Systems zu überprüfen, wenn Fehler auftauchen." (Bader u.a., Expertensystem o. J., S. 4).

Das Expertensystem für den Einkauf verwendet als Werkzeuge Interlisp-D und Loops. Das System verfügt über eine Datenbank, die als wesentliche Datenbasen die Lieferanten-Datenbank und die Artikel-Datenbank enthält. In der Lieferanten-Datenbank wird neben den üblichen Stammdaten (z.B. Adressen, Bankverbindungen, Konditionen u.ä.) das Verhalten des Lieferanten in der Vergangenheit als wichtiges Kriterium für die Lieferantenbewertung festgehalten. So wird registriert (vgl. Bader u.a., Expertensystem o. J., S. 9 f.):
- ob der Lieferant die bestellte Qualität von Waren geliefert hat (Aspekt der Qualität),
- ob der Lieferant zugesagte Liefertermine eingehalten hat (Aspekt der Pünktlichkeit),

- wie das Preisverhalten des Lieferanten ist (Aspekt der Preispolitik),
- ob der Lieferant aufgeschlossen ist gegenüber Mängelrügen (Aspekt der Kulanz),
- wie beweglich der Lieferant ist, d.h. ob er die Fähigkeit besitzt, in angemessener Zeit Sonderanfertigungen, Großaufträge oder kurzfristigen Bedarf zu erfüllen (Aspekt der Flexibilität),
- die Marktstellung des Lieferanten, denn je stärker die Marktstellung des Lieferanten, um so ungünstiger werden sich Preise, Liefer- und Zahlungsbedingungen gestalten lassen (Aspekt der Monopolisierung),
- die Dynamik des Lieferanten, unter der z.B. Forschungsaktivitäten, Aufgeschlossenheit für technischen Fortschritt, Fortschrittlichkeit des Managements u.a. subsumiert werden.

In der Artikel-Datenbank werden neben den üblichen Artikelstammdaten erfaßt:

- die Preisentwicklung des Artikels,
- die Bedeutung des Artikels für das Unternehmen auf der Basis einer ABC-Analyse.

Marketing Strategy Assistant (MSA)

Cross/Foxman/Kishore/Sherrell entwickelten in einer Kooperation der Washington State University, der Louisiana State University und der Firma Teknowledge, Inc. den Expertensystem-Prototyp Marketing Strategy Assistant, der strategische Marketingentscheidungen trifft (vgl. hierzu Stender, Expertensysteme 1986 und die dort angegebene Literatur).

Ausgangsbasis für die Formulierung der Regeln des Expertensystems, die zu spezifischen Empfehlungen führen, sind Portfolio-Ansätze und der PIMS-Ansatz. Basisstrategie für das Expertensystem ist die High-Market-Share-Strategie, die die Erzielung eines hohen Marktanteils als wichtigstes Unternehmensziel zum Gegenstand hat. Diese Strategie hat zur Voraussetzung, daß das Unternehmen über mindestens 20% Marktanteil verfügt. Verliert das Unternehmen Marktanteile, so wird ein Wechsel auf die Nischenstrategie eingeleitet. Weitere im Expertensystem implementierte Strategien sind die

Maintenance-Strategie, die eine Orientierung am Marktdurchschnitt beinhaltet und die Bailout-Strategie, die auf das Verhindern des vollständigen Bankrotts abzielt.
Aus formaler Sicht ist das von Faria/Johnstone entwickelte Simulationsmodell COMPETE Basis des Expertensystems (vgl. Stender, Expertensysteme 1986, S. 109 f. und die dort angegebene Literatur). Der Output der COMPETE-Simulation wird als Input des Expertensystems verwendet (vgl. Abb. 125). Der Regelinterpreter produziert aus den verfügbaren Datenstrukturen Marketingentscheidungen, die wiederum als Input für COMPETE verwendet werden können. Das Expertensystem MSA wurde auf einer DEC VAX 11/750 unter BSD 4.2 UNIX implementiert. Der YAPS-Regelinterpreter basiert auf Lisp.

Als Beispiel für die Arbeitsweise des MSA wird - in Anlehnung an Stender - die Nischenstrategie betrachtet (Stender, Expertensysteme 1986, S. 105 f.):
"Die Nischenstrategie, die MSA verfolgt, sei im Beispiel eine produkttyporientierte und produktattributorientierte Nische: Produkte der Unterhaltungsindustrie für den Freizeitbereich (Produkttyp), genauer elektronische Produkte (Produktattribut). Darüber hinaus sei es eine geographische Nische (Regionen I und II) und eine Qualitätsnische (hoher Preis, hohe Qualität). Regeln können nun folgendermassen aussehen:

1. Monitorregel
Expandiere nach Region III, wenn der Marktanteil für jedes Produkt 10 Punkte oder mehr gegenüber dem nächsten Wettbewerber für wenigstens zwei Quartale beträgt und das Einkommen pro Anteil für beide Quartale steigt.

2. Preisgestaltungsregel
Berechne 2-5 % mehr, als der Durchschnittspreis der anderen Unternehmen im letzten Quartal betrug. Wenn der Durchschnittspreis für ein Produkt zwei Perioden hintereinander stetig fällt, reduziere den Preisaufschlag um die Hälfte. Wenn der Durchschnittspreis für ein Produkt zwei Perioden hintereinander stetig steigt, erhöhe den Preisaufschlag um 50%.

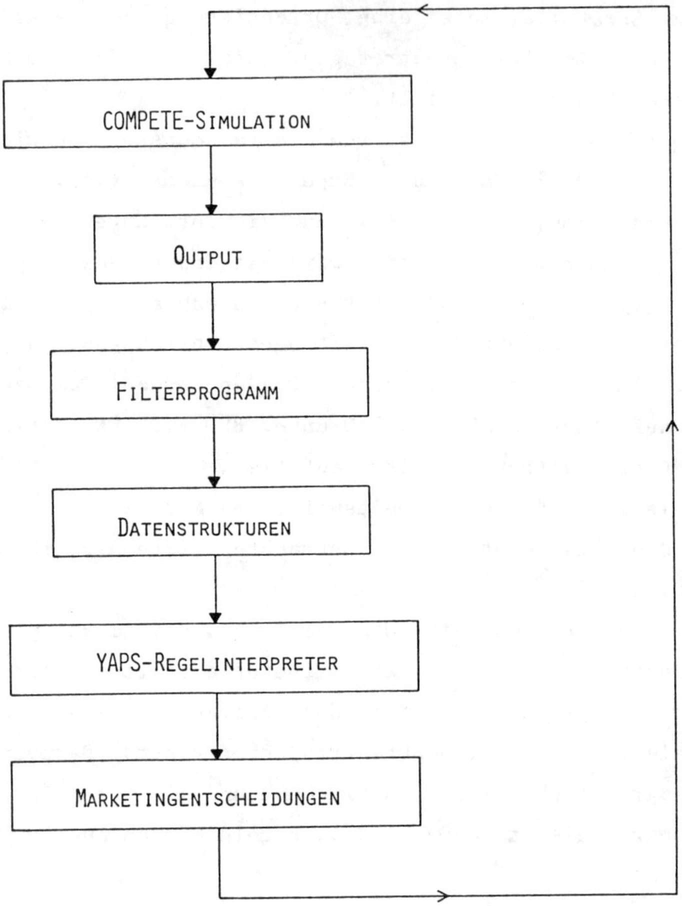

Quelle: in Anlehnung an Stender, Expertensysteme 1986, S. 105.

Abb. 125. Ablauf des Expertensystems MSA

3. Werberegel
Gebe 10% mehr als der Durchschnitt der anderen Firmen der Region für Werbemaßnahmen aus.

4. F&E-Regel
Gebe 10% mehr als der Durchschnitt der anderen Firmen für Forschung und Entwicklung aus. Verteile die Forschungsbudgets im Verhältnis 60 : 40 auf die Ziele Produktionskosteneinsparung und Produktqualitätssteigerung. Überprüfe die Budgets jedes Quartal und korrigiere sie, wenn nötig."

4.3 Komplexe Beispiele eines EDV-gestützten Marketing

4.3.1 Überblick

Die technologischen Komponenten eines EDV-gestützten Marketing wurden im Zweiten Kapitel diskutiert; unterschieden wurden dabei:

- Technologien zur Erfassung von Informationen,
- Technologien zur Übertragung von Informationen,
- Technologien zur Speicherung von Informationen,
- Technologien zur Verarbeitung von Informationen.

Die methodischen Aspekte eines EDV-gestützten Marketing wurden im Dritten und Vierten Kapitel erörtert. Differenziert wurde dabei zwischen

- Informationsgewinnung und
- Informationsanalyse (einschließlich der Interpretation und Entscheidungsunterstützung).

Wenngleich diese Unterscheidung aus analytischen Gründen erfolgte, so wurde immer auf wechselseitige Beziehungen hingewiesen. Dies gilt sowohl innerhalb des technologischen und des methodischen Bereichs (Intra-Beziehungen) als auch zwischen ihnen (Inter-Beziehungen).

Im folgenden werden die komplexen Intra- und Inter-Beziehungen an zwei Beispielen aufgezeigt:

- die Grundstruktur eines EDV-gestützten Marketing in einem Handelsunternehmen in Form einer Fallstudie,
- die Struktur eines "Response Measurement of the Future" in Form eines Szenarios.

4.3.2 EDV-gestütztes Marketing in einem Handelsunternehmen

4.3.2.1 Grundstruktur des Informationssystems

Ausgangspunkt der Betrachtung ist ein Filialunternehmen, das rd. 300 Fachdiskonter mit ca. 6.000 Artikeln des täglichen Bedarfs (Food und Non Food) in der Bundesrepublik Deutschland betreibt. Das Unternehmen ist in seiner Steuerungsphilosophie zentral orientiert. Die

Filialen haben demnach keine Sortiments-, Preis- und Werbekompetenz. Ihre Aufgabe ist ausschließlich der Verkauf; auf der Beschaffungsseite übernehmen sie nur die mengenmäßige Disposition bzw. Nachdisposition des zentralgelisteten Sortiments.

Analog zur Marketing-Konzeption ist die Logistik-Konzeption aufgebaut. Die Hersteller liefern an ein zentrales Transit-Terminal (Waren-Verteilzentrum), in dem die Ware ohne Zwischenlagerung kommissioniert wird (vgl. zur Konzeption von Transit-Terminals Zentes, Integration der Warenwirtschaftssysteme 1986, S. 325 ff.; Zentes, Warenwirtschaft und Logistik 1986, S. 91). Vom Transit-Terminal aus werden die Filialen über ein eingeschaltetes Logistikunternehmen beliefert.

Das Marketing-Informationssystem des betrachteten Unternehmens, auf das die folgenden Ausführungen begrenzt sind, basiert auf drei Säulen (vgl. Abb. 126):

- Verkaufsinformationen,
- Marktinformationen,
- Konkurrenteninformationen.

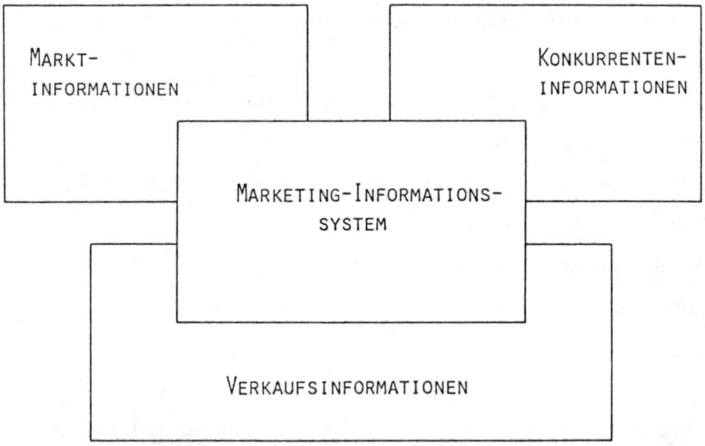

Abb. 126. Grundstruktur des Marketing-Informationssystems

Das Subsystem "Verkaufsinformationen" wird mit artikelgenauen Verkaufsdaten versorgt, die über Scanner erfaßt werden. Hierzu wurden in Zusammenarbeit mit einem Marktforschungsunternehmen aus dem Filialnetz rd. 100 repräsentative Filialen ausgewählt, in denen

Scanner installiert wurden. Die "Scanner-Filialen" sind über Wählleitungen mit dem Zentralrechner verbunden, der nachts Transaktionsdaten "absaugt" und Datenänderungen (z.B. Preisänderungen) und ggf. Programmänderungen in die Filialrechner überträgt.

Neben den Artikelinformationen werden am Check-out in den Scanner-Filialen Kundeninformationen in aggregierter Form erfaßt (vgl. auch Abb. 74). Die verkauften Artikel werden über Tastatur einer Kundengruppe, die durch Altersklasse (unter 18 Jahre, 18 bis unter 30 Jahre, 30 bis unter 45 Jahre, 45 Jahre und mehr) und Geschlecht definiert ist, zugeordnet. Weiterhin besteht die Möglichkeit, nicht nur den Abverkauf der einzelnen Artikel zu erfassen, sondern den kundenspezifischen Warenkorb. Diese Erfassung erfolgt nicht routinemäßig.

Die technologische Grundstruktur des verkaufs- bzw. warenbezogenen Informations- und Kommunikationssystems ist in Abbildung 127 dargestellt. Die Scanner-Filialen übermitteln per Datenfernübertragung ihre Bestell- und Verkaufsdaten (artikelbezogen und kundengruppenbezogen) an die Zentrale; die sonstigen Filialen übermitteln ihre Bestelldaten auf konventionelle Weise, meist telefonisch. In der Zentrale werden die Bestellungen nach Lieferanten gebündelt und über Datenfernübertragung gleichzeitig an die Lieferanten und an das Transit-Terminal weitergeleitet; mit einigen Lieferanten wird (noch) über Computer-Telex-Verbindung kommuniziert.

Das Transit-Terminal erhält von den Lieferanten Lieferdaten in Form von Begleitpapieren. Die filialspezifischen Belieferungsdaten werden als Wareneingangsdaten (WE-Daten) per Datenfernübertragung in die Scanner-Filialen übermittelt; die sonstigen Filialen erhalten die Wareneingangsdaten in Form von Begleitpapieren. Über Datenträgeraustausch werden sowohl die Lieferdaten der Lieferanten als auch die filialspezifischen WE-Daten in die Zentrale überspielt. Die WE-Daten sind die Grundlage zur Filialbelastung; die Lieferdaten der Hersteller werden im Rahmen der Rechnungskontrolle mit den Rechnungsdaten, die von der Mehrzahl der Lieferanten über Datenträgeraustausch zur Verfügung gestellt werden, abgeglichen.

Die artikelspezifischen Verkaufsdaten der Scanner-Filialen werden in der Zentrale gebündelt; auf Magnetbändern werden sie im Wochenrhythmus einem Marktforschungsinstitut überspielt.

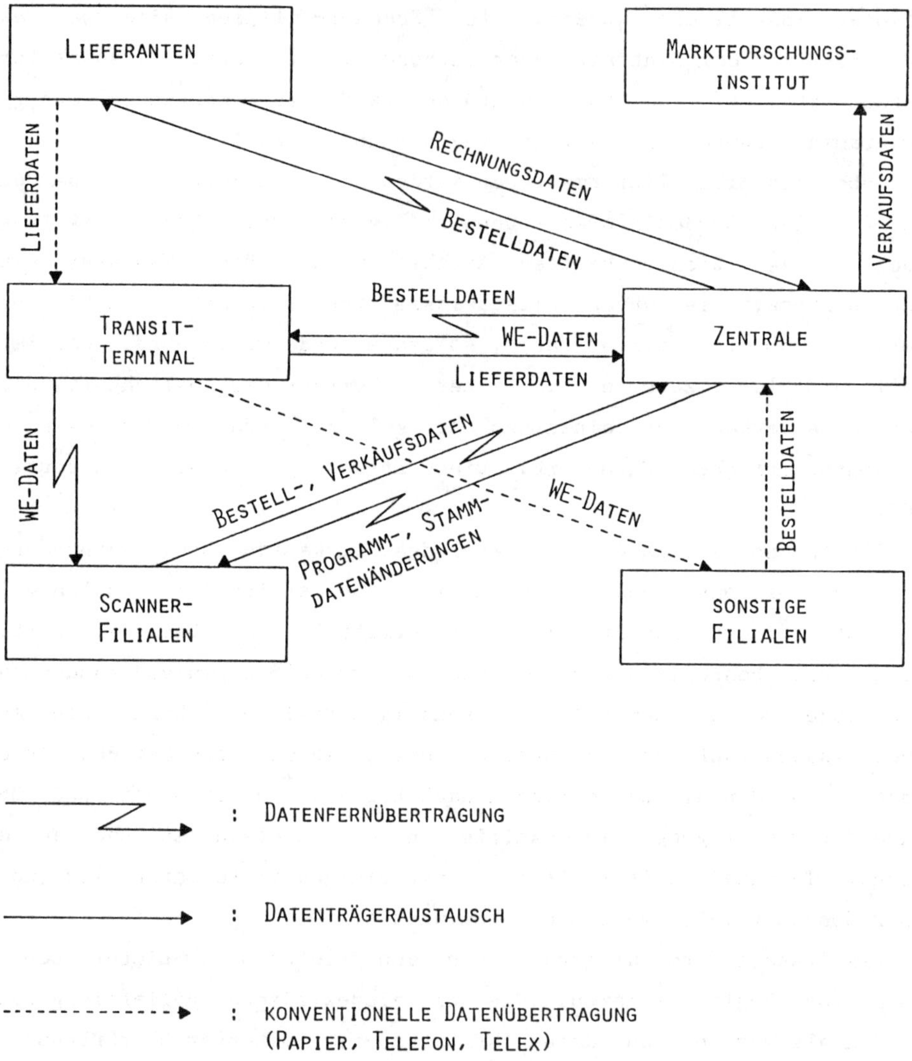

Abb. 127. Netzstruktur des warenbezogenen Informations- und Kommunikationssystems

Das Subsystem "Marktinformationen" besteht aus:
- standortspezifischen Potentialinformationen,
- Handels- und Haushaltspanelinformationen,
- standortspezifischen Kundeninformationen.

Zu den standortspezifischen Potentialinformationen gehören
- die Zahl der Haushalte und Einwohner im jeweiligen Einzugsgebiet,
- die regionale Kaufkraft in Form von Kaufkraftkennziffern.

Diese Informationen stehen als Sekundärinformationen zur Verfügung. Quellen hierfür sind die amtliche Statistik sowie Marktforschungsinstitute. Diese Informationen sind in der Zentrale in einer Datenbank gespeichert, die entsprechend dem Aktualisierungsrhythmus der Sekundärquellen gepflegt wird.

Zur Ableitung der warengruppenspezifischen Kaufkraft und zur Beurteilung der Sortimentsstruktur werden in der zentralen Datenbank die Ergebnisse eines Haushaltspanels und eines Non-Food-Handelspanels in Mikrodatenform gespeichert. Die Versorgung dieses Datenbanksegments erfolgt durch Magnetbänder, die von den Marktforschungsinstituten bereitgestellt werden.

Zu den standortspezifischen Kundeninformationen werden die Ergebnisse von periodisch durchgeführten Primärerhebungen gerechnet. In diesen Untersuchungen werden im wesentlichen die folgenden Informationskategorien erhoben:

- Einzugsgebiet,
- Bekanntheitsgrad,
- Image der Filiale sowie der relevanten Konkurrenten,
- Gründe des Kaufs bzw. des Nicht-Kaufs (bei potentiellen Kunden).

Diese Informationen werden - wie die Panelinformationen - in Mikroform zentral gespeichert. Auf der Basis dieser Erhebungen erfolgt ggf. eine Anpassung der Einzugsgebiete und damit eine Anpassung der gespeicherten standortspezifischen Potentialinformationen.

Das Subsystem "Konkurrenteninformationen" ist in dem betrachteten Fallbeispiel erst im Aufbau. Es umfaßt standortspezifisch die wesentlichen Konkurrenten (Verkaufsfläche, Zahl der Kassen, Zahl des Verkaufspersonals, geschätzter Umsatz) sowie die Imageinformationen, die im Rahmen der Primärerhebungen gewonnen werden. Vorgesehen ist der Aufbau eines sog. Preisspiegels der wesentlichen Artikel der Hauptkonkurrenten im Einzugsgebiet der Scanner-Filialen. Aufgrund des hohen Pflegeaufwands wurde dieses Teilinformationssystem bisher nicht realisiert.

Zusammenfassend sind die Komponenten der Marketing-Datenbank in Abbildung 128 dargestellt. Diese Datenbank ist die Grundlage für standardmäßige Auswertungen und für ad-hoc-Abfragen und weitergehende Formen der Informationsanalyse unter Einsatz von Modell- und Methodenbanken. Die Mitarbeiter in den zentralen Einkaufs- und Marke-

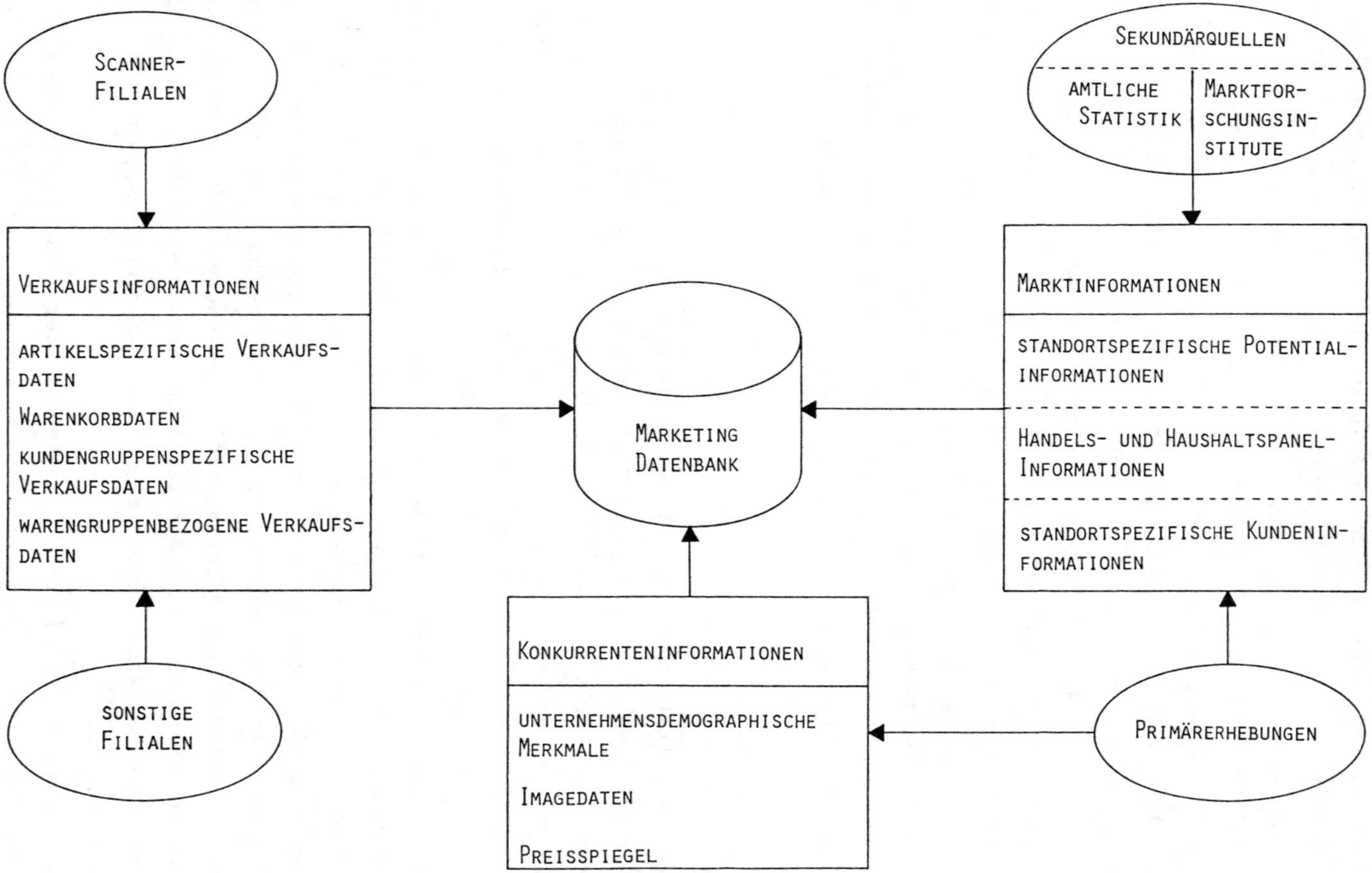

Abb. 128. Komponenten der Marketing-Datenbank

tingabteilungen können über Bildschirmterminals bzw. Mikrocomputer auf diese Datenbank zugreifen. Der Einsatz von Mikrocomputern ermöglicht - wie im Vierten Kapitel dargestellt - den Transfer von Datenbanksegmenten und die individuelle Weiterverarbeitung.

4.3.2.2 Ausgewählte Marketing-Entscheidungsfelder

Aus der Vielzahl relevanter Entscheidungsfelder des Handelsmarketing werden im folgenden kurz behandelt:

- die Sortimentspolitik einschließlich der Lieferantenselektion,
- die Preis- und Sonderangebotspolitik,
- die Regalflächenzuweisung.

Neben diesen instrumentspezifischen Fragestellungen wird die Vorgehensweise einer potentialorientierten Umsatzplanung aufgezeigt.

EDV-gestützte Sortimentspolitik

Einen ersten Ansatzpunkt zur Sortimentsoptimierung bietet eine Analyse der artikelspezifischen Verkaufsdaten der Scanner-Filialen. Der verfügbare Datenbestand ermöglicht Artikelanalysen in Form sog. "Renner- und Pennerlisten" auf Artikelgruppen-, Warengruppen-, Abteilungs-, Filial- und hochgerechnet auf Unternehmensebene (vgl. Abb. 129). Als Auswahlkriterien können dabei wahlweise herangezogen werden:

- Absatzmenge,
- Umsatz,
- Rohertrag (Deckungsbeitrag 1).

Je nach Ausbau des artikelbezogenen Rechnungswesens kann neben dem Rohertrag der Deckungsbeitrag im Sinne des DPR-Konzeptes herangezogen werden (vgl. Tab. 3 und 4, Abschn. 3.2.2.2).

Die Güte der Hochrechnung mit den Stichproben-Filialdaten auf das Gesamtunternehmen kann in diesem Fall überprüft werden. Die Hochrechnung der artikelspezifischen Verkaufsdaten aus den Scanner-Filialen wird den entsprechenden Gesamtlieferdaten der Hersteller gegenübergestellt, die aus dem Warenwirtschaftssystem verfügbar sind.

Die verfügbare Datenbasis ermöglicht auch die Aggregation der artikelbezogenen Umsätze, Roherträge, Deckungsbeiträge auf Lieferan-

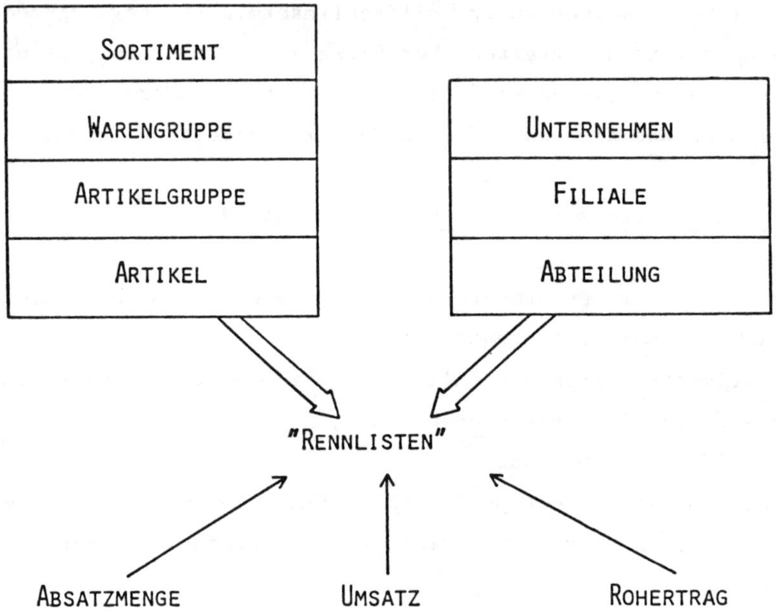

Abb. 129. Möglichkeiten der Sortimentsanalyse

tenebene. Als Beispiel zeigt Abbildung 130 eine Konzentrationskurve als Ergebnis einer lieferantenbezogenen ABC-Analyse auf Basis des Rohertrages (Unternehmensebene).

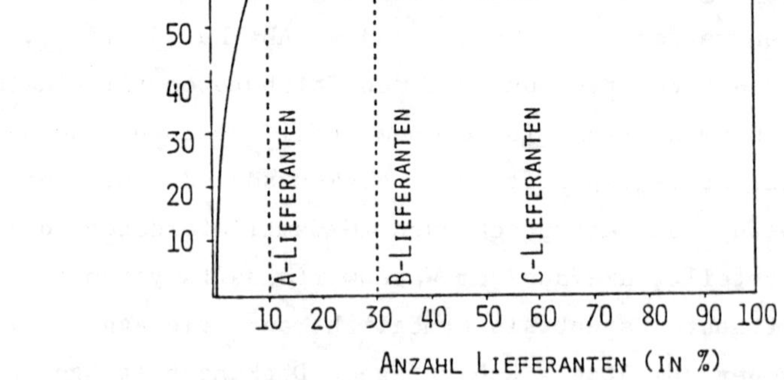

Abb. 130. Beispiel einer rohertragsbezogenen ABC-Lieferantenanalyse

Neben diesen Formen einer eindimensionalen Sortimentsanalyse bietet sich in dem Fallbeispiel die Möglichkeit, in den Scanner-Filialen temporär den Warenkorb je Kunde zu erfassen. Hierzu wird in dem Filialrechner ein Programm aktiviert, das neben der artikelspezifischen Verkaufsdatenerfassung den jeweiligen Kunden-Warenkorb speichert. Diese Daten ermöglichen die Feststellung von Einkaufsverbundeffekten; sie unterstützen damit die Entscheidungen über die Aufnahme von Artikeln mit positivem Verbund bzw. die Elimination von Artikeln mit negativem Verbund.

Als Beispiel zeigt Abbildung 131 das Ergebnis einer Analyse des Sortimentsverbundes mit Hilfe der multidimensionalen Skalierung (MDS).

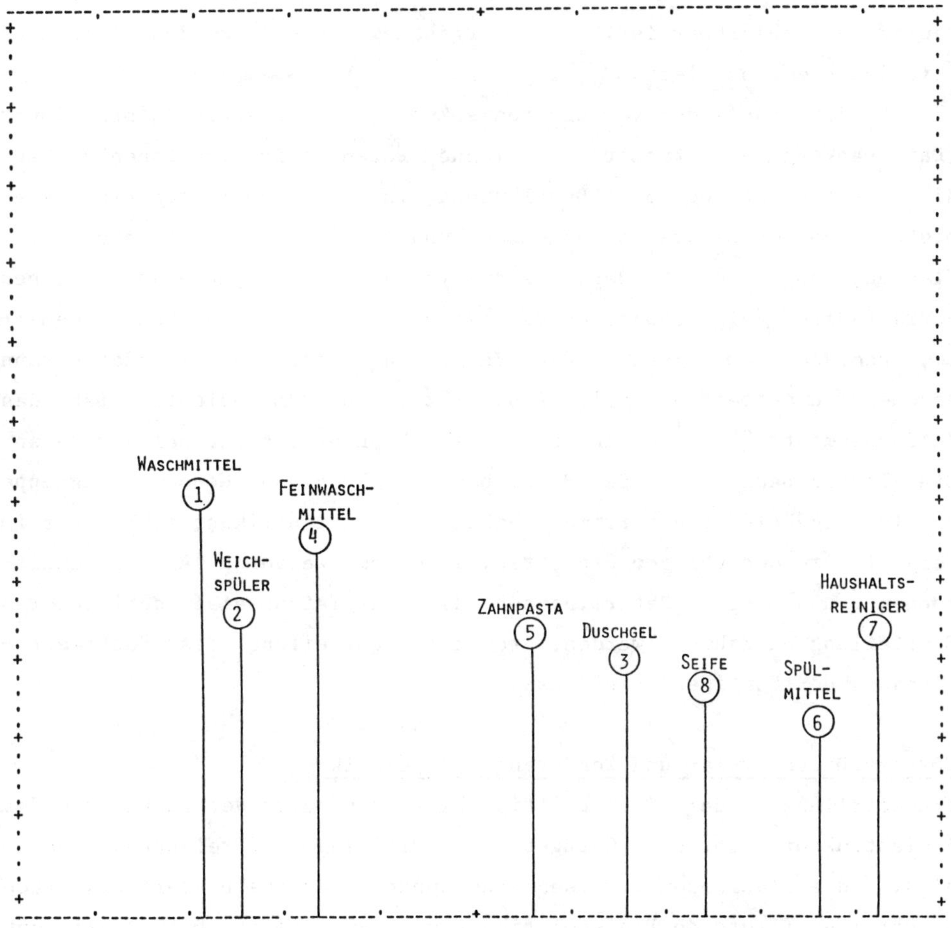

Abb. 131. Beispiel einer Sortimentsverbundanalyse mit MDS

Der Abstand der ausgewiesenen Säulen (Artikel) voneinander zeigt den Grad der Verbundbeziehungen. Nahe beieinander liegende Artikel werden relativ häufig zusammengekauft.

Einen weiteren Ansatzpunkt zur Optimierung der Sortimentspolitik stellen die Erwartungen der Kunden an die Sortimentskompetenz des Betriebstyps dar. Zur Überprüfung dieser Frage kann zunächst auf das Datenbanksegment "standortspezifische Kundeninformationen" (vgl. Abb. 128) zurückgegriffen werden. Die dort verfügbaren Beurteilungen der Sortimentsstruktur - als Teilmenge der Filialbeurteilung (Imagemessung) - können Sortimentsdefizite aufzeigen.

Die kundengruppenspezifischen Urteile können dann mit den Ergebnissen einer kundenbezogenen Umsatzstrukturanalyse verglichen werden, die aus dem Datenbanksegment "kundengruppenspezifische Verkaufsdaten" ableitbar ist. Diese Vorgehensweise sei an den folgenden Beispielen demonstriert.

Auf der Basis der verfügbaren sekundärstatistischen Informationen (Datenbanksegment "standortspezifische Potentialinformationen") kann die Zusammensetzung der Bevölkerung in den jeweiligen Einzugsgebieten nach den Merkmalen Geschlecht und Alter, gruppiert nach vier Klassen, abgerufen werden. Die Analyse der kundengruppenspezifischen Verkaufsdaten zeigt das relative Gewicht der einzelnen Kundensegmente, gemessen am Umsatz. Der Vergleich dieser Strukturdaten kann Asymmetrien aufzeigen (vgl. Abb. 132). In dem Beispiel ist das Kundensegment "30 bis unter 45 Jahre" unterproportional vertreten. Die globale Beurteilung des Betriebes durch diese Konsumentengruppe - als Ergebnis einer Primärerhebung - ist signifikant schlechter im Vergleich zu den übrigen Segmenten. In einem weiteren Analyseschritt können nun die Determinanten der vergleichsweise schlechteren Beurteilung extrahiert werden, so die Beurteilung des Sortimentsniveaus, der Sortimentstiefe usw.

<u>EDV-gestützte Preis- und Sonderangebotspolitik</u>

Fragestellungen der Preispolitik betreffen neben der Festlegung der Preisstruktur, d.h. des Gefüges der Preislagen (Preisstrukturpolitik), die laufenden Preisentscheidungen innerhalb der fixierten Bandbreiten (laufende Preispolitik) (vgl. zu dieser Differenzierung Tietz, Handelsbetrieb 1985, S. 334). Für die laufende Preispolitik

Kundensegment Frauen	Anteil im Einzugsgebiet in %	Umsatz-Anteil in %	Beurteilung Filiale (1-5)
unter 18	20	22	2,7
18 bis unter 30	15	20	3,2
30 bis unter 45	35	20	4,1
45 und mehr	30	38	2,6
Summe/ Durchschnitt	100	100	3,3

Abb. 132. Beispiel einer ad-hoc-Abfrage zur Sortimentsanalyse

sind Informationen über Preisänderungswirkungen von zentraler Bedeutung; sie können aus dem Datenbank-Segment "artikelspezifische Verkaufsdaten" abgeleitet werden. Die Preisänderungswirkungen stellen die Grundlage einer Preisoptimierung dar.

Als Beispiel einer Preisanalyse auf der Basis von Scanner-Daten zeigt Abbildung 133 das Ergebnis eines Preistests in fünf strukturähnlichen Filialen. In den Filialen I bis V wurde ein Produkt innerhalb einer 4-Wochen-Periode mit fünf unterschiedlichen Preisen in den Spannweiten von 4,89 DM bis 5,89 DM verkauft.

Eng verbunden mit der laufenden Preispolitik ist die Sonderangebotspolitik, auch als Aktionspolitik bezeichnet. Die Sonderangebotspolitik kann als eine kombinierte Produkt-Preis-Politik für einen begrenzten Zeitraum charakterisiert werden. Sie wird meist durch den Einsatz bestimmter Werbemittel, so Schaufenster, Plakate, Handzettel, Flugblätter, Anzeigen ergänzt. Entscheidungsorientierte Fragestellungen betreffen:
- den Mehrabsatz des Sonderangebotsartikels,
- die Wirkung in der Folgeperiode,
- die Wirkung in der Artikel- oder Warengruppe und damit letztlich
- die Gesamteignung des Sonderangebots.

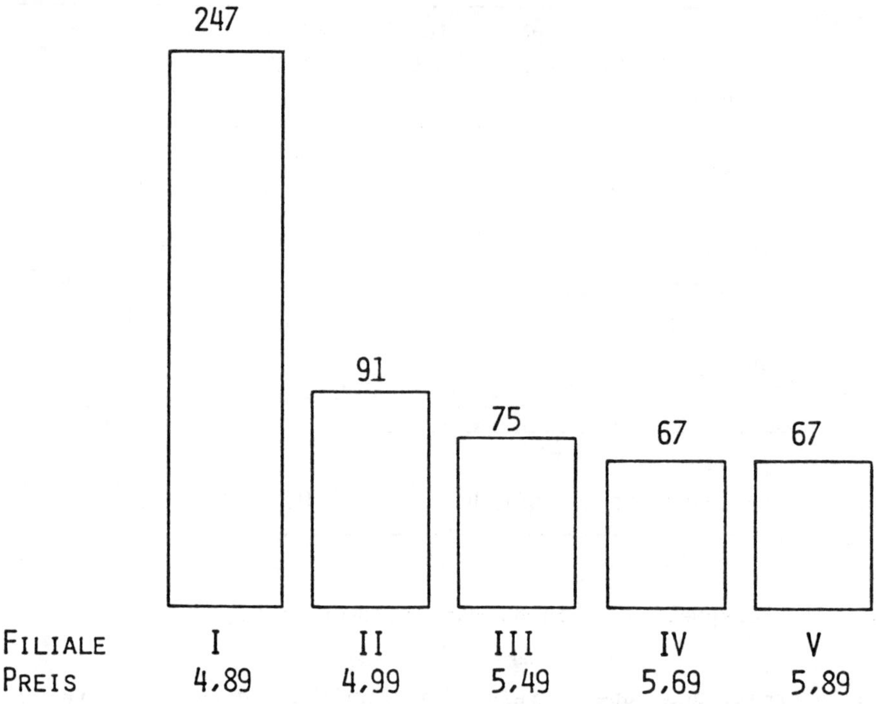

Abb. 133. Beispiel einer Preiswirkungsanalyse (Absatzindex)

Als Beispiel einer Responsemessung von Sonderangebotsaktivitäten zeigt Abbildung 134 den Mehrabsatz des Sonderangebotsartikels sowie die Auswirkungen in die jeweiligen Folgewochen in graphischer Form. Grundlage hierfür sind die artikelspezifischen Verkaufsdaten der Scanner-Filialen. Aus technischer Sicht erfolgt die Erfassung des Sonderangebotsverkaufs durch Aktivierung eines Aktionskennzeichens im Artikelstamm. Dadurch ist es auch möglich, am Ende einer Periode die Umsatzanteile oder Deckungsbeitragsanteile des Normalabsatzes und des Aktionsabsatzes auszuwerten. Ein solches Analysebeispiel zeigt Abbildung 135.

Die artikelgenaue Messung des Sonderangebotsverkaufs ermöglicht auch die Ableitung von Preiselastizitäten im Sinne von Aktionselastizitäten. Aktionselastizitäten sind wie folgt definiert:

$$\text{Aktionselastizität} = - \frac{\text{relative Absatzänderung}}{\text{relative Preisänderung}}$$

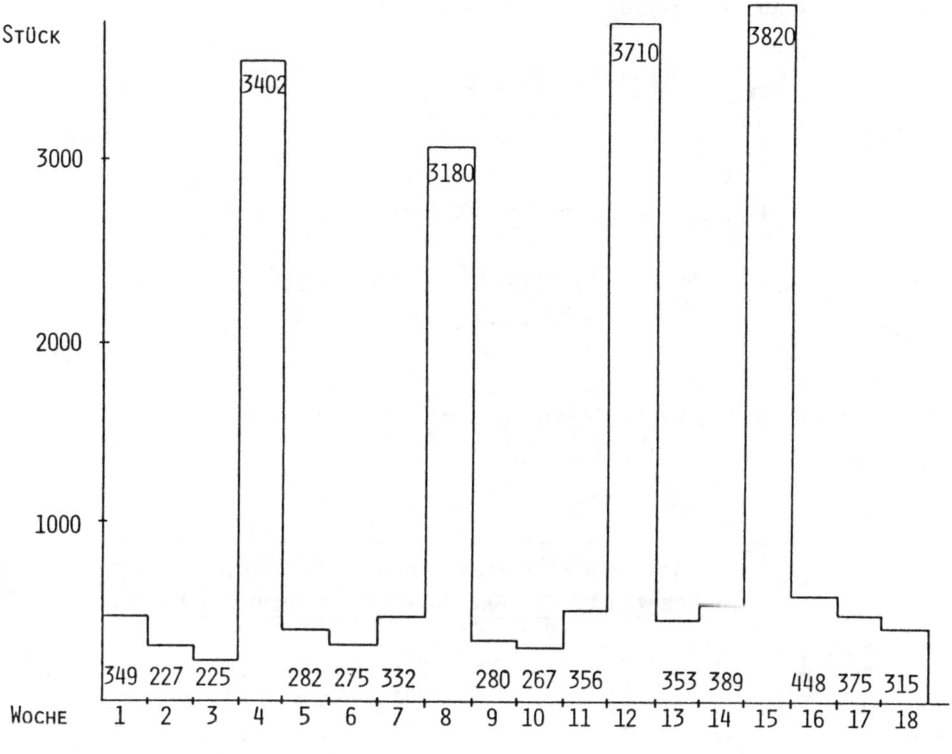

Abb. 134. Beispiel einer Sonderangebotsanalyse
- Mehrabsatz -

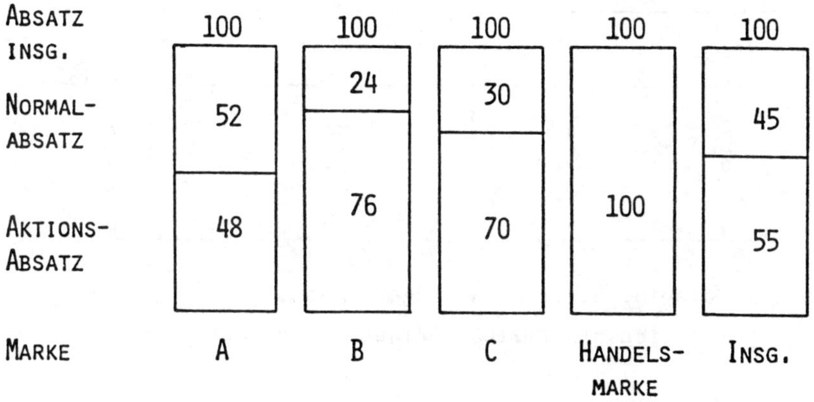

Abb. 135. Beispiel einer Sonderangebotsanalyse
- Anteile Normal- und Aktionsabsatz -

Als relative Absatzänderung wird bezeichnet:

$$\text{relative Absatzänderung} = \frac{\text{Aktionsabsatz - Normalabsatz}}{\text{Normalabsatz}}$$

Analog hierzu ist die relative Preisänderung definiert:

$$\text{relative Preisänderung} = \frac{\text{Aktionspreis - Normalpreis}}{\text{Normalpreis}}$$

Ein Beispiel der Elastizitätsanalyse ist in numerischer Form in Abbildung 136 dargestellt.

MARKE	ABSATZMENGE NORMALWOCHE	ABSATZMENGE AKTIONSWOCHE	ABSATZSTEIGERUNG UM DAS ..FACHE
A	61	769	11,6
B	19	504	25,5
C	14	127	8,1
D	24	316	12,2

Abb. 136a. Beispiel einer Sonderangebotsanalyse
- Aktionselastizität: Mehrabsatz-Analyse -

MARKE	NORMALPREIS DM	AKTIONSPREIS DM	AKTIONS-ELASTIZITÄT
A	5,98	4,97	68,7
B	5,48	3,99	93,9
C	6,98	5,48	37,5
D	5,78	4,49	54,6

Abb. 136b. Beispiel einer Sonderangebotsanalyse
- Aktionselastizität: Elastizitätsanalyse -

EDV-gestützte Regalflächenzuweisung

Die Erfassung artikelgenauer Verkaufsdaten schafft auch die informatorischen Voraussetzungen zur Unterstützung der In-Store-Marketingaktivitäten. Hierzu gehören u.a.:

- die warengruppen-, artikelgruppen- und artikelspezifische Regalflächenzuweisung,
- die Flächenzuweisung für Zweitplazierungen (Aktionsplazierungen),
- der Einsatz von Displaymaterial.

Entscheidungsgrundlage der Regalflächenzuweisung sind die artikelspezifischen Roherträge oder Deckungsbeiträge, die eine Umrechnung auf Verkaufsflächenbasis, Regalflächenbasis, auf Basis laufender Regalmeter oder Anzahl Frontstücke (Facings) ermöglichen (vgl. auch Tab. 4, Abschn. 3.2.2.2).

Einen ersten Ansatzpunkt zur Regalflächenoptimierung stellt eine vergleichende Analyse der Regalstreckenanteile und der Deckungsbeitragsanteile in den einzelnen Warengruppen dar. Informationstechnische Voraussetzung einer derartigen Analyse ist die Erhebung der Regalstreckenanteile der einzelnen Artikel in den Scanner-Filialen. Beispielhaft zeigt Abbildung 137 das Ergebnis einer derartigen Auswertung in graphischer Form. Die Regalstrecke wird dabei in lau-

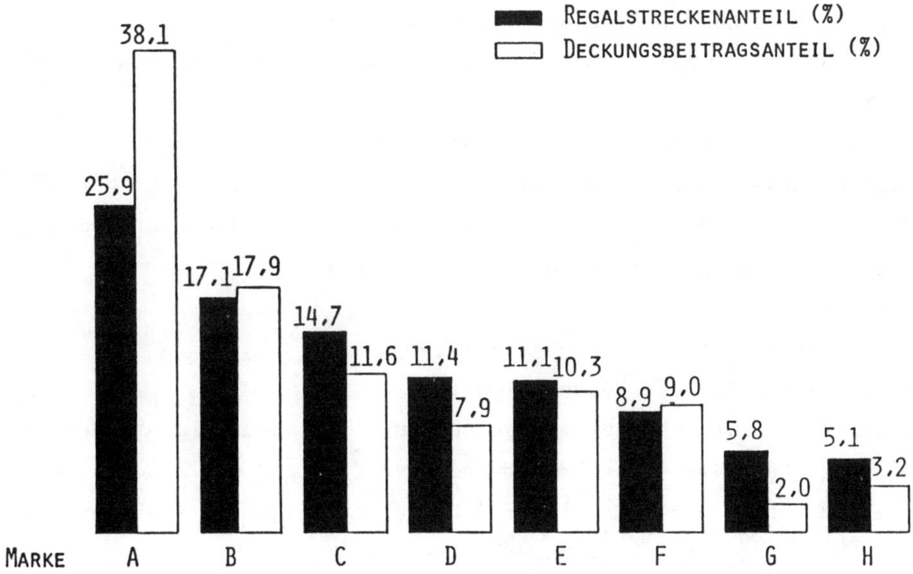

Abb. 137. Beispiel einer Regalstreckenanalyse

fenden Metern gemessen; unterschiedliche Wertigkeiten der einzelnen Regalhöhen wurden nicht berücksichtigt. Der Deckungsbeitrag ist im Sinne eines Rohertrags zu interpretieren.

Vergleiche zwischen Regalstrecken- und Umsatz- bzw. Deckungsbeitragsanteilen stellen eine Vorstufe zur computergestützten Regalflächenoptimierung dar. Hierzu stehen - meist auf PC-Basis - eine Reihe von Standardsoftwarepaketen zur Verfügung, die eine Simulation der Auswirkungen unterschiedlicher Plazierungskonzepte ermöglichen. Das Paket SPACEMAN/SPACEMAX, auf dem die folgende Auswertung basiert, berücksichtigt u.a. folgende Faktoren:

- Zeit zwischen Nachbestellung und Wareneingang,
- Höhe und Verlauf (Schwankung) der Kundennachfrage,
- Verpackungseinheiten und Mindestbestellmengen,
- verfügbare Regalfläche,
- Verpackungsart, Größe, Stapelhöhe,
- Handling-, Lager-, Flächen- und Energiekosten (im Sinne des DPR-Konzeptes),
- Verkaufs- und Einstandspreise,
- Auswirkungen der verkaufsflächeninternen Standorte auf den Absatz (Verkaufsflächen- und Regalwertigkeiten).

Auf der Basis dieser Daten können u.a. simuliert werden:

- welche Artikel das Ergebnis verbessern können,
- wieviel Platz welchen Artikeln mehr bzw. weniger eingeräumt werden soll,
- welche Regalanordnung sich am besten eignet,
- welche Auswirkungen eine Vergrößerung der Verkaufsfläche hätte.

Als Ergebnisparameter können wahlweise, sofern die notwendige Datenbasis verfügbar ist, herangezogen werden:

- der Umsatz,
- der Rohertrag (Deckungsbeitrag 1),
- die Direkte Produkt Rentabilität.

Informationstechnische Voraussetzung für den Einsatz derartiger Softwarepakete ist der sehr aufwendige Aufbau und die Pflege der benötigten Artikel- und Regalstammdaten. Hierzu gehören insbesondere:

- die Maße der Artikel (z.B. Höhe, Breite, Tiefe),
- die Maße und Anordnung der Regale und sonstiger Warenträger,
- die Verkaufsflächen- und Regalwertigkeiten.

Das Ergebnis der Simulation kann wahlweise am PC-Bildschirm abgerufen oder in Listenform ausgedruckt werden. Neben der Ergebnispräsentation in tabellarischer Form ist über einen angeschlossenen Plotter auch die Erstellung eines Regalbelegungsplans möglich. Als Beispiel eines derartigen Regalbelegungsplans zeigt Abbildung 138 den graphischen Output des Paketes SPACEMAN/SPACEMAX für eine Warengruppe.

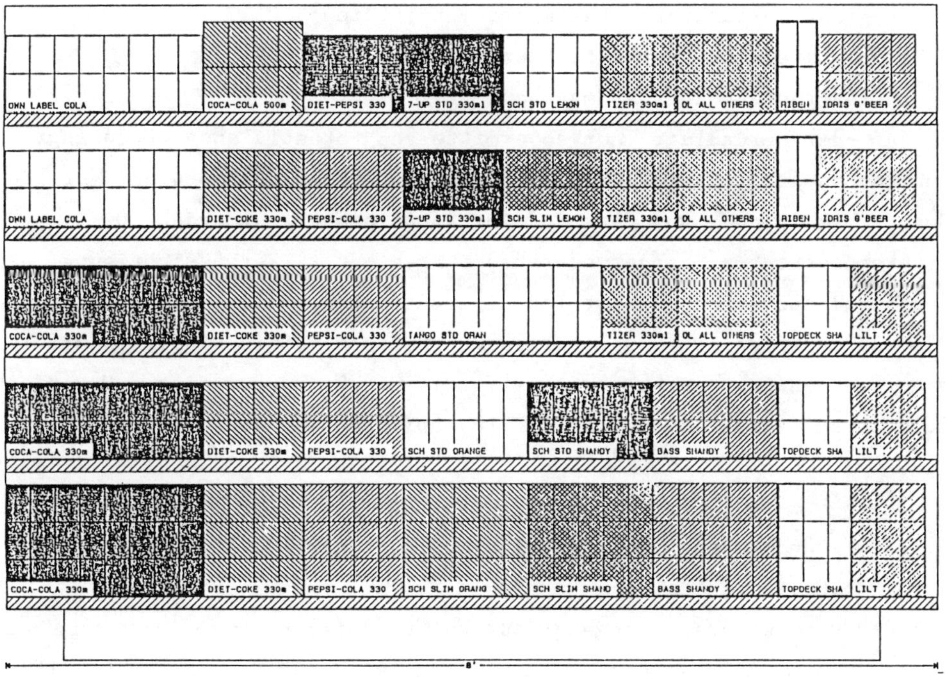

Abb. 138. Beispiel einer Regalflächenoptimierung mit dem Softwarepaket SPACEMAN/SPACEMAX

EDV-gestützte Umsatzplanung

Die in der Marketing-Datenbank verfügbaren Verkaufs- und Marktinformationen ermöglichen filialspezifisch eine potentialorientierte Jahresumsatzplanung auf (Haupt-)Warengruppenbasis. Grundgedanke dieses Ansatzes ist die Orientierung der geplanten Umsatzsteigerungsraten an den erreichten Potentialausschöpfungsgraden.

Ausgangspunkt der Umsatzplanung sind die in der laufenden Periode (Berichtsjahr) erzielten warengruppenbezogenen Potentialausschöpfungen in den jeweiligen Einzugsgebieten. Zur Berechnung werden die folgenden Informationen herangezogen:

- Datenbanksegment "Marktinformationen"
  - Zahl der Haushalte im Einzugsgebiet (amtliche Statistik),
  - durchschnittliche Ausgaben der Haushalte nach Hauptwarengruppen (Haushaltspanel),
  - regionale Kaufkraft (Kaufkraftkennziffern);
- Datenbanksegment "Verkaufsinformationen"
  - warengruppenbezogene Umsätze.

Auf der Grundlage der so ermittelten Potentialausschöpfungsgrade können nun die Auswirkungen alternativer Steigerungsraten auf den Umsatz im Sinne von "What-if-Abfragen" simuliert werden. Die letztlich angestrebten Steigerungsraten führen unter Berücksichtigung warengruppenspezifischer Preissteigerungsraten (Inflationsraten) zu den Jahreswerten. Über warengruppenspezifische Saisonindizes erfolgt eine Umrechnung auf Monatsbasis. Die Blockstruktur dieses Umsatzsimulationsmodells ist schematisch in Abbildung 139 dargestellt.

4.3.3 Wirkungsmessung im Marketing - Ein Szenario

Während das im vorangegangenen Abschnitt dargestellte Anwendungsbeispiel eines EDV-gestützten Marketing sich auf eine konkrete Situation in einem filialisierenden Einzelhandelsunternehmen bezieht und insofern Fallstudiencharakter besitzt, wird im folgenden ein mögliches Szenario entwickelt. Aus institutioneller Sicht wird ein kommerzielles Marketing-Forschungsinstitut als Kombination eines Marktforschungs- und Werbeforschungsinstituts und einer Werbeagentur betrachtet. Aus funktionaler Sicht werden schwerpunktmäßig die Werbe-, Preis- und Sonderangebotspolitik diskutiert; aus branchenmäßiger Sicht stehen Unternehmen der Konsumgüterindustrie (Hersteller) im Vordergrund. In das Szenario werden nur Technologien einbezogen, die bereits entwickelt sind bzw. sich in der Entwicklung befinden oder deren Entwicklung absehbar ist. Insofern handelt es sich um ein "realistisches Szenario".

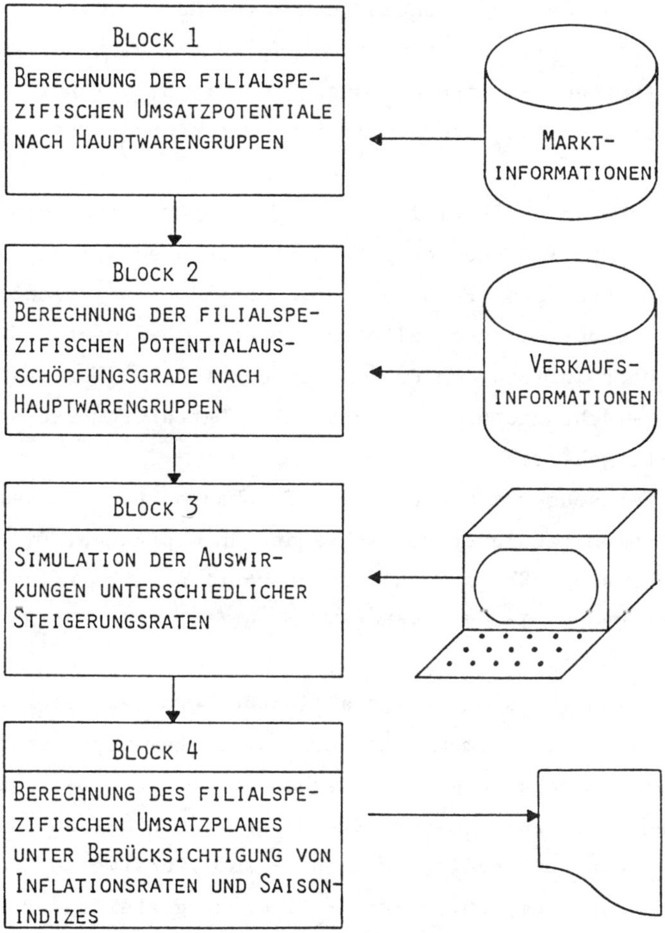

Abb. 139. Grundstruktur des Modells der potentialorientierten Umsatzplanung

Ausgangspunkt der Überlegungen ist ein elektronisches Handels- und Konsumentenpanel, dessen Grundstruktur den im Abschnitt 3.3.3.2.5. dargestellten Systemen TELERIM und GfK-BehaviorScan entspricht. Auf nationaler Basis wird ein repräsentatives Haushaltspanel gebildet. Die effektiven produktspezifischen Ausgaben für Waren- und Dienstleistungen der Mitglieder der Panelhaushalte werden auf Chipkarten erfaßt und gespeichert. Diese Chipkarten werden als ein universelles elektronisches Zahlungsmittel betrachtet, das von allen Handels- und Dienstleistungsunternehmen akzeptiert wird. Die Produktkäufe bzw. die Dienstleistungsausgaben werden zugleich bei den

Unternehmen erhoben, von denen eine repräsentative Anzahl ebenfalls ein Panel bildet. Die Panelhaushalte übertragen die in der Chipkarte gespeicherten Informationen über ein bei ihnen installiertes multifunktionales Terminal per Datenfernübertragung an das Institut.

Zur Durchführung psychobiologischer Messungen sind die Panelmitglieder mit Sensoren ausgestattet. Die Sensoren werden extern aktiviert, bspw. durch das Fernsehgerät, sobald sich eine Person im Blickbereich eines eingeschalteten Gerätes befindet. Die Meßwerte werden z.B. über Infrarot an das multifunktionale Terminal übertragen, dort zwischengespeichert und über Datenfernübertragung an das Institut weitergeleitet.

Über das Fernsehgerät können die Testhaushalte spezielle Werbespots im Rahmen regulärer Fernsehsendungen empfangen. Die Einschaltzeiten der Fernsehgeräte werden in konventioneller Weise über das Terminal gemessen. In ähnlicher Weise erfolgt die Messung von Rundfunkspots.

Die in den Panelhaushalten installierten Fernsehgeräte werden zugleich für weitere Formen der Informationsgewinnung eingesetzt. So können unter Einschaltung entsprechender Netze Befragungen und Beobachtungen in Form einer Zwei-Wege-Kommunikation durchgeführt werden. Über den Bildschirm werden - möglicherweise durch einen Interviewer oder computerisiert - Fragen gestellt. Die Befragten antworten in natürlicher Sprache; die Antworten werden übertragen und vom Rechner direkt erfaßt und ausgewertet. Gleichzeitig erfolgt eine automatische Beobachtung der Probanden, z.B. der Mimik und Gestik, durch Kameras; die Bildinformationen werden in einem Rückkanal ebenfalls an die Sendezentrale (Institut) übermittelt. Weiterhin werden gleichzeitig psychobiologische Meßwerte über die Sensoren erfaßt und übertragen.

Auf die gleiche Weise kann Stimulusmaterial in Form von Festbildern (z.B. Anzeigen, Produktentwürfen, Verpackungsentwürfen), Bewegtbildern (z.B. Produktdarbietungen, Testspots) oder akustisch dargeboten und die Reaktion der Probanden auf das Material gemessen werden.

Neben der Reaktionsmessung in den Wohnungen der Panelmitglieder kann eine Reaktionsmessung auch in den ausgewählten Panel-Handelsunternehmen erfolgen. Beim Betreten der Panelgeschäfte wird der Sensor der Probanden automatisch aktiviert; die psychobiologischen Meßwerte werden über Infrarot an ein in den Panel-Geschäften installiertes Terminal übertragen und zwischengespeichert. Gleichzeitig aktiviert der Sensor Kameras, die den Probanden beim Kauf beobachten. So kann nachvollzogen werden, ob der Proband durch In-Store-Aktivitäten beeinflußt wird. Die synchron erfaßten psychobiologischen Meßwerte werden zusammen mit den Bewegtbildern an das Institut übertragen. Die technische Grundstruktur dieses "Response Measurement of the Future" ist schematisch in Abbildung 140 dargestellt.

Das Marketing-Institut übernimmt in diesem Szenario mehrere Funktionen. Zunächst ist es Sendezentrale für Test-Fernseh- und -Rundfunkspots, die an die Experimentier- und Kontrollgruppen der Panelhaushalte ausgestrahlt werden. Darüber hinaus wird von dem Institut spezielles Stimulusmaterial in Form von Fest- und Bewegtbildern, in Textform, in akustischer Form usw. an die Panelhaushalte übermittelt.

An das Marketing-Institut werden von den Haushalten die reaktiv und nicht-reaktiv, verbal und nonverbal gewonnenen Informationen übertragen. Dabei handelt es sich ebenfalls um Informationen in Form numerischer Daten, in Text-, Sprach-, Fest- und Bewegtbildform. Diese Informationen bilden den wesentlichen Kern der Marketing-Informationsbank. Diese Bank, die aus technischer Sicht z.B. aus optischen Speicherplatten besteht, wird auch mit Informationen aus den Panelgeschäften versorgt. Hierzu zählen zunächst die bei den "Panel-Konsumenten" gewonnenen Informationen. Darüber hinaus werden die sonstigen Verkaufsdaten der Scanner-Kassen sowie Informationen über Marketingaktivitäten der Panelgeschäfte übertragen, die über Tastatur oder in natürlicher Sprache eingegeben werden können.

Andererseits kann das Institut fallweise auch aktiv in das Handelsmarketing der Panelgeschäfte eingreifen. So können Preisänderungen, Sonderangebotsaktionen, Werbeaktionen, In-Store-Aktivitäten initiiert werden. Hierzu werden von dem Marketing-Institut an die Panelgeschäfte u.a.

- Preisänderungen,
- Regalbelegungspläne,
- Zweitplazierungspläne

in Daten-, Text- oder graphischer Form übertragen.

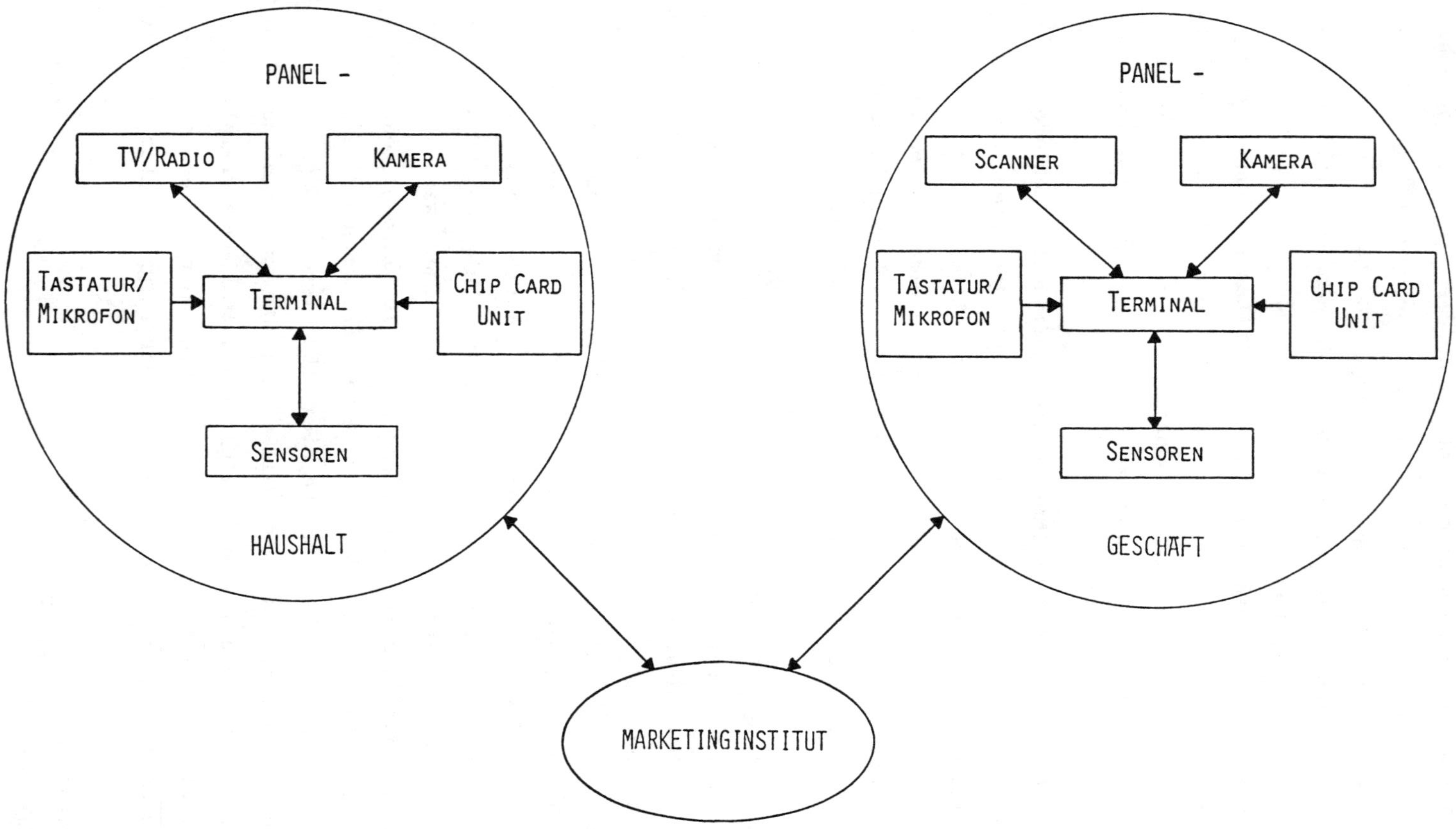

Abb. 140. Grundstruktur eines "Response Measurement of the Future"

Die in dem Marketing-Institut verfügbaren Informationen werden in der Marketing-Informationsbank gespeichert. Sie ist Bestandteil eines Informationsanalyse- und Entscheidungsunterstützungssystems, das über ein Expertensystem gesteuert wird. Dem Expertensystem kommt die Funktion einer zentralen "Leitstelle" zu.

Das Expertensystem schlägt dem Benutzer (Marketing-Forscher) nach einer Strukturanalyse der Informationen die für seine Fragestellungen zweckmäßigen Auswertungs- bzw. Interpretationsverfahren vor. Der Benutzer kann dabei mit dem System in natürlicher Sprache kommunizieren. Die Auswahl einer Analysesequenz durch den Benutzer initiiert die entsprechenden Prozesse. Das Expertensystem koordiniert dabei Informationen (Informationsbank), Methoden (Methodenbank) und Modelle (Modellbank).

Ergebnisse oder Zwischenergebenisse der Analyse werden dem Benutzer vorgelegt und - gestützt auf die Wissensbasis des Systems - interpretiert. Zugleich gibt das System konkrete Handlungsempfehlungen. Diese Handlungsempfehlungen können zum Gegenstand haben:

- Anregungen für weitergehende Analysen der bereits vorliegenden Informationen,
- Heranziehung externer Informationen durch On-line-Einschaltung von externen Informations- und Wissensbanken,
- Anregungen für weitergehende Informationsgewinnung durch Befragungen, Beobachtungen oder Umstrukturierung (Matching) der Panelhaushalte u.ä.,
- Anregungen für Änderungen der Testmarketing-Aktivitäten z.B. Preisänderungen, Änderungen der Produkt- und Verpackungsgestaltung, Änderungen der Werbespots usw.,
- finale Entscheidungen, z.B. die Einführung eines neuen Produktes, die nationale Schaltung eines Werbespots usw.

Dem Expertensystem kommt dabei nicht nur eine analytische und interpretative Aufgabe zu, sondern auch eine gestalterische. So kann das System:

- Befragungsprogramme generieren,
- konkrete Maßnahmen der Werbemittelgestaltung, Produktgestaltung u.ä. anregen.

Das Marketing-Informationssystem des Instituts ist mit externen Informationssystemen vernetzt, auf die wahlweise zugegriffen werden kann. Hierzu gehören Informationsbanken statistischer Ämter, anderer Marktforschungsinstitute u.ä. Das System ist zugleich vernetzt mit externen Wissensbasen, z.B. von universitären und außeruniversitären Forschungsinstituten, von Unternehmen, Agenturen. Die Anbindung an externe Wissensbasen gewährleistet die Lernfähigkeit des Systems. Zugleich ist das System selbst adaptiv.

Die Grundstruktur des zentralseitigen Informations- und Aktionssystems des Marketing-Instituts ist schematisch in Abbildung 141 dargestellt. Es verknüpft Komponenten eines Entscheidungsunterstützungssystems (vgl. Abb. 38, Abschn. 2.3.5.1.3) mit den Komponenten eines Expertensystems (vgl. Abb. 39, Abschn. 2.3.5.2) in hierarchischer Form. Das System ist zugleich um Aktionsgeneratoren ergänzt, die Handlungsempfehlungen in konkrete Programme bzw. Maßnahmen umsetzen. Hierzu zählen u.a. - wie bereits erwähnt - das Generieren und Durchführen von Befragungsprogrammen, die Umgestaltung von Werbespots, Anzeigen, Verpackungsgestaltungen unter Einsatz von CAD-Techniken (Computer Aided Design) und Robotern.

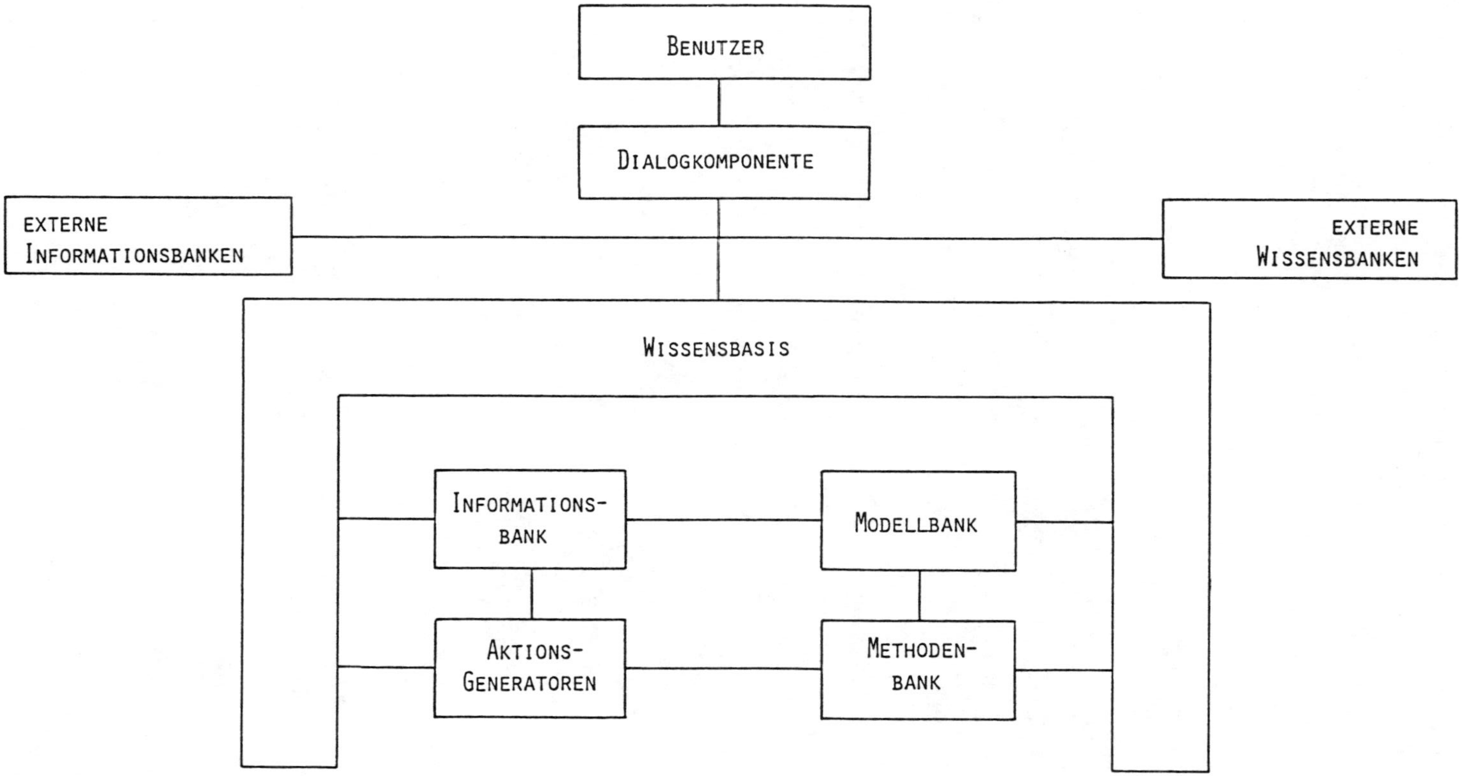

Abb. 141. Grundstruktur eines ES-gestützten Informations- und Aktionssystems

Kapitel 5
Personelle Auswirkungen und organisatorisches Gestaltungspotential

5.1 Gegenstand

In den vorangegangenen Kapiteln wurden nach einführenden Überlegungen zur Konzeption eines EDV-gestützten Marketing (Kapitel 1) moderne Informations- und Kommunikationstechnologien dargestellt (Kapitel 2). Ihre Einsatzmöglichkeiten zur Informationsgewinnung und Informationsanalyse waren Gegenstand der Kapitel 3 und 4. Im folgenden werden die personellen Auswirkungen eines verstärkten Einsatzes moderner Informations- und Kommunikationstechnologien aufgezeigt; zugleich wird ihr organisatorisches Gestaltungspotential analysiert.

Die Überlegungen basieren auf den im Zweiten Kapitel im Zusammenhang mit der Erörterung der Basistechnologien herausgestellten betriebswirtschaftlichen Potentiale (vgl. Abb. 11):

- Integration,
- Dezentralisierung und
- Vernetzung.

Ausgangspunkt der Betrachtung sind die künftig zu erwartenden Veränderungen der Aufgabeninhalte von "Marketing-Arbeitsplätzen". Diese Betrachtung erfolgt sowohl aus funktionaler als auch aus institutioneller Sicht.

5.2 Auswirkungen auf Aufgabeninhalte und Qualifikationsanforderungen

Während die vor allem industriellen, maschinellen Schrittmachertechnologien der Vergangenheit stets zu mehr Arbeitsteilung, Vereinheitlichung und Zentralisierung führten, setzen die neuen Informations-

und Kommunikationstechnologien diesen Trend nicht fort. Sie führen zu mehr Integration, Formenvielfalt und damit zu Individualisierung bzw. Personalisierung (vgl. Zentes, Handel 1985, S. 242 und die dort angegebene Literatur).

Die Entwicklungen der Vergangenheit haben dazu geführt, daß die Mehrheit der berufstätigen Bevölkerung in ihrem beruflichen Wirkungskreis "immer mehr von immer weniger" versteht (vgl. Lohmar, Bildung 1987, S. 9). Der Einsatz moderner Technologien im Marketing ermöglicht dagegen eine stärkere Aufgabenbündelung in den einzelnen Tätigkeitsbereichen. Der "PC am Arbeitsplatz" ist Ausdruck einer verstärkten Integrationstendenz. Der Mitarbeiter faßt seine Auswertungs- bzw. Analysewünsche, die er a priori meist nicht vollständig artikulieren kann, nicht in einem Briefing für Systemingenieure und Programmierer zusammen, sondern erstellt seine Analysen im "do-it-yourself". Recherchieren von Informationen, Analysieren von Informationen, Interpretieren von Informationen und Umsetzen in konkretes Handeln kennzeichnen als ein Aktivitätenbündel in stärkerem Maße die Aufgabeninhalte von Marketing-Arbeitsplätzen. Diese Integrationstendenz bedeutet nicht, daß im Marketing - wie auch in anderen betrieblichen Funktionalbereichen - auf Spezialisten verzichtet werden kann.

Der Einsatz moderner Informations- und Kommunikationstechnologien wird auf allen Hierarchieebenen eines Unternehmens dazu führen, daß die jeweiligen Routinearbeiten verstärkt durch Systeme wahrgenommen oder unterstützt werden. Dies bedeutet, daß in operativen Bereichen, z.B. im Verkauf, mehr Zeit für zwischenmenschliche Kommunikation gegeben ist. So kann der von Routinearbeit entlastete Mitarbeiter mehr Zeit für Kundenbetreuung und -beratung einsetzen (vgl. auch Schlaffke, Technologien 1986, S. 7). Dies gilt für den Verkaufsinnen- und den Verkaufsaußendienst von Industrieunternehmen und das Verkaufspersonal von Handelsunternehmen gleichermaßen.

Auf den Führungsebenen bietet die Entlastung von Routinearbeiten die Möglichkeit zur verstärkten Steuerung. Steuerung bezieht sich dabei auf das frühzeitige Erkennen von Tendenzen und damit die Möglichkeit, rechtzeitig Chancen wahrzunehmen und Fehlentwicklungen zu vermeiden. Die Übernahme oder Unterstützung von Routineaktivitäten durch Systeme schafft zugleich neue Gestaltungsmöglichkeiten für die

Mitarbeiterführung, d.h., sie schafft Zeit für den Umgang des Menschen mit Menschen. Gerade diesem Aspekt dürfte in einer zunehmend technisierten Umwelt verstärkt Bedeutung zukommen.

Diese Entlastung der Mitarbeiter und Führungskräfte durch technische Systeme bedeutet, daß auf allen Ebenen "flexible Kopfarbeit" mehr und mehr an die Stelle von "einfacher Handarbeit" tritt (vgl. Lohmar, Bildung 1987, S. 9). Dies sei an zwei weiteren Beispielen verdeutlicht.

In der Instituts-Marktforschung verlieren die heute noch vorherrschenden Statusberichte, z.B. Berichte über Marktanteile, Preise, Distribution, zugunsten von Kausalanalysen und Kausalberichten an Bedeutung, so

- Beziehungen zwischen Preisveränderungen und Umsatz oder Marktanteil,
- Beziehungen zwischen Werbeaktivitäten und Umsatz oder Marktanteil.

Die Instituts-Marktforschung wird sich dadurch verstärkt in Richtung einer Marketingberatung weiterentwickeln; ihre Aufgabe wird zunehmend die Absicherung von Marketingentscheidungen. Diese Entwicklung führt zu höheren Anforderungen an die Mitarbeiter der Marktforschungsinstitute hinsichtlich Marketing-Know how, Analyse und Interpretation von Informationen. In den Instituten ist nicht nur eine Umstrukturierung der Aufgabeninhalte zu mehr "flexibler Kopfarbeit" zu erwarten, sondern auch eine Wegrationalisierung von Arbeitsplätzen "einfacher Handarbeit". So zeichnet sich in den Instituten eine abnehmende Bedeutung der Außendienste für die Informationsgewinnung ab; dies gilt insbesondere für die sog. Panelinstitute.

Ein weiteres Beispiel aus dem Bereich der Produktgestaltung verdeutlich ebenfalls die angesprochene Tendenz. In stagnierenden oder gar rückläufigen Märkten - wie dies im Konsumgüterbereich weitgehend der Fall ist - gewinnt die Innovationskraft eines Unternehmens eine zentrale Bedeutung. Die modernen elektronischen Technologien können hier neue Gestaltungsräume erschließen; sie wirken kreativitätsfördernd oder -unterstützend. Zu erwähnen sind CAD-Systeme, mit denen der Mitarbeiter - unter Einsetzung seiner Kreativität und Leistungskraft - in kürzester Zeit eine Fülle konstruktiver Varianten durchspielen kann, um zu neuen und besseren Produkten zu gelangen (vgl. Schlaffke, Technologien 1986, S. 7).

CAD-Systeme sind zugleich ein Beispiel für einen strukturellen Wandel der Funktion moderner Technologien. Die Informations- und Kommunikationstechnologien stehen im Routinebereich als Werkzeuge zur Verfügung. Ihre Leistungsfähigkeit geht aber darüber hinaus; sie entwickeln sich zu "Denkzeugen". Dies betrifft nicht nur den gestalterischen Bereich des Marketing. Eine grundlegende Anforderung an die Mitarbeiter bezieht sich daher auf den richtigen Umgang, d.h. die aufgabenspezifische Beherrschung derartiger "Denkzeuge".

Die Diffusionsgeschwindigkeit neuer Technologien, der ökonomische und gesellschaftliche Wandel machen es zunehmend unmöglich, für zwanzig oder dreißig Berufsjahre im voraus zu lernen. Der Weiterbildung kommt daher eine verstärkte Bedeutung zu. Schulen und Hochschulen übernehmen in der Ausbildung dabei auch die Funktion, zu vermitteln, wie man lernt. Die Dynamik der technischen, ökonomischen und gesellschaftlichen Umwelt macht die Lernfähigkeit zu einem wichtigen Qualifikationskriterium.

Die Ausschöpfung der Erfolgspotentiale moderner Technologien setzt - wie bereits erwähnt - die Akzeptanz bei Mitarbeitern voraus. Akzeptanz beinhaltet dabei nicht ein passives "Hinnehmen" einer Veränderung, sondern eine positive Einstellung gegenüber dem Umstellungsprozeß: "Der Mitarbeiter begreift die Veränderung als positive Herausforderung." (Frese, Partizipation 1987, S. 14).

Der Akzeptanz im Sinne einer "challenge" steht die Reaktanz, ein ärgerliches "Sich-sträuben", gegenüber, die als retardierendes Moment auf den Diffusionsprozeß wirkt. Innovationsfeindlichkeit bewirkt oftmals, daß größere technische Neuerungen mit der vorhandenen Führungsgeneration nicht durchsetzbar sind, echte Innovationen also häufig einen Generationenwechsel erfordern. Dabei gehen Widerstände gegen die Einführung von neuen Informations- und Kommunikationstechnologien häufig vom mittleren Management aus (vgl. auch Bornträger, Qualifikationsanforderungen 1987, S. 69). Die aufgezeigte Umwelt- und Technologiedynamik läßt diese Vorgehensweise jedoch fragwürdig erscheinen. Aufgeschlossenheit gegenüber technischen Neuerungen wird damit zu einem unabdingbaren Anforderungsmerkmal.

Zusammenfassend ist festzustellen, daß es in Unternehmen und Organisationen nicht um den Ersatz von Menschen durch Technik geht, sondern um eine neue Qualifikation der Mitarbeiter im Marketing, die es ihnen erlaubt, Chancen und Gefahren auf den Märkten rechtzeitig aufzudecken und die Chancen durch geeignete Maßnahmen zu realisieren bzw. den Gefahren entgegenzuwirken (vgl. auch Lohmar, Bildung 1987, S. 9).

5.3. Organisatorische Gestaltungsmöglichkeiten

5.3.1 Überblick

Die methodischen und technologischen Aspekte eines EDV-gestützten Marketing verändern und erweitern die Aufgabeninhalte von Marketing-Arbeitsplätzen. Damit korrespondieren zugleich veränderte Anforderungen an die Mitarbeiter im Marketing. Die modernen Informations- und Kommunikationstechnologien eröffnen darüber hinaus neue Formen der organisatorischen Gestaltung. Sie beziehen sich zunächst auf generelle Aspekte, so die Möglichkeiten einer verstärkten Dezentralisierung. Daneben stellt sich die Frage der Institutionalisierung eines EDV-gestützten Marketing, d.h. des Informationsmanagements im institutionellen Sinne.

5.3.2 Dezentralisierung und Zentralisierung

Die technologischen Entwicklungen führen - wie im Zweiten Kapitel aufgezeigt - zu einer verstärkten Integration, so der Verknüpfung von Computer- und Kommunikationstechnik, der Übertragung von Daten, Texten, Ton, Fest- und Bewegtbildern in einem Kanal usw. Zugleich ergeben sich - wie im Dritten und Vierten Kapitel aufgezeigt - engere Wechselbeziehungen zwischen Informationsgewinnung, Informationsanalyse und Entscheidungsunterstützung. Neben der Tendenz zur Integration zeigt sich eine Tendenz zur Vernetzung. Die Vernetzung betrifft sowohl die Speicherung als auch die Verarbeitung von Informationen; sie bezieht sich gleichermaßen auf unternehmensinterne wie externe Beziehungen.

Integration und Vernetzung bieten Möglichkeiten, den andauernden Trend zur Arbeitszerlegung, d.h. die Atomisierung der Arbeit, zu beenden. Insofern eröffnen die Technologien Chancen, gewachsene und oftmals auch erstarrte Strukturen und Arbeitsabläufe neu zu gestalten. So zeichnet sich - wie im vorangegangenen Abschnitt erörtert - ein neuer Trend ab. Die Arbeitszerlegung weicht mehr und mehr der Integration (im Sinne einer Aufgabenintegration) und Vernetzung früher getrennter Aufgabenbereiche (vgl. auch Schlaffke, Technologien 1986, S. 8).

Mit dieser Neuorientierung der Aktivitätenbündelung im Unternehmen geht eine verstärkte Dezentralisierung der Arbeit einher (vgl. Zentes, Handel 1985, S. 243). Dies gilt insbesondere für Informationstätigkeiten, z.B. Bürotätigkeiten. Als externe Ausprägung dezentralisierter Arbeit - als Gegenpol zu zentralisierter Bürotätigkeit - kann Telearbeit herausgestellt werden, die aus technischer Sicht durch vielfältige Vernetzungen möglich ist bzw. künftig möglich sein wird. Rechtliche, ökonomische, institutionelle, personelle und soziale Aspekte sprechen jedoch dafür, daß die Einführung nur zögernd verlaufen wird (vgl. hierzu Dostal, Telearbeit 1986). Telearbeit "in reiner Form" dürfte keine Realisierungschancen haben. "Es werden sich jedoch Mischformen entwickeln, in denen traditionelle Büroarbeit zeitlich und räumlich entkoppelt und selbständige Arbeit stärker informationstechnisch angebunden wird." (Dostal, Telearbeit 1986, S. 7).

Neben der Dezentralisierung der Arbeit, die i.d.R. mit einer Zunahme des Autonomiegrades korrespondiert, stellt sich die Frage nach den Auswirkungen moderner Informations- und Kommunikationstechnologien auf die Struktur der Kompetenzverteilung in den einzelnen Teilbereichen einer Unternehmung, so in Form zentraler und dezentraler Entscheidungs- und Koordinationskompetenz. In bezug auf diese Frage zeichnen sich durchaus gegenläufige Entwicklungen ab (vgl. Abb. 142).

Einerseits zeigt sich, daß mit der Dezentralisierung der Arbeit auch in großem Umfang eine Delegation von Entscheidungskompetenz einhergeht und damit zentralisierte Strukturen verdrängt werden. Andererseits verstärken moderne Informations- und Kommunikationstechnologien zentralisierte Entscheidungsstrukturen. So führt die Elektronik, insbesondere die Mikroelektronik dazu, daß in Unternehmen

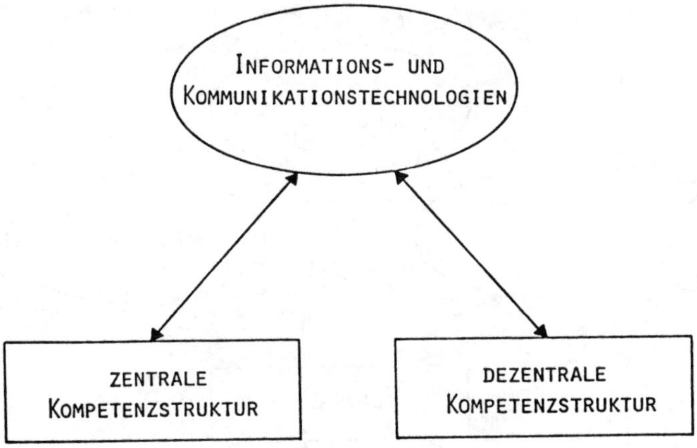

Abb. 142. Informations- und Kommunikationstechnologien im Spannungsfeld von zentraler und dezentraler Kompetenzverteilung

weitverzweigte Informationsnetze aufgebaut werden können, in denen über Sensoren (i.w.S.) Informationen erfaßt und über Übertragungstechnologien an eine Informationszentrale weitergeleitet und dort verarbeitet werden. Als Beispiel sei das informatorische Netzwerk eines Filialunternehmens des Handels erwähnt, das über eine moderne Check-out-Technologie Artikel- und Kundeninformationen erfaßt und über Datenfernübertragung an die Zentrale weiterleitet (vgl. Abb. 143).

Die technologischen Möglichkeiten schaffen die informatorischen Voraussetzungen für eine zentralisierte Entscheidungsbildung. Sie kann sich bspw. auf die Sortimentspolitik, die Werbepolitik, die Preispolitik usw. beziehen. Die Mikroelektronik fördert die dezentrale Erfassung von Informationen; dies bedeutet jedoch nicht zwangsläufig auch eine dezentrale Entscheidungsbildung auf der Basis dieser Informationen.

Die zentralseitige Verfügbarkeit von Detailinformationen über Teilbereiche eines Unternehmens, die nicht nur unternehmensinterne Quellen, sondern auch externe Quellen liefern können, eröffnet zugleich Möglichkeiten einer inhaltlich differenzierten, d.h. die jeweiligen Gegebenheiten unternehmerischer Teilbereiche berücksichtigenden Entscheidungsbildung. Dies bedeutet aus Marketingsicht z.B. eine segment- bzw. filialspezifische Sortiments-, Werbe- und Preis-

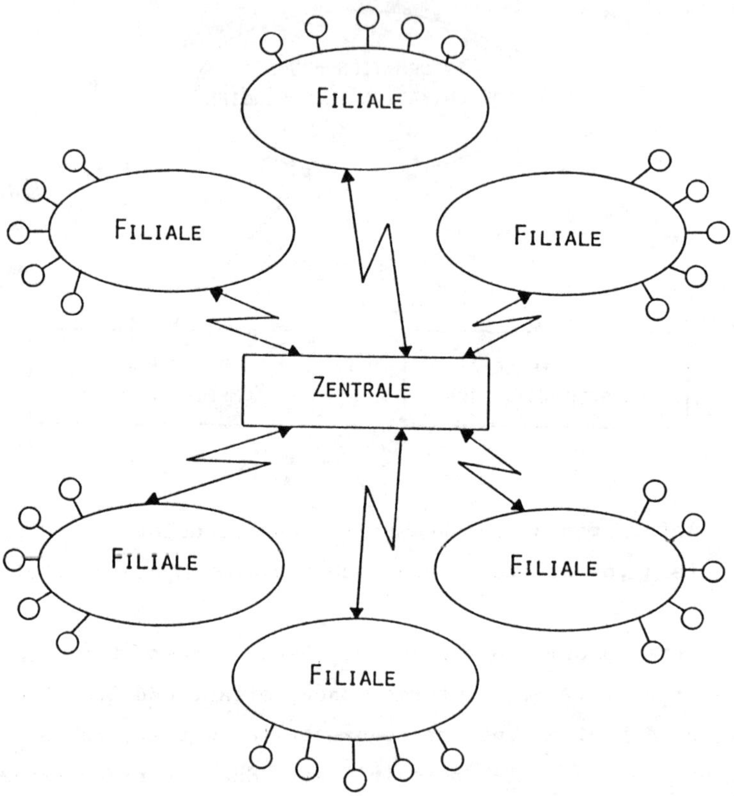

Abb. 143. Struktur eines dezentralen Informationserfassungs- und zentralen Informationsverarbeitungssystems in einem Filialunternehmen

politik. Insofern bieten moderne Informations- und Kommunikationstechnologien bei einer zentralisierten Entscheidungsstruktur auch die Möglichkeit einer differenzierten Marketingpolitik (vgl. Abb. 144).

5.3.3 Organisationsformen des Informationsmanagements

Die Technologien der Erfassung, Übertragung, Speicherung und Verarbeitung von Informationen und die mit ihnen verbundenen methodischen Möglichkeiten der Informationsgewinnung und -analyse eröffnen vielfältige Ansatzpunkte und Perspektiven für ein EDV-gestütztes

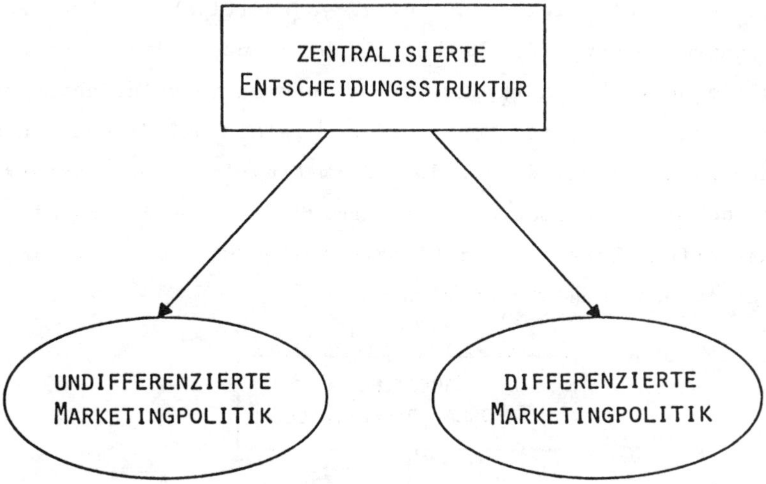

Abb. 144. Marketingpolitische Basisalternativen bei zentralisierter Entscheidungsbildung

Marketing. Zugleich stellt sich die Frage des Informationsmanagements, d.h. des "Informationshandling" einerseits und der Abstimmung von Technologieangebot und -bedarf andererseits (vgl. auch Meffert, Unternehmensführung 1984, S. 465).

Von Heinzelbecker stammt das Konzept einer Marketing-Informationszentrale, in der alle organisierbaren Informationsversorgungsaufgaben im Marketing zusammengefaßt werden (vgl. Heinzelbecker, Marketing-Informationssysteme 1985, S. 176 ff.). Der Marketing-Informationszentrale werden danach drei Hauptaufgaben zugeordnet (Abb. 145):

- die Verantworung für Marketing-Informationssysteme,
- die Verantwortung für Marketing-Informationsdienste,
- die Verantwortung für Marketingforschung.

Zur Sicherstellung einer effizienten Informationsversorgung - dies gilt insbesondere in großen Unternehmen - empfiehlt Heinzelbecker die Ergänzung der Marketing-Informationszentrale um dezentrale Marketing-Informationsstellen (vgl. Heinzelbecker, Marketing-Informationssysteme 1985, S. 178 und die dort angegebene Literatur; vgl. zur Diskussion dieses Konzeptes auch Hüttner, Marktforschung 1986, S. 18 ff.).

Diese Konzeption zielt auf eine ganzheitliche Betrachtung der Informationsversorgung im Marketing ab; Heinzelbecker regt damit an, den Stellenwert traditioneller Informationseinrichtungen im Marketing neu zu überdenken. Offen bleibt bei diesem Konzept die organisatorische Eingliederung der Marketing-Informationszentrale in die Unternehmensorganisation und damit die Abstimmung mit anderen funktional orientierten Informationszentralen und das Zusammenwirken mit Organisations- und EDV-Einrichtungen.

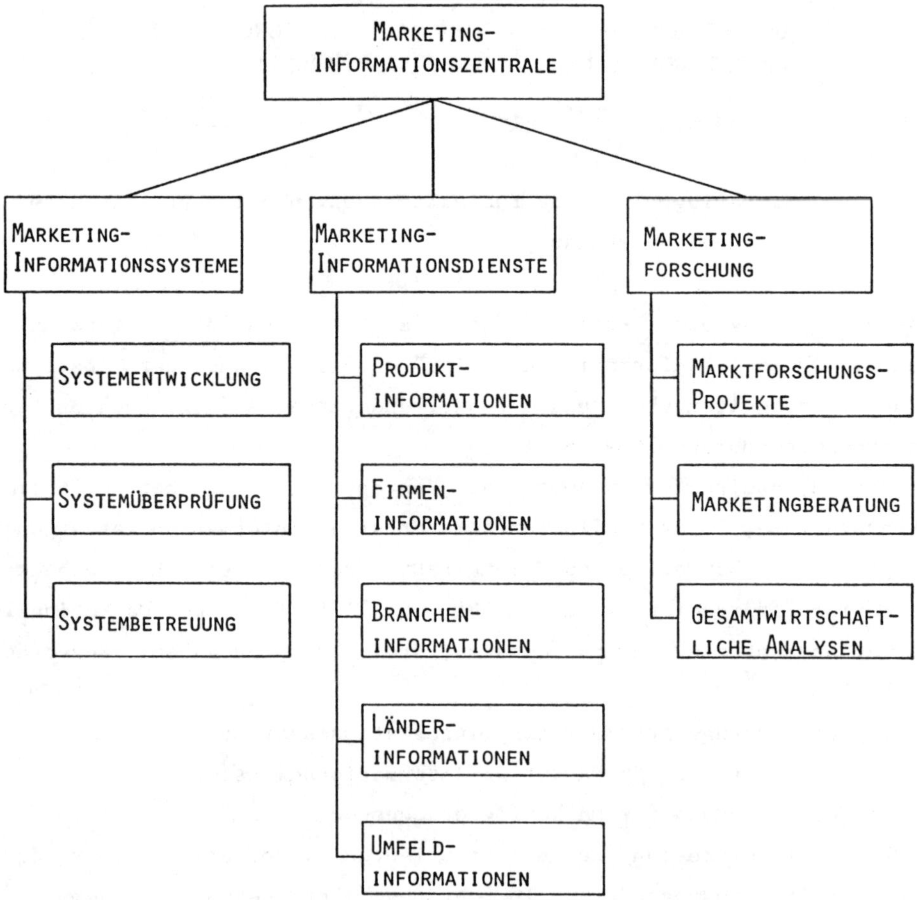

Quelle: Heinzelbecker, Marketing-Informationssysteme 1985, S. 179.

Abb. 145. Aufgaben einer Marketing-Informationszentrale

Little stellt mit seinem Konzept des "Marketinganalytikers" (Marketing Science Intermediary) weniger auf umfassende Aspekte des Informationsmanagements ab, als vielmehr auf eine methodische Unterstützung von Marketing-Managern (vgl. Little, Decision Support Systems 1979, S. 23; Little, Entscheidungsunterstützung 1979, S. 1003). Die Aufgabe des Marketinganalytikers, der typischerweise eine quantitativ-orientierte betriebswirtschaftliche Ausbildung hat, "... besteht darin, in Zusammenarbeit mit dem Management Entscheidungsprobleme quantitativ zu formulieren und zu analysieren. Marketinganalytiker sind verantwortlich für den Aufbau von Daten- und Methodenbanken. Sie erledigen die Analysearbeiten, die Manager aus Zeitgründen selbst nicht bewältigen können. Sie sind interne Berater, die das für Marketingentscheidungen notwendige Wissen organisieren und diese Entscheidungen unterstützen. Typischerweise programmieren und benutzen Marketinganalytiker die Modelle und Systeme selbst. Sie sind jedoch keine Computerspezialisten und in der Regel auch nicht dem EDV-Leiter unterstellt." (Little, Entscheidungsunterstützung 1979, S. 1003).

Organisationstheoretisch handelt es sich bei diesem Konzept letztlich um eine Variante einer Stab-Linien-Organisation. Der Marketinganalytiker erfüllt für die Marketingleitung bzw. die Marketing-Manager Aufgaben, die überwiegend entscheidungsvorbereitender Art sind, d.h. die Aufgaben beschränken sich auf Assistenzfunktionen.

Die organisatorische Verknüpfung von Marketing-Managern und Marketinganalytikern erhöht die Fachkompetenz der Leitungsinstanzen; andererseits gelten die Nachteile des Stab-Linien-Konzeptes auch für diese Variante.

In dem vorangegangenen Abschnitt (Abschn. 5.2) wurde herausgestellt, daß der Einsatz moderner Informations- und Kommunikationstechnologien im Marketing zu einer verstärkten Aufgabenintegration und damit tendenziell zu höheren Qualifikationsanforderungen führt. Von den Mitarbeitern wurden zunehmend neben allgemeinen Marketing-Kenntnissen methodisches Know how, z.B. hinsichtlich Design und Beurteilung von Informationsgewinnungskonzepten, statistischer Analyse und Ergebnisinterpretation sowie technisches Know how, z.B.

zur Interaktion mit internen und externen Datenbanken oder zur dezentralen Verarbeitung von Informationen erwartet.

Die zunehmende Benutzerfreundlichkeit der Software, z.B. in Form interaktiver Methodenbanksysteme bis hin zu wissensbasierten Auswahl-, Interpretations- und Aktionshilfen dürfte dazu führen, daß Assistenzfunktionen eines Marketinganalytikers von technischen Systemen übernommen werden. In einem bestimmten Ausmaß ist der künftige Marketing-Manager selbst Marketinganalytiker; weitergehende Unterstützung erhält er durch Systeminteraktionen.

Da die Frage des Informationsmanagements nicht auf den Marketingbereich begrenzt ist, sondern in Unternehmen von grundsätzlicher und allgemeiner Bedeutung ist, birgt die Schaffung funktional orientierter Informationsversorgungseinheiten die Gefahr einer Suboptimierung. Sie bringt zugleich einen hohen Koordinationsaufwand mit sich. Als zukünftiges Konzept dürfte sich daher die Einrichtung eines Ressorts "Informationsmanagement" anbieten, dessen hierarchische Einordnung der unternehmenspolitischen Bedeutung entsprechen sollte, die sich in den erheblichen Investitionsvolumina und den darin liegenden Risiken sowie den tiefgreifenden Konsequenzen im Inneren der Unternehmen und gegenüber externen Partnern zeigt (vgl. hierzu Zentes, Handel 1985, S. 248 und die dort angegebene Literatur). In diesem Ressort sind auch die bisher meist getrennten Zuständigkeiten für Datenverarbeitung, Textverarbeitung, Nachrichtentechnik u.ä. zusammenzufassen (vgl. auch Meffert, Unternehmensführung 1984, S. 464).

Als Bindeglied zwischen dem Informationsmanagement und den funktionalen Teilbereichen, so dem Marketing, fungieren Anwendungsingenieure (vgl. Abb. 146). Sie arbeiten im Gegensatz zu Systemingenieuren, die als EDV-Experten auf technische Systeme ausgerichtet sind und deren Benutzerorientierung - vom Benutzer aus gesehen - hinter dem Bildschirm endet (vgl. Lutz, Computerperspektiven 1986, S. 46), als "Endbenutzer-Ingenieure". Ihre Kompetenz bezieht sich in erster Linie auf das von ihnen betreute Fachgebiet. So besteht die Aufgabe des "Marketing-Ingenieurs", der als Vermittler zwischen den Marketing-Managern, der internen Informationszentrale und externen Institutionen agiert, in der anwenderorientierten Erstellung von Informationsgewinnungs- und -analysekonzepten. Neben Fachkompetenz

Abb. 146. Anwendungsingenieur als Vermittler zwischen Marketing und Informationsmanagement

zeichnen sich die Anwendungsingenieure durch technische Kompetenz aus, so in den Bereichen Datenverarbeitung, Datenbankorganisation u.ä.

Neben diesem Tätigkeitsfeld erschließt sich ein weiteres Aufgabengebiet, das auf technische Aspekte ausgerichtet ist, der sog. Benutzerservice. Aufgabe dieser Einrichtung ist es, Benutzer z.B. bei Bedienungsschwierigkeiten in der täglichen Arbeit zu unterstützen. Eine derartige Einrichtung kann auch wesentlich zur Bewältigung von Akzeptanzproblemen bei der Einführung neuer Techniken beitragen (vgl. hierzu u.a. Frese, Partizipation 1987).

Letztlich handelt es sich bei dem Benutzerservice um eine Schulungseinrichtung, da Schulung neben einem guten Training eine systematische Berücksichtigung des Transfers, also der Übertragung des im Training gelernten auf die tägliche Arbeit beinhaltet (vgl. Frese, Partizipation 1987, S. 16). Diesem Aspekt einer technischen (Bedienungs-)Unterstützung kommt im Marketing angesichts der vielen "Computer-Novizen" eine große Bedeutung zu.

Literaturverzeichnis

Verzeichnis der Abkürzungen

asw:	Absatzwirtschaft
BddW:	Blick durch die Wirtschaft
DBW:	Die Betriebswirtschaft
JM:	Journal of Marketing
JMR:	Journal of Marketing Research
LZ:	Lebensmittel Zeitung
Marketing-ZFP:	Marketing - Zeitschrift für Forschung und Praxis
WiST:	Wirtschaftswissenschaftliches Studium
ZfB:	Zeitschrift für Betriebswirtschaft
ZfbF:	Zeitschrift für betriebswirtschaftliche Forschung

Verzeichnis der Bücher und Aufsätze

Alpar, P.: Methodenauswahl 1980
Computergestützte interaktive Methodenauswahl, Frankfurt 1980.

Ante, B.; Schmidt, B.: Quellen 1974
Amtliche und halbamtliche Statistiken als Quellen von Sekundäranalysen, in: Behrens, K. Chr. (Hrsg.): Handbuch der Marktforschung, Wiesbaden 1974, S. 721 - 731.

Backhaus, K.: Investitionsgüter-Marketing 1982
Investitionsgüter-Marketing, München 1982.

Backhaus, K. u.a.: Stimmfrequenz 1983
Die Stimmfrequenz, in: Marketing-ZFP, 5. Jg., 1983, S. 113 - 121.

Backhaus, K. u.a.: Analysemethoden 1987
Multivariate Analysemethoden, 4. Aufl., Berlin - Heidelberg - New York - Tokyo 1987.

Bader, Ch. u.a.: Expertensystem o.J.
EES - das Expertensystem für den Einkauf, TU Berlin, Fachbereich Informatik, Berlin o. J.

Baur, D.: Handels-Panel 1981
Das Handels-Panel auf neuen Wegen. Der Kassenterminal bietet seine Dienste an, in: Marketing Journal, 14. Jg., 1981, Nr. 4, S. 399 - 402.

Becker, K.J.; Birk, L.: Marketinginformationssystem 1981
Einsatzmöglichkeiten eines dialogorientierten Marketinginformationssystems, dargestellt am System EXPRESS, in: Thome, R. (Hrsg.): Datenverarbeitung im Marketing, Berlin - Heidelberg - New York 1981, S. 16 - 24.

Behrends, C.: DPP-Modell 1987
Hält das DPP-Modell was es verspricht?, in: LZ, o.Jg., 13.2.1987, Nr. 7, S. 73 - 78.

Behrens, G.: Bildverarbeitung 1986
Die Bedeutung der computergestützten Bildverarbeitung für das Marketing, in: Marketing-ZFP, 8. Jg., 1986, S. 256 - 263.

Behrens, K. Chr.: Marktforschung 1966
Demoskopische Marktforschung, Wiesbaden 1966.

Berekoven, L.: Marketing 1985
Internationales Marketing, 2. Aufl., Wiesbaden 1985.

Berekoven, L.; Eckert, W.; Ellenrieder, P.: Marktforschung 1986
Marktforschung, 2. Aufl., Wiesbaden 1986.

Berelson, B.: Content Analysis 1952
Content Analysis in Communication Research, Clencoe-Illinois 1952.

Bergler, R.: Marktforschung o.J.
Marktforschung zwischen Theorie und Methodologie, Vorträge zur Marktforschung Nr. 26, Hamburg o.J.

Bernhard, U.: Blickaufzeichnung 1983
Das Verfahren der Blickaufzeichnung, in: Forschungsgruppe Konsum und Verhalten (Hrsg.): Innovative Marktforschung, Würzburg - Wien 1983, S. 105 - 122.

Bernhard, U.; Schillinger, M.: Aktivierungsforschung 1987
Neue Wege in der Aktivierungsforschung, in: W & P, 32. Jg., 1987, Nr. 1, S. 24 - 27.

Bertelsmann Datenbankdienste (Hrsg.): Datenbanken 1985
Datenbanken, München 1985.

Bodendorf, F.: SAMBA 1981
SAMBA - Ein Methodenbankrahmen um das Statistikpaket SPSS, 2. Aufl., Erlangen 1981.

Böcker, F.; Gierl, H.: Mediaplanung 1986
Daten- und verhaltens-gestützte Mediaplanung: Theorie und Praxis der Mediabeurteilung, in: ZfbF, 38. Jg., 1986, Nr. 1, S. 64 - 83.

Böcker, F.; Hubel, W.; Schwerdt, A.: Marktforschung 1985
Marktforschung an den wissenschaftlichen Hochschulen der Bundesrepublik Deutschland - Eine Bestandsaufnahme, in: Marketing-ZFP, 7. Jg., 1985, S. 119 - 123.

Böhler, H.: Marktforschung 1985
Marktforschung, Stuttgart - Berlin - Köln - Mainz 1985.

Bornträger, W.: Qualifikationsanforderungen 1987
Neue Techniken im Einzelhandel: Ihre Auswirkungen auf die Qualifikationsanforderungen des mittleren Managements, in: gdi-impuls, 5. Jg., 1987, Nr. 1, S. 65 - 73.

Brenner, R.: Orakelsprüche 1987
Orakelsprüche aus dem "Schwarzen Kasten"?, in: IBM-Nachrichten, 37. Jg., 1987, Nr. 287, S. 25 - 29.

Breitschwerdt, E.: Mikrocomputer 1984
Mikrocomputer in der Marktforschung, Proceedings, Gottlieb Duttweiler Institut, Rüschlikon/Zürich 1984.

Breuer, N.; Bromann, P.: Systeme 1983
Leerlauf der Systeme, in: asw, 26. Jg., 1983, Nr. 8, S. 59 - 64; Nr. 11, S. 115 - 119.

Brinkhoff, M.; Horst, N.: Datenträgeraustausch 1987
SEDAS-Datenträgeraustausch im Rechnungsverkehr, in: Coorganisation, o. Jg., 1987, Nr. 1, S. 33 - 37.

Bundesministerium für Forschung und Technologie (Hrsg.): Fachinformationsprogramm 1985
Fachinformationsprogramm 1985 - 1988 der Bundesregierung, Bonn 1985.

Bundesministerium für das Post- und Fernmeldewesen (Hrsg.): Bildschirmtext o.J.
Bildschirmtext, ein vielseitiger Dienst stellt sich vor, Bonn o. J.

Busch, U.: Informations- und Kommunikationssysteme 1985
Konzeption betrieblicher Informations- und Kommunikationssysteme (IKS), 2. Aufl., Berlin 1985.

Carls, R.: Daten 1981
Von Daten zur Information - von der Information zur Aktion, in: Markenartikel, 43. Jg., 1981, Nr. 4, S. 178 - 180.

CCG (Hrsg.): SEDAS 1977
SEDAS-Datenträgeraustausch in der Konsumgüterwirtschaft in der Bundesrepublik Deutschland, Coorganisation 3, Köln 1977.

CIES (Hrsg.): Direkte Produkt Rentabilität 1987
Internationaler Workshop: Direkte Produkt Rentabilität, Konferenzbericht, Paris 1987.

Darkow, M.: GfK-Fernsehzuschauerforschung 1985
Zwei mit erfolgreichem Start in das Jahr 1985 - Das ZDF und die GfK-Fernsehzuschauerforschung, in: Blickpunkte, o.Jg., 1985, Nr. 9, S. 13 - 17.

Dehio, P.; Kieser, A.: Entscheidungsunterstützungssysteme 1983
Die Gestaltung von Entscheidungsunterstützungssystemen, in: Angewandte Informatik, 25. Jg., 1983, Nr. 9, S. 371 - 382.

Digital Equipment GmbH (Hrsg.): Künstliche Intelligenz 1986
Künstliche Intelligenz - Ein Beitrag von Digital Equipment, München 1986.

Diller, H. (Hrsg.): Marketingplanung 1980
Marketingplanung, München 1980.

Distribution Code Center (Hrsg.): POS System 1985
The Present Situation and Future Trend of the POS System in Japan, Tokyo 1985.

Distribution Economics Institute of Japan (Hrsg.): Marketing Strategy 1986
Towards Developing Marketing Strategy in an Information-Oriented Era, Planning Document, Tokyo 1986.

Dostal, W.: Telearbeit 1986
Telearbeit - Eine neue Arbeitsform, in: IBM-Nachrichten, 36. Jg., 1986, Nr. 284, S. 7 - 13.

Dressler, P.: Entscheidung 1973
Die organisierte Entscheidung, Köln 1973.

Dubke, H.-P.: Bildschirmtext 1984
Bildschirmtext: Möglichkeiten der On-line-Marktforschung, in: Zentes, J. (Hrsg.): Neue Informations- und Kommunikationstechnologien in der Marktforschung, Berlin - Heidelberg - New York Tokyo 1984, S. 67 - 83.

Engelhardt, W.H.; Günter, B.: Investitionsgüter-Marketing 1981
Investitionsgüter-Marketing, Stuttgart - Berlin - Köln - Mainz 1981.

Encarnacao, J.; Strasser, W.: Computer Graphics 1986
Computer Graphics, 2. Aufl., München - Wien 1986.

Eskin, G.J.: BehaviorScan 1984
The BehaviorScan Systems: An Application of New Technologies, Amsterdam 1984.

Fitzke, F.: Datenbank-Informationen 1986
Datenbank-Informationen müssen problemgerecht angeboten werden, in: BddW, o.Jg., 27.5.1986, Nr. 99, S. 5.

Fontaine, J.: Warenwirtschaft 1986
Computer-gestützte Warenwirtschaft im Facheinzelhandel, Köln 1986.

Ford, N.F.: Expert Systems 1985
Decision Support Systems and Expert Systems: A Comparison, in: Information & Management, Vol. 8, 1985, S. 21 - 26.

Forschungsgruppe Konsum und Verhalten (Hrsg.): Marktforschung 1983
Innovative Marktforschung, Würzburg - Wien 1983.

Franchi, R.W.: System 1986
Wie wirtschaftlich ist das System?, in: LZ, o.Jg., 10.10.1986, Nr. 41, S. 134 - 136.

Franzkowiak, M.; Korber, P.: Vidéo-questionnaire 1985
Vidéo-questionnaire: Télématique et Marketing, in: Revue Francaise du Marketing, 1985, Nr. 1, S. 73 - 82.

Frerk, L.: Monitor-Plus 1987
Monitor-Plus - eine neue Art, Fernsehwerbung zu erfassen, in: Nielsen Marketing Trends, o.Jg., 1987, Nr. 1, S. 24 - 27.

Frese, M.: Partizipation 1987
Partizipation - Schlüssel zur Akzeptanz, in: IBM-Nachrichten, 37. Jg., 1987, Nr. 288, S. 13 - 17.

Fürll, M.; Polte, V.: Statistisches Informationssystem 1982
Zur Datenbasis und Datendokumentation des Statistischen Infortionssystems des Bundes, in: Wirtschaft und Statistik, o. Jg., 1982, S. 347 - 357.

Gansera, H.; Röske, W.: Marketing 1981
Strategisches Marketing - Ein Vorschlag für ein computergestütztes Marketing-Support-System in den 80er Jahren, in: Thome, R. (Hrsg.): Datenverarbeitung im Marketing, Berlin - Heidelberg - New York 1981, S. 25 - 97.

General Foods Corporation (Hrsg.): ScanLab 1984
ScanLab. Scan Data for Merchandising Decisions, White Plains 1904.

Gier, H.: On-line-Marktforschung 1984
On-line-Marktforschung durch Bildschirmtext und Rechnerverbund, Proceedings, Gottlieb Duttweiler Institut Rüschlikon/Zürich 1984.

Gier, H.: Einsatzmöglichkeiten 1985
Einsatzmöglichkeiten der Mensch-Maschine-Kommunikation in der Marktforschung unter besonderer Berücksichtigung des Bildschirmtextes, Arbeitspapier des Fachgebietes Marketing, Universität Gesamthochschule Essen 1985.

Glagow, H.: Sample-Interview-Computer 1981
Der Sample-Interview-Computer, in: Interview und Analyse, 8. Jg., 1981, Nr. 10, S. 413 - 414.

Glagow, H.: Interview-Computer 1984
Interview-Computer: Rechnergestützte Datenerhebung, in: Zentes, J. (Hrsg.): Neue Informations- und Kommunikationstechnologien in der Marktforschung, Berlin - Heidelberg - New York - Tokyo 1984, S. 42 - 66.

Godschalk, H.T.C.: Computergeld 1983
Computergeld, Frankfurt 1983.

Gold, L.N.: ERIM 1985
ERIM: Neue Technologie als Entscheidungshilfe im Marketing, in: Nielsen Marketing Trends, o.Jg., 1985, Nr. 2, S. 2 - 7.

Gold, L.N.: Marketingforschung 1986
Technologie in der Marketingforschung - Vergangenheit, Gegenwart und Zukunft, in: Nielsen Marketing Trends, o.Jg., 1986, Nr. 2, S. 2 - 8.

Goldrian, G.: Datenbanken 1984
Externe Datenbanken: Neue Ansätze der Sekundärmarktforschung, in: Zentes, J. (Hrsg.): Neue Informations- und Kommunikationstechnologien in der Marktforschung, Berlin - Heidelberg - New York - Tokyo 1984, S. 84 - 104.

Goslar, M.D.; Brown, S.W.: Decision Support Systems 1986
Decision Support Systems: Advantages in Consumer Marketing Settings, in: The Journal of Consumer Marketing, Vol. 3, 1986, No. 3, S. 43 - 50.

Gottlieb Duttweiler Institut (Hrsg.): Elektronisches Geld 1983
Elektronisches Geld, Rüschlikon/Zürich 1983.

Gottlieb Duttweiler Institut (Hrsg.): Zahlungsverkehr 1985
Elektronischer Zahlungsverkehr, Rüschlikon/Zürich 1985.

Gottlieb Duttweiler Institut (Hrsg.): Marketing 1986
Electronic Marketing - Electronic Shopping, Rüschlikon/Zürich 1986.

Graff, D.; Mader, H.: DPP 1987
DPP - Eine Geheimformel, in: Coorganisation, o.Jg., 1987, Nr. 1, S. 48 - 52.

Green, P.E.; Tull, D.S.: Methoden 1982
Methoden und Techniken der Marketingforschung, 4. Aufl., Stuttgart 1982.

Grönlund, G.: DAKOM 1985
Datenträgeraustausch und Warenwirtschaftssysteme: Das System DAKOM in Schweden, in: Zentes, J. (Hrsg.): Moderne Warenwirtschaftssysteme im Handel, Berlin - Heidelberg - New York - Tokyo 1985.

Grosche, C. Vertrieb 1987
Den Vertrieb schürfen lassen, wo es wirklich lohnt, in: BddW, o.Jg., 16.2.87, Nr. 32, S. 3.

Grunert, K.G.: Magnitude-Skalierung 1983
Magnitude-Skalierung, in: Marketing-ZFP, 5. Jg., 1983, S. 108 - 112.

Grunert, K.G.; Bader, M.: Weiterverarbeitung 1986
Die Weiterverarbeitung qualitativer Daten durch computerunterstützte Inhaltsanalyse, in: Marketing-ZFP, 8. Jg., 1986, S. 238 - 247.

Gutenberg, E.: Grundlagen 1984
Grundlagen der Betriebswirtschaftslehre, 2. Bd.: Der Absatz, 17. Aufl., Berlin - Heidelberg - New York 1984.

Haedrich, G. (Hrsg.): Entscheidungshilfen 1977
Operationale Entscheidungshilfen für die Marketingplanung, Berlin - New York 1977.

Hagen, K.: Marktdatenkommunikation 1985
Marktdatenkommunikation in der Bundesrepublik Deutschland, in: Köhler, R. u.a. (Hrsg.): Scanning - Zukunftsperspektiven für Handel, Industrie und Marktforschung, Düsseldorf 1985.

Hahn, D.: Return on Investment 1976
Return on Investment, in: Grochla, E.; Wittmann, W. (Hrsg.): Handwörterbuch der Betriebswirtschaft, 4. Aufl., Stuttgart 1976, Sp. 3420 - 3428.

Hammann, P.: Entscheidungsanalyse 1975
Entscheidungsanalyse im Marketing, Berlin 1975.

Hammann, P.; Erichson, B.: Marktforschung 1978
Marktforschung, Stuttgart - New York 1978.

Hansen, H.R. (Hrsg.): Marketing-Planung 1974
Computergestützte Marketing-Planung, München 1974.

Harmon, P.; King, D.: Expertensysteme 1986
Expertensysteme in der Praxis, München - Wien 1986.

Harter, R.: Signaldaten 1987
Signaldaten: Welche Informationen sind wirklich von Bedeutung, in: Nielsen Marketing Trends, o.Jg., 1987, Nr. 1, S. 20 - 23.

Hasitschka, W.; Hruschka, H.: Nonprofit-Marketing 1982
Nonprofit-Marketing, München 1982.

Hayes-Roth, F.; Waterman, D.A.; Lenat, D.B.: Expert Systems 1983
An Overview of Expert Systems, in: Hayes-Roth, F.; Waterman, D.A.; Lenat, D.B. (Hrsg.): Building Expert Systems, Massachusetts 1983, S. 3 - 29.

Hehl, K.: Scanner-Marktforschung 1986
Scanner-Marktforschung, in: W & P, 31. Jg., 1986, Nr. 4, S. 161 - 164.

Heide, G.: PC-Einsatz 1986
PC-Einsatz im Marketing, in: asw, 29. Jg., 1986, Nr. 4, S. 34 - 35.

Heinzelbecker, K.: Fakten-Datenbanken 1982
Die Nutzung externer Fakten-Datenbanken für die Marktforschung, in: Deutsche Gesellschaft für Dokumentation (Hrsg.): Tagungsband der 4. Frühjahrstagung, Neu-Isenburg 1982, S. 296 - 315.

Heinzelbecker, K.: Marketing-Informationssysteme 1985
Marketing-Informationssysteme, Stuttgart - Berlin - Köln - Mainz 1985.

Heinzelbecker, K.: Gerüchte 1987
Nur Gerüchte lassen sich nicht digitalisieren, in: BddW, o.Jg., 9.2.1987, Nr. 27, S. 3.

Hennemann-Böckels, B.: Datenbanken 1984
Umgang mit Datenbanken, Frankfurt 1984.

Hennemann-Böckels, B.: GENIOS 1986
GENIOS-Wirtschaftsdatenbanken, in: IBM-Nachrichten, 36. Jg., 1986, Nr. 282, S. 37 - 41.

Henrich, R.: Datenbanken 1984
Datenbanken für jedermann, in: IBM-Nachrichten, 34. Jg., 1984, Nr. 274, S. 35 - 40.

Hermanns, A. (Hrsg.): Kommunikationstechniken 1986
Neue Kommunikationstechniken, München 1986.

Hermanns, A.: Mobile Datenerfassung 1986
Mobile Datenerfassung und Computerkonferenz, in: Hermanns, A. (Hrsg.): Neue Kommunikationstechniken, München 1986, S. 40 - 46.

Hermanns, A.: Kabel- und Satellitenfernsehen 1986
Kabel- und Satellitenfernsehen, in: Hermanns, A. (Hrsg.): Neue Kommunikationstechniken, München 1986, S. 61 - 68.

Hermanns, A.: Video- und Bildplattensysteme 1986
Video- und Bildplattensysteme, in: Hermanns, A.(Hrsg.): Neue Kommunikationstechniken, München 1986, S. 69 - 76.

Hofmeister, E.: Mikroelektronik 1986
Mikroelektronik - Basisinnovation des elektronischen Zeitalters, in: Siemens AG (Hrsg.): Auf dem Wege ins elektronische Zeitalter, Informationstagung, München 1986, S. 51 - 76.

Höller, W.: Warenpräsentation 1985
Computergestütztes Konzept für Warenpräsentation, in: LZ, o.Jg., 13.9.1985, Nr. 37, S. F3 - F7.

Hüttner, M.: Informationen 1979
Informationen für Marketing-Entscheidungen, München 1979.

Hüttner, M.: Absatzprognosen 1982
Markt- und Absatzprognosen, Stuttgart - Berlin - Köln - Mainz 1982.

Hüttner, M.: Marktforschung 1986
Auf dem Wege zur "Strategischen Marktforschung"?, in: Thexis, 3. Jg., 1986, Nr. 4, S. 10 - 21.

Huppert, E.: Scanning Data 1982
Scanning Data for Improved Retail Marketing, in: ESOMAR (Hrsg.): Papers on "Profitable Cooperation of Manufactures and Retailers", March 1982, S. 63 - 89.

Huppert, E.: Aktion 1983
Weichspüler in Aktion, in: LZ, o.Jg., 15.4.1983, Nr. 15, S. F46 - F48.

Huppert, E.: Aktionsanalysen 1983
Aktionsanalysen mit Scanning-Daten, in: Nielsen Marketing Trends, o.Jg., 1983, Nr. 2, S. 4 - 6.

Huppert, E.: Scanning 1984
Scanning: Elektronische Handels- und Konsumentenpanels, in: Zentes, J. (Hrsg.): Neue Informations- u. Kommunikationstechnologien in der Marktforschung, Berlin - Heidelberg - New York - Tokyo 1984, S. 18 - 41.

Huppert, E.: Scanning-Marktforschung 1985
Instrumente der Scanning-Marktforschung, in: Köhler, R. u.a. (Hrsg.): Scanning - Zukunftsperspektiven für Handel, Industrie und Marktforschung, Düsseldorf 1985, S. 22 - 35.

Huppert, E.: Scanner 1986
Waschmittel-Aktionen im Visier des Scanners, in: asw, 29. Jg., 1986, Nr. 3, S. 58 - 66.

Internationale Vereinigung von Einkaufsverbänden (Hrsg.): Zentralregulierung 1983
Die Zentralregulierung als Instrument des modernen Gruppenmarketings, Unternehmenspolitische Tagung der IVE 1983, Köln 1983.

Irwin, F.B.: Business-Databases 1986
Business-Databases for the European Market: Present Situation and Future Developments, Vortrag Infobase 1986, Frankfurt 1986.

Joo, S.; Digman, L.A.: Decision Support System 1987
Decision Support System: A New Tool for Strategic Management, in: Long Range Planning, Vol. 20, 1987, No. 2, S. 114 - 124.

Karches, W.: Warenwirtschaft 1984
Steuerung der Warenwirtschaft in einem Filialunternehmen: Fallbeispiel Adler-Modezentren, in: Kirchner, J.D.; Zentes, J.: Führen mit Warenwirtschaftssystemen, Düsseldorf - Frankfurt 1984, S. 197 - 220.

Keen, P.G.W.: Decision Support Systems 1981
Value Analysis: Justifying Decision Support Systems, in: MIS Quarterly, Vol. 5, 1981, No. 1, S. 1 - 14.

Keen, P.G.W.; Morton, M.S.S.: Decision Support Systems 1978
Decision Support Systems: An Organizational Perspective, Massachusetts 1978.

v. Keitz, B.: Werbetests 1985
Werbetests mit Blickaufzeichnung und Aktivierungsmessung - der Anti-Schubladen-Test, in: Holm, K.-F. (Hrsg.): Werbewirkungsforschung ohne Wirkung, 2. Bd., Hamburg 1985, S. 69 - 97.

v. Keitz, B.: Blickaufzeichnung 1986
Blickaufzeichnung: Nicht Marktanteile prognostizieren, aber Werbung optimieren, in: asw, 29. Jg., 1986, Nr. 9, S. 112 - 120.

v. Keitz, B.: Werbung 1986
Werbung: Apparativ testen und verkaufen, in: W & P, 31. Jg., 1986, Nr. 6, S. 226 - 228.

v. Keitz, B.: Werbewirkungsforschung 1986
Psychobiologische Werbewirkungsforschung, in: W & P, 31. Jg., 1986, Nr. 2, S. 41 - 47.

Kilger, W.: Plankostenrechnung 1981
Flexible Plankostenrechnung und Deckungsbeitragsrechnung, 8. Aufl., Wiesbaden 1981.

Kilger, W.; Scheer, A.-W. (Hrsg.): Rechnungswesen 1983
Rechnungswesen und EDV, Würzburg - Wien 1983.

Kirchner, J.D.; Zentes, J.: Führen mit Warenwirtschaftssystemen 1984
Führen mit Warenwirtschaftssystemen - Schlüssel zu neuen Vertriebsstrategien für Handel und Industrie, Düsseldorf - Frankfurt 1984.

Klein, K.: Zukunft 1982
Die Zukunft hat begonnen, in: Coorganisation, o.Jg., 1982, Nr. 1, S. 14 - 15.

Köhler, R.: Marketing-Controlling 1982
Marketing-Controlling, in: DBW, 42. Jg., 1982, S. 197 - 215.

Köhler, R.: Rechnungswesen 1985
Marketing und Rechnungswesen: "Zwei Welten" oder Partner?, in: asw, 28. Jg., 1985, Nr. 8, S. 72 - 77.

Köhler, R. u.a. (Hrsg.): Scanning 1985
Scanning - Zukunftsperspektiven für Handel, Industrie und Marktforschung, Düsseldorf 1985.

Köhler,R.; Zimmermann, H.F. (Hrsg.): Entscheidungshilfen 1977
Entscheidungshilfen im Marketing, Stuttgart 1977.

Krampe, G.: Vernetzung 1984
Totale Vernetzung - Utopie oder künftige Realität?, in: gdi-impuls, 2. Jg., 1984, Nr. 3, S. 40 - 46.

Kroeber-Riel, W.: Analyse 1983
Analyse des nicht-kognitiven Konsumentenverhaltens, in: Forschungsgruppe Konsum und Verhalten (Hrsg.): Innovative Marktforschung, Würzburg - Wien 1983.

Kroeber-Riel, W.: Marktforschung 1983
Neuere Methoden der Marktforschung, in: DBW, 43. Jg., 1983, S. 277 - 285.

Kroeber-Riel, W.: Konsumentenverhalten 1984
Konsumentenverhalten, 3. Aufl., München 1984.

Kroeber-Riel, W.: Werbung 1985
Vorteile der bildbetonten Werbung, in: W & P, 30. Jg., 1985, Nr. 4, S. 122 - 126.

Kroeber-Riel, W.: Innere Bilder 1986
Innere Bilder: Signale für das Kaufverhalten, in: asw, 29. Jg., 1986, Nr. 1, S. 50 - 57.

Kroeber-Riel, W.; Neibecker, B.: Datenerhebung 1981
Die computerkontrollierte Datenerhebung - eine japanische Herausforderung der Marktforschung?, in: Interview und Analyse, 8. Jg., 1981, Nr. 2, S. 94 - 99.

Kroeber-Riel, W.; Neibecker, B.: Datenerhebung 1983
Elektronische Datenerhebung: Computergestützte Interviewsysteme, in: Forschungsgruppe Konsum und Verhalten (Hrsg.): Innovative Marktforschung, Würzburg - Wien 1983, S. 193 - 208.

Kroy, W.: Künstliche Intelligenz 1985
Was ist und was kann künstliche Intelligenz, in: gdi-impuls, 3. Jg., 1985, Nr. 2, S. 3 - 6.

Krups, M.: Informationsmarkt 1985
Entwicklungsstrategie für den Informationsmarkt, in: asw, 28. Jg., 1985, Nr. 9, S. 90 - 100.

Kucher, E.: Scanner-Daten 1985
Scanner-Daten und Preissensitivität bei Konsumgütern, Wiesbaden 1985.

Kucher, E.: PC-Einsatz 1987
PC-Einsatz im Marketing, in: asw, 30. Jg., 1987, Nr. 4, S. 78 - 81.

Kuss, A.: Datenerhebung 1985
Computereinsatz bei der Datenerhebung für die Marktforschung, in: Thexis, 2. Jg., 1985, Nr. 3, S. 12 - 15.

Larréché, J.C.; Srinivasan, V.: STRATPORT 1981
STRATPORT: A Decision Support System for Strategic Planning, in: JM, Vol. 45, 1981, No. 4, S. 39 - 52.

Lenz, M.; Fritz, W.: Aktivierungsforschung 1986
Die Aktivierungsforschung im Urteil der Marketingpraxis, in: Marketing-ZFP, 8. Jg., 1986, S. 181 - 185.

Leven, W.: Blickregistrierung 1986
Werbewirkungsanalyse mittels Blickregistrierung, in: Jahrbuch der Absatz- und Verbrauchsforschung, 32. Jg., 1986, Nr. 1, S. 71 - 89.

Lewandowski, R.: Prognose- und Informationssysteme 1980
Prognose- und Informationssysteme und ihre Anwendungen, 2. Bd., Berlin - New York 1980.

Lewers, K.: Entwicklung 1981
Rasante Entwicklung auf dem Markt der mobilen Terminals, in: Computerwoche, o.Jg., 1981, Nr. 29, S. 20 - 21.

Lillegaard, A.: PC INF*ACT 1987
PC INF*ACT - Marketing-Analysen mit dem Personal Computer, in: Nielsen Marketing Trends, o.Jg., 1987, Nr. 1, S. 14 - 16.

Little, J.D.C.: Decision Calculus 1970
Models and Managers: The Concept of a Decision Calculus, in: Management Science, Vol. 16, 1970, No. 8, S. B-466 - B-485.

Little, J.D.C.: Decision Support Systems 1979
Decision Support Systems for Marketing Managers, in: JM, Vol. 43, 1979, No. 3, S. 9 - 26.

Little, J.D.C.: Entscheidungsunterstützung 1979
Entscheidungsunterstützung für Marketingmanager, in: ZfB, 49. Jg., 1979, S. 982 - 1007.

Litzenroth, H.A.: GfK-BehaviorScan 1986
GfK-BehaviorScan: Experimentelle Messung der Auswirkungen klassischer Werbung auf das effektive Kaufverhalten, in: Holm, K.-F. (Hrsg.): Werbewirkungsforschung ex ante und ex post, 1. Bd., Hamburg 1986, S. 137 - 151.

Litzenroth, H.A.; Twardawa, W.: GfK-BehaviorScan 1985
GfK-BehaviorScan: Wirkungsforschung im Testmarkt, in: Blickpunkte, o.Jg., 1985, Nr. 9, S. 28 - 33.

Löcher, W.; Schumacher, F.: Datenbanken 1985
Die Nutzung von Datenbanken, Düsseldorf 1985.

Löhmer, M. u.a.: Perspektiven 1986
Perspektiven bei den Services total verändert, in: LZ, o.Jg., 15.8.1986, Nr. 33, S.33 - 34.

Lohmar, U. : Bildung 1987
Technik kontra Bildung?, in: IBM-Nachrichten, 37. Jg., 1987, Nr. 288, S. 7 - 11.

Lutz, Theo: Computerperspektiven 1986
Computerperspektiven für's Management, in: Innovation, 3. Jg., 1986, S. 45 - 49.

Mans, D.: Disziplin 1986
Eine Disziplin blüht auf, in: IBM-Nachrichten, 36. Jg., 1986, Nr. 285, S. 7 - 13.

Marschner, H.: Innovationen 1986
Diffusions- und Akzeptanzprobleme von Innovationen im Handel, in: Marketing-ZFP, 8. Jg., 1986, S. 35 - 40.

Mautke, K.D.: Informationen 1984
Strategische Informationen: Ihre Erfassung, Dokumentation und Verarbeitung, in: Trux, W.; Müller, G.; Kirsch, W. (Hrsg.): Das Management strategischer Programme, 1. Halbband, München 1984, S. 491 - 581.

Mc Curry, D.R.: Scanning 1980
Scanning for marketing information, in: Retail & Distribution Management, Vol. 8, 1980, No. 1, S. 37 - 39.

Meffert, H.: Perspektiven 1980
Perspektiven des Marketing in den 80er Jahren, in: Meffert, H. (Hrsg.): Marketing im Wandel, Wiesbaden 1980, S. 3 - 35.

Meffert, H.: Unternehmensführung 1984
Unternehmensführung und neue Informationstechnologien, in: DBW, 44. Jg., 1984, S. 461 - 465.

Meffert, H.: Kommunikationstechnologien 1986
Auswirkungen neuer Kommunikationstechnologien auf das Marketing, in: Hermanns, A. (Hrsg.): Neue Kommunikationstechniken, München 1986, S. 123 - 131.

Meffert, H.: Marketing 1986
Marketing. Einführung in die Absatzpolitik, 7. Aufl., Wiesbaden 1986.

Meffert, H.: Marktforschung 1986
Marktforschung, Wiesbaden 1986.

Meffert, H.; Althans, J.: Marketing 1982
Internationales Marketing, Stuttgart - Berlin - Köln - Mainz 1982.

Mellis, W.: Wissensverarbeitung 1986
Von der Informationsverarbeitung zur Wissensverarbeitung, in: Markt & Technik, o.Jg., 1986, Nr. 14, S. 100 - 104.

Mergert, J.: Lebenszyklus 1986
Der Lebenszyklus eines Produktes - begleitet von der Nielsen-Marketing-Forschung, in: Nielsen Beobachter, o.Jg., 1986, Nr. 1, S. 3 - 8.

Mertens, P.: Marktdatenbanksystem 1974
Möglichkeiten und Grenzen eines branchenorientierten Marktdatenbanksystems (MADAS), in: Hansen, H.R. (Hrsg.): Computergestützte Marketing-Planung, München 1974, S. 544 - 564.

Mertens, P.: Expertensysteme 1987
Expertensysteme. Einführung und Überlegungen zum Einsatz in der Logistik, in: Pfohl, H.Chr. (Hrsg.): Logistiktrends, Darmstadt 1987, S. 74 - 107.

Mertens, P.; Allgeyer, K.: Künstliche Intelligenz 1983
Künstliche Intelligenz in der Betriebswirtschaft, in:ZfB, 53. Jg, 1983, S. 686 - 709.

Mertens, P.; Bodendorf, F.: Methodenbanken 1979
Interaktiv nutzbare Methodenbanken - Entwurfskriterien und Stand der Verwirklichung, in: Angewandte Informatik, 21. Jg., 1979, Nr. 12, S. 533 - 541.

Mey, H.: Büroautomation 1987
Wie geht es weiter mit der Büroautomation?, in: gdi-impuls, 5. Jg., 1987, Nr. 1, S. 49 - 54.

Milde, H.: Erfolgskontrolle 1986
Erfolgskontrolle im Konsumgüterbereich durch Scanning, in: Nielsen Beobachter, o.Jg., 1986, Nr. 1, S. 1 - 2.

Milde, H.: Selektion 1986
Voraussetzung ist die computergestützte Selektion der Daten, in: BddW, o.Jg., 28.4.1986, Sonderdruck, S. 1 - 6.

Montgomery, D.B.; Urban, G.L.: Decision Information Systems 1970
Marketing Decision Information Systems: An Emerging View, in: JMR, Vol. 17, 1970, No. 2, S. 226 - 234.

Muchna, C.: Entwicklungstendenzen 1984
Stand und Entwicklungstendenzen der Investitionsgütermarktforschung, in: Marketing-ZFP, 6. Jg., 1984, S. 195 - 202.

Muchna, C.: Datenbankdienste 1986
Datenbankdienste und On-line-Recherchen, Neue Formen der Informationsbeschaffung in Unternehmen, Arbeitspapier Fachgebiet Marketing, Universität Gesamthochschule Essen 1986.

Müller, P.: Daten 1986
Götter, Daten und Geleerte?, in: Planung und Analyse, 13. Jg., 1986, S. 386 - 390.

Müller-Hagedorn, L.: Handelsmarketing 1984
Handelsmarketing, Stuttgart - Berlin - Köln - Mainz 1984.

Mureau, O.: SABINE On-line 1985
SABINE On-line: Die Arbeit mit Einzelhandels-Indizes wird schneller und kreativer, in: Nielsen Marketing Trends, o.Jg., 1985, Nr. 2, S. 18 - 19.

Nagler, R.: Mikrocomputer 1985
Mikrocomputer und Warenwirtschaftssysteme: Fallbeispiel aus einem Filialunternehmen, in: Zentes, J. (Hrsg.): Moderne Warenwirtschaftssysteme im Handel, Berlin - Heidelberg - New York - Tokyo 1985, S. 23 - 32.

Nastansky, L.: Mikrocomputer 1984
Anwendungsmöglichkeiten von Mikrocomputern im Marketing, in: Marketing-ZFP, 6. Jg., 1984, S. 31 - 40.

Neale, R.L.: Scanner 1976
Newspaper Advertising and the Scanner, in: Code & Symbol, September 1976, S. 1 - 8.

Neibecker, B.: Datenerhebung 1983
Elektronische Datenerhebung: Computergestützte Interviewsysteme, in: Forschungsgruppe Konsum und Verhalten (Hrsg.): Innovative Marktforschung, Würzburg - Wien 1983, S. 209 - 235.

Neibecker, B.: Reaktionsmessung 1983
Elektronische Datenerhebung: Computergestützte Reaktionsmessung, in: Forschungsgruppe Konsum und Verhalten (Hrsg.): Innovative Marktforschung, Würzburg - Wien 1983, S. 209 - 235.

Neibecker, B.: Konsumentenemotionen 1985
Konsumentenemotionen. Messung durch computergestützte Verfahren, Würzburg - Wien 1985.

Neibecker, B.: Marktforschung 1987
Apparative Marktforschung: Ein Beitrag zur Werbewirkungsanalyse, in: W & P, 32. Jg., 1987, Nr. 1, S. 19 - 24.

Nieschlag, R.; Dichtl, E.; Hörschgen, H.: Marketing 1985
Marketing, 14. Aufl., Berlin 1985.

Noelle-Neumann, E.: Marktforschung o.J.
Zukunftsanforderungen an die Marktforschung oder Nachdenken über die Marktforscher, Vorträge zur Marktforschung Nr. 25, Hamburg o.J.

Norusis, M.J.: SPSS/PC+ Advanced Statistics 1985
SPSS/PC+ Advanced Statistics for the IBM PC/XT/AT, Chicago 1985.

o.V.: Datenerhebung 1981
Revolution in der Datenerhebung, in: Werben und Verkaufen, o.Jg., 1981, Nr. 14, S. 14.

o.V.: Marketing-Mix-Optimierung 1981
Rückkehr zur Marketing-Mix-Optimierung, in: asw, 24. Jg., 1981, Nr. 8, S. 32 - 37; Nr. 9, S. 32 - 39.

o.V.: Computer 1982
Computer in der Welt des Marketing, in: asw, 25. Jg., 1982, Nr. 3, S. 76 - 78.

o.V.: Marketing-Prognosen 1982
Softwareprogramme für Marketing-Prognosen, in: asw, 25. Jg., 1982, Nr. 3, S. 97 - 104.

o.V.: Fragen 1983
Fragen von der Mattscheibe, in: asw, 26. Jg., 1983, Nr. 1, S. 42 - 44.

o.V.: Datenerfassung 1985
Datenerfassung keine Doppelerfassung mehr, in: LZ, o.Jg., 15.3.1985, Nr. 11, S. 75 - 76.

o.V.: Draht 1985
Der direkte Draht, in: Coorganisation, o. Jg., 1985, Nr. 1, S. 34.

o.V.: Hi-Tech-Marktforschung 1985
Erste Begegnung mit der Hi-Tech-Marktforschung, in: asw, 28. Jg., 1985, Nr. 7, S. 68 - 70.

o.V.: Warenpräsentation 1985
Computer optimiert die Warenpräsentation, in: Lebensmittel-Praxis, o.Jg., 1985, Nr. 16, S. 124 - 128.

o.V.: Datenbanken 1986
MicroBASIS - Retrievalsystem für CD-ROM-residente Datenbanken, in: Battelle aktuell, o.Jg., 1986, Nr. 1, S. 15.

o.V.: Marktforschung 1986
Marktforschung nutzt ihre elektronischen Potentiale, in: asw, 29. Jg., 1986, Nr. 6, S. 94 - 95.

o.V.: Scanner-Daten 1986
Forschung mit Scanner-Daten, in: Coorganisation, o.Jg., 1986, Nr. 1, S. 28 - 30.

o.V.: Wirtschaftsinformationen 1986
Wirtschaftsinformationen weltweit: Was im Angebot ist - Was die "Deutschen" anbieten, in: Password, o.Jg., 1986, Nr. 2, S. 7 - 9.

o.V.: Bildplatte 1987
"Absatzwirtschaft" auf Bildplatte, in: asw, 30. Jg., 1987, Nr. 2, S. 8.

o.V.: Direkte Produkt Rentabilität 1987
Direkte Produkt Rentabilität - Thema der Coorganisation, in: Coorganisation, o.Jg., 1987, Nr. 1, S. 44 - 46.

o.V.: Informationsbusiness 1987
Informationsbusiness: Auf dem Weg zum Kunden, in: asw, 30. Jg., 1987, Nr. 3, S. 60 - 65.

o.V.: Künstliche Intelligenz 1987
Gibt es einen Markt für Künstliche Intelligenz?, in: DECinfo, 26. Jg., 1987, S. 3 - 9.

Phipps, J.R.: Direct Product Profit 1986
Der neue Trend: Direct Product Profit, in: Coorganisation, o.Jg., 1986, Nr. 4, S. 30 - 33.

Picot, A.; Anders, W.: Telekommunikationsnetze 1986
Telekommunikationsnetze als Infrastruktur neuerer Entwicklungen der geschäftlichen Kommunikation, in: Hermanns, A. (Hrsg.): Neue Kommunikationstechniken, München 1986, S. 6 - 15.

Picot, A.; Reichwald, R.: Bürokommunikation 1984
Bürokommunikation, München 1984.

Pieper, A.: Information 1987
Produktivkraft Information, in: IBM-Nachrichten, 37. Jg., 1987, Nr. 287, S. 7 - 13.

Pohl, W.: Personalcomputer 1987
Personalcomputer lösen bei weitem nicht alle Probleme, in: BddW, o.Jg., 16.3.1987, Nr. 52, S. 3.

PoKempner, S.J.: Information Systems 1975
Informations Systems for Sales and Marketing Management, 2. Aufl., New York 1975.

Puppe, F.: Expertensysteme 1986
Expertensysteme, in: Informatik Spektrum, 9. Jg., 1986, Nr. 1, S. 1 - 13.

Raffée, H.: Marketing 1979
Marketing und Umwelt, Stuttgart 1979.

Raffée, H.: Marketing-Wissenschaft 1980
Grundfragen der Marketing-Wissenschaft, in: WiSt, 9. Jg., 1980, Nr. 7, S. 317 - 324.

Raffée, H.: Marketingperspektiven 1982
Marketingperspektiven der 80er Jahre, in: Marketing-ZFP, 4. Jg., 1982 S. 81 - 90.

Raffée, H.: Grundfragen 1985
Grundfragen und Ansätze des strategischen Marketing, in: Raffée, H.; Wiedmann, K.-P. (Hrsg.): Strategisches Marketing, Stuttgart 1985, S. 3 - 33.

Raulefs, P.: Expertensysteme 1982
Expertensysteme, in: Bibel, W.; Siekmann, J.H. (Hrsg.): Künstliche Intelligenz, Berlin - Heidelberg - New York 1982, S. 61 - 98.

Rehorn, J.: Marktforschung 1986
Bessere Marktforschung durch Maschinen, in: asw, 29. Jg., 1986, Nr. 6, S. 82 - 93; Nr. 7, S. 50 - 56.

Retti, J.: Expertensysteme 1984
Knowledge Engineering und Expertensysteme, in: Retti, J. u.a. (Hrsg.): Artificial Intelligence - Eine Einführung, Stuttgart 1984, S. 73 - 98.

Retzlaff, W.: Entscheidungsunterstützungssysteme 1984
Von der Information zur Aktion, in: Zentes, J. (Hrsg.): Neue Informations- und Kommunikationstechnologien in der Marktforschung, Berlin - Heidelberg - New York - Tokyo 1984, S. 125 - 141.

Rüdiger, A.; Lipp, M.: Online-Datenbanken 1986
Online-Datenbanken für das Marketing, in: Bischoff, R. u.a. (Hrsg.): Handbuch der modernen Datenverarbeitung, 23. Jg., 1986, Nr. 128, S. 76 - 89.

Ruf, H.-P.; Böhmert, A.: Bildschirm-Recherche 1987
Bildschirm-Recherche kann den eigenen Fachmann nicht ersetzen, in: Handelsblatt, o.Jg., 5.2.1987, Nr. 25, S. 17.

Rusche, Th.: Sortimentseinheiten 1986
Strategische Sortimentseinheiten im Handel, Working Papers, Nr. 97, Wirtschafts- und Sozialwissenschaftliches Institut, Universität Freiburg, Freiburg (Schweiz) 1986.

Sabel, H.: Absatztheorie 1982
Neuere Entwicklungen der Absatztheorie, in: Koch, H. (Hrsg.): Neuere Entwicklungen in der Unternehmenstheorie, Wiesbaden 1982, S. 247 - 268.

Sandig, C.: Bedarfsforschung 1934
Bedarfsforschung, Stuttgart 1934.

Saxer, M.; Bryner, A.: EDV-Systemeinführung 1987
EDV-Systemeinführung in die Administration eines Großbetriebes, in: gdi-impuls, 5. Jg., 1987, Nr. 1, S. 55 - 64.

Scott, D.: Außendienst 1986
Wie Technologie dem Außendienst nutzt, in: Nielsen Marketing Trends, o.Jg., 1986, Nr. 1, S. 8 - 11.

Schäfer, E.: Marktbeobachtung 1928
Grundlagen der Marktbeobachtung, Nürnberg 1928.

Schäl, W.: Datenträgeraustausch 1985
Datenträgeraustausch und Warenwirtschaftssysteme: Das System SEDAS in Deutschland, in: Zentes, J. (Hrsg.): Moderne Warenwirtschaftssysteme im Handel, Berlin - Heidelberg - New York - Tokyo 1985, S. 80 - 87.

Scheer, A.-W.: Datenbanksysteme 1980
Datenbanksysteme im Marketing, in: Marketing-ZFP, 2. Jg., 1980, S. 33 - 41; S. 103 - 111.

Scheer, A.-W.: Methodenbanken 1984
Interaktive Methodenbanken: Benutzerfreundliche Datenanalyse in der Marktforschung, in: Zentes, J. (Hrsg.): Neue Informations- und Kommunikationstechnologien in der Marktforschung, Berlin - Heidelberg - New York - Tokyo 1984, S. 105 - 124.

Scheer, A.-W.: Betriebswirtschaftslehre 1987
EDV-orientierte Betriebswirtschaftslehre, 3. Aufl., Berlin - Heidelberg - New York - London - Paris - Tokyo 1987.

Scheer, A.-W.; Brombacher, R.: Marketing-Informationssysteme 1985
Marketing-Informationssysteme in der Konsumgüterindustrie, in: Thexis, 2. Jg., 1985, Nr. 3, S. 3 - 11.

Scheuch, F.: Dienstleistungsmarketing 1982
Dienstleistungsmarketing, München 1982.

Schlaffke, W.: Technologien 1986
Neue Technologien bieten neue Chancen, in: IBM-Nachrichten, 36. Jg., 1986, Nr. 281, S. 7 - 13.

Schneider, A.: DPP 1986
Wettbewerbsvorteile durch DPP, in: Dynamik im Handel, 30. Jg., 1986, Nr. 2, S. 63 - 68.

Schmidt, H.C. MIDAS 1983
MIDAS: Basis zur Optimierung von Hersteller- und Handelsmarketing, in: LZ, o.Jg., 16.9.1983, Nr. 37, Sonderdruck, S. 1 - 10.

Schnupp, P.: Rechnernetze 1982
Rechnernetze - Entwurf und Realisierung, 2. Aufl., Berlin - New York 1982.

Schnupp, P. (Hrsg.): Expertensysteme 1986
Expertensysteme, State of the Art, 1986, Nr. 1.

Schnupp, P.; Leibrandt, U.: Expertensysteme 1986
Expertensysteme, Berlin - Heidelberg - New York - Tokyo 1986.

Schöner, H.: Welthandels-Datenbank 1986
Die Welthandels-Datenbank, in: W & P, 31. Jg., 1986, Nr. 2, S. 70.

Schröder, E.F.: Gewinnsteuerung 1978
Neuland: Die kundenorientierte Gewinnsteuerung, in: asw, 21. Jg. 1978, Nr. 10, S. 50 - 55.

Schröer, P.: Entwicklungstendenzen 1985
Stand und Entwicklungstendenzen der Marktforschung im Handel, Arbeitspapier Fachgebiet Marketing, Universität Gesamthochschule Essen 1985.

Schub, G.; Schütze, M.: Nonverbale Methoden 1986
Pros, Contras und Conclusions zum Einsatz nonverbaler Methoden, in: asw, 29. Jg., 1986, Nr. 9, S. 120 - 126.

Schuck-Wersig, P.; Wersig, G.: Informationsvermittlung 1987
Vor einer neuen Ära des Bildes? Die zunehmende Rolle visueller Informationsvermittlung, in: gdi-impuls, 5. Jg., 1987, Nr. 1, S. 33 - 40.

Schulte, K.: Systeme 1981
Systeme der Warenwirtschaft im Handel, Köln 1981.

Schulte-Hillen, J.; v. Wietersheim, B.: Datenbanknutzung 1984
IuD-on-line-Datenbanknutzung in der Bundesrepublik Deutschland, München - New York - London - Paris 1984

Schumer, F.: Market Research 1983
The New Magicians of Market Research, in: Fortune, o.Jg., 25.7.1983, S. 72 - 74.

Schweiger, G.: Imagemessung 1985
Nonverbale Imagemessung, in: W & P, 30. Jg., 1985, Nr. 4, S. 126 - 134.

Schweikl, H.: Präferenzanalyse 1985
Computergestützte Präferenzanalyse mit individuell wichtigen Produktmerkmalen, Berlin 1985.

Schwier, H. u.a. (Hrsg.): Bildschirmtext 1983
Die absatzwirtschaftliche Bedeutung von Bildschirmtext und Laser-Bildplatte, Düsseldorf 1983.

Scientific Consulting Dr. Schulte-Hillen (Hrsg.): Wirtschaftsdatenbanken 1986
Handbuch der Wirtschaftsdatenbanken, Darmstadt - Haarlem - Wien - Zürich 1986.

Sekikawa, H.: Kleiner Riese 1985
Kleiner Riese ganz groß, in: Coorganisation, o.Jg., 1985, Nr. 4, S. 39 - 42.

Sihler, H.; Schulz, R.: Marketing-Informations-Systeme 1974
Marketing-Informations-Systeme, in: Marketing Enzyklopädie, 2. Bd., München 1974, S. 513 - 527.

Simmons, R.F.: Frage-Antwort-Systeme 1976
Frage-Antwort-Systeme in natürlicher Sprache, in: Eisenberg, E.: Maschinelle Sprachanalyse, Berlin - New York 1976, S. 204 - 242.

Simon, H.: Informationsbasis 1982
Die revolutionäre Informationsbasis, in: LZ, o.Jg., 18.6.1982, Nr. 24, S. F6 - F9.

Simon, H.: Marketing 1982
Besseres Marketing mit Scannern, in: Food + Non Food, o.Jg., 1982, Nr. 4, S. 55 - 58.

Simon, H.: Marketing Science 1984
Challenges and New Research Avenues in Marketing Science, in: International Journal of Research in Marketing, Vol. 1, 1984, S. 249 - 261.

Simon, H.: Scanner-Daten 1985
Bessere Marketingentscheidungen mit Scanner-Daten, in: Köhler, R. u.a. (Hrsg.): Scanning - Zukunftsperspektiven für Handel, Industrie u. Marktforschung, Düsseldorf 1985, S. 5 - 21.

Simon, H.: Marketingwissenschaft 1986
Herausforderungen an die Marketingwissenschaft, in: Marketing-ZFP, 8. Jg., 1986, S. 205 - 213.

Simon, H.; Kucher, E.; Sebastian, K.-H.: Scanner-Daten 1982
Scanner-Daten in Marktforschung und Marketingentscheidung, in: ZfB, 52. Jg., 1982, S. 555 - 579.

Simon, H.; Kucher, E.: Scanner-Daten 1983
Höhere Marketing-Effizienz mit Scanner-Daten, in: asw, 26. Jg., 1983, Nr. 2, S. 81 - 89.

Simon, H.-R.: Informationen 1987
Wachsender Markt für elektronische Informationen, in: BddW, o.Jg., 8.1.1987, Nr. 5, S. 3.

Sova, O.; Piper, J.: Warenwirtschaft 1985
Computergestützte Warenwirtschaft im Handel, München 1985.

Spitzlay, H.: MADAKOM-Test 1986
MADAKOM-Test vor dem Start, in: Coorganisation, o.Jg., 1986, Nr. 1, S. 25 - 26.

Spitzlay, H.: MADAKOM 1986
MADAKOM-Test gestartet, in: Coorganisation, o.Jg., 1986, Nr. 3, S. 36 - 39.

Statistisches Bundesamt (Hrsg.): STATIS-BUND 1980
Aufgaben und Nutzungsmöglichkeiten des Allgemeinen Statistischen Informationssystems des Bundes (STATIS-BUND), Bonn 1980.

Stender, J.: Expertensysteme 1986
Expertensysteme im Marketing - Anwendungsmöglichkeiten und Perspektiven, in: Bischoff, R. u.a. (Hrsg.): Handbuch der modernen Datenverarbeitung, 23. Jg., 1986, Nr. 128, S. 99 - 107.

Stierlen, Chr.: Absatzprognose 1987
Absatzprognose mit Hilfe von Experten-Unterstützungs-Systemen, Ruhr-Universität Bochum, Seminar für Angewandte Wirtschaftslehre, Arbeitspapier Nr. 17, Bochum 1987.

Suffolk, G.C.: Scanning-Daten 1985
Die Nutzung von Scanning-Daten im Lebensmitteleinzelhandel der USA, in: Nielsen Marketing Trends, o.Jg., 1985, Nr. 2, S. 16 - 17.

Szyperski, N.: Informationssysteme 1975
Informationssysteme, in: Grochla, E.; Wittmann, W.: Handwörterbuch der Betriebswirtschaft, 4. Aufl., Stuttgart 1975, Sp. 1901 - 1908.

Tietz, B.: Marketing-Management 1976
Die Grundlagen des Marketing, 3. Bd., Das Marketing-Management, München 1976.

Tietz, B.: Marketing 1978
Marketing, Tübingen - Düsseldorf 1978.

Tietz, B.: Technologien 1984
Die elektronischen Technologien und Medien in Marketing und Vertrieb, Rüschlikon/Zürich 1984.

Tietz, B.: Wendezeit 1984
Handel in der Wendezeit, in: gdi-impuls, 2. Jg., 1984, Nr. 1, S. 63 - 72.

Tietz, B.: Handelsbetrieb 1985
Der Handelsbetrieb, München 1985.

Tietz, B.: POS-Banking 1985
POS-Banking - Elektronischer Zahlungsverkehr im Ladeneinzelhandel, in: Marketing-ZFP, 7. Jg., 1985, S. 275 - 284.

Tietz, B.; Zentes, J.: Sortimentsoptimierung 1977
Sortimentsoptimierung auf der Basis empirisch verfügbarer Informationen, in: Köhler, R.; Zimmermann, H.-J. (Hrsg.): Entscheidungshilfen im Marketing, Stuttgart 1977, S. 87 - 119.

Tietz, B.; Zentes, J.: Werbung 1980
Die Werbung der Unternehmung, Reinbek 1980.

Trommsdorff, V.; Ernst, M.: Auswertungsverfahren 1983
Automatische Auswertungsverfahren, in: Forschungsgruppe Konsum und Verhalten (Hrsg.): Innovative Marktforschung, Würzburg - Wien 1983, S. 237 - 257.

Trommsdorff, V.; Kredel, L.: Computerentwicklungen 1983
Computerentwicklungen, in: Forschungsgruppe Konsum und Verhalten (Hrsg.): Innovative Marktforschung, Würzburg - Wien 1983, S. 179 - 191.

Unglaube, U.: Babylon 1986
Babylon läßt grüßen, in: Coorganisation, o.Jg., 1986, Nr. 4, S. 38 - 41.

Wahlster, W.: Expertensysteme 1985
Einführung in das Fachgespräch: Expertensysteme im Betrieb, in: Hansen, H.R. (Hrsg.): GI/OCG/ÖGI-Jahrestagung 1985, Berlin - Heidelberg - New York - Tokyo 1985, S. 775 - 777.

Waterman, D.A.: Expert Systems 1986
A Guide to Expert Systems, Massachusetts 1986.

Weichert, D.: Werbewirkungsforschung 1986
Psychobiologische Werbewirkungsforschung: Einige Anmerkungen zum Beitrag von Beate von Keitz in Heft 2/86, in: W & P, 31. Jg., 1986, Nr. 6, S. 224 - 226.

Weigand, K.H.: Datenträger 1980
Datenträger, in: Grochla, E. (Hrsg.): Handwörterbuch der Organisation, 2. Aufl., Stuttgart 1980, Sp. 487 - 491.

Weinberg, P.: Beobachtung 1983
Beobachtung des emotionalen Verhaltens, in: Forschungsgruppe Konsum und Verhalten (Hrsg.): Innovative Marktforschung, Würzburg - Wien 1983, S. 45 - 62.

Weinhold-Stünzi, H.: Marketing 1985
Quantitatives Marketing, in: Thexis, 2. Jg., 1985, Nr. 3, S. 1 - 2.

Wiemer, W.: Bild-/Text-Informations- und Kommunikationssystem 1986
Das Bild-/Text-Informations- und Kommunikationssystem der Universität - Gesamthochschule - Essen, in: Zukunftstechnologie Neue Medien, Schriften und Berichte der Universität - Gesamthochschule - Essen, Bd. 9, Essen 1986, S. 17 - 27.

Wilde, K.D.: Computer-Revolution 1987
Die "Computer-Revolution" hat noch nicht stattgefunden, in: BddW, o.Jg., 5.2.1987, Nr. 25, S. 3.

Witte, E. (Hrsg.): Bürokommunikation 1984
Bürokommunikation, Berlin - Heidelberg - New York 1984.

Wittmann, W.: Information 1959
Unternehmung und unvollkommene Information, Köln - Opladen 1959.

Wöhe, G.: Betriebswirtschaftslehre 1986
Einführung in die Allgemeine Betriebswirtschaftslehre, 16. Aufl., München 1986.

Zentes, J.: Optimalkomplexion 1976
Die Optimalkomplexion von Entscheidungsmodellen, Köln - Berlin - Bonn - München 1976.

Zentes, J.: Absatzpolitik 1977
Absatzpolitik, in: Müller, W.; Krink, J. (Hrsg.): Rationelle Betriebswirtschaft, Neuwied 1977, Kap. XV.

Zentes, J.: Implementierung 1978
Der Stand der Implementierung quantitativer Ansätze zur Außendienststeuerung, in: Müller-Merbach, H. (Hrsg.): Quantitative Ansätze in der Betriebswirtschaftslehre, Bericht von der wissenschaftlichen Tagung des Verbandes der Hochschullehrer für Betriebswirtschaft e.V., 1.-3. Juni 1977 in Darmstadt, München 1978, S. 259 - 270.

Zentes, J.: Außendienststeuerung 1980
Außendienststeuerung, Konstruktion und Implementierung eines computergestützten Entscheidungssystems, Stuttgart 1980.

Zentes, J.: Mediendynamik 1981
Mediendynamik und Marketing, Perspektiven für Marktforschung und Marketing-Entscheidungen, in: WiSt, 10. Jg., 1981, Nr. 1, S. 19 - 25.

Zentes, J.: Compunication 1983
Compunication - Die Zukunft des Verkaufens, in: gdi-impuls, 1. Jg., 1983, Nr. 1, S. 3 - 9.

Zentes, J.: Grundbegriffe 1983
Grundbegriffe des Marketing, Stuttgart 1983.

Zentes, J.: Hersteller-/Händler-Beziehungen 1984
Vor dem Durchbruch: Hersteller-/Händler-Beziehungen auf neuem Niveau, in: asw, 27. Jg., 1984, Nr. 2, S. 52 - 57.

Zentes, J.: Marketing 1984
Marketing, in: Vahlens Kompendium der Betriebswirtschaftslehre, 1. Bd., München 1984, S. 299 - 365.

Zentes, J.: Technologiedynamik 1984
Technologiedynamik und Marktforschung, in: Zentes, J. (Hrsg.): Neue Informations- und Kommunikationstechnologien in der Marktforschung, Berlin - Heidelberg - New York - Tokyo 1984, S. 1 - 17.

Zentes, J.: Handel 1985
Der Handel in der Informationsgesellschaft - Chancen und Risiken der neuen Technologien, in: Nixdorf Computer AG (Hrsg.): Mit Visionen und Spitzenleistungen zu konkreten Erfolgen, Nixdorf Handelsforum 1985, S. 229 - 251.

Zentes, J.: MARKETING 1985
MARKETING - Ein elektronisches Fachinformationssystem, in: Meffert, H. (Hrsg.): Marktorientierte Unternehmensführung und Innovation, Münster 1985, S. 273 - 289.

Zentes, J.: Teleshopping 1985
Teleshopping, in: DBW, 45. Jg., 1985, S. 719 - 720.

Zentes, J.: Tendenzen 1985
Tendenzen der Entwicklung von Warenwirtschaftssystemen, in: Marketing-ZFP, 7. Jg., 1985, Nr. 2, S. 91 - 98.

Zentes, J. (Hrsg.): Warenwirtschaftssysteme 1985
Moderne Warenwirtschaftssysteme im Handel, Berlin - Heidelberg - New York - Tokyo 1985.

Zentes, J.: Handelstechnik 1986
Handelstechnik in Fernost, in: Dialog, o. Jg., 1986, Nr. 3, S. 10 - 17.

Zentes, J.: Integration der Warenwirtschaftssysteme 1986
Integration der Warenwirtschaftssysteme des Handels mit der Warenverteilung der Hersteller, in: BVL Bundesvereinigung Logistik (Hrsg.): Mehr Erfolg durch Logistik, München 1986, S. 311 - 334.

Zentes, J.: Point of Sale 1986
Strategie und Technik am Point of Sale aus der Sicht des Handels, in: Bank und Markt, 15. Jg., 1986, Nr. 5, S. 9 - 12.

Zentes, J.: Struktur 1986
Struktur und Entwicklungstendenzen von Warenwirtschaftssystemen, in: BAG-Nachrichten, 26. Jg., 1986, Nr. 10, S. 10 - 12.

Zentes, J.: Verkaufsmanagement 1986
Verkaufsmanagement in der Konsumgüterindustrie, in: DBW, 46. Jg., 1986, S. 21 - 28.

Zentes, J.: Warenwirtschaft und Logistik 1986
Warenwirtschaft und Logistik im Handel, in: Siemens AG (Hrsg.): Auf dem Wege ins elektronische Zeitalter, Informationstagung, München 1986, S. 79 - 96.

Zentes, J.: Logistik 1987
Logistik im Handel: Just-in-time-Belieferung, in: Pfohl, H.-Chr. (Hrsg.): Logistiktrends, Darmstadt 1987, S. 28 - 51.

Zentes, J.: Marktforschung 1987
Neuere Entwicklungen in der Marktforschung: Datengewinnung, in: Marketing-ZFP, 9. Jg., 1987, S. 37 - 42.

Zentes, J.: Informationspotentiale 1987
Informationspotentiale rechnergestützter Warenwirtschaftssysteme, in: WiSt, 16. Jg., 1987 (in Druck).

Zentes, J.: Medien o.J.
Marketing und Neue Medien, in: II. Internationales Marketing-Seminar der AIESEC, USW-Schriftenreihe (in Druck).

Zentes, J.; Gier, H.: MARKETING 1984
MARKETING - Ein Fachinformationssystem im Kommunikationsverbund, in: Marketing-ZFP, 6. Jg., 1984, S. 229 - 234.

Zentes, J.; Hilgers, B.: Entscheidungsqualität 1986
Verbesserung der Entscheidungsqualität im Handel durch Expertensysteme, in: Trommsdorff, V. (Hrsg.): Handelsforschung 1986, Heidelberg 1986, S. 89 - 104.

Zentes, J. Schröer, P.: Datenbanksysteme 1984
Intelligente Datenbanksysteme - Neue Wege des Wissens- und Technologietransfers, in: gdi-impuls, 2. Jg., 1984, Nr. 3, S. 63 - 73.

Zepp, R.H.: TELERIM 1986
TELERIM - Härtetest für Marketing, in: Holm, K.-F. (Hrsg.): Werbewirkungsforschung ex ante und ex post, 1. Bd., Hamburg 1986, S. 115 - 130.

Zindler, H.-J.: Statistiken 1980
Statistiken besser erschließen, in: data report, 15. Jg., 1980, Nr. 4, S. 14 - 18.

Stichwortverzeichnis